Befreiung vom inneren Richter

www.weltinnenraum.de

Herausgegeben von
Shambhala Publication, Inc.

Titel der Originalausgabe
„Soul Without Shame“,
erschienen 1999

Übersetzung: Christine Bolam

info@j-kamphausen.de
Lektorat: Hans-Jürgen Zander

Umschlag-Gestaltung,
Typografie und Satz:
Wilfried Klei
Druck & Verarbeitung:
Westermann Druck Zwickau

Die Deutsche Bibliothek – CIP-Einheitsaufnahme

Brown, Byron:

Ein Titeldatensatz für diese Publikation
ist bei der deutschen Bibliothek erhältlich.

2. Aufl. - 2002

ISBN 3-933496-04-7

BYRON BROWN

BEFREIUNG VOM INNEREN RICHTER

DIE INTELLIGENZ DER SEELE ERKENNEN

In liebender Erinnerung
an meinen Schwiegervater
Monroe (Jim) Friedman

Das Problem liegt nicht darin, dass wir glücklich sein wollen, sondern darin, dass wir es verkehrt angehen. Wenn wir wirklich einsehen, dass wir es verkehrt angehen, dann geben wir auf. Und dann kann sich das Leben von allein entfalten. Wir können es nicht zur Entfaltung bringen. Wir können unsere Abwehr, unser Urteilen und unsere Intoleranz aufgeben, doch diese Muster geben wir erst auf, wenn wir ganz und gar erkennen, was sie anrichten – dass sie uns verletzen.

A. H. Almaas
Diamond Heart, Buch 2

Vorwort

Wir alle möchten gerne frei und glücklich sein. Viele von uns glauben, das durch äußeren Erfolg erreichen zu können und neigen deshalb dazu, die Hindernisse in der Außenwelt, den Menschen und den Lebenssituationen zu suchen. Sobald wir erkennen, dass sowohl die mögliche Erfüllung als auch das, was ihr entgegensteht, in unserem Inneren zu Hause sind, beginnen wir unsere innere Reise. Es ist eine Reise in unser eigenes Bewusstsein und Erleben, ein Pfad, auf dem wir die inneren Reichtümer menschlichen Potenzials entdecken und erkennen werden. Zwar ist sie ein spannendes Abenteuer, doch wie alle echten Abenteuer ist auch die innere Reise nicht einfach, sie ist voller Herausforderungen und Schwierigkeiten, Hindernisse und Barrieren.

Viele der Weisheitsschulen und Lehrer kennen und diskutieren diese inneren Hindernisse seit Tausenden von Jahren, doch einige der grundsätzlichsten Hindernisse konnten erst mit der Entwicklung der modernen Tiefenpsychologie auf präzise und detaillierte Art verstanden werden. Durch dieses Verständnis wird die innere Reise heutzutage auf eine Weise unterstützt, die es früher nicht gab. Eines dieser Hindernisse zur spirituellen Arbeit und spirituellen Verwirklichung liegt in der schmerzhaften und schwierigen Behinderung durch den inneren Kritiker, die bedrängende innere Instanz, welche uns und andere gnadenlos und beständig kritisiert, beurteilt, vergleicht, verurteilt, beschuldigt und angreift.

Die Tiefenpsychologie hat uns gezeigt, dass wir einen Teil unserer selbst stets dahingehend entwickeln, die Rolle des inneren Gewissens – traditionell des Über-Ich – zu übernehmen. Doch diese Ichstruktur, das Gewissen, fußt hauptsächlich auf der Identifikation mit dem urteilenden, kritischen, anklagenden und strafenden Umfeld, in dem wir aufwachsen. Es wird zu einem harten Richter und einer grausamen Strafinstanz, anstatt das Licht des wahren Bewusstseins zu verkörpern. Gewöhnlich entwickelt es sich zu einem rigiden Anteil unseres Verstandes, der unflexible Regeln und Befehle verkörpert, sich unserem Verständnis entzieht, und der Realität gegenüber taub ist. Das Über-Ich wird zu einer der Hauptquellen inneren Leidens durch niedrigen Selbstwert, Schuld, Scham, Entwertung und Selbstvorwürfe. Wann immer der innere Kritiker in unserem Selbsterleben oder unserer Wahrnehmung anderer irgendetwas entdeckt, das er nicht gutheißt, schreitet er zur Tat. Neben dem alles durchdringenden Leiden, welches er in unserem Erleben verursacht, erschweren die Starrheit und Urteile des inneren Kritikers den tiefen inneren Kontakt zu uns selbst – denn jedesmal, wenn wir etwas aufdecken, das er ablehnt, greift er uns an. Also leiden wir auf der inneren Reise entweder unnötig, oder wir schweifen von Teilen unserer eigenen Erfahrung ab, um dieses Leiden zu vermeiden. In beiden Fällen wird unsere innere Arbeit schwierig, begrenzt und kommt oft zum Stillstand.

Aufgrund des größeren Verständnisses von der Entstehung und Struktur des inneren Kritikers durch die moderne Tiefenpsychologie können wir heute besser mit ihm umgehen als je zuvor. Wir können ihn als das erkennen, was er ist und ihm auf eine Weise begegnen, die uns von seinen grausamen inneren Angriffen befreit, um daraufhin unsere Reise nach Innen mit mehr Freiheit und größerem Vergnügen an den spannenden Entdeckungen anzutreten.

Dieses Buch ist insofern einzigartig, als es den Leser mit dem Verständnis und der Methodik versieht, um genau das zu tun. In sehr klarer und zugänglicher Sprache erklärt es detailliert, wie man den inneren Kritiker erkennen und erfolgreich mit ihm umgehen kann. Byron Browns Darstellung ist für den Einzelnen von Nutzen, der sich vom inneren Leiden sowie dem Zwang zu befreien wünscht, welchen dieser alte Feind der Menschheit ausübt, – es richtet sich aber insbesondere an all jene, die sich auf der inneren Reise zur Verwirklichung und Erleuchtung befinden.

Byron war viele Jahre lang mein Schüler und ist darüber hinaus ein Lehrer mit beträchtlicher Erfahrung des *Diamond Approach* zur inneren Reise. Er hat seinen eigenen Erkenntnissen zur Arbeit mit dem inneren Kritiker, welche er vielen Jahren der eigenen inneren Arbeit sowie der Arbeit mit Schülern verdankt, auf eine Weise Ausdruck verliehen, die erkennen lässt, dass ihre Wurzeln in den tatsächlichen essenziellen Zuständen innerer Verwirklichung zu suchen sind. Deshalb ist dieses Buch nicht nur eine Studie des inneren Kritikers und des Umgangs mit ihm, sondern eine klare Darstellung der Möglichkeiten, diese Arbeit auf eine Weise zu verrichten, die uns wirklich dabei hilft, unser wahres und spirituelles Wesen zu enthüllen. In anderen Worten – es legt dar, wie die Arbeit am inneren Kritiker ein Pfad zur Erkenntnis unseres wahren Gewissens, zur Verwirklichung des essenziellen Gewissens werden kann, von dem der innere Kritiker nur einen begrenzten Abklatsch darstellt. Ebenfalls ist es Byron gelungen darzustellen, inwiefern die Arbeit mit dem inneren Kritiker und das Erscheinen spiritueller Zustände verwandt sind, und wie sie sich ergänzen und unterstützen. Sein umfassendes Verständnis dieses Themenbereichs enstammt nicht allein seiner eigenen inneren Arbeit sowie der Arbeit mit Studenten der Ridhwan School, sondern ist auch den vielen Seminaren zu verdanken, die er entwickelt und unterrichtet hat, und die spezifisch der Arbeit mit dem inneren Kritiker gewidmet sind.

Ich bin mir sicher, dass dieses Buch dem Leser die einzigartige Möglichkeit zur Verfügung stellt, mit einem uralten Problem intelligent und effektiv umzugehen. Die Anwendung dieses Wissens wird einen bedeutungsvollen Beitrag zu seiner inneren Entwicklung leisten.

A. H. Almaas
Berkeley, Kalifornien
Februar 1998

Danksagungen

Meinen besonderen Dank möchte ich Hameed Ali (A. H. Almaas) aussprechen, bei dem ich die letzten sechzehn Jahre studiert und eine Ausbildung als Lehrer gemacht habe. Er ist der Begründer des *Diamond Approach*, eines modernen spirituellen Pfades auf der Basis des Selbst-Verstehens. Durch die Arbeit seiner Ridhwan School habe ich diesen Zugang zum Richter oder dem Über-Ich gewonnen. Für die tiefgründigen Lehren über die Essenz und ihre Aspekte fühle ich mich Hameed ebenso verpflichtet, wie für seine erleuchtenden Hinweise zu der Art und Weise, wie das Über-Ich uns daran hindert, unser wahres Wesen zu erkennen. In den ersten Stadien des *Diamond Approach* besteht ein fundamentaler Schritt darin, zu lernen, sich von dem Über-Ich zu lösen. Ich hoffe, dass dieses Buch den Schülern der Ridhwan School sowie allen interessierten Menschen – überall – als hilfreiche Unterstützung dienen kann. Auch Karen Johnson, Hameeds Kollegin und meiner persönlichen Lehrerin gilt meine herzlichste Anerkennung. Sie hat mich jahrelang geduldig durch das Labyrinth meiner eigenen psychischen Realität geleitet.

Ich danke Michael Torresan, einem ehemaligen Lehrer der Ridhwan School, der dieses Material als Erster geordnet und als eigenständige Lehre im Workshop-Format präsentiert hat. Mit der Art und Weise, wie er andere dabei begleitet hat, ihrem inneren Richter zu begegnen, hat er ein inspirierendes und herausforderndes Vorbild gesetzt. Für vieles, was ich in diesem Buch entwickelt habe, diente seine Arbeit als wichtiger Ausgangspunkt.

In all den Jahren als Lehrer des *Diamond Approach* und besonders als Lehrer dieses Materials habe ich mit vielen Studenten gearbeitet. Ich bin jedem und jeder Einzelnen dankbar für alles, was sie mich gelehrt haben. Viele von ihnen erscheinen direkt oder indirekt auf den Seiten dieses Buches.

Ein Großteil der Schreibarbeit an diesem Buch wurde durch die Abgeschiedenheit und Ruhe des Vedanta Retreat in Marin, Kalifornien ermöglicht, und ich spreche hiermit meinen Dank für die Einladung aus, ein stille Zeit zu genießen und zu schreiben. Auch Deborah Meyer möchte ich danken – sowohl für ihren Glauben an den tiefen Wert dieser Arbeit für ihre psychotherapeutischen Klienten als auch für ihre Ermutigung und ihr Feedback nach einer ersten Lesung dieses Manuskripts. Mein besonderer Dank gilt meinem Vater Quentin, der meine holperige Grammatik geduldig und detailgenau redigiert sowie meine ungewohnten Konzepte infrage gestellt hat. Er hat mich auf meinem Weg des Schreibens immer bestätigt und mir einen hohen Standard für einen achtungsvollen Umgang mit der englischen Sprache gesetzt. Danke auch an Alia Johnson und Sara Hurley, die mir Rückmeldung gaben und mich während der vier Jahre, die ich brauchte, um dieses Buch fertigzustellen, immer wieder aufgemuntert haben. Viele Menschen ermutigten mich, nachdem sie die Vorentwürfe gelesen hatten. Zu ihnen gehören Loie Rosenkrantz, Ward Stoneman, Sherry Anderson, Robert Birnbaum, Barry Rothman, Pam Weiss, Jessica Britt, Karen Johnson und Hameed Ali.

Nachdem ich vier Entwürfe auf eigene Faust geschrieben hatte, fasste ich am Neujahrstag 1997 den Vorsatz, eine Redakteurin zur Zusammenarbeit zu gewinnen. Ich danke sowohl meinem Schwiegervater Jim Friedman als auch meinem Vater dafür, mir diesen Schritt ermöglicht zu haben. Als Folge kam das Buch mit einem großen Sprung voran zu seiner endgültigen Fassung – dank der unschätzbaren Aufmerksamkeit von Elianne Obadia, der „Hebamme für Schriftsteller". Wir entwickelten eine wunderbare Partnerschaft, während der sie mir half, die Energie und Klarheit zu verwirklichen, welche das Gedankengut am effektvollsten zum Sprechen brachte. Danke, Elianne, für den Enthusiasmus, die Wertschätzung und die kritische Aufmerksamkeit, die du meinem Schreiben hast zuteil werden lassen.

Tausendmal danke sage ich dem Team von Shambala Publications, insbesondere meiner Herausgeberin Emily Hilburn Sell, für den Glauben an dieses Buch und die Geburtshilfe in die Welt.

Schließlich bin ich meiner Frau Ellen Friedman unendlich dankbar für ihre beständige Unterstützung, ihr Interesse und ihre Energie, die mich während des gesamten Vollendungsprozesses dieses Projekts gestärkt haben. In meinem Leben mit ihr als letztendlichem Labor und Prüfstand sind die in diesem Buch dargestellten Prinzipien auf ihren Erfolg getestet worden.

Geleitwort

Während der vielen Jahre, in denen ich Menschen beigebracht habe, mit Selbstkritik zu arbeiten, ist mir viel Leid begegnet, das direkt aus der negativen Art und Weise resultiert, wie die Menschen sich selbst behandeln. Ich habe auch ihre Überraschung und Betroffenheit gesehen, als sie den Ernst der Situation erkannten. Doch wohl das Wichtigste, was ich sehe, ist ihr Hunger danach, ein Gefühl der persönlichen Integrität auf der Grundlage von Mitgefühl und Verständnis zu empfinden, anstatt aufgrund ihrer Selbstbeschuldigungen zu glauben, mangelhaft zu sein.

Nichts ist schmerzlicher oder herzerweichender als zu erleben, wie ein Freund in der Absicht, das Beste zu tun, sich selbst schlecht behandelt. Es schmerzt, seine Selbstbestrafung zu sehen, ihre Unangemessenheit zu erkennen und sich zugleich die eigene Hilflosigkeit einzugestehen, ihn davon abzuhalten. Man ist hilflos, weil der Freund seine Handlungen für die logische und nötige Folge dessen hält, was er ist. Selbst wenn er den Schmerz und den Kampf erkennt, die von seinen Selbstbeschuldigungen herrühren, kann er deshalb nicht unbedingt eher damit aufhören. Man erkennt vielleicht, dass er sich eine Verantwortung aufbürdet, die ihm gar nicht gebührt, und man möchte ihm helfen, das zu erkennen. Man möchte mit diesem Freund darüber reden oder ihm die richtigen Bücher zu lesen geben. Doch all diese Dinge hinterlassen keine bleibenden Spuren, wenn sie in ihm nicht den Hunger erwecken, sich selbst jenseits seiner Hoffnungen und Ängste kennen zu lernen.

Genauso schwer ist es, die *eigenen* Muster der Selbstverurteilung in Angriff zu nehmen. Die schlichte Einsicht, wie hart und intolerant man mit sich selbst umgehen kann, ist schon extrem unbequem. Doch diesen Teil seiner selbst bloßzustellen und zu erforschen bedeutet auch, die Grundannahmen über die eigene Kindheitsentwicklung und -erziehung sowie über die Gesellschaft, in der man lebt, infrage zu stellen. Das kann bedeuten, persönliche Prioritäten zu setzen, die zu denen der Familie, Freunde und Kollegen im Gegensatz stehen – und das ist alleine kaum zu schaffen.

Aus diesem Grund kann man von fortlaufenden Seminaren oder Workshops zum inneren Kritiker, in denen man mit Gleichgesinnten arbeitet, in großem Maße profitieren. Man erkennt, dass man nicht der Einzige ist, der diese Muster der Selbstbeschuldigung mit sich herumschleppt und erhält äußere Unterstützung, um diese Muster in Angriff zu nehmen. Die Arbeit mit anderen kann der Isolation entgegenwirken, die man befürchtet, wenn man die allgemeinen Maßstäbe der Umgebung sowie die eigenen Erwartungen infrage zu stellen beginnt.

Für alle, die nicht die Möglichkeit haben, an einer Gruppe teilzunehmen, die diesen Fokus unterstützt, kann die Arbeit mit dem inneren Kritiker ein einsamer und oft entmutigender Prozess sein. Ein Buch kann Hintergrundwissen vermitteln, Vorgehensweisen vorschlagen und einige Leitfäden anbieten, doch es kann den persönlichen Kontakt mit anderen Menschen oder das Feedback eines Therapeuten oder Lehrers nicht ersetzen. Dieses Buch bietet eine Perspektive, die Sie von dem allgegenwärtigen Ansinnen, sich selbst zu verbessern, befreit – einem Ansinnen, welches das Leiden der Selbstbeschuldigung eher verstärkt als auflöst. Ich hoffe, es wird Ihnen als Unterstützung für Ihr eigenes Wachstum dienen, indem es klar macht, wie wichtig es für den Pfad der Selbsterkenntnis ist, der Selbstverurteilung den Kampf anzusagen.

Byron Brown
Albany, Kalifornien
November 1997

EINFÜHRUNG

Dieses Buch macht Sie mit dem lebenslangen Prozess des Sich-Lösens aus der Selbstverurteilung bekannt, und dadurch – sowie darüber hinaus – mit der Erkenntnis Ihrer selbst als lebendiger Seele. Im Besonderen wird es Sie auf einem erfahrungsbetonten Prozess begleiten, in dem die Urteile Ihrer inneren Welt aufgelöst werden. Die umfangreichen Informationen sind hier nicht zu einem theoretischen Traktat zusammengetragen, sondern wollen Ihnen mit einem interaktiven Prozess und praktischen Anleitungen dabei helfen, sich von Selbstangriffen zu befreien. Sie finden im Buch viele Beispiele von Einzelfällen sowie aus der Arbeit mit Studenten, welche die vorgestellten Prinzipien illustrieren; außerdem Übungen und Anleitungen, um Sie zu ermutigen, eigene Entdeckungen zum Verständnis des Themas zu machen. Das angebotene Wissen wird keine großen Auswirkungen haben, solange Sie dessen Bedeutung nicht anhand eigener Erfahrungen aktiv erforschen.

Die Arbeit mit dem inneren Richter und die Entdeckung der Wahrheit ist eine Reise in die Freiheit. Wenn Sie zu der Einsicht kommen, dass Sie sich in einem Gefängnis befinden, dessen Wärter der innere Richter ist, dann werden Sie die mächtige Sehnsucht der Seele nach Freiheit schätzen lernen. In der Geschichte der Menschheit spiegelt jede äußere Form der Knechtschaft die psychische Gefangenschaft der Seele aufgrund von Unwissen und blinden Überzeugungen wider. Sie sind der Sklave Ihrer eigenen Vorstellungen darüber, wer Sie sind und wie Sie sein sollten.

Die Fähigkeit, sich gegen die Angriffe des Richters zur Wehr zu setzen und sich aus seinem Tätigkeitsfeld zu lösen, ermöglicht Ihnen zu entdecken, wer Sie sind – unabhängig von Vorstellungen. Aktiv für die Wahrheit Ihres eigenen Erlebens einzustehen zerbricht die gewohnten Muster Ihrer bekannten Identität. Wo Erwartungen und Normen das Regiment geführt haben, können jetzt Offenheit und Gewährenlassen ihren Einzug halten. Die Angst vor Rache räumt ihren Platz für Selbstvertrauen und Wissbegierde. Aus Hoffnungslosigkeit und Niederlage können sich Akzeptanz und

Gewissheit erheben. Und Eingegrenztsein sowie Anspannung können sich in Weite und Leichtigkeit verwandeln.

Eine Reise der Wahrheit

Und die Wahrheit leitet die Reise. Gepaart mit den bodenständigen und pragmatischen Qualitäten unseres persönlichen Willens wird sie zum objektiven Gewissen für jede weltliche Handlung. Eine der ursprünglichen Funktionen des Richters bestand darin, als Ihr Gewissen zu agieren. Seine Maßstäbe von Richtig und Falsch hat der Richter von den Eltern und der Gesellschaft gelernt. Während Ihrer Kindheit hat er daraufhin Schuld und Scham benutzt, um Ihnen dabei zu helfen, brav zu sein und sich im Sinne dieser Moralvorstellungen richtig zu verhalten. Unglücklicherweise hat dieser Prozess mit dem Ziel, Sie auf das Leben in der Gesellschaft vorzubereiten und Ihnen Anerkennung zu verschaffen, Ihre Spontaneität, Lebendigkeit und Instinktkraft unterdrückt. Während Sie Ihre eigene Wahrnehmungs- und Unterscheidungsfähigkeit sowie Ihr Verständnis entwickelten, waren Sie auf die feste Unterstützung und Leitung des Richters angewiesen. Doch diese Entwicklung führte zu einem Resultat, das nicht in Ihrem wahren Wesen verankert war. Noch als Erwachsener haben Sie sich weiterhin auf die verinnerlichten Wertmaßstäbe des Richters verlassen. Nur ein wahrer Reifungsprozess kann den Richter durch ein lebendiges Gewissen ersetzen. Diese Fähigkeit der Seele hängt von Ihrer Erkenntnis Ihres wahren Wesen und von der Entwicklung Ihres Vermögens ab, wirklich und authentisch Sie selbst zu sein.

Das Ablösen vom Richter erfüllt mithin zwei Funktionen: Sie aus dem Gefängnis alter, begrenzender Muster und Überzeugungen zu befreien und gleichzeitig von Ihnen zu fordern, eine Lebensweise zu üben und auszuüben, welche das Bedürfnis nach einem Richter aufhebt. Man kann eine Struktur, die einen charakterisiert und unterstützt hat, nicht einfach abwerfen ohne etwas Besseres an ihre Stelle zu setzen. Sie müssen lernen, ohne die Maßstäbe des Richters – und das heißt, im Einklang mit der Wahrheit und Wirklichkeit Ihres eigenen gegenwärtigen Lebens – zu handeln, zu wählen und sich zu beziehen. Daraus entsteht ein lebendiges

Gewissen, das sich nicht auf Regeln stützt. Ein derartiges Gewissen erlaubt Ihrer lebendigen Seele, sich in ihrer Fülle auszudrücken, und das geschieht, wenn Sie die Selbstgerichtetheit der Triebimpulse, die selbstzerstörende Tendenz der zwanghaften Muster und die Starre der inneren Autorität transformiert haben. Das ist keine einfache Aufgabe. Es bedeutet die Arbeit und den Lernprozess, ein verantwortlicher und reifer Mensch zu werden. Das kann man weder planen, noch reicht es, darüber zu lesen oder einfach den Anweisungen eines anderen zu folgen. Man muss lernen, spontan zu leben, indem man sich von dem, was man als die Wahrheit erkennt, leiten lässt.

Eine Reise der Gesundung

Die Arbeit mit dem Richter ist zugleich eine Reise der Gesundung. Sich von ihm abzulösen unterstützt Ihre Befreiung aus seiner brutalen Tyrannei und beschleunigt außerdem Ihr Erleben der Lebendigkeit Ihrer Seele. Dieses Tor gilt es zu durchschreiten, um Ihre Seelennatur wiederzugewinnen und eine frische, dynamische Lebendigkeit im Herzen Ihres Lebens wiederherzustellen. Und Lebendigkeit bedeutet die Gegenwart von Leidenschaft und Spontaneität, zweier Qualitäten, die in der Welt des Urteils fehlen. Außerdem bedeutet sie, sich selbst als Lebensquelle zu erfahren. Das Leben entströmt Ihnen und durchströmt Sie und nimmt dabei bekannte und bisher unbekannte Formen an. Die Lebendigkeit der Seele entspricht dem Gefühl von etwas Bewusstem und Unvorhersagbarem, etwas Wachem und Mysteriösem.

Es ist mein Wunsch, Sie dabei zu unterstützen, den direkten Kontakt zu Ihrer eigenen gelebten Erfahrung – ohne den Richter als Vermittler – wiederherzustellen. Die zentrale Praxis dieses Prozesses besteht darin, zu *Ihrem* Erleben *Ihrer selbst* in diesem jeweiligen Augenblick zurückzukehren. Wenn Sie lernen, sich jeden Augenblick mit Interesse und Offenheit selbst zu erkennen, dann erlauben Sie diesem Selbstentdeckungsprozess, neue Türen für Sie zu öffnen. Sie finden Ihre natürlichen Hilfsquellen wieder, die neben dem kontrollierenden Einfluss des Richters ohne Beachtung geblieben waren. Indem Sie sich aktiv ablösen, beginnen Sie die so genannte *Gegenwärtigkeit* oder *Präsenz* als eine unterstützende Grundlage zu erkennen, auf der Sie von Moment zu Moment Sie selbst sein können. Kostproben werden Ihnen angeboten, die zeigen was es bedeutet, eine lebendige, dynamische und unmittelbare Seele zu sein – eine Seele, die offen, veränderlich und empfänglich ist und zugleich in der Realität der Wahrheit wurzelt.

Die verschiedenen Schattierungen der Wahrheit treten hervor, um Ihr Erleben zu bereichern: Das *Gewahrsein* lässt Sie, die immer neuen Elemente eines jeden Tages erfahren, und der *persönliche Wille* führt Sie zu Ihrer direkten Erfahrung dessen zurück, was im Moment wahr ist. Das *Annehmen* oder die *Akzeptanz* gibt Ihnen den Mut zur Verletzlichkeit angesichts der Höhen und Tiefen Ihrer inneren Welt, und die *Kraft* verleiht den Mut, Ihre Grenzen zu erweitern und über alles hinauszugehen, was Ihnen jemals möglich schien. *Freude* und *Wissbegierde* unterstützen Sie dabei, das Mysterium, welches Sie und die Welt sind, zu feiern, während das *Mitgefühl* Sie mit der Fülle Ihres Herzens sowie seinem Schmerz, seiner Trauer und seiner Sehnsucht in Kontakt bringt und so empfindsam werden lässt. Die *Weite* verwandelt die Sorge, zu wenig zu sein oder zu haben in die Fähigkeit, Offenheit zu erlauben, und *Wertschätzung* verleiht Ihrer Seele Süße und Zufriedenheit, indem sie Ihnen dabei hilft, Ihr wahres Wesen schätzen zu lernen. *Frieden* bringt den inneren Aktivismus zum Schweigen, der die Stille und Einfachheit Ihres Selbstseins untergräbt. Zugleich erlaubt er der *Wahrheit* dessen, was Sie und Ihr Leben sind, immer sichtbarer zu werden.

Die Reise der Seele trennt Sie nicht von den physischen, emotionalen und sozialen Gegebenheiten Ihres Lebens. Sie hat nichts mit außerweltlichen Erfahrungen zu tun. Die Wiederherstellung der Seele bringt die Dimension der Gegenwärtigkeit und ihre Qualitäten zum Tragen – die unsichtbare Essenz dessen, was Lebendigsein bedeutet – und bereichert dadurch Ihr gegenwärtiges Leben. Spiritualität ist das Herz menschlichen Lebens – , die feinstoffliche Dimension der Tatsache, eine Seele zu sein. Sie verleiht Ihrem Erleben Fülle und Unmittelbarkeit sowie das Gefühl, mit jedem einzelnen Moment ihres täglichen Lebens besser im Kontakt zu sein.

Zum Aufbau dieses Buches

Dieses Buch befasst sich mit dem menschlichen Dilemma der Seele, indem es zwei Fragen beantwortet: Was ist diese Seele, zu der Sie den Kontakt verloren haben, und was hindert Sie daran, sie wiederzuerkennen? Beide bilden die Grundlage einer jeden spirituellen Arbeit und es gibt viele verschiedene Wege, sie zu beantworten. In diesem Fall betrachten wir das Hindernis, indem wir mit der Selbstverurteilung sowie mit den verschiedenen Möglichkeiten arbeiten, wie diese uns daran hindert, unsere Seele zu erkennen. Wir erforschen die Seele selbst, indem wir uns auf einige ihrer essenziellen Aspekte konzentrieren, die größtenteils abgeleugnet werden oder in Vergessenheit geraten sind.

Auf den folgenden Seiten wird eine Methode vorgestellt, die Ihnen die Möglichkeit gibt, sich Schritt für Schritt Ihrer Selbstverurteilung zu stellen. Sie werden lernen, die Präsenz des Richters zu erkennen und zu bemerken, wie er auf Sie wirkt. Sie werden herausfinden, wie er vorgeht, erforschen, wie Sie seine Aktivität unterstützen, entdecken, was ihn motiviert, und – besonders wichtig – Sie werden Wege finden, um sich von seinem Einfluss zu befreien. Dieser Prozess ist notwendig, um Ihnen die Freiheit zu verschaffen, hinter einer Vielzahl von jahrelang angesammelten Überzeugungen über sich selbst zu entdecken, wer Sie wirklich sind. Die Anordnung der Informationen dieses Buches soll das selbständige Arbeiten erleichtern: schrittweise entwickeln sich Bewusstsein und Fähigkeiten für eine wahre und effektive Abwehr der Selbstverurteilung. Sollten Sie bei Ihrer Arbeit die fortlaufende Unterstützung eines Lehrers oder einer Gruppe zur Verfügung haben, kann sich die Reihenfolge, in der das Material bearbeitet wird, auch ändern.

Die erste Hälfte des Buches konzentriert sich darauf, das Urteilen sowie dessen Wirkung auf Sie zu verstehen. In der zweiten Hälfte werden Sie angeleitet, schrittweise gegen die Aktivität der Selbstverurteilung anzugehen. Jedes der zwölf den „Richter-Prozess" behandelnden Kapitel endet mit einer Zusammenfassung der wichtigsten Punkte sowie einer oder mehrerer Übungen, die Ihr selbständiges Arbeiten unterstützen.

In gleichem Maße richtet sich dieses Buch auf die Rückverbindung mit Ihrer Seele, dem vergessenen Potenzial dessen, was und wer Sie wirklich sind. Dieser Prozess, der Ihnen hilft, die inhärenten Qualitäten Ihres wahren Wesens wiederzufinden, zu denen Sie beim Heranwachsen den Kontakt verloren haben, ergänzt Ihre Arbeit mit dem Richter – und das betrifft besonders die Eigenschaften, die Sie benötigen, um sich von den Selbstverurteilungen zu befreien.

In der traditionellen spirituellen Arbeit gibt es die Tendenz, sich auf die Aspekte des eigenen Wesens zu konzentrieren, die man für spirituell (im Sinne von 'jenseits der weltlichen Dinge') hält, wie zum Beispiel allumfassende Liebe, Selbstverwirklichung, transzendente Einheit, höchste Leere oder spirituelle Erkenntnis. Alle sind wichtig, um die tieferen Dimensionen menschlichen Erlebens kennenzulernen, doch Sie besitzen auch andere häufig übersehene essenzielle Eigenschaften, die für das Leben in der Welt relevanter sind.

Die Arbeit mit dem Richter ist eine besonders irdische Angelegenheit und braucht die Unterstützung grundlegender und vertrauter Seeleneigenschaften, die von Überzeugungen und persönlicher Geschichte befreit werden müssen. In den Seelenkapiteln werden Sie eingeladen, mit der klaren Einfachheit des Gewahrseins, der energievollen Expansion der Stärke, der soliden Zuverlässigkeit des Willens und der sanften Wärme des Mitgefühls in Kontakt zu kommen. Diese und andere Qualitäten bilden einen Kontrast zu der Erfahrung Ihrer selbst im Umfeld des inneren Kritikers. Gleichzeitig verschaffen Sie Ihnen Zugang zu Ihren inneren Hilfsquellen, sodass Sie sich seiner Macht entgegenstellen können. Jede der vorgestellten Qualitäten ist für einen bestimmten Aspekt Ihrer Arbeit mit dem Richter von Bedeutung. Die Kapitel zu den Eigenschaften der Seele wechseln sich mit denjenigen über den Richter ab, und jedes enthält eine Praxisanleitung, die Ihnen helfen kann, sich mit der jeweiligen Qualität wieder zu verbinden.

Diese beiden Bereiche – das Umgehen mit dem Richter und der Kontakt zu den Seeleneigenschaften – unterstützen und verstärken sich gegenseitig. Wenn Sie die Attitüden und Überzeugungen des Richters durchschauen, ermöglicht das Ihnen, sich selbst und Ihr eigenes Erleben mit neuen

Augen zu betrachten und zu beginnen, Ihre tiefere Seelennatur zu erkennen. Sie erschaffen einen Raum, in dem Sie sich auf andere Weise kennen lernen können. Zugleich stellt die direkte fühlende Wahrnehmung eines Aspekts Ihres wahren Wesens eine lebhafte und definitive Alternative zur reaktiven Natur Ihrer Selbstverurteilungen dar.

Zusätzlich zieht sich die Geschichte eines jungen Paars, Frank und Sue, die einen Sonntag miteinander verbringen, durch das gesamte Buch. Zu Beginn eines jeden Kapitels wird eine kurze Episode aus ihrem Tagesablauf erzählt, die sich auf das Material des anschließenden Kapitels bezieht und dazu beiträgt, den Gegenstand dieses Buches im Kontext des täglichen Lebens zu verankern. Wenn im Denken oder der wörtlichen Rede der Protagonisten ein Urteil auftaucht, wird ihm generell ein ❁ - Symbol vorangestellt, um es Ihnen zu erleichtern, festzustellen, wie häufig Urteile in allen inneren und äußeren Aktivitäten vorkommen und wie vielfältig sie sich äußern. Wenn Frank oder Sue einen inneren Dialog abhält – urteilend oder nicht – dann sind die Wörter kursiv gedruckt. Es dürfte hilfreich sein, am Ende eines Kapitels die vorangestellte Episode noch einmal zu lesen.

Der Beginn eines Prozesses

Hier geht es um die lebenslange Reise, Ihre Seele zu befreien und dabei in Ihrem Leben die Wahrheit zu entdecken. Das Erkennen und die Würdigung des inneren Richters sowie die Ablösung von ihm stellen eine wesentliche Möglichkeit dar, sicher zu sein, dass es sich dabei um *Ihre* Reise handelt. Dieses Buch ist nur ein Anfang, stellt jedoch ein nützliches und grundlegendes Werkzeug zur Verfügung, um die Gefängnistür zu öffnen und hinaus in das Herz des Lebens zu treten.

Hinweis an den Leser

Dieses Buch wendet sich nicht allein an Ihren Verstand – es richtet sich an Ihre Seele. Zeitweilig wird es in Ihrem Körper, Ihrem Herzen oder in der Tiefe Ihres Seins eine Resonanz erzeugen. Die Kapitel sind voller Informationen, Einsichten und Erforschungen. Das macht das Lesen nicht leicht. Es empfiehlt sich daher, dieses Buch langsam durchzuarbeiten und sich von ihm anregen, erschüttern und berühren zu lassen. Genießen Sie es in kleinen Bissen, um Konsistenz- und Geschmacksvarianten wirklich aufzunehmen. Lassen Sie es eine Weile liegen und kehren Sie dann zu ihm zurück. Machen Sie Pausen und lesen Sie es noch einmal.

Während des Lesens werden Sie bemerken, dass Sie auf die Ideen reagieren, die für den derzeitigen Stand Ihrer eigenen Entwicklung relevant sind. Sie werden aus dem angebotenen Stoff die Nahrung ziehen, die Sie im Moment für Ihre eigene Entwicklung brauchen. Das heißt: Vieles von dem, was Sie gelesen haben, wird keine besonderen Spuren in Ihrem Geist hinterlassen. Das ist natürlich. Es bedeutet allerdings auch, dass Sie zu jedem Teil dieses Buches in einem Monat, sechs Monaten oder einem Jahr zurückkehren und mit Inhalten in Einklang kommen können, welche beim ersten Mal für Sie unwichtig waren.

Besonders empfehle ich Ihnen, während des Lesens auf Ihren Körper und Ihre Energie zu achten und festzustellen, wie sich das Lesen auf sie auswirkt. Wenn Sie bemerken, dass Sie sich nur mit Mühe konzentrieren können oder unruhig werden, dann machen Sie eine Pause. Vielleicht hat irgendetwas im Text einen wichtigen Punkt getroffen und eine körperliche oder emotionale Reaktion herbeigeführt. Wenn ein Teil von Ihnen stark betroffen ist, kann er Sie daran hindern, noch mehr aufzunehmen. Da dieses Buch sich darauf konzentriert, Sie mit Ihrem Erleben in jedem Moment zu verbinden, ist es der ideale Lernbegleiter für diese Art der Selbstbeobachtung. Wenn Sie beim Lesen auftretenden Reaktionen Raum geben, vertieft das die Wirkung des Buches und lässt zugleich zu, dass das Material weitere Aspekte Ihrer Seele nährt und erweckt.

Erwarten Sie keine sofortigen Veränderungen oder Entwicklungen; haben Sie Geduld mit sich selbst und respektieren Sie das Bedürfnis Ihrer Seele, ihr eigenes Schritttempo vorzugeben. Die Integration der verschiedenen Elemente dieses Selbstentdeckungsprozesses in Ihr Leben kann viele Jahre dauern. Die Übungen und Praxisanleitungen dieses Buches sind darauf zugeschnitten, Sie allmählich mit verschiedenen inneren Erlebnisdimensionen in Kontakt zu bringen. Das hat eine kumulative Wirkung: Jede Facette der Arbeit wird von allen anderen verstärkt.

Ein Tag mit Frank und Sue

Sue wurde davon geweckt, dass Frank aus dem Bad ins Bett zurückkehrte. Es brauchte eine ganze Weile, bis sie einsah, dass sie nicht wieder einschlafen konnte. Er dagegen schien sofort wieder in tiefen Schlaf gefallen zu sein. Sie wandte ihren Kopf zur Seite und öffnete die Augen – der leuchtende Radiowecker zeigte 3:30 Uhr an. Zu spät erinnerte sie sich daran, was ein Schlafexperte neulich im Radio erzählt hatte: Wenn man mitten in der Nacht aufwache, solle man auf keinen Fall auf die Uhr schauen, weil dadurch das Einschlafen erschwert werde. Jetzt fiel ihr auf, wie oft sie in letzter Zeit mitten in der Nacht aufgewacht war. Glücklicherweise war heute Samstag und sie konnte ausschlafen, doch war sie über sich selbst frustriert und ihr graute davor, die ganze Nacht wach zu liegen.

Na, was ist denn in letzter Zeit mit dir los, Sue?
Du hast doch früher keine Schlafprobleme gehabt.
Da stimmt doch etwas nicht. Du weißt genau, dass du zu spät zu Abend isst und dir dann noch diese schlechte Angewohnheit zugelegt hast, hinterher schwarzen Tee zu trinken.
Ich glaube, das muss etwas damit zu tun haben, dass ich mir zu wenig Bewegung mache, oder dass ich mich so um meine Arbeit sorge. Ich muss mir morgen unbedingt etwas von dem Melatonin im Bioladen kaufen...

Während ihr Verstand so weitermachte, geriet sie körperlich immer mehr aus dem Gleichgewicht. Sie konnte die Schwere des

Schlafs noch in ihrem ganzen System spüren und ihre Augen schmerzten. In ihren Gliedern entwickelte sich ein vages Unruhegefühl, als wäre ein subtiler Energiestrom eingeschaltet worden, der sie hinderte, sich zu entspannen. Sie sehnte sich verzweifelt danach, ihn abzuschalten und wieder einzuschlafen.

Es kostete Sue einige Mühe, dieses obsessive Denken zu beenden und ihre Aufmerksamkeit auf Arme und Beine zu lenken. Sie begann, kontrolliert zu atmen, um sich zu entspannen. Die damit verbundene Konzentration brachte zunächst nicht die erwünschte Entspannung, sondern verstärkte ihre Anspannung noch. Doch dann wandelte sich die Kontur ihres Körpers allmählich zu einer lebhaften, mit einer etwas stacheligen Energie geladenen Präsenz und wurde zu einem pulsierenden, sie durchströmenden Fluss, der sich beruhigend und zugleich belebend anfühlte. Für einen Augenblick erlebte sie sich schwebend, mitten in einem dunklen, ausgedehnten Feld mit leicht vibrierendem Umfang. Sie spürte sich selbst auf unmittelbare und unbekannte Weise, als plötzlich eine vertraute Stimme dazwischenfuhr:

Aber du solltest doch eigentlich einschlafen!

Diese innere Stimme brachte sie wieder dazu, Sue zu sein, die schlaflos im Bett lag. Wo war sie gewesen? Sie hatte weder geschlafen noch war ihr der Ort bekannt vorgekommen. Als sie sich den Kopf darüber zerbrach, was da soeben geschehen war, fiel ihr auf, dass sie gähnte. Sue drehte sich auf die andere Seite, zog die Decke hoch und war bald eingeschlafen.

1

Die Seelenperspektive

Sie sind eine Seele. Und wenn Sie es erlauben, kann Ihr Leben für Ihre Seele zu einer Reise der Entfaltung werden. Tatsache ist, dass Sie sich selbst nicht als Seele erkennen. Sie kennen den Ursprung Ihrer eigenen Lebendigkeit nicht. Sie sind sich des Potenzials an Freiheit und offener Präsenz, das Ihr wahres Wesen ist, nicht bewusst. Damit Sie Ihren inneren Kritiker im richtigen Verhältnis zu dem, was Sie in Ihrer Ganzheit sind, sehen können, brauchen Sie ein Gefühl dafür, eine Seele zu sein. Was bedeutet das?

Was ist die Seele?

Immer, wenn jemand das Wort *ich* gebraucht, meint er damit normalerweise eine Person, die geboren wurde, bestimmte Eltern und eine bestimmte Geschichte hat und auf bestimmte, bekannte Art handelt und sich verhält. Das wird häufig auch als das Ego oder die Persönlichkeit bezeichnet. Doch in Wirklichkeit ist die Seele das wahre „Ich". Sie entspricht der gegenwärtigen Erfahrung Ihrer selbst als Handlungsinstanz in Ihrem Leben, dem Empfinden eines Lebendigseins im Hier und Jetzt. Wenn Sie sich nicht darauf beziehen, wer Sie in der Vergangenheit gewesen sind – können Sie dann sagen, was Sie jetzt sind?

Die Seele ist der Teil von Ihnen, welcher Ihr Leben erlebt – welcher wahrnimmt, handelt, lernt und sich verändert. Sie ist nicht der Körper, der vor vielen Jahren geboren wurde, nicht das Selbstbild eines Menschen mit bestimmten Fähigkeiten und Eigenschaften, auch nicht der Verstand, der sich über alles, was geschieht, seine Sorgen und Gedanken macht. Die Seele beinhaltet all dies, ist jedoch als die Erlebende viel grundlegender und zugleich viel weniger fest umrissen als sie alle. Wer ist es, der die Erfahrung macht, ein Ich, ein Körper oder ein Verstand zu sein? Wer liest diese Worte in *diesem* Moment? Können Sie beschreiben, wer oder was das ist? Das meine ich mit der Seele.

Alle Aspekte unseres Erlebens entspringen unserer Seele. Sie ist nicht allein der Erlebende, sondern auch das, *was* erlebt wird und zugleich der *Ort* des Erlebens. Anders ausgedrückt: Unsere Seele ist das, was allen Teilen unser selbst und unseres Erlebens zugrunde liegt, was sie zu einem Ganzen vereint. Die tiefe Sehnsucht danach, ganz zu sein, sich integriert zu fühlen und ungetrennt man selbst zu sein, entspricht der Sehnsucht danach, die Seele zu erleben.

Je stärker Sie Ihre eigene unmittelbare Lebendigkeit verspüren, desto näher sind Sie Ihrer Seele. Die Seele ist die Substanz des lebendigen Gewahrseins. Sie zu fühlen bedeutet, die geheimnisvolle und mysteriöse Qualität dessen was wir sind – eine fließende, dynamische, lebendige und stets im Wandel begriffene Gegenwärtigkeit – zu erkennen. Zu spüren, dass wir eine Seele sind, bedeutet, die Grenzenlosigkeit des Lebens zu erkennen. Die Seele erstreckt sich über alle Begrenzungen und Kategorien des menschlichen Verstandes sowie die vertraute Vorstellung eines Menschenlebens hinaus. Sie wird durch Geschichte, Konzepte oder den physischen Körper nicht begrenzt, sie entzieht sich jeder exakten Definition oder Analyse. Somit kann die Seele besser vom Herzen als von den Strukturen und Wahrnehmungen des Verstandes gefühlt, erspürt und erkannt werden. Haben Sie sich jemals ein Herz voller Leichtigkeit und Spontaneität gewünscht? Haben Sie sich jemals von der Vorstellung eingeschränkt gefühlt, auf bestimmte Art sein und handeln zu müssen? Wenn ja, dann stellen Sie sich einmal vor, was für ein Gefühl Ihrer selbst es Ihnen ermöglichen würde, spontan, leicht, einfach und frei zu sein. Wer wären Sie dann und wie würden Sie sich fühlen? Was Sie sich jetzt vorstellen, ist eine grundlegende Eigenschaft Ihrer Seelennatur.

Die Natur der Seele besteht aus reinem Bewusstsein, welches wir als ein Feld des Gewahrseins in Bezug auf die physische Realität erleben. Dieses Gewahrseinsfeld enthält Ihren Körper und Ihren Verstand, ohne von beiden begrenzt zu werden. Normalerweise erleben Sie sich als einen physischen Körper, der einen Verstand besitzt, dessen eine Eigenschaft das Gewahrsein ist. Aber Ihre Seele ist eher so etwas wie eine Ausdehnung von Gewahrseinspartikeln, die sich an Ihrem Standort zu einer soliden physischen Präsenz verdichten, die wir als einen Körper kennen. Und diese Gewahrseinspartikel durchdringen jede Ihrer Zellen, jede Ihrer Empfindungen und jeden Ihrer Gedanken. Der äußerlichste Ausdruck Ihres Bewusstseins oder Ihrer Seele *ist* Ihr Körper, der Ihrem Bewusstsein zu einem intimen Kontakt mit der Ihnen vertrauten physischen Welt verhilft. Was würde es für einen Unterschied bedeuten, wenn Sie wahrnehmen könnten, dass Ihr gesamter Körper aus diesem Bewusstsein gemacht ist – und dass Ihr Gewahrsein bewusst jede Zelle Ihres Körpers bewohnt und sich durch sie ausdrückt!

Die Präsenz der Seele

Mit Ihrem gegenwärtigen Bewusstsein, der Substanz Ihrer Seele, im Kontakt zu sein, bedeutet, sich der eigenen Existenz – der Präsenz oder Gegenwärtigkeit in jedem Moment bewusst zu sein. Gegenwärtigkeit bedeutet das Gefühl unmittelbarer Existenz, des unmittelbaren Seins. Und Gegenwärtigkeit ist eine der Haupteigenschaften der Seele. Sie können sich Ihrer eigenen Seele nicht gewahr sein, bevor Sie nicht in Ihrem eigenen Erleben gegenwärtig sind und den gegenwärtigen Zustand Ihrer Wirklichkeit kennen. Gegenwärtigkeit ist Ihr direkt erlebtes Wissen der Tatsache, im gegenwärtigen Moment lebendig zu sein. Dieses Wissen ist keine Vorstellung oder Gedanke, sondern ein wirkliches, gefühltes Gewahrsein. Es verleiht Ihrem Körper seine fühlende Empfindsamkeit. Die Gegenwärtigkeit der Seele besitzt Substanz ohne körperlich zu sein, und diese Substanz vermittelt dem physischen Körper ein Gefühl lebendiger Fülle.

Gegenwärtigkeit ist für die Seele, was Nässe für das Wasser ist: Eins ist die untrennbare Eigenschaft vom anderen. Würde man das Wasser allerdings nur betrachten oder es mit Gummihandschuhen berühren, dann wüsste man vielleicht gar nicht, dass es nass ist. Auf die gleiche Weise kann die Gegenwärtigkeit der Seele zwar nicht ausgelöscht oder abgetrennt werden, sie kann uns jedoch verborgen bleiben, wenn wir nicht im Kontakt mit ihr sind. Die Gegenwärtigkeit unserer Seele nicht zu kennen bedeutet einen tiefen und schmerzhaften Verlust, welcher die Sehnsucht weckt, uns selbst besser und näher zu kennen. Diese Sehnsucht äußert sich vielleicht als Suche nach Bedeutung und Wahrheit, als Verlangen nach Selbsterkenntnis oder als Streben nach Ungebundenheit und Befreiung. Sie alle werden dadurch erfüllt, dass wir die lebendige Präsenz der Seele erleben, die wahre Natur dessen, was wir sind.

Die Gegenwärtigkeit der Seele hat viele subtile, jedoch ausgeprägte Nuancen, auf welchen der Reichtum des Lebens beruht. Das sind die Grundelemente menschlicher Existenz wie Kraft, Klarheit, Mitgefühl, Freude, Liebe, Intelligenz, Würde, Akzeptanz und Verletzlichkeit. Diese essenziellen Aspekte machen unser wahres Wesen aus, also das an uns, was uns angeboren oder von Gott verliehen wurde und nicht von unseren Eltern, unserem Aussehen, Verhalten oder unseren Errungenschaften abhängig ist.

Eigenschaften der Seele

Der Seele entspringen auch die Eigenschaften, welche die physische Existenz prägen: Leben, Wachstum, Dynamik und Fluss. Der physische Körper bezieht seine Lebendigkeit aus der Gegenwärtigkeit der Seele; er wird zu dem Zeitpunkt, an dem das Leben oder die Seele ihn verlassen hat, als tot empfunden. Ihr eigenes Gefühl von Lebendigkeit ist nur teilweise auf physische Faktoren zurückzuführen – sein viel grundlegenderer Ursprung liegt in Ihrer Offenheit der Seele gegenüber. Genauso entwickelt sich Ihr Körper zwar nach einem physiologischen Wachstumsmuster, doch *Ihre* Entwicklung ist weitaus mehr als nur physisch. Sie entwickeln und wandeln sich, Sie lernen und reifen auf eine Weise, die mit dem biologischen Wachstum des Körpers zwar in Verbindung steht, von ihm aber nicht verursacht wird.

Als die Seele, welche Sie sind, besitzen Sie eine Dynamik, die Sie als Vitalität, inhärente Bewegung und Transformation erfahren. Alle Objekte verbleiben, wenn nicht auf sie eingewirkt wird, im Ruhezustand, während das Wesen Ihrer Seele Aktivität, Veränderung und fortwährende Enthüllung implizit beinhaltet. Und diese Dynamik fließt – sie ist nicht statisch, rigide oder mechanisch. Unsere Seele ist eine Bewegung in Raum und Zeit, welche nie zu einem Ende gelangt, sie ist im wahrsten Sinne des Wortes ein Strom von Bewusstsein, also kein Objekt, das anhält und wieder beginnt, reagiert und widersteht. Wenn Sie sich leblos, festgefahren und an äußere Mächte ausgeliefert fühlen, dann sind Sie sich Ihrer Seelennatur nicht mehr bewusst. Und wenn Sie sich jemals danach gesehnt haben, sich selbst als dynamische Quelle von Lebendigkeit und Transformation zu erleben, dann ist die Lebendigkeit der Seele Ihr Geburtsrecht, welches nur darauf wartet, entdeckt zu werden.

Doch jenseits all dieser Eigenschaften zeichnet sich die menschliche Seele durch zwei einzigartige Merkmale aus. Da ist zunächst das außergewöhnliche Potenzial der Seele, alles zu erleben, was überhaupt erlebt werden kann. Anders ausgedrückt: Als ein Feld von Bewusstsein ist die Seele grenzenlos formbar. In ihrer reinen Form lässt sie sich widerstandslos von jedem Impuls, der in ihrem Inneren aufsteigt, formen, und wird von dem dynamischen Bewusstseinsstrom, den Sie als die Erfahrungen Ihres Lebens kennen, gestaltet und verwandelt. Dieses Potenzial, Erfahrungen zu machen, ist Ihnen als die zutiefst menschliche Fähigkeit bekannt, mit Gefühlen, Wissensdurst und Einsichten auf die Welt einzugehen. Auf subtileren Ebenen können Sie mit anderen mitfühlen und sich unvertraute Seinsweisen vorstellen, ja, sich sogar direkt in die Erfahrungen anderer Lebensformen hineinversetzen. Darin besteht die wahre Freiheit der Seele – von keiner äußeren Form bestimmt oder begrenzt zu sein. Das ist nicht allein die Freiheit von allen Begrenzungen, die damit einhergehen, etwas Bestimmtes zu sein, sondern auch die Freiheit, alles und jedes zu sein. Ihr Körper ist begrenzt, doch Ihre Seele nicht – sie ist reines Bewusstsein.

Das zweite Merkmal der Seele besteht in ihrer Fähigkeit, sich zu identifizieren. Nicht allein können Sie alles erleben – Sie können auch glauben, dass Sie alles *sind,* was Sie erleben. Das hat mit der menschlichen Fähigkeit zur Selbstreflexion zu tun: Sie sind sich Ihrer eigenen Existenz bewusst und können sich daher selber kennen. Weil aber die Seele durch die Wirkungen, welche die Erfahrungen auf sie ausüben, verschiedene Formen annimmt, können Sie sich selbst auf verschiedenste Art kennen. Sie als Seele sind nicht darauf begrenzt, sich als Seele wahrzunehmen. Tatsächlich haben Sie vor langer Zeit aufgehört, sich selbst als Seele zu erkennen. Stattdessen identifizieren Sie sich mit Emotionen, Gedanken, Überzeugungen, Körperwahrnehmungen, Vorstellungsbildern, Beziehungen mit anderen Seelen, Erinnerungen an vergangene Erfahrungen oder Bewusstseinszustände – um nur einige Möglichkeiten zu nennen. Diese Formen, in welchen die Seele erscheint, sind Ihnen viel vertrauter als die Seele selbst – ungeachtet der Tatsache, dass sie die Substanz ist, welche allen Formen zugrunde liegt. Daraus folgt, dass Sie sich als Seele eher in Ihren Formen und weniger als eine Präsenz reinen Bewusstseins erkennen.

Die Identifikation der Seele kann sich im Zuge ihres Wachstums und ihrer Entfaltung fließend verschieben oder sie kann sich auf bestimmte Formen festlegen. Wenn sich die Identifikation auf einen *Teil* Ihres Bewusstseins, eine bestimmte Form fixiert, können Sie leicht das Ganze – sich selbst als Seele – aus dem Blick verlieren. Vielleicht haben Sie sich stets nur als eine Form der Seele gekannt (als Ihren Körper, Ihre Geschichte, Ihre Gedanken, Ihre Emotionen). Oder vielleicht erinnern Sie sich daran, Ihr Leben mit einem gewissen Gewahrsein der Seele begonnen zu haben, welches Ihnen später, als Ihre Identifikation mit einer oder mehrerer ihrer Formen begann, abhanden kam. In beiden Fällen erkennen Sie Ihr wahres Wesen jetzt nicht mehr als Gegenwärtigkeit, Transformation, sich entfaltende Erfahrung und Lebendigkeit.

Dieser Seelenverlust wird häufig erst bemerkt, wenn Sie spüren, dass es Ihrem Erleben an Substanz oder innerer Bedeutung mangelt. Dann haben Sie den Punkt erreicht, an dem sich Ihre Identität so umfassend auf vertraute Formen verlegt hat, dass Ihnen jeglicher Kontakt zur lebendigen und dynamischen Substanz dessen, was Sie wirklich sind, verloren gegangen ist. Ihr Leben ist saft- und kraftlos geworden. Sie sagen sich: „Es kann nicht angehen, dass ich nichts weiter sein soll als dieses. Das Leben hat bestimmt mehr zu bieten, als das hier." Viele Menschen nehmen das als Anzeichen für die Midlife Crisis. Doch tatsächlich ist es der Schrei Ihrer Seele, der Sie an Ihre Seelennatur erinnert.

Wie wir den Kontakt zu unserer Seelennatur verlieren

Weil Sie sich identifizieren und diese Tatsache dann aus dem Bewusstsein verlieren, erleben Sie sich selbst nicht als eine Seele. Sie haben sich fest in dem Glauben verankert, ein Anteil der Seele zu sein – also erleben Sie Ihr Leben durch diesen Anteil. Nehmen wir einmal an, Sie glauben, dass Ihre wesentliche Natur körperlich ist. Selbst wenn Sie lieber etwas anderes glauben würden, gründet Ihr Verhalten doch stets in der tiefen Überzeugung, ein physischer Körper zu sein. Dieser Glaube, der in den ersten zwei Jahren Ihres Lebens entstand, zwang Ihnen viele weitere Überzeugungen auf, die für das Überleben jenes Körpers notwendig waren. Damals war Ihr Körper klein, unentwickelt und wehrlos, und in ihm zu sein bedeutete hilflos und völlig abhängig von den Eltern zu sein, was wiederum mit sich brachte, dass Sie deren Überzeugungen über das Leben annehmen mussten, um zu überleben. Und so wurde die Erfahrung, eine Seele zu sein, zunehmend schwächer.

Dann wuchsen Sie heran und fügten den anfangs erlernten Überzeugungen weitere hinzu. Vielleicht hatten Sie als kleines Kind gesehen, dass Ihr Vater alles Mögliche tun konnte. Das weckte Ihre natürliche Neugier, zu erfahren, wie die Dinge funktionieren. Und weil er Ihre Fragen beantwortete, begannen Sie ihn für die Quelle der Intelligenz zu halten. Es mag sein, dass er Ihre Intelligenz nicht gewürdigt hat, woraufhin Sie versuchten, ihm gleich zu werden, um Intelligenz zu „gewinnen". Bald glaubten Sie, keine angeborene Intelligenz zu besitzen, sondern nur das, was Sie im Nachahmen Ihres Vaters gelernt hatten. Und noch heute messen Sie Ihr Gefühl, intelligent zu sein, an den Maßstäben, die er Sie gelehrt hat. Sie glauben, dass andere Ihre Intelligenz auf die gleiche Weise beurteilen, und zweifeln darüber hinaus den Nutzen oder die Glaubwürdigkeit Ihrer Intelligenz immer dann an, wenn Sie etwas auf andere Art wissen als Ihr Vater. Ihr Selbstgefühl in puncto Intelligenz wird schließlich völlig von diesen Überzeugungen bestimmt, und jegliches Gefühl, dass die Intelligenz implizit zu Ihrem wahren Wesen, Ihrem Seelenpotenzial gehört, ist abgeschnitten worden.

Auf diese Weise haben Sie sich als Erwachsener meilenweit von der Erfahrung Ihrer selbst als einer Seele entfernt und werden von Ihrer körperlichen, emotionalen und persönlichen Geschichte fest definiert. Ihr Selbstgefühl ist nicht fließend, wandelbar, dynamisch, sich entfaltend – Ihnen ist das Gefühl von Beeindruckbarkeit abhanden gekommen, das der Seele zu Eigen ist, wo jede Erfahrung auf Ihre Gegenwärtigkeit einwirkt und sie berührt. Sie neigen hingegen zu dem Glauben, dass Ihre Unabhängigkeit, Ihre Integrität und alles, was Sie vermögen, auf Ihrer Fähigkeit basiert, eine definitive Vorstellung Ihrer selbst aufrechtzuerhalten und sich von den Erfahrungen in Ihrem Leben nicht so leicht beeinflussen oder umwerfen zu lassen. Das Leben in unserer modernen Gesellschaft führt sehr häufig zu diesem Resultat, und das ist völlig in Ordnung. Es bedeutet allerdings auch, dass Sie sich der wahren Tiefe Ihres Wesens – Ihrer Seelennatur und des Potenzials, welches sie beinhaltet – nicht bewusst sind.

Und an diesem Punkt beginnt die Reise, die unsere Seele gesunden lässt.

Praxisanleitung: Das Lebendigsein spüren

Diese Praxis unterstützt Sie dabei, mit der lebendigen Qualität, die in jedem Augenblick in Ihnen vorhanden ist, stärker in Kontakt zu kommen. Sie ist nicht dazu da, irgendeinen bestimmten Energiezustand herzustellen oder zu fördern.

Schritt 1.

Wählen Sie irgendeine alltägliche Betätigung, wie zum Beispiel das Geschirrspülen, das Aufräumen Ihres Arbeitsplatzes oder das Unkrautjäten im Garten. Bevor Sie beginnen, achten Sie darauf, wie sich Ihr Körper anfühlt (angespannt, müde, energiegeladen, träge, dumpf...). Spüren Sie Ihre Füße auf dem Boden, strecken Sie Ihre Finger aus, reiben Sie Ihre Hände aneinander und atmen Sie ein paar Mal tief durch. Wenn Sie mit Ihrer Tätigkeit beginnen, achten Sie darauf, wie jeder Gegenstand, den Sie berühren, sich in Ihren Händen anfühlt. Beachten Sie seine Beschaffenheit, sein Gewicht und seine Form. Beginnen Sie, ein Gefühl für diesen Gegenstand zu entwickeln – mögen Sie den Teller, den Sie gerade waschen? Kommt Ihnen, wenn Sie den Besen halten, Ihre Mutter in den Sinn? Ärgern Sie sich darüber, nicht genug Platz für all Ihre Papiere zu haben? Würden Sie bei der Gartenarbeit lieber Handschuhe tragen oder gefällt Ihnen das Gefühl von Erde auf der Haut?

Schritt 2.

Halten Sie während der Betätigung regelmäßig inne und achten Sie darauf, wie sich die Energie in Ihrem Körper anfühlt. Wie ist Ihr Atem: flach, verhalten, entspannt, tief? Was ist mit Ihrer Konzentration? Fällt es Ihnen leicht, sich zu konzentrieren oder neigt Ihr Verstand dazu, abzuschweifen, so dass Sie leicht abgelenkt werden? Spüren Sie beim Arbeiten irgendeine bestimmte Emotion? Fühlen Sie sich besorgt, traurig, hoffnungsvoll, erregt, friedlich, ängstlich, schuldig? Wie fühlt sich in diesem Moment Ihr eigenes Lebendigsein oder dessen Abwesenheit an?

Schritt 3.

Lassen Sie nun Ihr körperliches und emotionales Gefühl für sich selbst mit in Ihre Beschäftigung einfließen. Sie arbeiten weiter und sind sich gleichzeitig Ihres Energiezustandes bewusst. Wird die Erfüllung Ihrer Aufgabe durch dieses Gewahrsein erleichtert oder erschwert? Eine gute Praxis, um während einer Routinearbeit Ihre eigene Lebendigkeit zu spüren, besteht darin, Ihrem Atem zu folgen. Wenn Sie aktiv auf Ihr Ein- und Ausatmen achten, hindert das Ihre Aufmerksamkeit daran, sich zu fixieren, zu verschließen oder zu erstarren.

Wenn die Seele in starren Identifikationen mit anderen und der Welt gefangen ist, macht sie das unzufrieden. Jede Seele besitzt einen Drang zur Wahrheit, eine innewohnende Sehnsucht, sich erfüllt, echt und frei zu fühlen. Obwohl es viele Menschen nicht vermögen, dieser Sehnsucht erfolgreich nachzugeben, ist uns allen der Antrieb gegeben, das Selbst zu verwirklichen. Das beginnt mit den ersten kleinen Bewegungen des Bewusstseins und zieht sich – ob wir uns dessen direkt bewusst sind oder nicht – durch unser ganzes Leben. Dieser Antrieb taucht spontan im Bewusstsein als wichtige Aufgabe eines psychologisch und spirituell reifenden menschlichen Wesens auf. Wenn die Reife bei einem sich optimal entwickelnden Menschen zur Weisheit wird, beginnt diese Aufgabe in seinem Leben eine Vorrangstellung vor allen anderen einzunehmen und allmählich zu dem Zentrum zu werden, welches sein Leben ausrichtet, unterstützt und ihm Bedeutung verleiht, bis es schließlich die Gesamtheit seiner Existenz umfasst.

A. H. Almaas, *The Point of Existence,* S. 16

Frank wälzte sich im Bett auf die andere Seite und öffnete die Augen. Sonnenlicht strömte durch das Fenster, und die Luft war frisch und klar. Ihm fiel ein, dass heute Samstag war und er vormittags keine festen Termine hatte. Er lächelte und drehte den Kopf zur Seite um seine Frau Sue anzuschauen. In diesem Moment spürte er unvermittelt den Schmerz im Nacken. Sein Lächeln schwand und die Stimmen in seinem Kopf setzten ein:

Da hast du's. Das kommt davon, wenn man bis Mitternacht mit verspanntem Nacken im Bett lesen muss. Du warst doch gestern erst beim Chiropraktiker, und jetzt kannst du vor Montag nicht wieder hin – da wirst du also das ganze Wochenende einen steifen Hals haben. Wann begreifst du das endlich?

Das ist aber nicht allein meine Schuld. Dieser Typ kriegt meinen Nacken einfach nicht eingerenkt. Ich glaube, der hat sein Händchen verloren. Ich habe jahrelang im Bett gelesen, ohne dass es meinem Nacken geschadet hat. Außerdem habe ich gestern gar nicht gelesen; ich habe verdammt nochmal Fernsehen geguckt.

Es ist deine Schuld – du bewegst dich einfach nicht genug. Du sitzt den ganzen Tag nur rum.

Du hast recht. Ich bin faul.

Frank atmete tief durch und seufzte. Zeit zum Aufstehen. Sue schlief noch immer. Er verspürte den Drang, sich zu ihr herüberzubeugen und ihr einen Kuss zu geben.

Lass das lieber sein, du weckst sie sonst noch auf. Du weißt doch – letzte Nacht hat sie wegen ihrer Schlaflosigkeit kaum ein Auge zugetan. Wenn du sie jetzt aufweckst, wird sie wieder mal schlechter Laune sein.

Das kann ja sein, aber was ist, wenn sie mich nachher fragt, warum ich an meinem einzigen freien Morgen nicht mit ihr im Bett geblieben bin? Wenn ich sie nicht wenigstens küsse oder umarme, dann wird sie mir das den ganzen Tag vorwerfen.

Mann, Frank, du hast wirklich ein Problem. Die ganze Zeit denkst du nur darüber nach, wie du vermeiden kannst, dass sie sauer wird. Du liebst sie doch gar nicht wirklich – oder wieso machst du dir solche Gedanken darüber, immer der Nette sein zu müssen?

Frank setzte sich auf die Bettkante und streckte seinen Rücken, wobei er den Schmerz im Nacken spürte. Er fragte sich, was ihm dieser Tag noch groß bringen konnte... schon jetzt fühlte er sich zerknautscht und ruhelos. Der Morgen, der sich gerade noch so frisch und leuchtend angelassen hatte, erschien ihm nun allzu banal und niederdrückend. *Na okay, dann esse ich mal was.* Frühstück war etwas, was er immer mochte. Er stand auf, zog seinen Morgenmantel an und huschte leise aus dem Zimmer, wobei er die Tür hinter sich zuzog.

2

Was ist der Richter?

Willkommen im Gerichtssaal des Lebens

Sie erwachen am Morgen, und ehe Sie es sich versehen, fürchten Sie sich davor, aufzustehen und Ihren Tag zu beginnen. ...Sie fühlen sich schuldig, wenn Sie zuviel Marmelade auf Ihren Toast streichen und beglückwünschen sich dann, weil Sie nur eine Tasse Kaffee trinken. ...Wenn Sie im Büro ankommen, sagt Ihnen der Chef, dass er Ihre Arbeit fantastisch findet und kaum glauben kann, die glückliche Wahl getroffen zu haben, Sie einzustellen. Sie spüren, wie sich Ihnen der Magen zusammenzieht – vor lauter Angst, ihn zu enttäuschen. ...Sie gehen in Ihr Büro und hören den Anrufbeantworter ab; Ihre beste Freundin hat eine begeisterte Nachricht hinterlassen, dass sie den Job bekommen hat, um den Sie sich selber gerade beworben hatten – und Sie brechen innerlich zusammen. ...Sie wollen nicht zurückrufen, weil Sie Angst haben, Ihr zu sagen, wie neidisch Sie sind. ...Sie erkennen, wie sehr all Ihre Beziehungen von Ihrem Kindheitsbedürfnis nach Anerkennung geprägt sind, und Sie können es sich nicht vorstellen, mit irgendjemandem zu reden. ...Später wollen Sie das bohrende und unbehagliche Gefühl, das sich den ganzen Morgen lang aufgestaut hat, wieder abschütteln, also entschließen Sie sich, Ihrer Partnerin ein paar Blumen zu kaufen – lassen es dann aber bleiben, weil sie die Sorte, welche Sie gekauft hätten, vielleicht gar nicht mag. ...Dabei kommt Ihnen in den Sinn, dass Ihre Partnerin nicht versteht, warum Sie sich so oft zurückziehen, obwohl Sie sie doch wirklich lieben – und Sie verstehen es auch nicht.

...Sie versuchen zu arbeiten, können sich aber auf den Bericht, der morgen fertig sein muss, nicht konzentrieren. Sie holen sich einen Schokoriegel aus dem Automaten und befehlen sich selber, endlich mit dem Quatsch aufzuhören und sich nicht so gehen zu lassen...

Sie können sich nicht entspannen und Ihr eigenes Leben genießen.

Der rote Faden in diesem Szenario hat mit einer bestimmten Art Beziehung zwischen Ihnen und Ihrem Erleben zu tun. Diese Beziehung beinhaltet Erwartungen, Maßstäbe, Einschätzungen, Urteile und Konsequenzen. In welchem Ausmaß wird Ihre Reaktion auf das, was Sie erleben – und das Erleben selbst – davon bestimmt, dass Sie ganz bestimmte Auswirkungen erwarten? Wie viel Zeit verwenden Sie darauf, Ihre Leistungen, Ihr Aussehen, Ihre Fähigkeiten und Ihre Geschichte zu bewerten? Wie schwer ist es, den Maßstäben gerecht zu werden, die Sie anlegen, um sich selbst zu beurteilen? Wie häufig wird Ihr eigentliches Selbstgefühl von Ihren Ideen darüber bestimmt, was richtig oder falsch ist?

Das ist der Gerichtssaal des Lebens. Und Sie sind derjenige, der vor Gericht steht.

Manchmal haben Sie das Gefühl, Ihnen würde eine unrechte oder unvorstellbare Handlung vorgeworfen; dann wieder kommen Sie sich vor, als seien Sie auf frischer Tat ertappt worden. Manchmal machen Sie Ihrer eigenen Schuld und Korruption den Prozess, um dann wiederum heftigst zu argumentieren und Ihre Unschuld zu verteidigen. Manchmal drohen Sie sich selbst mit den schlimmsten Konsequenzen, falls Sie ungehorsam sein sollten; dann wiederum gestehen Sie all Ihre Sünden, um dadurch eine Strafminderung zu erwirken. Manchmal wägen sie die Beweise auf beiden Seiten ab, um zu einem Urteil zu gelangen; dann wiederum verkünden Sie Ihr Urteil rücksichtslos und ohne zu zögern.

Aus diesen Aktivitäten besteht *der Urteilsprozess,* dieser Gerichtssaal des Lebens, dem *der Richter* vorsteht.

Der Richter ist ein Teil Ihres Verstandes. Er hält sich in Ideen und Gedanken, Überzeugungen, Vorstellungen und inneren Bildern verborgen. Zur gleichen Zeit lebt er auch durch Ihren Körper und Ihre Energie. Der Richter ist ein Meister der Worte, doch zugleich können Sie ihn in Ihrem Bauch, Ihren Schultern und Ihren Kiefern fühlen, ohne sich dabei irgendwelcher Worte bewusst zu sein. Der Richter durchdringt alles und ist zugleich unsichtbar. Er spricht zu Ihnen aus der Fernsehwerbung, aus Illustriertenanzeigen und Filmen, aus dem Gesichtsausdruck Ihres Partners, dem dreckigen Geschirr in der Spüle und dem Unterton in der Stimme Ihres Vorgesetzten.

Er hat Zugang zu einem Warenhaus voll gelernter Informationen – dem angesammelten Wissen, welches Sie für nötig halten, um in der Welt erfolgreich, sicher, unterstützt und anerkannt zu sein sowie geliebt zu werden. Der Richter setzt die Maßstäbe für alles, was aus Ihnen eine gute, akzeptable und glückliche Person macht. Er besitzt natürlich auch Maßstäbe für alle anderen. Seine Stimme begleitet Ihr äußeres Leben – bewusst und unbewusst – durch Meinungen, Ratschläge, Warnungen, Vorschläge, Überzeugungen, Einschätzungen und Ermahnungen zu allen Aspekten Ihres Verhaltens. Und als ob das nicht genug wäre, bestimmt der Richter darüber hinaus fast alle Aspekte Ihres inneren Lebens.

Vergleich und Urteil

Eine weitere Aktivität, die ebenso wie das Maßstäbe-Setzen zum Urteilsprozess gehört, ist das Vergleichen. Ihr Richter bewertet Sie nicht nur anhand seiner Maßstäbe, er vergleicht Sie auch ständig mit anderen Menschen, um Ihren Wert zu ermitteln. Vergleich und Selbstverurteilung sind eng verwandt. In der Tat können Sie sich jedes Mal, wenn Sie beim Vergleichen sind, sicher sein, dass ein Urteil dahinter steckt. Der Richter benutzt beide abwechselnd um das gewünschte Resultat zu erzielen. Selbst wenn bei Ihnen einem Maßstab zufolge alles gut läuft, können Sie immer noch mit jemandem verglichen werden, bei dem es besser klappt. Und wenn es Ihnen besser als den anderen gelingt, gibt es immer noch Maßstäbe höchster Perfektion, an denen Sie gemessen werden können. Einige Menschen fühlen sich eher dem Vergleichen ausgeliefert, andere leiden mehr unter inneren Maßstäben, doch jeder hat mit beiden zu tun.

In der modernen Gesellschaft zu leben bedeutet, unablässig irgendwelchen Vergleichen ausgeliefert zu sein – so in der Werbung, im sozialen Miteinander, durch die Unterhaltungsindustrie und den Druck, in der Arbeit erfolgreich zu sein. Es fällt schwer, sich eine Aktivität vorzustellen, in der kein Vergleich erlebt wird. Vergleiche bilden die Basis des Wettbewerbs, der einen integralen Teil des westlichen Lebens ausmacht. Niemand würde seinen Nutzen als Preisbrecher, als Ansporn für große athletische Leistungen, als Stimulus für wissenschaftliche Entdeckungen und generell im Verbessern vieler Aspekte unserer Welt bestreiten. Indes wird das Vergleichen immer dann selbstzerstörerisch, wenn es zur Brille wird, durch die Sie sich selbst erleben. Dann wird es zum Handwerkszeug des Richters. Das führt zu ständiger Selbstüberwachung in Bezug auf das Verhalten und die Erscheinung der anderen, wobei Ihnen das Gespür für die Wahrheit Ihrer eigenen Erfahrung verloren geht.

Das Leben durch die Vergleichsbrille zu betrachten führt dazu, sich von seiner eigenen Seelennatur zu entfernen. Wenn der Richter an der Macht ist, dient der Vergleich immer der Ermittlung von Würde oder Wert – der Feststellung, wer „der Bessere" ist. Wenn Sie sich also von jemandem auf irgendeine Weise unterscheiden, dann muss einer von Ihnen besser sein als der andere. Das ist das Heimtückische beim urteilenden Vergleich, wo jeder Unterschied zu einem Hinweis auf den relativen Wert wird. Der Richter will wissen, wer Recht hat, wer besser ist und warum das so ist. Er hat kein Interesse daran, die Feinheiten und Komplexitäten zu begreifen, welche eine Sache ausmachen. Insbesondere die Seele kann durch den urteilenden Vergleich nie erfasst werden – zumal ihr von Natur aus ein impliziter Wert zu Eigen ist, der sich auf keine andere Seele bezieht. Seelen können weder anhand ihres Wertes noch ihrer Güte verglichen werden, wie sehr sie sich auch voneinander unterscheiden mögen.

Sogar in der Selbsterforschung neigt der Richter dazu, die gegenwärtige Erfahrung mittels des Vergleiches herabzuwürdigen und zu banalisieren, indem er Sie dafür kritisiert, sich in Ihrem Sein und Ihrem Handeln nicht verändert zu haben. Oder er wird Ihnen erzählen, dass Sie sich verschlechtert haben – als könne der Wert Ihrer gegenwärtigen Erfahrung an dem, was in der Vergangenheit passiert ist, gemessen werden. Der beurteilende Vergleich macht, wenn er unablässig auf Gefühle, Handlungen und Interaktionen angewendet wird, jegliche Möglichkeit von Frische oder Spontaneität zunichte. In einer Atmosphäre von Vergleich und Urteil kann die Seele keine Lebendigkeit und Offenheit zum Tragen bringen. Wenn Sie verstehen, wie diese miteinander verwobenen Prozesse Ihr Leben im Griff haben und Sie in der Welt der Vergangenheit gefangen halten, dann haben Sie einen wichtigen Schritt getan, um sich selbst von der Selbstverurteilung zu befreien.

Aus dem Leben gegriffen

Carol war Mitte dreißig und hatte keinen Partner, mit dem sie ihr Leben teilen konnte. So sehr sie auch an den Wert ihrer Karriere als Universitätsprofessorin glaubte, vermochte diese doch das Gefühl von Defizit nicht zu beheben, welches sie über Ihre Unfähigkeit empfand, in einer erfolgreichen intimen Beziehung zu sein. Wann immer ein neuer Mann in ihr Leben trat, war sie voller Freude und Optimismus. Doch sobald ihre Verbindung begann, wurde sie von Zweifeln und Fragen gequält: Ob er mich mag? Wie ich ihm wohl gefalle? War ich zu interessiert, habe ich zu viele Fragen gestellt? Was, wenn er mich nicht wieder anruft? Sollte ich ihn anrufen? Warum hat er gar nichts über mein Leben wissen wollen? Vielleicht komme ich ihm zu langweilig vor. Und so weiter.

Dann erkannte sie, wie sehr die Beziehung sie schon nach dem ersten Treffen beschäftigte und entschied, diese sei zu wichtig geworden und ihre Bedürftigkeit würde sicher jede Möglichkeit, dass ein Mann sie je mögen könnte, zerstören. Sie entschloss sich daraufhin, ihre Bedürfnisse zu verbergen und musste sich bei den nächsten Begegnungen also kühl und unemotional verhalten – woraufhin der Mann sie kontrolliert und ziemlich langweilig fand. Ihre Verbindungen mit Männern überdauerten nie die dritte oder vierte Begegnung, und sie konnte einfach nicht verstehen, was sie daran ändern konnte. Carol hatte das Gefühl, in einem schmerzhaften Teufelskreis gefangen zu sein. Sie sah keinen Ausweg und fühlte sich wertlos. Oft versank sie in Phasen der Niedergeschlagenheit und Hoffnungslosigkeit, mied dann jeglichen sozialen Kontakt und traf sich nur mit einigen engen Freundinnen.

Erst wenn Sie verstehen, wie sehr Ihr Gefühl, wer Sie sind, sowie die Möglichkeiten, die sich Ihnen eröffnen, von den Erfahrungen und Überzeugungen Ihrer Vergangenheit bestimmt werden, können Sie Ihre Selbstverurteilung transformieren. Dafür müssen Sie ein paar wichtigen Fragen auf den Grund gehen. Können Sie erkennen, dass Sie sich selbst durch ein vertrautes Muster von Gefühlen, Konflikten, Verhaltensweisen und Annahmen definieren? Wie haben Sie gelernt, sich auf diese Weise zu kennen? Neigen Sie dazu, sich immer wieder in dieselben Konflikte zu verstricken, um Ihren Wert zu beweisen, die Liebe anderer zu erwerben und ein Recht auf Ruhe und Entspannung zu haben? Gibt es in Ihnen irgendeinen Anteil, der von der Kritik der inneren Stimmen ausgenommen ist? Von Ihrem Leiden erlöst zu werden hat nichts damit zu tun, das, was Sie meinen tun zu müssen, besser zu tun. Es geht darum, herauszufinden, was Sie überhaupt dahin gebracht hat, wo Sie jetzt sind.

Innere Arbeit

Jeder Mensch bemüht sich um ein erfülltes und beglückendes Leben. Um zu überleben und zu gedeihen, muss er sich um die materiellen Bedürfnisse kümmern und Geld verdienen, sich Kleidung und ein Dach über dem Kopf verschaffen, Essen einkaufen und kochen, genügend Schlaf und Bewegung haben, und so weiter. Darüber hinaus streben die Menschen in ihrem Leben – allein oder mit anderen – natürlicherweise danach, sich wohlzufühlen und glücklich zu sein.

Für einige bedeutet das, sich aktiv der inneren Arbeit zu widmen – also zum Beispiel ihre Beweggründe und Sehnsüchte zu erforschen, Bewusstsein und Sensibilität zu entwickeln und ihre Erinnerungen sowie ihre Vorstellungen zu untersuchen, um zu verstehen, was es bedeutet, ein menschliches Leben zu leben und dieses Leben zu bereichern. Die Tatsache, dass Sie dieses Buch lesen, beweist, dass Sie zu diesen Menschen gehören. Ihre innere Arbeit mag in Form einer Psychotherapie geschehen, in einer Selbsthilfegruppe, beim Tagebuchschreiben, durch Selbstanalyse oder eine Form der spirituellen Disziplin wie der Meditation. Was immer die Form sein mag, die Aufmerksamkeit für Ihren persönlichen inneren Prozess – dafür, was Sie über sich selbst und Ihr Leben denken und fühlen – lässt die Kräfte, welche diesen Prozess bestimmen, bewusst werden. Von all diesen Kräften ist der Richter eine der mächtigsten. Wenn Sie sich der inneren Arbeit widmen, können Sie eine bestimmte Schwelle nie überschreiten, ohne mit diesem stets gegenwärtigen Begleiter (auch das Über-Ich, der innere Kritiker oder Top-Dog genannt) zu einer Einigung zu kommen.

Oft erscheint einem die Stimme des Richters wie die eigene – man selbst ist derjenige, der all diese Ideen darüber hat, was nötig oder richtig ist oder was die Dinge bedeuten. Beim aufmerksamen Betrachten Ihrer Selbstverurteilungen werden Sie jedoch bemerken, dass Sie Ihre Maßstäbe von anderen gelernt haben und dass sie im Gegensatz zu dem stehen können, was Sie selber wollen, fühlen oder als die Wahrheit erkennen. Dann erkennen Sie, dass die Stimme, die Sie hören, nicht die Ihrige ist. Es ist die Stimme eines vertrauten Begleiters, der in Ihrem Inneren lebt, von jemandem, den Sie auf diese Lebensreise mitgenommen haben.

Doch selbst wenn Sie erkennen, dass die Stimme nicht die Ihrige ist, können Sie sich nicht von ihr frei machen. Sie scheint unter Ihrer Haut zu leben, in Ihren Gelenken, hinter Ihren Augen. Sie beobachten sich selbst dabei, wie Sie Ihr tägliches Verhalten gnadenlos in Plus und Minus einteilen. Sie beobachten auch die anderen. Manchmal *fühlen* Sie sich von den Menschen in Ihrem Umfeld – Freunden, Familienmitgliedern oder Fremden – beobachtet und fürchten deren Missbilligung, Ablehnung oder Gleichgültigkeit. Sie ziehen sich zurück. Dann erkennen Sie, dass Sie Ihren eigenen Richter dort draußen in den anderen sehen und ihn gleichzeitig im eigenen Inneren hören. Sie beginnen zu erkennen, wie wenig Kontrolle Sie über diesen Urteilsprozess haben. Ob Sie nun Beobachter oder der Beobachtete sind – Sie werden gleichermaßen zum Opfer einer kritischen und bestrafenden Einstellung, denn diese Art zu beobachten ist immer ein Ausdruck von Selbsthass und mangelndem Vertrauen in sich selbst.

Der Richter hat alle Fäden in der Hand

Der Richter setzt sich über Ihre natürliche Intelligenz und Ihren direkten Kontakt mit dem Leben hinweg, indem er Ihnen seine Überzeugungen von der Realität aufzwingt. Dann tragen Sie eine gefärbte Brille, welche die Wirklichkeit verzerrt, und haben aufgrund dieser verdrehten Wahrnehmung das Vertrauen in Ihren intuitiven Kontakt mit dem Leben verloren. Tatsächlich haben Sie kein Gefühl mehr dafür, was es bedeutet, im direkten Kontakt mit Ihrem Lebensprozess zu stehen. Sie sind darauf angewiesen, dass der

Richter (oder, wenn das besser passt: die Eltern, die Gesellschaft, Gott) Ihrem Leben Sinn, Bedeutung und Richtung verleiht. Er trägt Ihnen vor, was Sie erleben sollen und wie Sie es erleben sollen, warum Sie es erleben, was das Erlebnis bedeutet und was Sie damit anfangen sollen. Größtenteils bleibt dieser Prozess vor Ihnen verborgen oder spielt sich im Unbewussten mit dem Resultat ab, dass er Ihnen völlig normal erscheint. Selbst jetzt beim Lesen dieser Worte wird die Art, wie Sie sie aufnehmen – ob Sie von ihnen berührt werden oder nicht und wie Sie auf sie reagieren – von Ihrem Richter beeinflusst.

Er tut zwar, als helfe er Ihnen dabei, das zu erreichen, was Sie sich für Ihr Leben wünschen, doch in Wahrheit behindert der Richter Ihre Bestrebungen, zu wachsen und sich zu entwickeln. Seine Funktion besteht darin, den Status quo auf zwei verschiede Arten aufrecht zu erhalten: Er hält Sie von den Teilen Ihrer selbst fern, die er für gefährlich oder unbelehrbar hält. Zugleich steuert er Sie zu allen Idealen, von denen er glaubt, dass sie einen akzeptablen, erfolgreichen Menschen aus Ihnen machen werden. Er ermahnt Sie ständig: „Lass dieses bleiben! Tu jenes!", doch seine Ermahnungen finden nie ein Ende – was bei Ihnen zu dem Gefühl führt, nicht nur jetzt, sondern für immer „nicht gut genug" zu sein.

Doch der Einfluss, den der Richter auf jede Veränderung ausübt, ist noch viel hinterhältiger und blockierender. Er sagt Ihnen: „Verändere dich! Das was du bist, reicht nicht. Du musst besser werden, damit die Menschen dich mögen, anerkennen und lieben" – und gleichzeitig behauptet er: „Es wird dir nie gelingen, dich zu verändern. Dir mangelt es einfach an allem. Aus dir wird nie etwas werden." Sollten Sie allerdings an einen Punkt kommen, wo wirkliche Veränderung möglich wäre und Sie entscheiden könnten, sich anders zu verhalten, dann wird der Richter Ihnen mit höhnischen Bemerkungen Angst einjagen: „Wenn du dich veränderst, wird dich keiner mehr mögen oder unterstützen. Sie werden sich alle von dir abwenden, und dann wirst du ganz allein sein." Ob Sie sich nun verändern oder nicht – verdammt werden Sie in jedem Fall.

Wenn Ihnen Ihre Situation zunehmend bewusster wird und Sie sich immer stärker in ihr gefangen fühlen, dann ist Ihre natürliche Reaktion: „Ich will hier raus. Ich will Abstand von diesem Oberaufseher in meinem

Inneren." Und obwohl Sie leiden und sich nach Erlösung sehnen, werden Sie es schwer finden, seinen Worten nicht zu glauben.

Der Richter hat viele Gesichter

Einer der Gründe, warum Sie den Worten des Richters weiterhin Glauben schenken, hat damit zu tun, dass er viele wichtige Rollen für Sie einnimmt. Diese Rollen sorgen dafür, dass seine urteilende Haltung in attraktiver Verpackung daherkommt. Selbsterkenntnis bedeutet, die Hüllen des Richters abzustreifen und damit die Wahrheit seines Einflusses über Ihr Leben offen darzulegen. Dafür müssen Sie zuerst seine Verkleidung – die Rollen, in welchen er sich versteckt – betrachten.

Der Richter ist ein Gewissen, welches Ihnen hilft, das Richtige vom Falschen zu unterscheiden. Er ist jemand, der Sie motiviert und antreibt, in Ihrem Leben aktiv zu werden. Er ist ein Aufpasser, der unpassende Gefühle und Verhaltensweisen verhindert. Er ist ein Berater, der Sie bei allen Entscheidungen unterstützt. Er ist ein Führer, der Sie auf Ihrem Weg in die richtige Richtung weist. Er ist eine Autoritätsfigur, die Anerkennung und Lob für Sie bereithält. Er ist ein Maßstab, an dem Sie Ihren Fortschritt messen können. Und schließlich ist er auch ein Spiegel, dessen Reflexion Ihnen zeigt, wer Sie selber zu sein glauben.

Jeder Mensch braucht diese Form der Hilfe. Was Ihnen beim Heranwachsen nicht beigebracht wurde, war die Fähigkeit, die wahre Quelle dieser Funktionen in Ihrer eigenen Seele zu entdecken. Ihr wahres Wesen hat das Potenzial, all diese Bedürfnisse zu befriedigen – allerdings nur, wenn Sie erkennen, dass Sie alle nötigen Eigenschaften schon in Ihrem Inneren tragen. In Ihrer Kindheit war es wichtig, dass Ihre Eltern oder andere verantwortliche Erwachsene diese Rolle für Sie erfüllten. Als Sie dann heranwuchsen und begannen, für sich selbst verantwortlich zu sein, mussten Sie Wege finden, diese Bedürfnisse selber zu befriedigen. Unglücklicherweise wurde Ihnen beim Erkennen und Entwickeln Ihrer eigenen innewohnenden Fähigkeiten wenig oder gar keine Hilfe zuteil. Es blieb Ihnen kaum eine andere Möglichkeit, als die Rollenvorbilder der Eltern in Form des Richters zu verinnerlichen. Die Art, wie er diese wichtigen Funktionen erfüllt, mag Ihnen nicht besonders gefallen, doch ist er Ihnen vertraut, Sie kennen seine Zuverlässigkeit und wissen, dass er immer für Sie da sein wird.

Wir sollten nicht vergessen, dass der Richter weder schlecht noch böse ist – er ist nicht einmal nutzlos. Ohne ihn hätte keiner von uns bis ins Erwachsenenalter überlebt, und unsere Gesellschaft wäre ohne seine ständige Anwesenheit längst nicht so zivilisiert wie sie es ist. Jeder von uns braucht einen Richter, bis er in sich selbst die Quelle mühelosen Handelns, direkter Erkenntnis und eines objektiven Gewissens findet. Bis dahin haben die meisten Menschen für all diese Dinge nur den Richter zur Verfügung. Er ist allerdings auch mechanisch, einschränkend, ineffektiv und unsensibel, und das Leben der Seele fördert er so gut wie gar nicht.

Der Richter hat keine Ahnung davon, dass Sie eine lebendige Seele sind – er verfügt indes über zahllose Informationen über Ihr Leben in der Welt: über Ihr Verhalten, Ihre Gewohnheiten, Vorlieben, Schwächen und Stärken, Ihre Freunde und Feinde. Kaum etwas entgeht seinem wachsamen Auge. Das verleiht ihm große Macht. Tatsächlich stellt der Richter häufig akkurate Beobachtungen darüber an, was Sie getan haben und was nicht. Dieses Wissen benötigen Sie, um heranzuwachsen und zu reifen. Doch seine Beobachtungen müssen stets teuer bezahlt werden. Er teilt sie nicht großzügig aus, um Ihnen zur Wahrheit zu verhelfen. Sie werden Ihnen aufgedrängt, um Sie davon zu überzeugen, dass Sie wieder mal nicht gut genug waren.

Die Falle sieht so aus: Solange Sie nicht gelernt haben, sich von dem Richter zu lösen, besteht für Sie keine Möglichkeit, seine Beobachtungen ohne beurteilende Verpackungen geliefert zu bekommen. Sie sehen, dass Sie auf diese oder jene Art gehandelt haben und akzeptieren daraufhin, dass Sie ein so oder so gearteter Mensch sind. Die äußeren Fakten Ihres Lebens bringen stets eine Einschätzung Ihres eigenen Wertes mit sich. Sie können das eine vom anderen nicht trennen. Sie wollen es nicht einmal trennen, weil Sie fürchten, überhaupt keinen Wert zu haben!

Aus diesem Grunde werden die allgemeinen Aktivitäten des Richters von der Erkenntnis, dass er Sie behindert, begrenzt und sogar verletzt, kaum berührt – sie vergrößert nur das Bewusstsein Ihrer eigenen Hilflosigkeit. Wenn wir uns dieser Selbstverurteilungen und ihrer negativen Auswirkungen bewusst werden, besteht eine der größten Gefahren darin, dass dieses Bewusstsein zur Grundlage weiterer Urteile wird. Sie werden sich dafür verurteilen, einen inneren Richter zu haben!

Dennoch ist es unerlässlich – trotz aller Hoffnungslosigkeit oder Selbstkritik, die damit einhergehen – dass Sie sich der Realität Ihrer Erfahrungen mit dem Richter bewusst werden. Sie haben den größten Teil Ihres Lebens mit dem Richter zugebracht und sich vielfach durch seine Anwesenheit motiviert, beschützt, erzogen und angeleitet gefühlt. Dieser Zustand blieb so, weil er Ihnen nicht bewusst war. Damit sich die Dynamik des Selbstverurteilens ändert, muss der erste Schritt darin bestehen, dass Sie bewusst werden.

Wir beginnen also mit einer Definition:

> *Der Richter ist diejenige Kraft in Ihnen, die Ihren Wert als menschliches Wesen unablässig berechnet, abschätzt und damit Ihre Fähigkeit einschränkt, im gegenwärtigen Moment voll und ganz lebendig zu sein.*

Mit dem Bewusstsein beginnt der Entwirrungsprozess, in dessen Verlauf Sie Ihren eigenen Wert von Ihren Lebensumständen zu trennen lernen. Natürlich müssen Sie beim Heranwachsen bestimmte Kenntnisse, Handfertigkeiten und Fähigkeiten entwickeln und aus Ihren Erfahrungen lernen, um sinnvolle und kluge Entscheidungen treffen zu können. Doch Ihr Wert hängt weder von Ihren Leistungen noch von irgendeiner Anerkennung ab. Der Richter macht Sie glauben, dass Ihnen weder Wert noch Würde zu Eigen sind, dass Sie deshalb bewertet werden und sich verbessern müssen. Diese Überzeugung beinhaltet die Annahme des Richters, dass Ihr Wert von allerlei Bedingungen abhängt und Sie von sich aus wertlos sind. Sie müssen daher etwas erreichen, müssen sich verändern, müssen überwacht werden, brauchen Anleitung und einen Tritt ins Hinterteil!

Der Richter erzählt nicht die ganze Wahrheit

Je mehr Sie über den Richter wissen, desto eindeutiger erkennen Sie, dass er bei Ihrer Selbstdefinition die zentrale Rolle spielt. Sie beurteilen Ihren eigenen Wert und Ihre eigene Wirklichkeit, indem Sie seine Maßstäbe anlegen. Je besser Sie sich selbst kennen, desto mehr erkennen Sie, welch gravierend negative Auswirkungen diese Bewertungsform mit sich bringt.

Sie haben sich daran gewöhnt, sich selbst mit Verachtung zu betrachten und auf eine Weise herabzusetzen, die Sie niemand anderem erlauben geschweige denn zumuten würden, weil sie einfach zu gemein ist. Überdies zwingen Ihre Versuche, dieser Verachtung zu entkommen, Sie unvermeidlich dazu, Selbstverbesserungen anzustreben, um jenen strengen Maßstäben gerecht zu werden.

Was kann man tun, um den Auswirkungen einer derart negativen Konditionierung entgegenzuwirken? Die meisten Menschen sind der Überzeugung, dass positive Bestärkung und bestätigender Zuspruch in kontinuierlich verabreichten und großen Portionen nötig sind, um ein solch negatives Selbstbild aufzuheben. Manche Eltern konzentrieren sich darauf, alles was ihr Kind tut, zu loben und anzuerkennen. Die Freunde desjenigen, der sich selbst heruntermacht, bemühen sich, ihm nur positive Dinge zu sagen. Menschen mit geringer Selbstachtung praktizieren täglich ihre Affirmationen in dem Versuch, ihre Überzeugungen neu zu programmieren. Das soll dazu führen, einen Richter zu verinnerlichen, der einem Lob und Anerkennung anstelle von Missbilligung und Ablehnung zuteil werden lässt. Wenn Sie ehrlich sind, müssen Sie einsehen, dass Sie inständig hoffen, der wohlwollende Blick des Richters möge eines Tages an die Stelle seiner negativen Aufmerksamkeit treten.

Das Problem dabei ist, dass ein schlechtes Urteil einfach nur durch ein gutes ersetzt wird. Anstatt das zu bekräftigen oder zumindest zu erkennen, was wahr ist, richtet sich Ihr Fokus schlichtweg darauf, eine negative Einschätzung zu überwinden oder ihr entgegenzuwirken. Die Tatsache, dass da ein Urteil besteht, bleibt unangetastet. Anders ausgedrückt: Sie stützen Ihren Selbstwert immer noch auf äußere oder verinnerlichte Maßstäbe. Sie erstreben jetzt Lob statt Kritik. Doch dabei fehlt die direkte Erfahrung Ihres Selbstwerts in Ihrem eigenen Inneren. Ein positives Urteil kann Ihnen bewusst machen, die innere Entwertung unbewusst akzeptiert zu haben. Es kann Sie zeitweilig von der Schelte des Richters befreien, was dazu führt, dass Sie sich besser fühlen. Es kann auch als Spiegel für ein früheres wahres Erlebnis dienen – zum Beispiel einer tiefen Einsicht, eines Augenblicks der Glückseligkeit oder einer Offenheit während der Meditation. All diese Beispiele haben ihre Bedeutung und ihren Nutzen.

Doch selbst starke Wahrheitserlebnisse vermögen langjährige Überzeugungen über sich selbst nicht zu verändern, solange sie nicht in die Seele aufgenommen und verstanden werden. Das erreichen wir nicht, indem wir die Einsicht einfach als einen neuen Maßstab oder Glauben einsetzen. Eine Erfahrung zu verstehen und zu integrieren bedeutet, die Auswirkungen zu erkennen, welche dieses neue Gewahrsein darauf hat, wie Sie Ihr Leben erfahren, wenn Sie beginnen, im Einklang mit ihm zu leben.

Eine positive Beurteilung ersetzt lediglich einen alten Glauben, den Sie über sich selbst hegten, durch einen neuen. Sie möchte etwas verfechten, was nicht Ausdruck Ihrer eigenen erlebten Wahrheit ist. Sie kann Ihre ursprüngliche Überzeugung, wertlos zu sein, niemals entwurzeln. Deshalb werden Sie oft erleben, dass Sie dem Lob anderer misstrauen und es mit inneren Kommentaren wie: „Wenn sie das behaupten, können sie mich nicht besonders gut kennen!" begleiten. Tatsache ist, dass positive Beurteilungen einem Makeup ähneln – sie müssen immer wieder erneuert werden, und jeder heftige Regenguss spült sie fort.

Die einzige echte Alternative zur Selbstverurteilung liegt darin, die Wahrheit darüber zu kennen, wer man wirklich ist. Wenn Sie tief im Herzen glauben, wertlos zu sein, dann müssen Sie herausfinden, woher dieser Glaube kommt und warum Sie ihn für die Wahrheit halten. Bevor Sie das nicht verstehen, wird sich nichts Grundlegendes ändern. Besitzen Sie aber erst einmal in Ihrem tiefsten Inneren das direkt gefühlte Wissen, einen innewohnenden Wert zu besitzen und nehmen Sie sich selber voll und ganz an, dann beginnen Sie sich von dem Drang nach positiver Beurteilung, nach Anerkennung anderer und damit von Ihrem eigenen Richter zu befreien.

Wollen Sie wirklich erkennen, wer Sie sind, müssen Sie den Richter herausfordern. Sie müssen den Mut und die Weisheit, die Entschiedenheit und Klarheit, das Mitgefühl und Verlangen finden, die Wahrheit zu sehen und sich auf den Prozess einzulassen, dieses Wahre zu fördern. All diese Eigenschaften sind nötig, um Ihrer eigenen Erfahrung – unabhängig davon, ob Sie sie für gut oder schlecht, richtig oder falsch, freudig oder schmerzvoll halten – Raum zu verschaffen. Andernfalls werden es Ihnen die vom Richter provozierten Gefühle der Scham, Schuld, Fehlerhaftigkeit und Selbstsucht unmöglich machen, mit dem Reichtum, den Herausforderungen und dem Mysterium dessen, was Sie entdecken werden, zu leben.

Der Prozess, den Sie in den ersten Kapiteln dieses Buches beginnen, wird Ihr Bewusstsein für den Richter schärfen und Sie mehr in Kontakt mit ihm bringen, was bedeutet, dass Sie empfindlicher für das Gefühl werden, von ihm angegriffen zu werden. Das macht weder Spaß noch ist es angenehm. Ihr Richter wird den Prozess als schlecht bezeichnen und behaupten, dass Sie ihn vermeiden müssten. Sind Sie aber willens, die Urteilserfahrung in Ihr Bewusstsein zu bringen und Ihre eigene wachsende Offenheit und Verletzlichkeit mit Mitgefühl und Stärke zu fördern, dann können Sie diese Arbeit auf sinnvolle Weise aufnehmen. Diese innere Arbeit wird Sie wieder mit ihrer Seelennatur verbinden und Sie werden mit ihrer Hilfe eine wahre Führung entdecken, anhand derer Sie Ihr Leben leben und verstehen können und die den Richter, mit dem Sie aufgewachsen sind, ersetzen kann.

Diese wahre Führung entsteht spontan aus dem Kontakt mit Ihrem eigenen Leben sowie daraus, dass Sie sich Ihres Lebens gewahr sind. Sie reagiert auf die Wahrheit dessen, was Sie sind und was benötigt wird. Daraus folgt, dass die Arbeitspraxis mit Ihrem Richter sowohl unmittelbar stattfinden als auch über lange Zeit hinweg erfolgen muss. Sie müssen sich dem Richter in Ihrem derzeit gelebten Leben stellen, ansonsten bleibt die Arbeit mit ihm nur eine gute Idee, die für irgendwann in der Zukunft aufgespart wird. Andererseits ist der Prozess auch nie zu Ende – er wird Sie ein Leben lang begleiten. Der Einfluss des Richters ist tief in Ihrer Seele verankert und trifft Sie mit erstaunlich subtiler Präzision. Es ist keine leichte Reise, doch kaum einer anderen wird es auf ebenso lohnende Art gelingen, Ihr Gefühl dafür, wer Sie sind, zu erweitern und es Ihnen zu ermöglichen, ein volles und bedeutungsvolles Leben zu führen.

~ Einige Punkte zur Beherzigung ~

- Der Richter ist die Kraft in Ihnen, welche Ihren Wert als menschliches Wesen unablässig berechnet, abschätzt und damit Ihre Fähigkeit einschränkt, im gegenwärtigen Moment voll und ganz lebendig zu sein.
- Die Stimme des Richters lenkt bewusst oder unbewusst Ihr Leben, unterstützt von Meinungen, Ratschlägen, Warnungen, Vorschlägen, Überzeugungen, Einschätzungen und Warnungen zu allen Aspekten Ihres Verhaltens und Ihres inneren Lebens.
- Die Funktion des Richters besteht darin, den Status quo auf zwei verschiedene Arten aufrecht zu erhalten: Er hält Sie von all Ihren Neigungen ab, die er für gefährlich oder unkontrollierbar hält und lenkt Sie in die Richtung eines jeden Ideals, welches seiner Meinung nach einen akzeptablen und erfolgreichen Menschen aus Ihnen machen wird. Selbstverurteilungen beruhen auf all dem Wissen welches Sie zu benötigen glauben, um in der Welt erfolgreich und sicher zu sein sowie unterstützt, anerkannt und geliebt zu werden.
- Vergleich und Selbstverurteilung sind eng verwandt. Der Nutzen des Vergleichs liegt darin, viele Aspekte Ihrer Welt zu verbessern. Wird er jedoch dadurch, dass Sie Ihr Verhalten und Aussehen konstant mit anderen vergleichen und dabei den Kontakt zur Wahrheit Ihrer eigenen Erfahrung verlieren, zur unablässigen Selbstüberwachung, dann ist er nur noch selbstzerstörerisch.
- Der Richter setzt sich rücksichtslos über Ihre natürliche Intelligenz und spontane Reaktionsfähigkeit auf das Leben hinweg, indem er Ihnen seine Überzeugungen, was bedeutungsvoll und wirklich ist, einfach aufzwingt. Seine Maßstäbe hat er von anderen gelernt, und sie können zu allem, was Sie selber wollen, fühlen oder als die Wahrheit erkennen, im Widerspruch stehen.
- Wenn Sie beginnen, sich Ihrer Selbstverurteilung und deren negativen Auswirkungen bewusst zu werden, besteht eine der größten Gefahren darin, dass dieses Bewusstsein zum Ausgangspunkt weiterer Selbstverurteilung wird.

- Ein positives Urteil kann Ihnen bewusst machen, die innere Entwertung unbewusst akzeptiert zu haben – es kann jedoch nie Ihre innere Überzeugung, wertlos zu sein, entwurzeln.
- Urteil, Vergleich und Selbstbeschuldigung können Sie nur durch ein Verständnis davon transformieren, wie Ihr Gefühl für sich selbst und die sich Ihnen bietenden Möglichkeiten von Ihren vergangenen Erfahrungen und Überzeugungen geprägt werden.
- Besitzen Sie erst einmal in Ihrem tiefsten Inneren das direkt erlebte Wissen, einen innewohnenden Wert zu besitzen und nehmen Sie sich selber voll und ganz an, dann beginnen Sie sich von dem Bedürfnis nach positiver Beurteilung und Anerkennung von anderen sowie von Ihrem eigenen Richter zu befreien.
- Ihre wahre Führung entsteht spontan aus dem Kontakt mit Ihrem eigenen Leben, sowie daraus, dass Sie sich Ihres Lebens gewahr sind; sie antwortet auf die Wahrheit dessen, was Sie sind und was Sie benötigen.

Übung: Ihre Beweggründe beobachten

Schritt 1.

Nehmen Sie sich vor, einen Tag lang darauf zu achten, was die Beweggründe für Ihre verschiedenen Aktivitäten und Verhaltensweisen sind. Beobachten Sie besonders, wie Sie sich laufend zwischen Kritik und dem Bedürfnis nach Anerkennung hin- und herbewegen.

Schritt 2.

Fertigen Sie am Ende des Tages zwei Listen an. Auf der einen führen Sie alle Aktivitäten auf, die von dem Wunsch motiviert waren, Kritik zu vermeiden. Unterscheiden Sie dabei die Aktivitäten, mit denen Sie äußere Kritik vermeiden wollten, von denen zur Vermeidung der Selbstkritik. Auf der zweiten Liste führen Sie alle Handlungen auf, die vom Wunsch nach Anerkennung motiviert waren. Unterscheiden Sie auch auf dieser Liste den Wunsch nach äußerer Anerkennung von dem Wunsch, von sich selber anerkannt zu werden.

Schritt 3.

Vergleichen Sie die beiden Kolonnen auf jeder Liste, um festzustellen, welche Ihrer Aktivitäten auf andere ausgerichtet sind und welche Ihrem eigenen Richter gelten. Gibt es Überschneidungen? Ist Ihre Kritik-Vermeidungs-Liste länger als Ihre Wunsch-nach-Anerkennung-Liste oder umgekehrt? Warum?

Das Über-Ich ist eine Struktur, welche die Spitze des psychischen Aufbaus bildet und die Ideale der Persönlichkeit sowie die Prinzipien enthält, nach denen man urteilt. Es ist der Sitz dessen, was man das Gewissen nennt. Es entwickelt sich vor allem dadurch, dass man Verbote, Regeln, Werte und Vorlieben der Eltern wie der Gesellschaft im Ganzen verinnerlicht und sich mit ihnen identifiziert...
Aus unserer Perspektive ist das Über-Ich die innere Zwangsinstanz, die der Ausdehnung von Bewusstsein und innerer Entwicklung entgegensteht, unabhängig davon, wie milde oder vernünftig es wird. Es ist ein Ersatz, und zwar ein grausamer, für unmittelbare Wahrnehmung und unmittelbares Wissen. Innere Entwicklung verlangt, dass es mit der Zeit keine inneren Instanzen mehr gibt, die innere Gewalt ausüben. Statt dessen gibt es dann eine innere Regulierung, die auf objektiver Wahrnehmung, Verstehen und Liebe basiert.
Die beste Herangehensweise ist es, Macht und Einfluss des Über-Ich zu vermindern und es soweit wie möglich durch Bewusstsein zu ersetzen, bis es zum Schluss endgültig und vollkommenen abgesetzt wird.

A. H. Almaas, *Essenz,* S. 164, 167

Frank wusch sich den Schlaf aus den Augen und betrachtete sich im Spiegel. Sein Haar stand ihm wirr vom Kopf ab – das erinnerte ihn an seinen Vater, der immer behauptet hatte, er sähe morgens wie ein Hahn aus. Er beugte sich näher zum Spiegel hin und betrachtete die vertrauten Züge seines Gesichts – die gebrochene, leicht nach rechts gebogene Nase, die ihn jedes Mal störte, wenn er in den Spiegel sah; die Handvoll Sommersprossen auf seinen Wangen und die Grübchen neben seinem Mund – diese „jungenhaften" Attribute verursachten ihm gemischte Gefühle; seine tief liegenden nussbraunen Augen unter spärlichen, langhaarigen Augenbrauen, die sich herabringelten und sich in seinen Wimpern auf eine Weise verfingen, die ihn oft ärgerte; die Linien auf der Stirn, die trotz seiner Versuche, sie mit den Fingern wegzureiben, inzwischen fest eingegraben waren. Sein Haaransatz war um einige Zentimeter zurückgewichen, und in seiner Haarpracht hatten sich eine Menge weißer Neuankömmlinge breit gemacht und die dunklen Ureinwohner schon zur Hälfte verdrängt.

Du siehst viel älter aus als früher. In der Tat siehst du deinem Vater jetzt ziemlich ähnlich. Ist dir das eigentlich klar? Selbst in der Art, wie du mit den Fingern durch dein Haar streifst und dein Kinn reibst. Das Schlimmste aber ist, dass du genauso in der Nase bohrst wie er. Ich kann's nicht glauben, dass du dir das nie abgewöhnt hast. Es ist so eklig!

Frank betrachtete die Haare, die ihm aus den Nasenlöchern wuchsen und wünschte sich, seine Finger würden es nicht so angenehm finden, das Innere seiner Nase zu kratzen. Er griff nach seinem elektrischen Rasierer, schaltete ihn an und kürzte sorgfältig die Haare in den Nasenlöchern sowie an seinen Augenbrauen. Dann dachte er über den unrasierten Zustand seines Kinns nach, entschloss sich aber, den Indiana Jones-Look für heute beizubehalten.

Na klar, lass dich ruhig gehen. Schließlich haben wir heute Samstag und es ist eh allen egal. Außerdem ist dir ja jede Entschuldigung recht, um faul zu sein.

Frank versuchte seinen Richter zu ignorieren, indem er so tat, als wären dessen Worte bedeutungslos. Heute erkannte er, dass seine vorgespielte Gleichgültigkeit nie funktionierte – er fühlte sich einfach nur abgeschnitten und innerlich hohl. Er sah sich im Spiegel und fragte sich, was er da eigentlich anschaute – außer den wohlbekannten Körper mit all den dazugehörigen Geschichten und Urteilen. Gab es da noch etwas anderes? Frank sah sich in die Augen und fragte sich, was er da sah. War das nur der analytische Blick seines eigenen Richters? Sah er dort nicht auch Traurigkeit und Angst? Vielleicht war dort gar nichts, nur Leere. Langsam wurde ihm klar, dass die Augen, die ihn – ein merkwürdiges Wesen in einem vertrauten Körper – betrachteten, voller Wissbegierde waren. Er hatte das Gefühl, als sei er selbst diese Wissbegierde.

3

Die wahre Natur und die Wirklichkeit

Zwei Konzepte, für die Seelenperspektive von grundlegender Bedeutung, kommen in diesem Buch immer wieder vor: Die *wahre Natur* (oder das *wahre Wesen* mit ihren/seinen dazugehörigen essenziellen Qualitäten) und die *Wirklichkeit* oder *Realität.* Sie werden hier nicht im Einzelnen definiert, da sie eher Hinweise zum Erforschen und Erkennen und weniger Begriffe mit nur einer Definition sind. Wenn Sie dieses Buch durchgelesen und durchgearbeitet haben, werden Sie mit jedem dieser Konzepte Ihre eigenen Erfahrungen gemacht haben. An dieser Stelle möchte ich nur ein paar Dinge aufführen, um Ihren Betrachtungen eine gewisse Richtung zu geben.

Die wahre Natur

Die *wahre Natur* bezieht sich auf Ihre Essenz als menschliches Wesen. Sie entspricht der Erfahrung dessen, der Sie sind, wenn diese Erfahrung sich nicht auf Ihre körperlichen Dimensionen und Eigenschaften bezieht, nicht von Ihren emotionalen Neigungen oder Ihrem Persönlichkeitstyp bestimmt wird, nicht auf Ihrer speziellen Geschichte und Konditionierung beruht und nicht von Ihren Überzeugungen oder Meinungen beeinflusst wird. Sie ist der Urgrund der Seele, das Herz Ihres eigenen lebendigen Bewusstseins. Wenn Sie jemandem begegnen und weder seinen Namen noch sonst irgendetwas von ihm wissen, wem begegnen Sie dann? Sie sehen einen Körper und vernehmen eine Stimme, Sie hören sich Geschichten an und beobachten Verhaltensmuster. Doch gibt es irgendetwas Grundlegenderes, etwas, das allen Menschen gemeinsam ist und das Sie jetzt in dieser Person wahrnehmen können? Wenn jemand sagt: „Schließlich sind wir alle menschliche Wesen," – was bedeutet das dann?

Uns allen ist etwas gemeinsam, das es uns ermöglicht, von einer Geschichte, die man in einem afrikanischen Stamm erzählt, genauso berührt zu sein wie von einem alten japanischen Mythos. Wir sind alle durch diese Menschsein-Erfahrung verbunden, unabhängig von familiären, rassischen oder religiösen Hintergründen, von körperlichen Eigenschaften, psychologischer Entwicklung oder Ausbildung. Einige spirituelle Traditionen nennen die wahre Natur das „Sein" oder die „Essenz" – die Essenz dessen, was wir jenseits all unserer individuellen Geschichten sind.

Die wahre Natur bezieht sich auch auf jenen Teil von uns, der am beständigsten ist, sich am wenigsten wandelt und zentral für unsere Selbstdefinition ist. Im Allgemeinen halten Sie Ihren Körper, Ihre persönliche Geschichte und Ihre emotionale Ausrichtung für die hervorstechendsten und unwandelbarsten Aspekte Ihrer Selbstwahrnehmung. Diese Aspekte scheinen auf die eine oder andere Weise zu definieren, wer Sie sind, indem sie Sie von anderen unterscheiden und zugleich den Rahmen bestimmen, innerhalb dessen Sie sich verändern können. Darüber hinaus sind sie Ihnen so sehr vertraut, dass Sie sich gar nicht vorstellen können, sich selbst ohne sie zu erfahren. Doch sind Sie wirklich diese Aspekte? Oder sind Sie etwas viel Grundlegenderes, das sich durch sie oder jenseits dieser Aspekte ausdrückt?

„Ich bin ein Mann von fünfundvierzig Jahren mit lockigen Haaren, schlankem Körperbau, heller Haut und Plattfüßen. Ich bin intelligent, ruhig, ausgeglichen und emotional zurückhaltend. Ich bin in Kanada geboren, meine Eltern sind schottischen und deutschen Ursprungs. Ich habe als Tänzer und als Setzer gearbeitet, und jetzt bin ich ein spiritueller Lehrer." Jede oder alle diese Beschreibungen treffen auf mich zu, und sie werden sich – bis auf mein Alter – wahrscheinlich nicht ändern. Obgleich ich vielleicht auf diese Weise auch selber an mich denke, beschreiben diese Tatsachen nur meine äußere Schale. Sie sind nicht das, was ich als mich kenne. Ich kenne mich selbst aufs Intimste durch das unmittelbare Gewahrsein meiner eigenen Gegenwärtigkeit – die zentrale Empfindung: „Ich bin jetzt hier." Diese innere Empfindung umfasst auch das Gefühl, mich selbst wiederzuerkennen: „Das hier bin ich." Letzten Endes kennen Sie sich selbst durch diese innere Empfindung oder Wahrnehmung Ihrer eigenen Existenz. Das ändert sich nie. Solange Sie am Leben sind, können Sie Ihre Existenz und Ihre „Sich-selbst-heit" spüren. Und alles was in Ihnen auftaucht, kann als Ausdruck Ihrer Gegenwart in Ihrem eigenen Leben gespürt werden. Das ist Ihr wahres Wesen, welches Sie einzigartig macht und zugleich mit allen anderen Menschen verbindet.

Die Seele ist reines Bewusstsein. Deshalb befindet sich ihre wahre Natur oder ihr wahres Wesen, ihr sie bestimmender und unwandelbarer Kern jenseits des physischen Körpers mit seinem Intellekt und seinen Emotionen und auch jenseits Ihrer gesammelten Geschichte. Das wahre Wesen der Seele existiert am fundamentalsten als eine Jetzt-heit. Es ist ein Wesen, welches nicht von Vergangenheit und Zukunft noch von dem Erlebnis abhängt, ein physischer Körper zu sein. Je stärker Ihr Gefühl von sich selbst als einer Seele ist, desto bewusster wird Ihnen, dass Ihr Körper das, was Sie in Wahrheit sind, nicht wirklich ausmacht – noch wird es von dem definiert, was Sie gelernt haben oder in der Vergangenheit wussten. Wer Sie sind, ist etwas viel Intimeres und Unmittelbareres, etwas viel Mysteriöseres und Unbeschreiblicheres. Wenn Sie sich dessen bewusst sind, beginnen Sie sich dem wahren Wesen der Seele – Ihrem eigenen So-Sein *jetzt* in Ihrem Leben – zu öffnen.

Das wahre Wesen oder die wahre Natur ist allen Menschen von Geburt an zu Eigen, manifestiert sich jedoch in jedem Einzelnen auf einzigartige Weise durch die Seele. Überdies ist diese Einzigartigkeit der Seele schon bei Ihrer Geburt ein inhärenter Teil dessen, was Sie sind. Sie wird nicht erworben und kann auch nicht zerstört werden, sie hängt weder von Ihrem Aussehen noch Ihren Handlungen ab. Sie können allerdings den Kontakt zu Ihrem wahren Wesen verlieren oder sogar vergessen, dass es existiert.

Glauben Sie an so etwas wie das wahre Wesen der Seele? Dieses Buch setzt voraus, dass es existiert und dass Sie als Mensch nicht als das sprichwörtliche weiße Blatt, das nur noch beschrieben werden muss, oder als ein Klumpen Lehm, der nur noch von der Erziehung geformt werden muss, auf die Welt gekommen sind. Das Vorhandensein der wahren Natur bedeutet, dass Ihnen implizit bestimmte Eigenschaften oder Fähigkeiten zu Eigen sind, die über alles, was Sie beim Heranwachsen lernen oder aufnehmen, hinausreichen. Das wahre Wesen stellt das spirituelle Fundament der Seele dar, es untermauert als solches Ihre psychische Wirklichkeit und insbesondere den Richter. Sie brauchen allerdings nicht an das wahre Wesen zu glauben, um aus diesem Buch einen Nutzen zu ziehen – nehmen Sie es einfach als interessante Hypothese und warten Sie ab, was geschieht. Ich ermutige Sie, der hier vorgestellten Sichtweise mit Offenheit zu begegnen und zu beobachten, welche Wirkung sie auf Sie hat und wie sie sich auf Ihre eigenen Erfahrungen bezieht.

Die essenziellen Qualitäten sind Elemente Ihres wahren Wesens und damit Eigenschaften, die dem, was an der Erfahrung, ein Mensch zu sein am wahrsten ist, *essenziell* angehören. Zu diesen Eigenschaften gehören Wahrheit, Freude, Mitgefühl, Wille, Kraft und Frieden, um nur einige zu nennen. Das sind keine mentalen Beschreibungen bestimmter Erfahrungen, sondern wirkliche substanzielle Formen der Gegenwärtigkeit. All diese essenziellen Eigenschaften sind in der Seele jederzeit als Potenzial vorhanden und nehmen im Bewusstsein individuell ihre Form an – je nachdem, was die jeweilige Situation erfordert. Jede von ihnen stellt eine charakteristische Manifestation des wahren Wesens dar, mit ihrem eigenen Geschmack, ihrer eigenen Gefühlsschattierung, ihrer eigenen Beschaffenheit und eigenen Auswirkung auf die Seele. Das Mitgefühl zum Beispiel ist warm, weich, expansiv, sanft und bedeutet Verständnis und Unterstützung im Umgang mit Schmerz. Der persönliche Wille dagegen ist solide, definitiv, zuversichtlich und eine Quelle standhafter Unterstützung auf schwierigen Pfaden.

Das wahre Wesen umfasst all diese Qualitäten und noch viele weitere. Es ist ein facettenreicher Diamant von unschätzbarem Wert, der in den unbewussten Tiefen eines jeden Menschen vergraben liegt. Auf dem Weg der Selbsterkenntnis stellt die Erforschung Ihrer persönlichen Beziehung zu Ihrem wahren Wesen ein wichtiges Element dar. Erleben Sie Ihr wahres Wesen? Erkennen Sie es in sich selbst und in anderen? Spielt es in Ihrem Leben eine Rolle? Was steht ihm im Wege? Können Sie zulassen, dass es durch Sie hindurchleuchtet? Welchen Einfluss haben Ihre Selbstverurteilungen darauf, ob und wie Sie Ihr wahres Wesen würdigen?

Wirklichkeit

Das wahre Wesen befindet sich in Ihrem Inneren. Es gehört nicht zum äußeren physischen Leben, sondern ist ein Teil Ihrer inneren Erfahrung. Die *Wirklichkeit* hingegen umschließt sowohl das Innere als auch das Äußere. Sie ist vielleicht noch schwieriger zu beschreiben als das wahre Wesen. Einfach ausgedrückt bezieht sich der Begriff *Wirklichkeit* darauf, wie die Dinge beschaffen sind und was die Fakten einer Situation sind – das heißt, die eigentlichen Elemente, aus denen sich alles, was zu irgendeinem Moment und an irgendeinem Ort geschieht, zusammensetzt.

Im Prozess der Selbsterkenntnis – besonders wenn es um die Konfrontation mit dem inneren Richter geht – besteht eine der größten Herausforderungen darin, mit dem, was sich in jedem Moment am wahrsten anfühlt, gegenwärtig zu sein und sich damit auf die Wirklichkeit auszurichten. Ihr Kontakt mit der Wirklichkeit hängt davon ab, wie bewusst Sie in jedem einzelnen Moment sind. Ich gebe Ihnen ein Beispiel:

Ich sitze an meinem Schreibtisch und grübele über mein unfertiges Buch nach. Was ist die Wirklichkeit meiner Situation? Meine Wirklichkeit schließt alles ein, was mit mir geschieht – also beginnen wir mit der Tatsache, dass sich meine Aufmerksamkeit auf mein Buch richtet. Mein Buch ist das physische Produkt meiner Schreibtätigkeit, doch ist es zugleich weitaus mehr: Es ist das gesamte psychische Konglomerat dessen, was ein Buch ausmacht – der Ideen; der Geschichte meines Schreibens; meiner Gefühle dazu, ein Autor zu sein und mich als Autorität hinzustellen; meiner Hoffnungen für seinen Erfolg und so weiter. Da „mein Buch“ sich auf viele Dinge beziehen kann, müssen wir spezifischer vorgehen, um die gegenwärtige Wirklichkeit klarer zu erfassen. Genauer gesagt besteht die Wirklichkeit meines inneren Zustandes aus Betroffenheit und Sorge darüber, ob ich das Buch jemals vollenden werde: Werde ich es schaffen? Wann werde ich es schaffen? Wird es mich zufrieden stellen? Was hält mich davon ab, es fertig zu stellen? Will ich es wirklich beenden? Muss ich bei meiner Arbeit am Buch disziplinierter sein?

Hinter diesen Fragen erkenne ich nun meinen Richter, der mir sagt: „Du brauchst zu lange, um fertig zu werden. Du lenkst dich ständig mit anderen Dingen ab. Pass bloß auf, bald gibst du endgültig auf, dann kriegst du es nie fertig." Ich fühle mich bewertet, kritisiert und motiviert. Das kommt mir bekannt vor.

Jetzt richtet sich mein Gewahrsein auf den Inhalt meines intensiven Denkens. Ich kann mich leicht in meinen Gedanken und Selbsturteilen verlieren. Doch das ist nicht meine volle Wirklichkeit. Wenn ich mein Bewusstsein ein wenig ausdehne, erkenne ich, dass meine Wirklichkeit darin besteht, an meinem Schreibtisch zu sitzen und mir Sorgen über mein Buch zu machen. Das bringt mich mit einem weitere Teil meiner Wirklichkeit in Verbindung: Über meinen psychischen Prozess hinaus bin ich jetzt mit meiner körperlichen Erfahrung dieses Prozesses in Kontakt. Mein Kopf fühlt sich angesichts der psychischen Beschäftigung, mein Buch zu planen, schwer und voll an. Dann spüre ich, wie sich mein Körper anfühlt: Arme und Beine ziehen sich vor Anspannung zusammen, mein Atem ist flach, meine Bauchmuskeln sind etwas verknotet und ich runzle die Augenbrauen.

Indem ich meinen körperlichen Empfindungen mehr Aufmerksamkeit schenke, fördere ich ein weiteres Element meiner Wirklichkeit zutage: ich habe Angst. Als diese Einsicht sich mit dem verbindet, was mein Richter gesagt hatte, wird mir die Ursache meiner Angst schlagartig bewusst: Ich habe Angst, dass ich mein Buch nicht fertig stellen werde. Das führt zu einer neuen Einsicht: Diese Angst bringt mich mit meiner Überzeugung in Kontakt, jemand zu sein, der wunderbare Ideen hat, sie aber häufig nicht umsetzt. Ich erkenne, dass ich fürchte, dieses Buch könnte ein weiteres Beispiel für solch eine gute Idee sein. Der Richter sagt mir nun, meine Langsamkeit bedeute, dass ich wahrscheinlich nicht zum Ende kommen werde und so mein Mangel an Willenskraft erneut bewiesen würde.

So habe ich nun also nicht nur einen angespannten Körper und einen Kopf voller Sorgen, nein, ich habe den Körper und den Kopf eines bestimmten Jemands, der die Dinge nicht beendet und sich fürchtet – sollte das wieder passieren – als Versager angesehen zu werden. Genauer gesehen bin ich jemand, der glaubt, ein Versager zu *sein,* und der dagegen ankämpfen muss, um zu beweisen, dass es nicht stimmt. Der Richter sagt mir, was meine Erfahrung bedeutet und was für ein Mensch ich bin. Die größere Wirklichkeit sieht nun also folgendermaßen aus: Es ist meine Geschichte, bestimmte Dinge von mir selbst zu glauben, und meine Selbsturteile führen dazu, dass ich mich auf bestimmte Art fühle und verhalte.

Ich verspüre den starken Drang, mit meinem Richter zu diskutieren, ihm zu erklären, was mit mir los ist und meine Handlungen zu rechtfertigen. Ich möchte ihn davon überzeugen, dass ich kein Versager bin. Ich beginne mich zu schämen. Damit befinde ich mich auf vertrautem Gebiet. In diesem Moment bestimmt der Richter als wichtiger Faktor meine Wirklichkeit. Ein Teil von mir will mich ablenken, damit ich all diese unbequemen Emotionen nicht zu fühlen brauche, und ein weiterer Teil ist entschlossen, meine Wirklichkeit voll und ganz kennen zu lernen. Ich spüre, dass sich mein Bauch und meine Beine mit einer Art solider Energie füllen; das scheint mir den Willen zu verleihen, meine bewusste Beobachtung fortzusetzen, ohne mich mit dem Richter in eine Diskussion zu verstricken. Mein Richter indes ist nicht so leicht abzuwimmeln: „Du kannst mich nicht ignorieren, weil du weißt, dass ich die Wahrheit sage." Ich finde, dass ich mich selbst kraftvoller unterstützen muss, wenn ich den Richter daran hindern will, die Oberhand zu gewinnen. Ich stelle mir vor, dass ich mich ihm zuwende und mit all der Energie im Bauch „Halt die Klappe!" rufe. Diese aggressive mentale Aktion verschafft mir einen klaren Kopf und ermöglicht es mir, zu meinem Selbstgewahrsein zurückzukehren.

Jetzt sehe ich ein, dass ich mich schon sehr lange für jemanden gehalten habe, der dagegen ankämpft, zu versagen, und dass dieses Gefühl meiner selbst sich wie ein roter Faden durch mein ganzes Leben gezogen hat. Ich fühle, dass es einem Kindheitsglauben entspringt: Ich muss mein Potenzial, etwas zu erreichen, erfüllen oder meine Eltern wären enttäuscht und ich würde ihre Liebe verlieren. Jetzt erkenne ich eine tiefere Ebene meiner gegenwärtigen Wirklichkeit. Wer ich bin und was ich in diesem Moment erlebe, hat seine Wurzeln in dem Kind, das die Liebe seiner Eltern begehrte und zu verlieren fürchtete. Diese kindlichen Gefühle stehen hinter den Selbstverurteilungen, die zu meiner Besorgnis führen, ob ich das Buch je fertigstellen werde. An dieser Stelle bemerke ich, dass Sorge und Selbstverurteilung mich nicht länger im Griff haben – an ihre Stelle ist das Gefühl getreten, ein ungeliebtes Kind zu sein. Ich fühle mich klein und alleine und fürchte mich vor einer Welt, die so viel größer zu sein scheint als ich. Ich bin traurig und sehne mich nach der Liebe meiner Eltern. Ich bin mir bewusst, wie die Anspannungen in meinem Körper diese Gefühle spiegeln.

Normalerweise hasse ich es, mich wie ein kleines, hilfloses Kind zu fühlen. Ich will nicht, dass die Wirklichkeit so aussieht – als reagiere ich jedesmal, wenn ich mich so fühle, indem ich mir selber (als der Richter) sage: „Du brauchst die Liebe deiner Eltern doch gar nicht mehr; du bist jetzt erwachsen. Sei groß und höre auf, dir Sorgen zu machen." Dann richte ich meine Aufmerksamkeit gewöhnlich auf irgendeine Aktivität und ignoriere meine Emotionen. Unglücklicherweise hat sich die Wirklichkeit durch diese Haltung nie verändert. Sie hat mich einfach nur von der Wahrheit des gegenwärtigen Moments abgeschnitten.

Dieses Mal hingegen berührt mich das gegenwärtige junge Gefühl meiner selbst. Ich beginne, eine sanfte Wärme in der Brust und ein Gefühl von Verständnis und Fürsorge für dieses ängstliche Kind zu verspüren, und dieses Mitgefühl zu mir selbst in meiner gegenwärtigen Situation entspannt mich und beruhigt meinen Geist. Ich atme tiefer und kann die Kleinkindgefühle zulassen, während ich mir zugleich bewusst bin, viel mehr zu sein als jene Gefühle. Die unbewusste Verbindung zwischen dem Kind und meinem Buch ist jetzt unterbrochen. Die Selbstverurteilung, welche mein Schreiben belastet hatte, ist verschwunden und ich kann mit meiner Arbeit fortfahren, wobei ich mich in einem ausgedehnteren Gefühl der Wirklichkeit sicher verankert fühle.

Sie können Ihr Gewahrsein der Realität immer dann erweitern, wenn Sie die Wahrheit dessen, was Sie gerade erleben, in größerem Maße erkennen. Oder Sie können sich entscheiden, die Wirklichkeit abzuleugnen, zu vermeiden oder im Kontakt mir ihr eine Auswahl zu treffen, indem Sie Ihre Aufmerksamkeit – auf Kosten dessen, was Sie wirklich erleben – auf das richten, was Sie glauben oder was Ihnen angenehm ist.

Der Richter ist ein aktiver Teilnehmer bei all diesen Aktivitäten, wie das obige Beispiel zeigt. Wenn Sie sich der Rolle, die der Richter bei Ihren Erfahrungen und Beweggründen spielt, nicht gewahr sind, finden das Verleugnen, das Vermeiden und die selektive Auswahl automatisch und ohne Ihr Zutun statt.

Soll es zu Entwicklung und Veränderung kommen, ist es wichtig, dass Sie die Wirklichkeit Ihres Erlebens in jedem Moment Ihres Lebens erkennen – denn diese Wirklichkeit bestimmt die Grenzen und das Potenzial dessen, was zu jedem Zeitpunkt möglich ist. Die Arbeit an meinem Buch war von Selbsturteilen und Versagensangst vergiftet. Hätte ich die tieferen Aspekte meiner Wirklichkeit nicht erkannt, dann wäre ich dem Bedürfnis, zu beweisen, dass ich es schaffen könnte, nie entronnen. Mit dem Erkennen, dass ich mich damit identifizierte, jemand zu sein, der gegen das Versagen und die dahinter liegende Angst, die Liebe seiner Eltern zu verlieren, kämpfen musste, verschob sich etwas. Die Selbstverurteilung hörte auf. Die Wirklichkeit fühlte sich weniger begrenzt, dafür aber offener an. Je mehr mir die Wahrheit bewusst wurde, desto deutlicher kam mein wahres Wesen in der Form von persönlichem Willen, Stärke und Mitgefühl zum Vorschein, welche wiederum einen volleren Kontakt mit der Wirklichkeit ermöglichten.

Die wichtigste Zutat, um im Kontakt mit der Wirklichkeit zu sein, besteht darin, die Aufmerksamkeit auf das zu richten, was im gegenwärtigen Moment am wahrsten erscheint. Jedoch bedeutet die Tatsache, dass Sie mit der Wahrheit Ihrer Erfahrung im Kontakt sind, nicht, dass Sie sich Ihrer gesamten Wirklichkeit bewusst sind. Jeder Augenblick der Wahrheit wird, wenn er ohne Urteil zugelassen wird, zu einem Tor in ein tieferes Erleben der Realität und allem, was wahr ist.

Mein Gewahrsein der Wirklichkeit lief in mehreren Schritten ab:

Das Buch
Die Besorgnis und die Selbstverurteilung
Meine körperlichen Empfindungen, während ich mich sorgte
Meine Versagensangst
Mein Urteil darüber, zu versagen
Die Entschlossenheit, mich nicht zu rechtfertigen

Dem Richter die Stirn bieten
Das Erkennen meiner Geschichte rund um das Versagen
Die im Voraus erwartete Enttäuschung der Eltern
Ich als das ungeliebte Kind mit seinen schmerzhaften Gefühlen
Mein Gewahrsein dieses Kindes und mein Mitgefühl mit ihm
Wieder mit meinem Buch, diesmal auf leichte, entspannte Weise

Das ist ein Beispiel dafür, wie wir die Wirklichkeit im Hier und Jetzt erforschen können. Es ist ein Prozess, der uns die sich entfaltenden Tiefen unseres gegenwärtigen Erlebens enthüllt. Diese Form der Erforschung ist eine tiefgreifende Praxis, und die Fähigkeit, sie zuzulassen, kostet viele Jahre der Erfahrung. Erwarten Sie nicht, dass Ihr eigenes Gewahrsein der Wirklichkeit sich so leicht oder direkt enthüllt, wie ich es beschrieben habe. Allerdings lässt mein Prozess viele Elemente klar hervortreten, mit denen Sie im Verlauf dieses Buches arbeiten werden. Vielleicht möchten Sie ihn später, wenn Sie mit dem Lesen weitergekommen sind, als Anschauungsmaterial benutzen.

Der Richter vermeidet die Wirklichkeit

Wenn Sie auf Ihren Richter hören, lenkt Sie das von der Wirklichkeit *ab.* Der Richter hält die Wirklichkeit für unsicher und schwierig und glaubt, dass sie Ihnen Probleme bereiten wird. In Ihrer Kindheit haben Sie häufig Situationen ertragen, die schmerzhaft, Angst erregend, überwältigend und frustrierend waren. Diese Gefühle waren schwer zu ertragen, und die Auswirkungen auf Sie mussten kontrolliert werden, damit Sie sich sicher fühlen konnten. Es war die Aufgabe des Richters, Sie davor zu bewahren, von diesen Erfahrungen überwältigt oder bedroht zu werden, und seine hauptsächlichen Abwehrmaßnahmen waren Leugnen, Vermeiden und das selektive Gewahrsein. Er glaubt nun weiterhin, dass Sie vor der Wirklichkeit Ihres Lebens – ja, tatsächlich vor fast jeder direkten Erfahrung der Wirklichkeit – geschützt werden müssen. Der Richter bestimmt die Art, wie Sie die Wirklichkeit erleben, indem er Ihnen erklärt, was wichtig ist und worauf Sie achten müssen. Er wird Sie unablässig davon ablenken, auf Ihr volles Erleben im gegenwärtigen Moment zu achten. Er misstraut der Möglichkeit, dass Sie irgendeinen Wert oder Nutzen daraus ziehen könnten, mit sich selbst ehrlicher zu sein.

Im Allgemeinen lässt der Richter gelten, dass essenzielle menschliche Eigenschaften wie Würde, Kraft, Frieden, Mitgefühl und Wille von Bedeutung sind. Er glaubt allerdings nicht, dass diese Ihnen angeboren sind, sondern macht Ihnen weis, dass Sie sie im Außen durch Leistungen und gutes Benehmen erwerben müssen: „Wenn du ein selbstloser, gebender Mensch bist, dann hast du vielleicht einen gewissen Wert." Der Richter glaubt, dass Ihnen diese essenziellen Eigenschaften nur zustehen, wenn Sie beweisen können, dass Sie sie verdient haben, im Griff behalten und sich ihrer würdig erweisen, indem Sie seine Maßstäbe erfüllen. Gelingt Ihnen das nicht, behauptet er: „Du spiegelst diese Erfahrung wahrscheinlich nur vor; diese Eigenschaften sind nur vorübergehend, und du wirst sie jeden Moment wieder verlieren, weil sie gar nicht zu dir gehören."

Die hier dargestellte Sichtweise stellt dem Richter die wichtige Aufgabe, Sie vorzubereiten, darin zu unterweisen und Sie zu ermahnen, was Sie alles tun müssen, um Zugang zu diesen Grundelementen menschlicher Erfahrung zu bekommen. Für den Richter sind diese Seelenqualitäten eher so etwas wie Belohnungen oder Errungenschaften, die zwar wünschenswert, aber keineswegs notwendig sind. Wenn es sich auf mehr als nur Ihren Körper, Ihre Persönlichkeit und Ihre Geschichte bezieht, hält der Richter das wahre Wesen für eine Illusion oder einen Mythos.

Um der Übermacht des Richters im Lenken und Kontrollieren Ihrer Erfahrungen die Stirn zu bieten, müssen Sie zunächst erkennen, dass das wahre Wesen in Ihnen vorhanden ist und weder von Ihren Leistungen noch von dem Eindruck abhängt, den Sie auf andere machen. Es ist und war schon immer ein Teil von Ihnen. Sie müssen ferner erkennen, wie der Richter ein solches Gewahrsein kontinuierlich unterminiert. Sie müssen also bestimmte Eigenschaften Ihres wahren Wesens auf den Plan rufen, um die Strategien des Richters zu kontern. Im obigen Beispiel leisteten Gewahrsein, Wille, Stärke und Mitgefühl jeweils ihren Beitrag, als es darum ging, die Kontrolle zu brechen, die der Richter über meine Erfahrungen ausübte. Wenn Sie Ihre Verbindung mit diesen Aspekten Ihres Menschseins, die auf einer tieferen Ebene als Gewohnheiten, Vorlieben und frühe

Konditionierungen angesiedelt sind, erkennen und entwickeln, werden Sie auf ein alternatives Orientierungs- und Unterstützungssystem stoßen, das auf einem grundlegenderen Wirklichkeitssinn fußt.

Bei jedem der in diesem Buch vorgestellten Aspekte des wahren Wesens werden Sie erkennen, dass dem Richter übliche und vertraute Vorgehensweisen zur Verfügung stehen, um zu versuchen, die jeweilige Eigenschaft herabzusetzen, zu unterwandern und anzugreifen. In dem Maße wie es ihm gelungen ist, Sie von Ihrem wahren Wesen abzuschneiden, sind Sie davon abhängig, dass er als Ersatz für jene verloren gegangenen Eigenschaften fungiert. Wir werden also bei jeder Eigenschaft betrachten, auf welche Weise der Richter Sie üblicherweise angreift, wenn Sie die jeweilige Fähigkeit aktivieren. Außerdem werden wir uns im Kontrast dazu anschauen, wie die jeweilige Fähigkeit Sie dabei unterstützt, das Bedürfnis nach einem Richter abzuschaffen.

Praxisanleitung: Die Wirklichkeit des Autofahrens

Diese Anleitung möchte Sie dazu anregen, während der Erfahrung, ein Auto zu fahren, einige der verschiedenen Facetten der Wirklichkeit zu erkennen. Immer, wenn Sie als Fahrer oder Mitreisender in einem Auto reisen und nicht durch das Fahren oder sonst zu sehr abgelenkt sind, können Sie diese Übung praktizieren. Sie ist sehr hilfreich, um Ihren Kontakt mit der Wirklichkeit zu vertiefen.

Schritt 1.

Richten Sie Ihre Aufmerksamkeit auf die äußere physische Realität des Autos, der Straße und des weiteren Umfeldes (Wetter, Landschaft, andere Autos und so weiter). Achten Sie auf vertraute Elemente, auf neue Dinge und auf solche, die Sie vorher nicht bemerkt hatten, obgleich sie vorhanden waren.

Schritt 2.

Richten Sie, während Sie im Auto sitzen, Ihre Aufmerksamkeit auf Ihre Körperempfindungen. Wie fühlt sich Ihr Körper an: angenehm, entspannt, angespannt, Kopfschmerzen, flacher Atem? Hat Ihr körperlicher Zustand etwas mit dem Fahren oder mit anderen Dingen zu tun (wie mit einem schon vorhandenen körperlichen Problem oder einem vorhergehenden Ereignis)?

Schritt 3.

Beachten Sie jetzt, was Sie auf der Gefühlsebene verspüren. Fühlen Sie sich beunruhigt, besorgt, aufgeregt, froh, ängstlich, traurig, stumpf, unter Druck? Ist das die Fortsetzung eines emotionalen Zustands, der schon vor der Autofahrt bestand, oder handelt es sich um eine Reaktion auf Ihr Fahrerlebnis?

Schritt 4.

Konzentrieren Sie sich darauf, was sich in Ihrem Verstand abspielt. Sie haben vielleicht bemerkt, dass Ihr Denken dazugekommen ist, als Sie sich die drei Facetten Ihrer Realität angeschaut haben. Oder Ihnen ist aufgefallen, dass Ihr Verstand (der Richter) begonnen hat, Ihre Erfahrungen zu erklären und Ihnen zu sagen, was sie bedeuten und wie Sie mit ihnen umgehen sollten. Worüber denken Sie nach? Sind Sie beim Fahren mit irgendetwas beschäftigt? Behindert das Denken Ihr Gewahrsein der restlichen Facetten, welche die Realität des Fahrens ausmachen?

Schritt 5.

Nachdem Sie diese vier Dimensionen Ihrer persönlichen Wirklichkeit in Augenschein genommen haben, prüfen Sie, wie sich Ihr Fahrerlebnis – wenn überhaupt – verändert hat. Können Sie alle Dimensionen gleichzeitig in Ihrem Gewahrsein halten? Was geschieht dann? Fühlen Sie sich jetzt mehr (oder weniger) bequem, weit, in Kontrolle, überwältigt, angespannt, entspannt, offen, wach?

Als Frank die Küche betrat, fiel sein Blick auf das schmutzige Geschirr vom Tag vorher, das sich auf der Anrichte und in der Spüle stapelte.

Warum hat sie gestern nicht abgewaschen? Ich hasse es, in eine dreckige Küche zu kommen.

Na ja, immerhin hat sie uns das Abendessen gekocht. Ich glaube, du warst mit dem Aufräumen dran. Du bist selber schuld, wenn du bis ein Uhr morgens aufbleiben und fernsehen musst und davon so müde bist, dass du nur noch ins Bett gehen kannst. Du vergeudest zu viel Zeit vor der Glotze.

Frank ließ das heiße Wasser laufen und begann, das Geschirr vorzuspülen, wobei er die Essensreste mit den Händen abwischte. Dann verstaute er es im Geschirrspüler.

Du weißt genau, dass du das mit Seife und einem Schwamm machen solltest. Eines Tages wird dir schlecht werden...

Ach, halt die Klappe, blöder Stinkstiefel. Ich mache das so wie ich es will.

Beim Spülen bemerkte Frank, wie angespannt seine Kiefer waren. Diese Spannung schien den Schmerz in seinem Nacken noch zu verstärken. Er fühlte eine Enge in der Brust und seine Schultern waren fest. Seine innere Unruhe wurde so groß, dass er ganz besorgt war, bloß kein Geschirr zu zerbrechen.

He, worüber regst du dich so auf! Reiß dich zusammen und entspanne!

Das brachte Frank dazu, anzuhalten und sich mit beiden Händen trotz laufenden Wassers auf der Kante des Spülbeckens abzustützen. Er holte tief Luft und stöhnte beim Ausatmen vor sich hin. Irgendwie konnte er sich kaum konzentrieren und keinen klaren Gedanken fassen. Schließlich richtete er sich auf, drehte den Wasserhahn ab und ging auf die Küchentür zu. Als er sie öffnete und auf die sonnige Veranda hinaustrat, ließ er seinen Morgenmantel vorne aufspringen, sodass die warme Luft seinen gesamten Körper einhüllte. Ihn schauderte, als die Hitze seine bloßgelegten Nerven traf. Sein Körper badete im Sonnenlicht, seine geschlossenen Augen richteten sich nach oben, und langsam breitete sich Entspannung in ihm aus.

Hör mal, irgendein Nachbar wird dich hier draußen sehen. Halbnackt! Das ist mal wieder dein Exhibitionismus. Du legst es ja bloß darauf an, dass dich jemand sieht.

Frank musste die Augen öffnen und sich vergewissern, dass der Zaun und die Büsche ihn vor dem Blick seines Nachbarn schützten. Ja, das taten sie – doch nun konnte er sich kaum noch entspannen. Er wickelte sich in seinen Morgenmantel und stand nun inmitten der sonnenbeschienenen Bäume, umgeben vom Geflatter und Zwitschern der kleinen Vögel und der leuchtend magentafarbenen Bougainvillea, die an der Seite der Veranda emporrankte.

4
Urteile erkennen

Um bestimmte Teilgebiete unserer inneren Welt zu beschreiben, benutzen wir das Konzept der Urteile. Wenn Sie sich die Innenwelt Ihres Verstandes als eine Landschaft vorstellen, könnten die verschiedenen Arten mentaler Aktivitäten als Gebiete dieser Landschaft angesehen werden. Da gibt es zum Beispiel die üppigen Dschungel Ihrer Fantasie, die geometrischen Metropolen der finanziellen Kalkulation, die fließenden Ströme der Träume und die stillen, ausgedehnten Wüsten einfachen Gewahrseins. In dieser inneren Welt können die Urteile verschiedene Formen annehmen und zum Beispiel als die altbekannte Kindheitsumgebung erscheinen, unverändert und leblos, – oder als surrealistische Autobahnen, die einen schnellstens von einem Ort zum anderen führen, ohne Unterbrechung und ohne Pause außer zum Tanken und Essen, denn alle Abfahrten sind permanent wegen Bauarbeiten geschlossen. Oder als die Filmkulisse eines Hollywood-Dramas, wo die Umgebung beeindruckend und begehrenswert aussieht, jedoch völlig unwirklich und substanzlos ist.

Das Urteilen ist ein zentrales Element Ihres inneren Dialoges, der Art, wie Sie mit sich selber sprechen. Hier ist es zu Ihrer zweiten Natur geworden – so nah und vertraut, dass es schwerfällt, seine Existenz überhaupt zu bemerken. „Klar rede ich mit mir selbst – ich rationalisiere, erkläre, rechtfertige, stelle infrage, bezweifle, schätze ab, schimpfe, klatsche, gestehe – alles Mögliche. Wieso sollte ich mich dann über das Urteilen aufregen?“ Es scheint ganz natürlich zu sein, und sogar wenn ein anderer Sie verurteilt und dabei die Terminologie verwendet, die Sie schon von Ihren Selbstverurteilungen kennen, gehört das erwartungsgemäß zum Leben.

Es gibt indes gute Gründe, diesen Teil Ihres inneren Prozesses herauszuschälen. Ihre Selbstverurteilungen stellen die vielleicht wichtigste Ursache inneren Leidens und Missvergnügens dar. Darüber hinaus – oder aus diesem Grund – gehören sie zu den wichtigsten Hindernissen für eine Veränderung, Entwicklung, Erweiterung und Transformation. Insbesondere hindern sie Sie daran, einfach von Augenblick zu Augenblick in sich selbst zu ruhen. Vermutlich haben Sie zu diesem Buch gegriffen, weil Sie erkannt haben, dass sich das Urteilen negativ auf Sie auswirkt. Was das genau bedeutet, werden wir nach und nach herausfinden. In diesem Kapitel werden wir uns darauf konzentrieren, das Urteilen in Aktion zu erkennen und festzustellen, wie es in Ihrem inneren Leben abläuft.

Hier zunächst eine einleitende Definition: *Ein Urteil ist Ausdruck einer Bewertung, in dem eine Einschätzung unseres Wertes und Nutzens enthalten ist und der sich wie ein Ablehnen unserer gegenwärtigen Befindlichkeit anfühlt.* Der Ausdruck *gegenwärtige Befindlichkeit* kann sich auf eine Emotion, ein Gefühl oder Selbstbild, eine bestimmte Verhaltensweise, Körpererfahrung oder Idee über sich selbst beziehen – was immer die zentralen Elemente Ihrer unmittelbaren Erfahrung sein mögen.

Zu Beginn dieser Arbeit lernen Sie zu erkennen, wann Sie ein Urteil erleben. Das mag Ihnen einfach vorkommen, ist es aber nicht. Gewisse Urteile sind Ihnen bewusst und Sie können sie beschreiben, doch die meisten Ihrer Urteilserfahrungen finden im Unbewussten statt, und Ihre Selbstverurteilungen sind im Allgemeinen für Menschen, die Ihnen nahestehen, leichter zu erkennen als für Sie selbst. Sie wollen Ihre eigene Selbstkritik meist gar nicht sehen, weil Sie fürchten, dass dann Ihre Schlechtigkeit zum Vorschein kommen könnte. Diese Angst ist natürlich, und sie muss respektiert werden. Wenn Sie mehr über sich erfahren, wachsen Ihr Mitgefühl und Ihre innere Sicherheit, und Sie können leichter erkennen, wodurch diese Angst verursacht wird. Der Prozess, durch den Sie sich selbst anzunehmen lernen, braucht seine Zeit. Machen Sie sich einfach nur klar, dass alle Gefühle oder Reaktionen, die jetzt auftauchen, zu den ersten Schritten in diesem Prozess gehören.

Die erste Aufgabe besteht also im Erkennen, was ein Urteil ist. Es kann sich wie eine Kritik oder Verurteilung anfühlen, wie ein Hinweis, eine Anregung, ein Vorwurf oder ein Ratschlag, wie eine Ablehnung, ein Vorschlag, eine Frage oder ein Lob. Es kann von einem anderen oder dem eigenen Verstand ausgehen. Wie immer Sie seine Absicht interpretieren und wo immer sein Ursprung liegt – Sie werden auf bestimmte Weise von ihm beeinflusst, und das macht es zu einem „Urteil". Um das klarer zu erkennen, hilft es, die Bedeutung der jeweiligen Aussage oder Frage auf eine einzige klare Feststellung zu reduzieren.

Was das Urteil aussagt

Der erste Schritt, um ein Urteil zu erkennen, ist: Finden Sie heraus, worin die beurteilende Aussage besteht. Ist sie nicht deutlich erkennbar, müssen Sie sie deutlich machen. Es kann einem passieren, dass jemand fünf Minuten lang mit einem redet – und erst nachdem man das Ganze auf eine einzige Aussage reduziert hat, erkennt man, dass man sich von seinen Worten verurteilt fühlte. Auch sich selbst kann man so alle möglichen Geschichten erzählen, – fühlt man sich zum Schluss dann aber schlecht, hat es sich um eine Selbstverurteilung gehandelt. Wenn Sie also zehn Minuten zu spät zu einer Verabredung erscheinen und Ihre Bekannte sagt: „Ist dir eigentlich klar, wie spät es ist? Meine Vierjährige hätte schon zehnmal auf ihrem Dreirad hier sein können. Ich hoffe, du bist glücklich, dass ich deinetwegen auf meinen Morgenkaffee verzichtet habe," dann können Sie das auf „du Mistkerl bist zu spät gekommen" zusammenstreichen. Sie beginnen sich dem Richter zu stellen, indem Sie ihn sichtbar oder, in diesem Fall, hörbar machen.

Um Urteile in Worte zu fassen, empfehle ich folgende Vorgehensweise: Formulieren Sie die urteilende Aussage in der zweiten Person, also so als seien Sie der Richter und sprächen mit jemand anderem. Anders ausgedrückt: Statt „Ich-Aussagen" benutzen Sie in diesem Fall „Du-Aussagen". Das macht es leichter, den Richter vom Verurteilten zu unterscheiden, auch wenn beide Teile aus Ihrem Inneren stammen. Statt: „Ich habe Mist gebaut", lautet das Urteil also jetzt: „Du hast Mist gebaut."

Bitte beachten Sie: Oberflächlich gesehen scheint dies der üblichen Empfehlung, sich selbst nur mit „Ich-Aussagen" auszudrücken, zuwiderzulaufen. Doch es geht in diesem Fall nicht darum, Verantwortung für die eigenen Gefühle zu übernehmen – was mit der Ermutigung bezweckt wird, in der zwischenmenschlichen Kommunikation „Ich-Aussagen" zu verwenden – sondern darum, klarzustellen, dass sich in Ihrem Inneren zwei verschiedene Aspekte miteinander unterhalten. Wenn Sie behaupten: „Ich habe Mist gebaut", dann übernehmen sie dafür die Verantwortung als handle es sich um eine Tatsache, ohne zu bemerken, dass ein Urteil im Spiel ist und kritische Energie auf Sie gerichtet wird.

Schauen wir uns einige Beispiele für urteilende Aussagen an. Dass es sich dabei um Urteile handelt, erkennen Sie an der Wirkung dieser Aussagen auf Sie – es hat nichts damit zu tun, ob sie der Wahrheit entsprechen oder nicht. Zu Beginn einige offensichtliche Beispiele:

Das hättest du aber nicht tun sollen.
Du bist solch ein Schwächling.
Ich kann's nicht glauben, dass du solch eine blöde Bemerkung machen musstest.
Das darf dir aber kein zweites Mal passieren.
Wenn du nicht endlich in die Gänge kommst, wird nie etwas aus dir.
Jetzt hast du's endgültig verpatzt.
Du bist so fett – nie wird sich jemand für dich interessieren.
Gib's auf, du wirst sowieso nie erfolgreich sein.
Hab ich es dir nicht gleich gesagt, dass du keine Chance hast?
Wird auch langsam Zeit, dass du das einsiehst.
Wie kommst du überhaupt darauf, dass sich irgendjemand für dich interessiert?
Dich kann man doch nicht ernst nehmen.
Du hältst dich wohl für ziemlich schlau, was?

Die folgenden Beispiele sind nicht so offensichtlich, aber genauso vernichtend:

Aus dir könnte noch mal was werden, wenn du bloß nicht so langsam wärst.
Warum bin ich dir eigentlich so egal?
In deinem Alter solltest du aber mehr verdienen.
Ich wusste es doch, dass du etwas leisten kannst, wenn du dich

nur gehörig anstrengst.
Du hast solch ein unglaubliches Potenzial.
Nur wer faul ist, schläft bis 9.00 Uhr.
Warum kannst du bloß nicht einsehen, dass ich dir nur helfen will?
Du solltest nicht so hart mit dir selbst umgehen.
Du kannst aber nicht gut Kritik annehmen, hab' ich Recht?

Beachten Sie, dass einige dieser Aussagen noch knapper formuliert werden können, um das darin steckende Urteil klarer herauszustellen. Zum Beispiel könnte der Satz „Warum kannst du bloß nicht einsehen, dass ich dir nur helfen will?" einfacher ausgedrückt lauten: „Du bist ein undankbares Arschloch." Oder aus „Warum bin ich dir eigentlich so egal?" wird „Du bist gefühllos und egoistisch."

Berücksichtigen Sie dabei den Tonfall desjenigen, der die jeweilige Aussage macht, sowie Ihre eigene Geschichte in Bezug auf Verurteilungen, können Sie alle möglichen scheinbar harmlosen Aussagen als Urteile empfinden. Zum Beispiel:

Du siehst müde aus. (Wird gehört als: Was ist denn mit dir nicht in Ordnung?)
Ich hasse es, wenn du so redest. (Wird gehört als: Mit dir ist irgendwas nicht in Ordnung.)
Wie alt sind Sie? (Wird gehört als: Sie haben die besten Jahre hinter sich.)
Sie haben einen Fehler gemacht. (Wird gehört als: Sie kriegen ja nie was auf die Reihe.)

An dieser Stelle erhebt sich oft die Frage: Und was ist mit den positiven Urteilen? Sollte man sich nur über inhaltlich negative Aussagen Sorgen machen? Das ist eine gute Frage. Mit Sicherheit sind es die negativen Aussagen, welche die meisten Schwierigkeiten verursachen, und gewiss wäre Ihr Interesse, den Richter herauszufordern, nicht besonders groß, wenn Ihre Selbsturteile immer nur positiv wären. Vielleicht sind Sie in Wirklichkeit auf der Suche nach einer Möglichkeit, die negativen Urteile in positive zu verwandeln – doch das würde die zugrunde liegende Tendenz, sich überhaupt in Selbstverurteilungen zu verstricken, nicht ändern.

Aus dem Leben gegriffen

Michael hatte zwei Monate lang an seiner Tanzvorstellung gearbeitet und begann zwei Tage vor der Aufführung sehr nervös zu werden. Als der große Abend gekommen war, fühlte er sich erstaunlicherweise ruhig und sicher. Die Lichter und die Energie des Publikums spornten ihn an, besser denn je zu tanzen. Als er die Bühne verließ, stand sein Richter schon bereit, um seinen Kommentar abzuliefern: „Da hast du's ihnen aber gezeigt, Mann, du bist fantastisch. Ich wette, sie hatten insgeheim gehofft, du würdest versagen – aber nein, du bist die absolute Nummer Eins! Aber sag jetzt bloß nichts, – du willst doch wohl nicht, dass dich irgendjemand für eingebildet hält."

Beim anschließenden Empfang grinste er, als seine Freundin Carla auf ihn zukam, um ihm zu gratulieren. „Du warst so wundervoll da oben. Kaum zu glauben, wie perfekt du getanzt hast. Du inspirierst mich so sehr. Oh, ich wünschte, ich könnte auch so tanzen. Nicht einen Fehler habe ich bemerkt. Und was für eine abgefahrene Musik hast du dir da ausgesucht?" Michael lächelte weiter, aber sein Richter hatte schon wieder das Wort ergriffen: „Was will sie damit sagen – sie hat keinen Fehler bemerkt? Pass bloß auf! Was, wenn es dir beim nächsten Mal misslingt? Sicherlich warst du ganz gut, Kumpel, aber perfekt warst du nicht. Für wen hält die dich denn, Baryshnikow oder was?"

Eine positives oder negatives Urteil ist nicht dasselbe wie ein positives oder negatives Gefühl. Ein Gefühl ist ein emotionaler Zustand als Reaktion auf irgendetwas. Ein Urteil dagegen ist eine Beurteilung Ihrer selbst als gut oder schlecht, richtig oder falsch. Urteile und Gefühle sind eng verwandt, wie wir noch sehen werden. Doch man kann etwas mögen oder ablehnen, auch ohne ein Urteil darüber zu haben.

Wenn Sie zum Beispiel sagen: „Ich bin zufrieden mit meinem letzten Projekt, und ich fühle mich richtig gut, dass ich bis zum Schluss durchgehalten habe," dann mag es scheinen, als ob im ersten Teil ein Gefühl ausgedrückt wird und im zweiten ein positives Selbsturteil. Schauen wir doch mal genauer hin. Handelt es sich wirklich um ein Selbsturteil, dann drückt es aus: „Ich habe durchgehalten, also bin ich wirklich ein guter Mensch." Damit würden Sie sich eindeutig gegen das Urteil verteidigen, kein guter

Mensch zu sein. Das ist in Ordnung – wenn Sie Ihren Selbstwert aufbauen wollen, ist die Erkenntnis, dass Sie einen Wert besitzen, ein wichtiger Beitrag. Allerdings ist es nicht dasselbe, als wenn Sie wissen, dass Ihr eigener Wert völlig unabhängig von den Ergebnissen Ihrer Handlungen besteht. Im vorausgehenden Beispiel erteilt Michaels Richter ihm eindeutig ein Urteil. Er sagt ihm, wie fantastisch er sei, weil doch alles so gut geklappt habe, – und reagiert damit auf die implizite Bewertung, ihn eigentlich minderwertig zu finden.

Dagegen muss die Aussage: „Ich fühle mich richtig gut, dass ich es geschafft habe", nicht unbedingt ein Urteil enthalten. Sie beschreibt vielleicht, wie Sie sich auf unspezifische Art und Weise fühlen. Anders ausgedrückt könnte sie lauten: „Jetzt, wo ich den Job beendet habe, fühle ich mich froh (zufrieden, überschwänglich, freudig erregt)." Darin ist kein Selbsturteil enthalten.

Negative Urteile führen zu Gefühlen wie Ablehnung, Schuld, Scham und Selbsthass, während positive Urteile eher Gefühle wie Selbstachtung, Stolz, Erregung, Eigendünkel und Überlegenheit mobilisieren. In beiden Fällen führt das Urteil zu einem bedingten Ergebnis, denn Sie sind weiterhin davon abhängig, dass der Richter Sie ablehnt oder lobt. In diesem Buch möchte ich Sie dazu ermutigen, nicht länger nur Ablehnung in Anerkennung zu verwandeln, sondern darüber hinauszugehen und die der Selbstverurteilung zugrunde liegenden Annahmen infrage zu stellen.

Es gibt es keine Abkürzung, um diese mentale Aktivität, die unsere psychische Struktur wie ein Klebstoff zusammenhält, aufzulösen. Der Prozess findet schrittweise statt und erfordert Geduld sowie den Willen, sich darauf einzulassen. Positive Selbsturteile dienen im täglichen Leben als wichtige Unterstützung und Führung, und bevor Sie auf sie verzichten können, müssen Sie zunächst das Wissen über sich selbst entdecken und integrieren, an dessen Stelle sich diese Urteile gesetzt haben. Negative Selbsturteile haben generell keine wichtige Funktion, sind dafür aber umso schmerzhafter und schwächender – also geben wir ihnen unsere Aufmerksamkeit als Erstes. Das ist der Grund, warum die meisten hier aufgeführten Beispiele negativ sind. Die Prinzipien der Selbstverurteilung gelten jedoch auch für positive Inhalte. Wenn wir lernen, die Auswirkungen der negativen

Selbsturteile abzustellen, verschaffen wir damit der Möglichkeit den Raum, zu betrachten, worin die Grenzen der positiven Urteile liegen – sowohl beim Austeilen als auch wenn wir sie erhalten.

Wie sich das Urteilen energetisch anfühlt

Worin auch immer der Inhalt einer Aussage oder Frage bestehen mag – ein Urteil übt auf den, der sich verurteilt fühlt, stets eine energetische Wirkung aus. So ist es nicht nur wichtig, in der jeweiligen Aussage das Urteil zu erkennen, sondern auch zu bemerken, wie es auf einen wirkt. Hätten sie keine Wirkung, dann gäbe es keinen Grund, sich über Urteile Gedanken zu machen. Wenn wir unsere somatische oder körperliche Selbstwahrnehmung schulen, ist es zum Glück nicht allzu schwierig, die Auswirkungen des Beurteiltwerdens zu erkennen. Es geht also darum, die eigene energetische Verfassung, die Körperempfindungen und die körperliche Funktionsfähigkeit zu spüren. Je besser Sie zwischen verschiedenen Zuständen wie Taubheit, Abgehoben-, Abgelenkt- oder Aufgebrachtsein, Anspannung, Unruhe, Wachheit, Sorge, Ruhe, Entspanntheit, Abwehr und Wachsamkeit unterscheiden können, desto eher wird es Ihnen gelingen, den zweiten Schritt zu tun, um Urteile zu erkennen. Nun lernen Sie, die Erfahrung, verurteilt zu werden, an den Veränderungen zu erkennen, die Ihr energetisches und somatisches System dabei erfährt. Wenn Sie Ihre eigenen spezifischen Energiesymptome näher prüfen, hilft Ihnen das, zu erkennen, wann Sie verurteilt werden – selbst wenn Sie auf der Verstandesebene gar nicht wahrgenommen haben, dass ein Urteil stattgefunden hat.

- Robert unterhält sich mit seiner Freundin, und die sagt: „Nie kaufst du mir Blumen. Ich glaube, du magst mich gar nicht wirklich." Was passiert mit seiner Energie? Sein Bauch zieht sich zusammen, sein Gesicht erstarrt, sein Atem wird flach, sein Schwerpunkt verlagert sich hoch in den Hals und er verliert jegliches Bewusstsein für den Raum um sich her.
- Lois verbringt den ganzen Nachmittag damit, für ein besonderes Abendessen, zu dem sie ihren Partner und ein paar Freunde eingeladen hat,

einzukaufen und zu kochen. Plötzlich merkt sie, dass sie vergessen hat, den Nachtisch zu kaufen – und nun ist es zu spät, noch etwas zu holen. Der Richter in ihr erhebt die Stimme: „Na, das hast du jetzt gründlich verpatzt!“ Wie geht es ihr jetzt? Sie errötet, zieht die Schultern hoch und hat Schwierigkeiten, sich auf die Dinge zu konzentrieren, die es noch zu tun gibt. Sie spürt ihren restlichen Körper nicht mehr und beginnt, sich anzutreiben.

- Marie ist siebenunddreißig Jahre alt und leidet unter Übergewicht. Während einer Aerobic-Stunde ruht ihre Aufmerksamkeit wie gebannt auf der schlanken und durchtrainierten Achtzehnjährigen vor ihr. Ihr Richter flüstert: „Warum kannst du nicht auch so aussehen, Schatz?“ Ihr Magen schrumpft auf Kirschkerngröße, ihre Füße und Beine scheinen plötzlich aus Blei zu sein, ihre Hände schwitzen und es gelingt ihr nicht mehr, ihren Körper mit der Musik in Einklang zu bringen.
- Ralph erhält eine Nachricht vom Finanzamt, ihm stehe eine Kontrolle bevor. Den Rest des Tages fühlt er sich wie benommen und außerhalb seines Körpers. Zweimal muss sein Geschäftspartner ihn anstoßen, um seine Aufmerksamkeit zu wecken. Dann läuft er sogar gegen eine Tür und wirft dabei eine Dose Pepsi um.

Die üblichen körperlichen Auswirkungen der Erfahrung, verurteilt zu werden, sind Energieverlust, Erregung, Anspannung, Niedergeschlagenheit, Besorgnis, Hitze, Schwäche, Ruhelosigkeit, Leblosigkeit, Abheben, eingeschränktes Blickfeld und Taubheit. Beachten Sie, dass diese Reaktionen nicht vom Inhalt des Urteils abhängen. Das weist darauf hin, dass wir nicht nur vom Inhalt eines Urteils, sondern auch von seiner Form getroffen werden. Wenn sich ein Urteil auf uns richtet, – ob wir uns dessen nun bewusst sind oder nicht – dann kommt es uns normalerweise vor, als ob die Welt uns plötzlich einengt. Die verminderte Aufmerksamkeit und der Verlust an Flexibilität und Lebendigkeit, die damit einhergehen, schränken unsere Funktionsfähigkeit ein. Das äußert sich in allen Lebensbereichen durch eine beträchtliche Abnahme unseres Gewahrseins – wir nehmen unsere Umgebung, die Ereignisse in unserem Umfeld, unsere Reaktionsmöglichkeiten und besonders uns selber nicht mehr wahr. Und was viele

Menschen an Urteilen besonders frustriert, ist ihre Tendenz, jegliche Kompetenz, Klarheit und jeden Sinn für Humor zu unterbinden.

Wie sich Urteile emotional anfühlen

Das bringt uns zu der Frage, wie sich Urteile emotional auf uns auswirken; und somit zum dritten Punkt im Erkennen von Urteilen: Lernen Sie, Ihre emotionale Reaktion auf Urteile kennen zu lernen. Vielleicht kommen Ihnen die emotionalen Reaktionen leichter zu Bewusstsein als die energetischen, oder umgekehrt. Die energetischen Auswirkungen behindern Sie in all Ihren Funktionen und frustrieren, während die emotionalen Auswirkungen oft Schmerzen und Leid mit sich bringen.

- Gerade hat Diane in ihrer Strumpfhose eine schlimme Laufmasche entdeckt. Vor ihrem Vorstellungsgespräch hat sie keine Zeit mehr, sich eine neue zu kaufen. Ihr Richter kennt kein Pardon. Sie fühlt sich bloßgestellt, schamvoll, hässlich, hoffnungslos und gerät in Panik.
- Leos Vater hat ihm vor kurzem zu verstehen gegeben, dass es eine Schande sei, mit Vierzig noch nicht genug zu verdienen, um sich ein Haus zu kaufen. Leo schämt sich und fühlt sich klein, ängstlich und verletzt.
- Melanies zehnjähriger Sohn kommt aus der Schule nach Hause und beschwert sich, dass die Mutter seines Freundes ihm erlaubt, so lange aufzubleiben wie er will. Warum ist Melanie so gemein zu ihm? Melanie ist ärgerlich, voller Vorwürfe, fühlt sich nicht gewürdigt, schuldig und defensiv.
- Paul kommt gerade von einer Einzelsitzung, in der ihm klar geworden ist, wie sehr er sich sein Leben lang vor Frauen gefürchtet hat. Das hatte er bislang mit dem Vorwand überdeckt, dass es ihm egal sei. Sein Richter stürzt sich auf ihn: „Mein Gott, was für ein Schwindler du die ganze Zeit gewesen bist. So zu tun, als seien dir die Frauen egal! Du bist wirklich zum Heulen." An die Stelle seines neu entdeckten Gewahrseins tritt jetzt ein Gefühl von Entwürdigung, Niederlage, Rückzug und Depression.

Denken Sie jedoch daran, dass Sie Ihre Gefühle in Bezug auf viele Selbstverurteilungen völlig abgestellt haben. Das Urteilen ist Ihnen vielleicht nur noch als eine nörgelnde, störende und nutzlose Gewohnheit bewusst, die Sie nicht abstellen können. In diesem Fall kann es Ihnen wahrscheinlich nur ein geduldiges und mitfühlendes Gewahrsein Ihrer selbst ermöglichen, die Emotionen wieder zu erreichen, die sich hinter Ihrer gleichmütigen Haltung verbergen. Erst dann werden Sie im Einzelnen verstehen können, wie ein bestimmtes Urteil auf Sie wirkt.

Urteile können dazu führen, dass Sie sich mangelhaft, schuldig, selbstsüchtig, dumm, unkontrolliert, ängstlich, ärgerlich, schamvoll, verletzt, erniedrigt, hässlich, faul, lächerlich, traurig, hilflos, isoliert, fremd, niedergedrückt oder möglicherweise auch überlegen, arrogant, selbstgerecht, aufgeblasen fühlen – um nur einige zu nennen.

Sie alle sind unangenehme Zustände, die niemand gerne spüren möchte. Die eigentlichen Empfindungen mögen unbequem oder unangenehm sein, doch die damit verbundenen Überzeugungen und Erinnerungen sind noch viel schwerer zu ertragen. So greifen diese negativen Gefühle Ihr Selbstwertgefühl tatsächlich aufgrund der Überzeugungen an, die Sie mit ihnen verbinden. Die Entwürdigung, die von den Urteilen ausgeht, führt dazu, dass Sie sich selbst dafür nicht mehr leiden können, diese Gefühle zu haben, und das wiederum führt dazu, dass Sie sich selbst ablehnen.

Diese Einsicht führt zu einer wichtigen Erkenntnis: Sie mögen sich selber nicht und lehnen sich ab, weil Sie bestimmte Gefühle haben. Was auch immer der Grund dafür sein mag – diese Tatsache scheint festzustehen und Ihrer Kontrolle entzogen zu sein. Es ist Ihnen nie vermittelt worden, dass Gefühle einfach nur Gefühle sind und nicht das Geringste darüber aussagen, was für ein Mensch Sie sind. Sie nehmen automatisch an, es sei falsch, Gefühle zu haben, die Sie als negativ bezeichnen würden. Erinnern Sie sich: Emotionen gehören ebenso wie Gedanken und Empfindungen zu den wechselnden Ausdrucksformen der Seele; ihr wahres Wesen wird durch sie nicht definiert. Was würde passieren, wenn Sie sich für Gefühle infolge eines Urteils nicht mehr verstoßen oder ablehnen würden?

Wenn Sie im Verlauf dieses Buches untersuchen, auf welche Weise Ihre Überzeugung entstanden ist, schmerzhafte Gefühle vermeiden zu müssen, dann wird Ihnen die Möglichkeit einleuchten, das gesamte Spektrum Ihrer Gefühle zuzulassen, ohne auch nur ein einziges auszusondern. Das wird zu einem Schlüssel für Sie werden, der es Ihnen ermöglicht, effektiv mit dem Richter umzugehen.

Urteile und Angriffe

Nun stellen wir uns kurz eine Interaktion zwischen zwei Menschen vor, um die Auswirkung des Urteilens genauer zu betrachten:

> Bobs Chef schleudert die Papiere auf seinen Schreibtisch und schimpft: „Bob, das ist das mieseste Stück Werbetext, was mir je unter die Augen gekommen ist! Was ist bloß los mit Ihnen?"
> Bob sackt in sich zusammen, seine Augen suchen den Boden ab und atemlos stottert er: „Ja, also, i-i-ich dachte, das k-könnte so vielleicht gehen. B-bitte lassen Sie m-m-mich's nochmal probieren. Ich b-brauche diesen Job."

Das ist eine Situation, wo ein Mensch von einem anderen etwas gesagt bekommt und daraufhin seine Vitalität, Bewusstheit und Kontaktfähigkeit verliert. Seine Handlungsfähigkeit wird gestört und auf einen Bereich von impulsiven Überreaktionen bis zum völligem Stillstand eingeschränkt. Von außen gesehen mag es so aussehen, als sei Bob angegriffen und von einem verbalen Pfeil getroffen worden. In seinem Inneren hingegen erfährt Bob die Worte seines Chefs als Bestätigung seiner schlimmsten Angst – ein Versager zu sein. Bewusst oder unbewusst fühlt er sich erniedrigt, schuldig und verzweifelt. Nun ist er eingekeilt zwischen dem äußeren Angriff und seiner gefürchteten inneren Überzeugung. Daher ist er unfähig, auf die angreifende Energie angemessen zu antworten.

Auf einen Angriff reagieren die meisten Tiere, wenn die Bedrohung nicht zu groß oder überwältigend ist, sofort mit erhöhter Aufmerksamkeit, Energie und Präsenz. Das führt in der Folge dazu, dass sie fliehen, kämpfen, erstarren, sich in bestimmten Situationen tot stellen oder in Ohnmacht fallen. Und selbst beim Menschen führt ein körperlicher Angriff generell zu gesteigerter Reaktionsfähigkeit, Wachheit und zusätzlicher Energie, die er braucht, um angemessen handeln zu können. In diesem Fall können wir erkennen, dass ein Urteil so etwas wie ein psychischer Angriff ist, bei dem Ihre Überzeugungen über sich selbst eine aktive Rolle spielen, – und es führt weder zu erhöhter Lebendigkeit noch zu einer geerdeten Präsenz, sondern genau zum Gegenteil. In Bobs Fall scheint es, als sei die Bedrohung zu groß gewesen, als dass sein System mit ihr hätte umgehen können – er reagierte eher wie ein Kind auf einen ärgerlichen Erwachsenen.

Wenn man bei einem Tier wie zum Beispiel einem Pferd oder einem Hund eine zögerliche, verminderte oder seltsame Reaktion beobachtet, schließt man daraus, dass irgend etwas nicht stimmt. Das Tier muss betäubt oder misshandelt worden sein, vielleicht ist es auch krank. Man wird zu Recht annehmen, dass der Selbsterhaltungstrieb des Tieres auf irgendeine Weise beeinträchtigt ist. Doch die Erfahrung, beurteilt zu werden, ist uns derart geläufig, dass wir es für normal halten, wenn ein Mensch verwirrt, impulsiv oder mit Lähmung reagiert.

Wenn Sie die Wirkung wahrnehmen, die die Selbstverurteilung auf andere ausübt, sehen Sie, dass sie die meisten Menschen träge und eng macht oder zu verdrehten Reaktionen führt. Irgendetwas in der menschlichen Psyche blockiert die natürliche Selbsterhaltungskraft. Das ist, als könne zwar ein objektiver äußerer Beobachter erkennen, dass sich in dem Urteil energetisch ein Angriff verbirgt, doch der Betroffene, auf den sich das Urteil richtet, verliert diesen Aspekt aus dem Blick. Deshalb scheint er das Urteil für etwas anderes zu halten als ein Angriff. Wenn Sie sich darauf einstellen, Verurteilungen als Angriffe zu sehen, fällt es Ihnen leichter, sich entsprechend zu verhalten. Dann erkennen Sie, wann eine von außen kommende Energie Ihren eigenen Zustand aggressiv bedroht.

Allerdings scheint ein Urteil in Ihrer Wahrnehmung meistens etwas über Ihren *inneren* Zustand, insbesondere über Ihren inneren Wert, auszusagen. Sie verstricken sich in Sorgen darüber, inwieweit der Inhalt des Urteils auf Sie zutreffen könnte und sind sich gar nicht mehr bewusst, angegriffen zu werden. Schauen wir uns Bobs Situation noch einmal an. Dieses Mal ist er in der Lage zu antworten, ohne sich in das Urteil seines Chefs zu verstricken:

> Bobs Chef schleudert die Papiere auf seinen Schreibtisch und schimpft: „Bob, das hier ist das mieseste Stück Werbetext, was ich je gesehen habe! Was ist bloß los mit Ihnen?" Bob atmet tief durch, um angesichts der Energie seines Chefs ruhig zu bleiben, und sagt dann: „Ich sehe, dass Ihnen das, was ich geschrieben habe, nicht gefallen hat. Würden Sie sich dann bitte kurz mit mir hinsetzen und mir zeigen, wo der Fehler liegt?"

Hier spürt Bob zwar den Angriff, lässt aber nicht zu, dass aus ihm eine negative Einschätzung seines menschlichen Wertes erwächst. Er erkennt, dass die wahre Bedrohung nicht in den Worten seines Chefs liegt, sondern in seiner Tendenz, durch das Gesagte in eine emotionale Reaktion gezogen zu werden – das heißt, sich beurteilt zu fühlen. Um hiermit umzugehen, konzentriert er sich auf die naheliegende Tatsache (dass sein Chef unzufrieden mit ihm ist) und übergeht das harte Urteil. Indem er die Unzufriedenheit seines Chefs mit seinem Text, nicht aber dessen übertriebene Beleidigung direkt anspricht, stellt er klar, dass er nicht vorhat, auf seine herabsetzende Art einzugehen. Er lässt die Verbalattacke „links liegen" und kommt direkt auf das zu sprechen, was im Moment am wichtigsten ist. Auf diese Weise verteidigt er sich.

Vielleicht können Sie jetzt erkennen, warum Sie, wenn Sie sich verurteilt fühlen, anders reagieren als wenn Sie das Gefühl haben, angegriffen zu werden. Fühlen Sie sich verurteilt, glauben Sie, dass Sie sich ändern müssen – irgendetwas stimmt nicht mit Ihnen. Fühlen Sie sich hingegen angegriffen, wissen Sie, wie Sie sich verteidigen können. Schauen wir uns einmal an, woran das liegt.

Beurteilt zu werden führt zu negativen Gefühlen. Jedes negative Gefühl basiert auf einer bestimmten Idee oder Überzeugung davon, was für ein Mensch Sie sind und wie die anderen reagieren würden, wenn diese Überzeugung wahr wäre. Wenn Ihr Richter Sie zum Beispiel angreift, indem er Sie hässlich nennt, dann könnten Sie glauben, dass Sie deshalb nicht liebenswert sind. Das führt zu der Befürchtung, niemand würde freiwillig in Ihrer Nähe sein wollen. Oder Sie fühlen sich hilflos, was zu der Überzeugung führen kann, schwach, bedürftig und nutzlos zu sein – also werden die Menschen genervt sein und sich abwenden. Es ist nicht angenehm, wieder in solch alten Selbstbildern zu stecken, und wenn Sie mit Gefühlen in Kontakt kommen, die mit diesen Selbstbildern einhergehen, dann wollen Sie sich von ihnen distanzieren, indem Sie sie entweder verleugnen, zu ändern versuchen, ignorieren oder sich von ihnen abwenden. Die Aussage Ihrer Selbstverurteilungen bringt Sie also dazu, sich hässlich oder hilflos zu fühlen, und Sie ziehen sich instinktiv von diesen Gefühlen zurück. Leider verlieren Sie damit auch das Bewusstsein, dass es Ihr Richter ist, der die Selbstablehnung und -herabsetzung, die Desorientierung und Lähmung, die damit einhergehen, provoziert hat.

Das erste Beispiel zeigt, wie Bob durch sein Bestreben, kein Versager zu sein, in die Enge getrieben wurde und nicht bei sich bleiben sowie effektiv mit der Energie umgehen konnte, die sein Chef ihm entgegenbrachte. Wenn ein anderer Mensch oder Ihr eigener Richter eine Bemerkung oder Energie auf Sie richtet, und Sie erkennen, dass es sich dabei um einen Angriff handelt, dann achten Sie natürlicherweise darauf, wie er auf Sie wirkt und was Sie gegen ihn tun können. Im zweiten Beispiel atmete Bob tief durch, und diese einfache Übung half ihm, mit der unmittelbaren Wirklichkeit – nämlich vom Ärger seines Chefs attackiert zu werden – im Kontakt zu bleiben. So konnte er effektiv reagieren.

An dieser Stelle ist es wichtig, anzuerkennen, dass die Selbstverurteilungen in Ihrer Kindheit aus den oben genannten Gründen eine wichtige Funktion erfüllen. Das Gefühl, von den kritischen Energien Ihrer Eltern überfallen, abgewiesen oder verletzt zu werden, hat Ihre Empfindsamkeit häufig überwältigt. Sich von sich selbst zu distanzieren (Selbstablehnung) stumpfte Ihr Bewusstsein, angegriffen zu werden, ab, sodass Sie das Unerträgliche oder Unabänderliche ertragen konnten. In extremen Fällen von Missbrauch oder Trauma bestand die einzige Möglichkeit zu überleben darin, die Realität des Augenblicks gänzlich zu negieren. In diesem Fall wird jegliches Gewahrsein der damit verbundenen Gefühle und Empfindungen unterdrückt: Das Kind verlässt seinen Körper bis zu dem Zeitpunkt, wo es wieder sicher ist, zurückzukehren, und es wird sich normalerweise nicht an die Erfahrung erinnern. Wir werden sehen, dass Ihre Verwicklung in ein Urteil einer milden Form der Abspaltung entspricht –

Sie verlieren den Kontakt zu Ihrer Erfahrung, angegriffen zu werden, sowie zu der anschließenden Verletzung und nehmen statt dessen den Inhalt des Urteils sowie die Sichtweise und Prioritäten des Richters an. So wird Ihre instinktive Fähigkeit, entsprechend zu reagieren, blockiert.

Urteile als absichtliche Angriffe

Ein Urteil ist eine tückische Form des Angriffs, da es sich auf einen Teil von Ihnen richtet, bei dem Sie sich nicht wohlfühlen. Sie halten die negative Einschätzung deshalb für gerechtfertigt. Das wiederum blockiert Ihre Fähigkeit, das Urteil als einen Angriff zu erkennen und abzuwehren, denn statt des Urteils halten Sie nun *sich selbst* für das Problem. In anderen Worten, das Urteil löst in Ihnen das Gefühl aus, falsch zu sein, welches Sie in die Vergangenheit zurückversetzt und vom Erleben des gegenwärtigen Momentes entfernt. Sie sind deshalb nicht in der Lage, auf den Angriff angemessen zu reagieren.

Sie neigen nicht nur dazu, das Urteil inhaltlich in irgendeiner Form zu glauben, sondern – und das ist viel wichtiger – Sie glauben, dass der Richter (im anderen oder in Ihnen selbst) dazu berechtigt ist, Sie zu bewerten und zu verurteilen, was Sie folglich dazu verdammt, mit einem verminderten Gefühl von Selbstwert und Befähigtsein durchs Leben zu gehen. Mit Ihrem impliziten Einverständnis, sich verurteilen zu lassen, ersticken Sie jeden Versuch einer angemessenen Reaktion auf die Angriffe im Keim.

Schritt vier im Erkennen von Urteilen sieht so aus: Achten Sie darauf, wie ein Urteil zur Selbstablehnung führt, indem es absichtlich ein bestimmtes Gefühl in Ihnen provoziert. Einige Urteile führen dazu, dass Sie sich schuldig fühlen („Wie konntest du das bloß tun?"); andere dazu, dass Sie sich schämen („Was sind das denn für Reden? - Sag mal, für wen hältst du dich eigentlich?"); wieder andere führen zu Schwäche, Ekel, Überlegenheit, Unterlegenheit, Hoffnungslosigkeit und so weiter. Auf diese Weise zu reagieren ist keineswegs Ihr persönliches Problem – es ist Teil des Urteils. Tatsächlich sagt der Richter diese Dinge, um Sie dazu zu bringen, genau unter diesen bestimmten Gefühlen zu leiden. Urteile greifen Sie ganz spezifisch an, indem sie gewisse Emotionen erzeugen, die Ihre Überzeugungen über sich selbst wachrufen – Überzeugungen, welche Sie entwaffnen.

Wenn Sie das jedoch erkennen, können Sie sich auf den Angriff konzentrieren und seine unterminierende Wirkung abschwächen.

Stellen Sie sich vor, Sie hätten einen Feind, und aus irgendeinem Grund würde Ihr Körper jedes Mal, wenn Sie ihm begegnen, schlaff und reaktionsunfähig, und dazu hätte Ihr Verstand vergessen, dass dieser Feind eine Bedrohung darstellt. Dann könnte er Ihnen irgendwelche beliebigen Vorschläge machen, und Sie würden alles befolgen. Sobald er gegangen wäre, würden Ihre Symptome verschwinden und Ihnen wäre wieder bewusst, was Sie selber wollen – auch dass er Sie dazu gebracht hat, etwas ganz anderes zu tun. Geschähe dies mehrere Male, würden Sie zweifellos annehmen, mit Ihnen stimme etwas nicht. Sie würden befürchten, dass die eigentliche Gefahr in Ihrer eigenen wiederholten Hilflosigkeit läge und weniger in der Bedrohung, welche dieser Feind darstellt. Doch dann würden Sie entdecken, dass er eine teuflische Waffe zur Verfügung hat – eine Art Parfum, das jedes Mal, wenn Sie es einatmen, Ihre Symptome auslöst. Jetzt würden Sie nicht länger glauben, an Ihnen sei irgendetwas falsch – Sie würden sich eine Gasmaske kaufen, um sich gegen diese neue Waffe zu verteidigen!

Das ist eine Möglichkeit, wie Sie Ihre Schwierigkeiten mit dem Richter betrachten können: Sie glauben, dass Ihre entmächtigenden Gefühle und Überzeugungen *Ihr* Problem sind anstatt zu erkennen, dass sie dem Waffenarsenal des Richters entstammen, mit dem er Sie angreift. Wenn Sie verstehen, dass eine Verurteilung eine gewisse emotionale Auswirkung auf Sie hat, können Sie besser herausfinden, auf welche Weise sie zu einem geschickten Angriff wird.

In der Einzelstunde

George kam zu einer Beratungssitzung zu mir. Ein Ereignis, das tags zuvor geschehen war, hatte ihn aus dem Gleichgewicht geworfen. Er und seine Frau arbeiteten zusammen, und sie war dabei, als er seine Sekretärin rügte, weil er mit ihrer Arbeitsweise nicht zufrieden war. Es war ihm klar, dass er sich über alles, was er für falsch hielt, extrem kritisch geäußert hatte, und er war mit seinem Verhalten zwar nicht besonders zufrieden, wollte es nun aber gut sein lassen. Seine Frau dagegen war nicht bereit, die Sache auf sich beruhen zu lassen und wies ihn unablässig darauf hin, wie unsensibel und anmaßend er seiner Sekretärin gegenüber gewesen sei. So zutreffend ihre Kommentare auch sein mochten – es fiel ihm schwer, nicht die Geduld zu verlieren. Als er es nicht mehr ertrug, versuchte er, sie zu bewegen, mit ihrem Gerede aufzuhören, aber sie ließ nicht locker. Schließlich flüchtete er sich in die einzige Verhaltensweise, die ihm – außer einem Wutanfall – zur Verfügung stand: er schloss sie vollständig aus, machte dicht und brach den Kontakt mit ihr ab. In der folgenden Nacht schlief er allein, wie so oft, wenn er mit seiner Frau in eine Sackgasse geraten war.

Am nächsten Morgen konnten sie kaum miteinander reden. George spürte, dass er in einem inneren Kampf gefangen war. Er fühlte, dass er auf seine Frau wütend war, befand sich aber zugleich in einem gewaltigen Konflikt – er konnte es sich einfach nicht erlauben, die Wut zu spüren. Auf meine Bitte, mir mehr über diese Wut zu erzählen, gab er mir viele verschiedene Erklärungen, warum er seine Gefühle unterdrücken musste: Es gäbe keine andere Möglichkeit. Auszurasten würde nur dazu führen, andere zu verletzen. Seine Frau hatte ziemlich oft den Durchblick und hatte wahrscheinlich den Kernpunkt seiner Situation erkannt. Er hatte sich wirklich nicht besonders tolerant gefühlt – aber warum musste sie immer weiter reden, ohne ihm zuzuhören? Und so weiter.

Es war eindeutig: Sein Richter war dabei, ihm wegen seiner Wut Vorhaltungen zu machen. Er erlaubte ihm nicht, einfach sauer zu sein, sondern hatte ihn davon überzeugt, dass seine Wut nicht gerechtfertigt war. Schließlich hatte er ja etwas falsch gemacht. Der Richter erreichte, dass er sich deswegen schuldig fühlte, wütend zu sein und hielt ihn nun davon ab, diese innere Wut einfach nur zuzulassen.

Ich fragte ihn, ob er sich vorstellen könne, die Wut auf seine Frau hier bei mir auszudrücken. Er zögerte, weil er nicht glaubte, dass es irgendeinen Nutzen haben könnte. Trotzdem entschied er sich es zu versuchen, und obwohl er es sich nicht erlauben konnte, die Energie seiner Wut auszudrücken, sprach er alles, was ihm dazu einfiel, laut aus: „Du blöde Kuh, wie redest du eigentlich mit mir!“ Er lächelte – es machte ihm sogar Spaß, diese schrecklichen Wörter auszusprechen. „Und dann noch was: Steck dir doch deine verdammte Selbstgerechtigkeit sonstwo hin!“ Wieder das

Lächeln. George war erstaunt, wie schnell das seinen Konflikt klärte – im Nu waren sein innerer Aufruhr sowie die Wut auf seine Frau verschwunden.

Georges Richter hatte dafür gesorgt, dass er sich für die Emotion, die aufgrund der wiederholten Angriffe seiner Frau in ihm aufstieg – seine Wut – schuldig fühlte: „Du hast Scheiße gebaut, George, und deshalb hast du einen Rüffel verdient. Und hüte dich, auf mich wütend zu werden!“ Und obwohl er die wütenden Worte an seine Frau richtete, wehrte sich George damit eigentlich gegen seinen inneren Richter, den er aus ihrer Stimme hörte. Als ich ihn dabei unterstützte, das Schuldgefühl, welches der Angriff hervorgerufen hatte, zu ignorieren, fand er die nötige Energie, diesen Angriff abzuwehren.

In diesen Anfangskapiteln erarbeiten wir die Grundlagen, um eine Verurteilung bewusst wahrzunehmen. Das wird Ihnen helfen zu erkennen, dass ein Urteil oder ein Angriff genau dasselbe sind, wenn es um das Wohlergehen Ihres Seins geht. Man könnte sogar sagen, dass Selbstverurteilungen nichts anderes sind als die eigentliche psychische Autoimmunkrankheit. Urteile führen dazu, dass Sie sich selbst ablehnen, was wiederum den Gesundheitszustand Ihrer Seele grundlegend gefährdet. Je vertrauter Ihnen die Funktionsweise von Urteilen wird, desto mehr werden Sie sie als eine das Selbst zerstörende Krankheit empfinden. Unser Ziel ist, eine vitale Überlebenskraft und ein gesundes Immunsystem wiederherzustellen, die auf Angriffe und Urteile mit Gewahrsein, Wachheit, Energie, Kompetenz und Angemessenheit reagieren. Die Entwicklung auf dieses Ziel hin besteht aus einem fortlaufenden Prozess, in dem wir sowohl entdecken, warum Urteile uns so schwächen, als auch lernen, unser Recht auf die kraftvolle und vitale Verteidigung unserer gegenwärtigen Erfahrung in Anspruch zu nehmen.

Die Prinzipien der Selbstverurteilung

Das erste grundlegende Prinzip hat mit der Wirkung zu tun, welche ein Urteil ausübt: *Ein Urteil rührt immer an irgendeine Überzeugung, die Sie von sich selber haben.* Die meisten Urteile enthalten eine Vermutung, eine Meinung, einen Vorschlag, eine Interpretation, eine Anschuldigung oder einen Glauben – doch für Sie liegt der Köder darin, dass der Inhalt des

Urteils etwas *anzudeuten* oder *vorzugeben* scheint, was sich auf Ihren Wert bezieht und von dem Sie glauben, es sei wahr. Ohne es offen auszusprechen, hatte Bobs Chef ihn als Versager bezeichnet. Im ersten Beispiel fällt Bob darauf herein, weil er es selber für die Wahrheit hält. Er grämt sich nicht darüber, dass sein Text angeblich das mieseste Stück Werbetext war, das sein Chef je gesehen hatte. Das ist sicherlich nicht wahr. Er sorgt sich über die implizite Verurteilung. Tief in seinem Innersten hält er sich *wirklich* für einen Versager und hat Angst vor den Konsequenzen, wenn das je ans Tageslicht kommen sollte. Der entscheidende Faktor liegt nicht in der Wahrheit oder Unwahrheit eines Urteils, sondern darin, ob Sie es für wahr halten. Das Gemeine dabei ist, dass Ihr Glaube, ein Urteil entspreche der Wahrheit, Ihnen oft gar nicht bewusst ist, sondern zumeist sogar im Gegensatz zu dem steht, was Sie zu glauben meinen.

> David ärgerte sich über seine Freundin Pam, weil sie eine Ewigkeit brauchte, um sich für den Ball zurechtzumachen. Als sie schließlich ins Auto stieg, fuhr er sie an: „Ich versteh' das nicht – eine geschlagene Stunde sitzt du an deinem Makeup. Dabei weiß doch eh jeder, dass du nur dein langweiliges Gesicht verstecken willst." Pam war am Boden zerstört. Obwohl sie bemerkenswert attraktiv war und das auch zeigte, indem sie ihr Aussehen benutzte, um Aufmerksamkeit und Freunde zu gewinnen, hatte sie selbst nie an ihre eigene Schönheit geglaubt. Stattdessen war sie insgeheim davon überzeugt, dass ihr attraktives Äußeres von ihrem Makeup und ihren Bemühungen abhing und die Menschen dieses Theater einfach mitspielten. Davids grausame Bemerkung traf sie genau an dem tiefen Ort, wo diese Überzeugung zu Hause war, und sie fühlte sich bloßgestellt und hilflos.

Sie können Ihre verborgene Überzeugung daran erkennen, dass eine verurteilende Aussage Sie trifft. Würden Sie das, was das Urteil behauptet, gar nicht erst glauben, dann würde es nicht schwächend auf Sie wirken und Sie könnten sich angemessen verteidigen – wie Bob im zweiten Beispiel zu Beginn dieses Kapitels: Er glaubte dem Urteil, das in der Bemerkung seines Chefs verborgen war, nicht und konnte den Angriff deshalb effektiv abwehren.

Hier ein weiteres Beispiel:

Im Bioladen stieß Judy auf Karen, eine alte Freundin.

> „Na, wie geht's, Karen? Schon den Mann deines Lebens getroffen?" Lächelnd erwiderte Karen: „Nein. Mir ist seit ewigen Zeiten kein interessanter oder passender Mann über den Weg gelaufen. Irgendwelche Vorschläge?"
> Judy runzelte nachdenklich die Stirn: „Du bist zu anspruchsvoll, wenn du mich fragst. Du hast schon immer so getan, als wäre keiner, der sich für dich interessiert, gut genug für dich."
> „Du hast ja eine schöne Meinung von mir." Karen dachte einen Moment nach, schaute Judy an und fuhr dann fort: „Na, das würde ja alles erklären, oder? Ich wette, du bist froh, dass du meine Probleme nicht hast!" Worauf sie sich umdrehte und ging.

In diesem Beispiel gilt Karens Aufmerksamkeit vollauf dem Angriff, und sie lässt sich von dem Urteil nicht beeindrucken. Man könnte sagen, dass ein Urteil uns die Knöpfe drückt – es trifft eine empfindliche Stelle.

Das bringt uns zum zweiten Prinzip: ***Wenn Sie glauben, dass ein Urteil eine gewisse Wahrheit enthält, lehnen Sie sich selbst ab, anstatt sich zu verteidigen.*** Das Urteil lehnt Sie ab, doch Sie können es nicht von sich weisen, weil Sie auf einer bestimmten Ebene selber an das glauben, was es aussagt. In dem Moment, in dem das Urteil Sie dazu bringt, sich gegen sich selbst zu wenden, werden Sie nicht mehr nur von seiner Aussage angegriffen, sondern auf viel tiefere Weise betrogen. Unbewusst fühlen Sie sich von den defizitären Gefühlen und Überzeugungen in Ihrem Inneren viel stärker bedroht als von dem ursprünglichen Angreifer, so dass Sie sich gegen den eigentlichen Angriff nicht mehr wehren können. Aus diesem Grund werde ich von nun an alle *Urteile* als *Angriffe* bezeichnen oder die Begriffe miteinander austauschen. Das weist auf die wahre Quelle der Bedrohung hin und wird deshalb Ihr Gewahrsein dessen, was tatsächlich passiert, unterstützen und damit Ihre innere Kraft mobilisieren, sich adäquat zu verhalten. Diese Bewusstseinsverschiebung vom „Urteil" zum „Angriff" ist eine kleine Unterstützung, die es sich zu entwickeln lohnt – ähnlich der Übung, den Angriff in die „Du"-Form zu bringen.

Eine Anmerkung zum Wort Abwehr: Im psychologischen Wortgebrauch bezieht sich *Abwehr* oft darauf, eine Wahrheit zu vermeiden oder Einflüssen zu widerstehen, die zu unangenehmen Gefühlen führen könnten. Das gilt besonders, wenn ein bestimmtes Verhalten als defensiv beurteilt und der Betreffende daraufhin für verschlossen gehalten wird. Die Abwehrmechanismen der Persönlichkeit – besonders die unbewussten – verfolgen die Absicht, eine bestimmte Erfahrung von der Welt auszugrenzen, was dazu führt, dass das Abwehrverhalten häufig mit dem Richter Hand in Hand arbeitet. Eine gesunde Abwehr dagegen ist ein direkter bewusster Akt, mit dem wir die Wahrheit fördern. Er beruht auf der Wirklichkeit des gegenwärtigen Augenblicks und nicht auf einer Vorstellung Ihrer selbst aus der Vergangenheit. Sich gegen den Richter zu wehren bedeutet, dass Sie erkannt haben, welch geringen Wert eine Aussage hat, die sich in einem psychischen Angriff verbirgt; wichtig ist allein, dass er Sie angreift und Sie sich dagegen zur Wehr setzen. Ich sehe die „Abwehr“ oder das „Sich-wehren“ als aktiven Schritt im Prozess der „Ablösung“.

Das dritte Prinzip stellt hauptsächlich eine Warnung dar: *Wenn das Urteil tatsächlich eine Wahrheit enthält, also nicht nur für wahr gehalten wird, dann ist es besonders schwer, den verborgenen Angriff oder die negative Bewertung zu erkennen und sich gegen sie zur Wehr zu setzen.* George hatte das Gefühl, dass die Aussagen seiner Frau der Wahrheit entsprachen, weil seine Reaktion auf seine Sekretärin wirklich unsensibel war. Doch er konnte nicht erkennen, dass es hier nicht darum ging, unsensibel gewesen zu sein, sondern darum, dass dies ihn zu einem schlechten Menschen machte. Darin bestand die eigentliche Wahrheit, an die er glaubte, und die es ihm konsequenterweise erschwerte, seine wütenden (und verletzten) Gefühle wegen ihres Angriffes angemessen auszudrücken. Er ließ es gar nicht erst zu, den Schmerz, der sich hinter der Wut verbarg, zu spüren.

Das bringt uns direkt zum vierten Prinzip: *Es ist nicht von Bedeutung, ob ein Urteil inhaltlich wahr ist. Wichtig ist, dass es Sie angreift und Ihre Effektivität, Ihr Handlungsvermögen und Ihren Selbstwert unterminiert.* Ist der Agriff erst einmal abgewehrt, kann die jeweilige Wahrheit des Geschehens verstanden werden. Wahres Wachstum beinhaltet, dass wir aus unseren Fehlern lernen und die Wahrheit darüber erkennen, was funktioniert und was nicht. Für den Richter ist die Wahrheit allerdings nur ein Köder, mit dem er Sie einfängt. Das macht die Wahrheit zu einer Waffe in seinen Händen. Das ist ein weiterer Aspekt des Richters, den Sie stets im Bewusstsein halten sollten: Er hat kein echtes Interesse an der Wahrheit als solcher.

Unser Verständnis ermöglicht es jetzt, einen Angriff grundsätzlich zu definieren: *Jeder Kommentar und jede Aussage, die zu einer inneren Herabsetzung führt und Ihnen das Gefühl gibt, kleiner, geringer oder minderwertig zu sein, ist ein Angriff.* Durch diese Begriffsbestimmung wird die Definition des Urteils am Anfang dieses Kapitels ergänzt. Wenn Sie es nicht selber verlangen, hat niemand – und schon gar nicht Ihr Richter – das Recht, schmerzhafte oder negative Gefühle in Ihnen hervorzurufen, die dazu führen, sich selber abzulehnen oder den Kontakt zu Ihrem gegenwärtigen Erleben zu verlieren. (Es mag bestimmte Situationen geben – zum Beispiel in der Therapie oder als Teil Ihrer spirituellen Praxis – in denen Sie darum bitten oder übereinkommen, dass jemand diese Art Einfluss auf Sie ausübt, damit Sie schwierige Gefühle sowie ihren Ursprung erforschen können.)

Ein wichtiger Hinweis zur Erinnerung: Nicht alle Aussagen, die bei Ihnen zu schmerzlichen Gefühlen führen, sind Angriffe, – und nicht alle schmerzlichen Gefühle sind Resultate eines Angriffs. In anderen Worten: die Tatsache, dass Sie unangenehme Gefühle haben, bedeutet nicht unbedingt, dass Sie gerade angegriffen werden. Jemand bringt Ihnen die Nachricht, ein Freund sei erkrankt oder sagt, er könne Ihre Einladung zum Essen nicht annehmen oder konfrontiert Sie mit seinem Wunsch nach mehr Nähe – derartige Aussagen können zu unangenehmen Gefühlen wie Traurigkeit, Enttäuschung oder Angst und Abwehr führen, doch die ursprüngliche Aussage enthält keinerlei Absicht, Sie anzugreifen. Außerdem ist hier auch kein innerer Angriff im Spiel, wenn Sie die Aussagen nicht als Kommentare über Ihren Selbstwert verstehen. Sie können die Informationen, die Ihnen angeboten werden, einfach annehmen und den daraus erfolgenden Gefühlen erlauben, da zu sein.

Sollte eine solche Aussage Sie allerdings an einer empfindlichen Stelle treffen und einen Selbstangriff auslösen, dann wird es Ihnen schwer fallen, zu unterscheiden, was wirklich los ist. Es mag in einem solchen Fall unmöglich sein, zu entscheiden, ob die Aussage als ein Angriff gemeint war. Nehmen wir einmal an, Sie hätten sich zu einem Treffen mit ein paar guten Freundinnen verspätet. Als Sie eintreten, hören Sie, wie eine von ihnen im Nebenraum gerade sagt: „Ach, Laura kommt doch immer zu spät!" Das kann wirklich eine korrekte Beobachtung eines Ihrer Charakterzüge sein, mit dem Ihre Freundin keine Probleme hat – sie drückt also einfach eine Tatsache aus, ohne damit ein Urteil zu verbinden. Doch es kann auch sein, dass sie Sie bewusst oder unbewusst angreift.

Das Wichtigste ist die Erkenntnis, dass Sie von Ihrem eigenen Richter angegriffen werden, wenn Sie sich im Zusammenhang mit dieser Angelegenheit minderwertig oder klein fühlen. Bevor Sie das nicht erkennen und fühlen können, wird es Ihnen unmöglich sein, zu wissen, ob Ihre Freundin Sie verurteilt hat. Je besser Sie Ihre inneren Angriffe erkennen können, desto leichter können Sie diejenigen unterscheiden, welche von außen kommen. Um sich von Angriffen zu lösen, benötigen Sie Klarheit und Unterscheidungsvermögen, und damit eine der inhärenten Fähigkeiten der Seele, nämlich ein offenes und weites Bewusstsein.

~ Einige Punkte zur Beherzigung ~

- Ein Urteil oder ein Angriff ist eine bewertende Aussage, die eine Einschätzung über Ihren Wert oder Nutzen enthält und sich wie eine Ablehnung Ihres gegenwärtigen Zustandes anfühlt. Genauer gesagt ist es ein Kommentar oder eine Behauptung, die einen inneren Zustand der Abwertung auslöst – man fühlt sich kleiner, geringer oder entwertet.
- Urteile greifen Sie an, indem sie bestimmte Emotionen hervorrufen, die zu entmächtigenden Überzeugungen über Sie selbst führen. Wenn Sie verstehen, wie ein Urteil Sie emotional und auf der Energieebene angreift, können Sie das Urteil leichter als heimtückischen Angriff entlarven. Das hilft Ihnen, sich auf den Angriff zu konzentrieren und seinen unterminierenden Einfluss auf Sie zu mindern.

- Fühlen Sie sich verurteilt, so glauben Sie, dass Sie sich ändern müssten, weil etwas mit Ihnen nicht stimmt. Wenn Sie sich aber angegriffen fühlen, wissen Sie, dass Sie sich verteidigen müssen.
- Ein Urteil ist eine heimtückische Form des Angriffs, weil es auf einen Teil Ihrer selbst zielt, mit dem Sie sich nicht wohl fühlen. Sie halten deshalb die negative Einschätzung für gerechtferigt. Diese Überzeugung wiederum blockiert Ihre Fähigkeit, auf das Urteil wie auf einen Angriff zu reagieren, denn nun halten Sie *sich selbst* – und nicht das Urteil – für das Problem.
- Negative Urteile in positive zu verwandeln kann Ihnen dazu verhelfen, sich besser zu fühlen, es verändert jedoch die grundlegende Dynamik nicht, sich überhaupt in Selbst-Verurteilungen zu verwickeln.
- Urteile als Angriffe zu sehen erleichtert es Ihnen, angemessen zu reagieren, weil Sie jetzt erkennen können, dass eine von außen kommende Energie Ihren eigenen Zustand aggressiv bedroht.
- Je besser Sie die Angriffe aus Ihrem eigenen Inneren erkennen können, desto leichter wird es Ihnen fallen, sie von denen, die von außen kommen, zu unterscheiden.
- Verstehen Sie, wie ein Urteil emotional und energetisch auf Sie wirkt, so können Sie deutlicher erkennen, dass es sich um einen geschickten Angriff auf Sie handelt.
- Nicht alle Aussagen, die zu schmerzhaften Gefühlen führen, sind Angriffe; und nicht alle schmerzhaften Gefühle sind das Resultat eines Angriffs.

Vier Schritte zum Erkennen von Urteilen

Schritt 1.

Identifzieren Sie den Angriff oder die urteilende Aussage.

Schritt 2.

Lernen Sie, die Erfahrung, beurteilt zu werden, daran zu erkennen, wie diese Ihren energetischen und körperlichen Zustand ändert.

Schritt 3.
Lernen Sie, Ihre emotionale Reaktion auf Urteile zu erkennen.

Schritt 4.
Erkennen Sie, wie ein Urteil zur Selbstablehnung führt, indem es absichtlich einen bestimmten Gefühlszustand in Ihnen hervorruft.

~ Die vier Prinzipien des Urteilens ~

- *Erstes Prinzip:* Ein Urteil rührt immer an eine Überzeugung, die Sie von sich selbst hegen und für wahr halten.
- *Zweites Prinzip:* Weil Sie glauben, dass ein Urteil eine gewisse Wahrheit enthält, lehnen Sie sich selbst ab, anstatt sich zu verteidigen.
- *Drittes Prinzip:* Wenn das Urteil wirklich eine Wahrheit enthält und nicht nur für wahr gehalten wird, ist es besonders schwer, den versteckten Angriff oder die negative Bewertung zu erkennen und sich dagegen zur Wehr zu setzen.
- *Viertes Prinzip:* Es ist nicht von Bedeutung, ob ein Urteil inhaltlich wahr ist; wichtig ist, dass es Sie angreift, indem es Ihre Effektivität, Ihr Handlungsvermögen und Ihren Selbstwert untergräbt.

Übung: Urteile und Angriffe beobachten

Stellen Sie während der nächsten Woche eine Liste aller Angriffe auf, derer Sie sich gewahr sind – wenn möglich, sofort nachdem Sie sie bemerkt haben. Achten Sie darauf, wie jeder Angriff sich auf Ihre Energie, Ihr Gewahrsein und Ihr physisches Körperempfinden auswirkt. Achten Sie weiterhin darauf, welche Wirkung der Angriff auf Ihre emotionale Befindlichkeit zeigt.

Schritt 1.
Beschreiben Sie das Geschehen mit einem Ausdruck oder einem kurzen Satz.

Schritt 2.

Drücken Sie jedes Urteil in der zweiten Person aus, d.h. formulieren Sie die Urteile statt als „Ich-Aussagen“ als „Du-Aussagen“ (also „du bist blöd“, nicht „ich bin blöd“).

Schritt 3.

Notieren Sie, was Ihnen an Ihrer körperlichen und energetischen Reaktion auf den Angriff auffällt. Welche Empfindungen spüren Sie in Ihrem Körper? Hat sich Ihr Verhältnis zu Dingen oder Menschen in Ihrem Umfeld verändert? Auf welche Weise sind Ihre Wachheit und Ihre Fähigkeit zum Umgang mit der Situation betroffen?

Schritt 4.

Beschreiben Sie Ihren emotionalen Zustand mit einfachen Worten, so gut Sie können. Welcher Art sind die Gefühle, die durch den Angriff ausgelöst wurden? Wie hat sich Ihr Gefühl für sich selbst verändert?

Frank spürte, die Beine noch steif vom Schlaf, den Holzboden der Veranda unter seinen bloßen Füßen. Der weiche Frotteestoff seines Morgenmantels streifte seine Haut, seine Genitalien, den Bauch und das Hinterteil, was ihn – aufgebracht wie er war – ein wenig erregte. Er kreuzte die Arme vor der Brust und spürte, dass ihn das zu sich brachte und irgendwie beschützte. Seine Schultern und sein Gesicht waren seit dem misslungenen Versuch, das Geschirr zu spülen, immer noch angespannt, und er verspürte eine Unruhe in der Brust, als drohe Gefahr. Plötzlich dämmerte ihm, dass diese Empfindung, in Gefahr zu sein, von den ständigen Kommentaren seines Richters herrührte. Er schien heute sensibler zu sein als sonst – ein Zustand, in dem ihm jede Bemerkung des Richters eindeutig wie ein Angriff vorkam, ganz gleich, was dieser sagte. Es war beunruhigend, die Gefahr direkt in seinem eigenen Kopf zu spüren.

Frank tat einen tiefen Atemzug. Beim Ausatmen wurde ihm bewusst, dass seine innere Anspannung überhaupt nicht zu dem passte, was in seinem Umfeld geschah. Der Geruch von Kaffee zog vom Nachbarhaus herüber und er konnte Küchengeräusche hören – Doug und Louise frühstückten gerade. In der Ferne hörte er einen Rasenmäher und ab und zu bellte ein Hund. Dann erregte ein lautes Surren seine Aufmerksamkeit – ein Kolibri flatterte über seinem Kopf und schaute ihm direkt in die Augen, ehe er wie ein Blitz über den Büschen an der Hausmauer verschwand.

Als Frank die Farben und Geräusche um sich herum genauer wahrzunehmen begann, verschwand seine Mattigkeit zusehends. Ein Schmetterling taumelte über die Blumen im unteren Garten.

Das wuchernde Gras im Hof war von einem ungezähmten, satten Grün. Ein milde Brise ließ die weiche Wärme der Luft seinen Nacken streicheln und ein Gähnen überfiel ihn. Er streckte seine Arme über den Kopf und füllte seine Lungen mit Morgenluft. Beim Ausatmen gab er einen lauten Ton von sich, schüttelte sich und spürte, wie sein Körper sich mehr eigenen Raum schaffte. Er fühlte sich in seiner Haut wohl und auch dieser Tag war ihm angenehm. Sein Geist war ruhig.

Vergiss aber deinen Nacken nicht. Er ist noch nicht wieder in Ordnung, und ein bisschen Entspannung nützt da überhaupt nichts. Außerdem muss der Rasen dringend gemäht werden, und am Rasenmäher ist ein Rad kaputt. Du hast Pflichten...

Frank lauschte der Stimme und zugleich dem Gesang einer Drossel, die hoch oben auf der Stromleitung saß. Er atmete tief durch, spürte die Weite in seiner Brust und die Wärme der Veranda unter seinen Füßen. Er lehnte sich über das Geländer und sah, wie ein Eichhörnchen über den Rasen flitzte. Durch den Bademantel hindurch wärmte die Sonne seine Schultern. Er genoss ihre Wärme, und obwohl die Stimme in seinem Kopf nicht verstummt war, war sie für ihn nur noch eins unter all den Dingen, derer er sich bewusst war.

5
GEWAHRSEIN

Die grundlegendste Dimension unseres wahren Wesens ist jedem von uns in irgendeiner Form vertraut. Es ist unsere Fähigkeit des Gewahrseins und zugleich das Vermögen, es zu erleben. Das Gewahrsein befähigt uns, die Wirklichkeit wahrzunehmen und mit unserem Erleben in Kontakt zu sein, und zwar körperlich, emotional, mental und spirituell. Auf der körperlichen Ebene bezieht es sich auf unsere fünf äußeren sowie die inneren kinästhetischen Sinne (die Fähigkeit, Anspannung, Temperatur, Schmerz, Druck, Gleichgewicht usw. im Körper zu spüren). Die physischen Sinne erfassen alle Empfindungen und leiten sie an das Gehirn weiter, doch erst das Gewahrsein ermöglicht es diesen Wahrnehmungen, zu einem Teil unseres Bewusstseins zu werden.

Wir benutzen unsere Sinne ständig, aber nicht unbedingt bewusst, mit Gewahrsein. Ohne unser Gewahrsein ist jede Wahrnehmung mechanisch, und es mangelt ihr an der Lebendigkeit und Präsenz der Seele. Sie sehen – aber ist Ihnen, besonders im vertrauten Umfeld, wirklich bewusst, was um Sie herum vorgeht? Sie hören, aber vernehmen Sie wirklich die Geräusche und Schwingungen Ihrer Umgebung? Sie nehmen die Welt mit Ihren Sinnen wahr, doch sind Sie sich dabei auch Ihres Körpers als eines Sinnesorgans bewusst? Wissen Sie, wo Ihre Arme und Beine in diesem Moment sind und wie sie sich gerade jetzt anfühlen? Sind Ihre Gefühle nur etwas, an das Sie denken oder nehmen Sie sie wirklich als energetische Strukturen und Spannungsfelder in Ihrem Körper wahr? Das Gewahrsein bringt Bewusstsein in die Wahrnehmungen und es bringt die Wahrnehmungen ins Bewusstsein.

Jedoch umfasst das Gewahrsein neben der bewussten Wahrnehmung noch einen subtileren Aspekt. Sie nehmen immer nur Dinge wahr, denen Sie Ihre Aufmerksamkeit schenken. Das Gewahrsein indes enthält nicht nur das, was wahrgenommen wird, sondern auch den Prozess Ihrer Aufmerksamkeit darauf. Wenn Sie beginnen festzustellen, *wessen* Sie sich gewahr sind, entwickelt sich Ihr Gewahrsein. Mehr im Sinne einer Selbstreflexion betrachtet bedeutet das, sich seines eigenen Gewahrseins bewusst zu sein, – also den Umfang und die Klarheit des eigenen Gewahrseins zu bemerken und auch zu erkennen, worauf es sich richtet oder worauf Sie sich, wenn Sie gewahr sind, konzentrieren. Hieraus ergibt sich die Erkenntnis, dass Ihre Wirklichkeit in jedem einzelnen Moment hauptsächlich davon abhängt, wessen Sie sich gewahr sind. Sind Sie im Moment gedanklich in ein Urteil, eine Erinnerung oder einen Plan verwickelt? Richtet sich Ihre Konzentration voll auf dieses Buch, das Sie gerade lesen, sodass Sie sich selbst gar nicht bemerken? Oder stehen Sie in diesem Moment mit Ihrer eigenen Erfahrung und dem Gewahrsein Ihres Körpers, Ihrer Gefühle und Ihrer Gedanken in Kontakt? Je mehr Ihr Gewahrsein (d. h. alles, dessen Sie sich gewahr sind) Sie selber umfasst – so wie Sie hier und jetzt gerade sind – desto mehr leben Sie in der Wirklichkeit der Gegenwart.

Wenn Sie sich Zugang zu Ihrer essenziellen Fähigkeit des Gewahrseins verschaffen, befähigt Sie das, mit Ihrem unmittelbaren Erleben im Kontakt zu sein, was wiederum bedeutet, in Ihrem Leben präsenter zu sein. Doch zuerst müssen Sie die Fähigkeit entwickeln, sich selbst zu spüren und zu erkennen, wo Sie sich in jedem Moment befinden. Sie dehnen daraufhin das Wahrnehmen dieser Befindlichkeit aus, bis es so viel von Ihnen einbezieht wie möglich. Das mag sich vielleicht einfach anhören, ist aber keineswegs so leicht durchzuführen.

Gewahrsein und der Richter

Wie schränkt der Richter Ihr Gewahrsein ein? Er will, dass Ihr Gewahrsein neben dem, was er für die korrekte Sichtweise hält, die zweite Stelle einnimmt. Anders ausgedrückt, will er, dass Sie Ihr Erleben aus einem Blickwinkel betrachten, der eine bestimmte Erfahrung der Welt und Ihrer selbst fördern soll. Er grenzt also Ihr Gewahrsein ein, indem er Ihre Aufmerksamkeit auf vertraute Pfade richtet. Die Wahrnehmung wird eingeschränkt und damit unbewusst. Der Richter teilt Ihnen mit, was Sie unbedingt beachten müssen und was nicht, und noch wichtiger: Er versucht, Ihnen die Bedeutung von allem, was Sie erleben, zu erklären.

Wenn Sie Ihre Erfahrungen jedoch nicht mit vollem Gewahrsein erleben und nicht erkennen, wie sich die verschiedenen Elemente dieser Erfahrungen aufeinander beziehen, – wie können Sie dann wirklich wissen, was eine Erfahrung eigentlich ist? Der wahre und tiefere Sinn ist nichts, was von außen kommt. Doch der Richter will Ihrer Erfahrung seinen eigenen Sinn aufzwingen und errichtet deshalb starke und oft unbewusste Barrieren, die Sie am vollen Gewahrsein hindern sollen. Wie können Sie erkennen, dass ein Teil Ihrer Erfahrung wichtig für Ihr Verständnis ist, wenn Sie sich seiner gar nicht bewusst sind? Das Gewahrsein muss zuerst kommen. Sie müssen Ihre Erfahrung wahrnehmen, empfinden und mit ihr im Kontakt sein – und das schließt Ihren Körper, Ihre Umgebung, Ihre Überzeugungen, Ihre Gefühle und Ihre Selbstbilder mit ein. Zugleich jedoch müssen Sie erkennen, warum Sie der Überzeugung waren, dass es wichtig sei, Ihr Gewahrsein zu begrenzen.

Sie hören vielleicht, wie Ihr Richter Ihnen sagt: „Es ist doch völlig bedeutungslos, was du in den verschiedenen Teilen deines Körpers fühlst. Schließlich denkst du nicht mit den Armen und fühlst nicht mit den Beinen!“ oder „Wenn du spürst, was dein Körper gerade fühlt, weißt du noch lange nicht, was du machen sollst“, oder „Hör auf, ständig auf deine eigenen Gefühle zu achten. Hier ist jemand, dem es wirklich schlecht geht – du solltest dich lieber auf ihn konzentrieren.“ Wenn Sie ihm zuhören, werden Sie erkennen, dass jede vorurteilsfreie Informationssammlung unablässig vom Richter gestört wird. In Ihrer Arbeit mit dem Richter besteht deshalb die wichtigste und grundlegendste Praxis darin, sich mit einem Teil Ihrer Aufmerksamkeit Ihres Körpers und Ihres Seh- und Hörprozesses gewahr zu sein.

Sich dieser Praxis zu widmen stellt den ersten und einfachsten Schritt dar, wenn Sie sich dem Richter stellen wollen. Anstatt seine Autorität über das, was passiert und wichtig ist, anzuerkennen, werden Sie all das selbst herausfinden. Der Richter bezieht seine gesamte Lebenskraft daraus, Ihre

Aufmerksamkeit auf die Vergangenheit und die Zukunft zu richten – und die oben genannte Praxis hilft Ihnen dabei, sich selbst im gegenwärtigen Moment im eigenen Körper zu lokalisieren. Außerdem will der Richter Ihr Gewahrsein für all die Dinge, die Ihre Aufmerksamkeit fesseln und Sie gefangen halten, einschränken. Indem Sie Ihre Fähigkeit schulen, sich von Vorurteilen, Voreingenommenheit oder Vorlieben nicht beeinflussen zu lassen, rauben Sie ihm eine seiner Stützen.

Die Erfahrung des Gewahrseins

Ihr Gewahrsein ist nicht nur nützlich – es als den Urgrund Ihres wahren Wesens zu erleben ist eine wertvolle Erkenntnis. Ihren Erfahrungen wird durch das Gewahrsein eine bestimmte Qualität verliehen: Ist es unbegrenzt vorhanden, dann erhält Ihr Geist eine Leichtigkeit, Klarheit und kühle Frische, die an die Luft eines klaren Herbsttages erinnert. Alle Dinge erscheinen leuchtend und neu, als sähen und hörten Sie sie zum ersten Mal. Sie erleben die Unmittelbarkeit, im direkten Kontakt mit den Dingen zu sein, derer Sie gewahr sind: Ihre Wahrnehmung berührt sie direkt, ohne Gedanken, Benennungen oder Kategorien. Jegliche gewohnte Vertrautheit ist ausgelöscht und Sie sind einfach nur hier, mit der schlichten Wirklichkeit Ihrer Erfahrung.

Das Gewahrsein bringt eine Empfindung der Grenzenlosigkeit mit sich, eine Offenheit, die nichts ausschließt und in der die Dinge nicht getrennt voneinander existieren. Es besitzt keine Meinungen, Vorlieben oder Bewertungen über Dinge, derer es sich gewahr ist. Im Zustand des Gewahrseins fühlen Sie sich wach, aufmerksam und angeschlossen, klar und weit. Ihr Gewahrsein kann von Ihrem eigenen Atem oder den Haaren auf Ihrem Handrücken ausgehen und sich bis tief in Ihre verborgensten Gefühle ausdehnen, weit in die Herzen und den Geist der anderen.

Das Gewahrsein ist nicht vom Denken abhängig. Wenn Sie sich voll auf das schlichte Gewahrsein einlassen, kann Ihr Verstand sehr still werden. Da kann es Geräusche geben, Empfindungen, Farben, Formen, Bewegungen, Stille – alles ohne irgendeinen Gedanken. Dann können Sie im gegenwärtigen Moment verschwinden oder sich in ihm verlieren. Sie haben die gewohnte Orientierung für Ihre gegenwärtige Erfahrung verloren, eine

Orientierung, die sich auf Überzeugungen, Erinnerungen und Erwartungen gestützt hat. Das ist nicht ungewöhnlich und eine der Eigenschaften des Gewahrseins, die den Richter ganz besonders beunruhigt. Wie können Sie handeln, sich verhalten und die Dinge tun, welche getan werden müssen, wenn es keinen Gedanken gibt? Wie können Sie wissen, wer Sie sind, wenn Sie nicht über sich selbst nachdenken? Sollte diese Erfahrung tatsächlich auftauchen, so nehmen Sie sich die Zeit, einfach innezuhalten und darauf zu achten, wie sich das anfühlt. Verlieren Sie tatsächlich Ihre Fähigkeit, sich zu bewegen und zu funktionieren? Wie ist die Beziehung zwischen Erinnerung und einem Zustand erhöhten Gewahrseins? Können Sie im Zustand unbegrenzten Gewahrseins mit einem anderen Menschen zusammen sein oder sich auf ihn beziehen?

Seien Sie gewarnt: Wenn Sie versuchen, mit Ihrem gegenwärtigen Gewahrsein im Kontakt zu bleiben, sich also nicht von endlosen Gedanken über etwas, was Sie gestern getan haben, oder den Sorgen über ein zukünftiges Ereignis besetzen lassen, dann wird Ihr Richter Sie wahrscheinlich gnadenlos angreifen. Oder wenn Sie darauf achten, wie sich Ihr Körper im Augenblick anfühlt, wird er behaupten, Sie machten irgend etwas falsch und Ihre Gefühle seien ein Zeichen dafür, dass irgend etwas mit Ihnen nicht stimmt. „Wozu soll dieses Fühlen denn gut sein? Wir haben wirklich wichtigere Dinge, um die wir uns kümmern müssen." Wundern Sie sich nicht, wenn etwas Derartiges passiert. Erinnern Sie sich einfach daran, dass Ihr Gewahrsein Ihr wichtigstes Werkzeug ist, wenn es darum geht, sich gegen Urteile zu wehren. Der Richter will nur die Kontrolle darüber haben, worauf Sie Ihre Aufmerksamkeit richten und wessen Sie sich gewahr sind. Seien Sie sich dessen gewahr!

Praxisanleitung: Das Gewahrsein Ihrer selbst ausweiten

Schritt 1.

Ihren Körper spüren: Setzen Sie sich auf einen bequemen Stuhl. Schließen Sie die Augen. Spüren Sie alles, was Sie in Ihrem Körper wahrnehmen. Beginnen Sie mit dem Kopf und gehen Sie durch Ihren ganzen Körper bis zu den Füßen. Achten Sie auf alle Empfindungen wie Wärme, Kälte, Anspannungen, auf Emotionen, Bewegungen, Energiezustände sowie auf die Abwesenheit von Gefühlen oder Empfindungen. Können Sie am Ende der Übung Ihren gesamten Körper im Gewahrsein halten? Wie fühlen Sie sich insgesamt, wenn Sie die Übung beendet haben?

Schritt 2.

Schauen und Lauschen: Öffnen Sie Ihre Augen und richten Sie Ihre Aufmerksamkeit auf die Erfahrung des Schauens und des Lauschens. Beachten Sie zuerst die *Erfahrung,* sich alles um Sie herum anzuschauen. Schenken Sie hauptsächlich dem allgemeinen Erleben des Schauens, des Sehens von Mustern, Farben und Formen Ihre Aufmerksamkeit, anstatt sich auf irgendwelche spezifischen Dinge zu konzentrieren. Verfahren Sie genauso mit Ihrem Lauschen. Seien Sie sich Ihrer selbst als jemand gewahr, der/die schaut und lauscht. Dies sind zwei Ihrer alltäglichsten Aktivitäten, doch normalerweise konzentrieren Sie sich auf das, was Sie wahrnehmen und nicht auf die eigentliche Erfahrung des Schauens und Lauschens.

Schritt 3.

Das alltägliche Gewahrsein: Richten Sie im Verlauf des Tages Ihre Aufmerksamkeit immer, wenn Sie sich daran erinnern, auf den Körper und die Aktivitäten des Lauschens und Schauens zurück. Achten Sie darauf, wo und wie Sie sich befinden, ganz gleich was gerade geschieht. Gehen Sie nicht davon aus, dass Ihre Beobachtungen von etwas, was gerade zu passieren oder wichtig zu sein scheint, das gesamte Bild erfassen. Beachten Sie Ihr Gefühl, wo Sie sich gerade befinden und was gerade geschieht.

Anmerkung: Führen Sie diese Momente des Selbst-Erinnerns so oft Sie können, und dabei stets mit dem Vorsatz durch, dass sie leicht und natürlich geschehen. Seien Sie nicht überrascht, wenn Sie Ihre jeweiligen Aktivitäten zu Beginn unterbrechen müssen, um sich selbst spüren zu können. Das ist in Ordnung – machen Sie einfach für ein paar Momente Pause.

Schritt 4.

Gewahrsein und gleichzeitiges Handeln: Wenn Sie soweit sind, wählen Sie eine einfache Aktivität, die Ihnen genug Aufmerksamkeit lässt, um sich dabei selbst zu beachten. Das dient der Absicht, die Fähigkeit zu entwickeln, zur gleichen Zeit zu spüren, zu schauen und zu lauschen, wie Sie Ihre täglichen Aufgaben erledigen. Sie werden nach einer Weile feststellen, dass Sie das Geschirr spülen, Auto fahren und vielleicht sogar telefonieren können, während Sie sich weiterhin selber spüren. Mit einiger Übung werden Sie mit Hilfe des Spürens, Schauens und Lauschens den ganzen Tag lang ein offenes Gewahrsein Ihrer selbst aufrechterhalten.

Sie glauben, sich selbst bemühen zu müssen, um gewahr zu sein. Das ist nicht richtig. Jedes Bemühen grenzt Ihr Gewahrsein ein und es ist wichtig zu erkennen, wie Sie es eingrenzen. Ganz und gar gewahr zu sein ist natürlich und mühelos, doch Sie mischen sich ein. Es entspricht unserem Wesen, gewahr zu sein. Darum ist es möglich für Sie, die Wahrheit zu erkennen. Die Wahrheit ist unser Wesen. Schließlich und endlich sind wir Gewahrsein.

A. H. Almaas, *Diamond Heart Book 2,* S. 117

Franks runder Bauch wurde von Hunger geplagt, und es drängte ihn in die Küche zum Frühstück. Leider wartete dort der schon begonnene Abwasch im Spülbecken, und er überlegte sich, ihn einfach zu ignorieren und nur sein Frühstück zuzubereiten. Doch seine innere Stimme war wieder da:

Wage es bloß nicht, dieses Geschirr zu übersehen. Sue wird dir die Hölle heiß machen und außerdem wirst du dich viel besser fühlen, wenn du jetzt abspülst.

Nachdem er den letzten sauberen Teller auf die Ablage gestellt hatte, öffnete Frank den Kühlschrank, um Orangensaft und Apfelsaft, Yoghurt, Blaubeeren, Propolis, Weizenkeime, Brot und Marmelade herauszuholen und auf die Arbeitsfläche zu stellen. Daneben platzierte er eine Müslischale, Löffel und Messer, eine Banane, einen Pfirsich, Algenpulver und eine Schachtel Knuspermüsli. Dann stellte er das Radio an, um die Morgennachrichten zu hören. Das war eine seiner Lieblingsaktivitäten – die Zubereitung seines Frühstücks.

Wir wollen das heute morgen aber nicht übertreiben. Nun rate mal, warum deine Verdauung in letzter Zeit so empfindlich war und wo deine Blähungen herkommen. Deine Augen und dein Mund sind wieder mal viel größer als deine armen Därme – was man deinem Bauch ja auch ansehen kann.

Hey, warte mal. Alles was ich hier esse, ist gesund, und außerdem fühle ich mich beim Frühstücken einfach gut. Das entspannt mich und ich komme nicht so leicht in

Stress. Ohne ein ordentliches Frühstück hat das Leben keinen Wert.

Zuerst landete das Knuspermüsli in der Schale, dann eine halbe Banane und ein klein geschnittener Pfirsich. Dazu eine Handvoll Blaubeeren, zwei Löffel Weizenkeime und ein Löffel Propolis, übergossen mit Apfelsaft, um es flüssig zu machen, und dazu Yoghurt für die Konsistenz und den Geschmack.

Was für ein Mischmasch! Willst du die Pampe wirklich essen? Blähhh!

Frank konnte Sues Stimme in seinem Kopf vernehmen. Er stellte das Müsli zur Seite, während er eine Brezel aufschnitt und in den Toaster steckte. Dann rührte er einen Löffel Algenpulver in ein Glas Orangensaft.

Du kriegst es doch immer wieder hin, ein schönes Glas O-Saft zu verderben!

Dieses Mal redete die Stimme seiner Mutter mit ihm. Er stellte Müsli und Orangensaft auf den Küchentisch neben die Morgenzeitung. Als die Brezel fertig war, bestrich er sie mit Butter, legte sie auf einen Teller, gab etwas Marmelade dazu und stellte das Ganze neben seine Müslischale. Er prüfte, ob alles da war, und setzte sich dann schließlich zum Essen hin. Nun hörte er die Stimme des Zen-Meisters, dessen Buch er gerade las:

So, das kennen wir ja schon von dir! Jetzt willst du also essen, die Zeitung lesen und Radio hören – alles zugleich. Bloß keine Zeit vergeuden, eh?

6

Was wird verurteilt?

Urteile sind allgegenwärtig. Sie können in jedem Bereich Ihres Lebens auftauchen, und die Angriffe werden sich auf Ihr Verhalten, Ihre Beziehungen, Ihre Freunde und Kollegen, Ihre Familie, Ihre Besitztümer, Ihr Zuhause, Ihre Angewohnheiten, Ihre Einstellungen, Ihren Körper, Ihre Gedanken, Ihre Gefühle, Ihre Hoffnungen und Träume, Ihre innere Arbeit, ja sogar auf Ihre Verurteilungen Ihrer selbst und anderer richten. Aus diesem Grund konzentriert sich dieses Buch statt auf den Inhalt von Urteilen mehr auf deren Form und den Vorgang des Urteilens. Die verschiedenen Objekte der Selbstangriffe sind letztendlich alle auswechselbar. Gerade noch haben Sie sich aufgrund Ihrer unbefriedigenden Beziehung angegriffen gefühlt, und schon greifen Sie Ihr Aussehen sowie das Chaos in Ihrer Küche an. Kurz darauf attackieren Sie sich für Ihre depressive und hoffnungslose Einstellung dem Leben gegenüber, um danach heftigste Kritik an den Gärtnern zu üben, die nebenan den Rasen mähen. Mit ein wenig Abstand betrachtet erscheint die chamäleonartige Qualität der richterlichen Besorgnisse ziemlich lächerlich.

Wenn es jedoch darum geht, ein Gewahrsein für die Selbstverurteilungen und ihre Entstehungsmomente sowie -gründe zu entwickeln, kann es hilfreich sein, sich die wichtigsten Bereiche anzuschauen, in denen sich fast jeder mit Selbstangriffen auseinandersetzen muss. Wenn Ihre Gedanken um die spezifischen Details Ihres persönlichen Erlebens kreisen, können Sie leicht zu der Annahme kommen, Ihre Probleme seien einzigartig. Das sind sie nicht! Wir entdecken nicht alle dieselben Fehler bei uns selbst – doch die Fehler, denen unsere Angriffe gelten, können in eine bemerkenswert kleine Anzahl von Kategorien eingeordnet werden. Sie werden herausfinden, dass der Richter nicht besonders kreativ ist. Unglücklicherweise braucht er das auch nicht zu sein.

Ihr Körper

Ihr Körper ist der augenfälligste und greifbarste Ausdruck dessen, was Sie sind. Er wird dadurch zum einfachsten Ziel für die Angriffe Ihres Richters. Sie beurteilen Ihr Aussehen wegen der Form und Größe Ihres Körpers und seiner Anteile: „Du bist zu klein. ...Deine Brüste sind zu klein. ...Du hast Pudding statt Muskeln. ...Dein Penis ist bemitleidenswert. ...Du verlierst all deine Haare. ...Du kriegst überall Falten." Sie verurteilen sich auch dafür, wie Sie mit Ihrem Aussehen umgehen: „Dein Makeup sieht entsetzlich aus. Du hast wohl heute morgen noch geschlafen. ...Wann haben deine Haare das letzte Mal einen Kamm gesehen? ...Lila Nagellack? Du hast sie wohl nicht mehr alle! ...Deine klumpigen Oberschenkel solltest du auch endlich mal trainieren." Und dann natürlich die Tatsache, wie Sie sich kleiden: „Das Hemd hast du gestern schon getragen, das kannst du heute unmöglich wieder anziehen. ...Diese Farben beißen sich. ...Das sieht ja aus wie ein Schlafanzug. ...Was, *darin* willst du zur Arbeit gehen? ...Das sieht aus wie aus dem Kleiderschrank deiner Mutter."

Doch obwohl die Angriffe, die dem Aussehen gelten, oft ganz besonders konstant und gemein sein können, ist Ihr Aussehen nur eine Dimension Ihres Körpers. Sie attackieren auch die Art, wie Ihr Körper funktioniert und reagiert. Sie geben ihm die Schuld für Unfälle, Fehler, Misserfolge und Krankheiten sowie für mangelnde Unterstützung, mangelnde Motivation und mangelnde Fähigkeiten: „Denk dran – dein Rücken macht immer dann Probleme, wenn du ihn am meisten brauchst. ...Immer wenn du eine Menge zu tun hast, wirst du krank. ...Die Frauen mögen ja dein Aussehen, aber warte, bis sie dich im Bett erleben. ...Immer wenn es an der Zeit ist, für dich einzustehen, versagt dir die Stimme. ...Du kannst dich nicht auf deinen Körper verlassen – tu lieber, was der Doktor sagt." Immer wenn bestimmte Verhaltensweisen durch ein Zuviel an Essen, Drogen, Zigaretten, Alkohol einen Suchtcharakter bekommen, bringen derartige Angriffe einen Teufelskreis in Gang. Diese Verhaltensweisen werden zur Zielscheibe von Selbstangriffen, doch zugleich versucht man, mit ihrer Hilfe den Selbstangriffen zu entkommen.

Ein subtilerer Bereich, auf den sich die Angriffe richten und der für den Prozess der Selbsterkenntnis besonderes Gewicht hat, ist Ihre Einstellung Ihrem Körper gegenüber. Wenn Sie auf Ihr Erleben achten, wird Ihnen zwangsläufig bewusst, wie wenig Sie Ihren Körper von Moment zu Moment spüren, wie wenig Sie auf ihn achten und wie wenig Sie ihm vertrauen und ihn als Ihr Zuhause schätzen. Diese Einsichten können unbequem, sogar schmerzhaft sein und führen oft zu Selbstangriffen: „Was ist los mit dir? Du kannst ja nicht mal deinen Körper fühlen! Bestimmt gibt's da irgendwas Schlimmes, was du nicht spüren willst. ...Du solltest dich mehr entspannen. ...Wenn du nicht einmal weißt was du essen willst, hast du echt ein Problem. ...Warum bist du überhaupt krank geworden? Du willst dich doch sicher vor irgendetwas drücken. ...Dein Auto ist dir wichtiger als dein Körper!"

In den Selbstverurteilungen, die Ihren Körper betreffen, spiegelt sich die Tendenz, die Dinge polarisiert zu sehen. Zu den Gegensätzen, die sich auf das Aussehen beziehen, gehören im Allgemeinen *schön und hässlich* oder *attraktiv und abstoßend*; auf einer grundlegenderen Ebene heißen sie *annehmbar und unakzeptabel* oder *erkannt und unsichtbar.* Geht es um die Funktionsweisen des Körpers, finden wir Gegensätze wie *stark und schwach, fähig und unfähig, graziös und unbeholfen, aktiv und passiv* oder *kraftvoll und impotent.* Geht es um Ihre Einstellung dem eigenen Körper gegenüber, so attackieren Sie sich mit Gegensatzpaaren wie *Betroffenheit und Apathie, Lebendigkeit und Leblosigkeit, Vertrauen und Angst* oder *Intelligenz und Dummheit.*

Ihre Arbeit

Die Art und Weise wie Sie Ihr Geld verdienen stellt ein weiteres Gebiet Ihres Lebens dar, das den Selbstangriffen zu jeder Zeit zur Verfügung steht. Die Art Ihres Jobs, der Ort, an dem Sie arbeiten, mit wem und für wen Sie arbeiten und wie erfolgreich Sie dabei sind – all das kann bei Ihren Selbstverurteilungen eine Rolle spielen. In diesem Bereich stützt sich die Kritik, genau wie bei Ihrem Körper, häufig auf Vergleiche mit anderen. Das können Freunde, Kollegen, Nachbarn, Charaktere aus Film und Fernsehen oder Ihre Eltern sein. Viele Menschen verbinden mit ihrer Arbeit das Gefühl, erwachsen zu sein. Einen Vollzeitjob zu haben (was immer das bedeutet), ihn nicht zu verlieren, seinen Lebensunterhalt zu verdienen und die Rechnungen zu bezahlen, – das sind Synonyme dafür, erwachsen und verantwortlich zu sein. Wenn in diesen Bereichen irgendetwas schief läuft (entlassen zu werden, nur einen Halbtagsjob zu haben, der gerade alle Kosten deckt – oder einen Vollzeitjob, der trotzdem nicht genug Geld bringt) führt das zu Angriffen, unreif, nicht erwachsen oder unabhängig zu sein und sich nicht um sich selbst kümmern zu können.

Wie immer Sie an Ihren Job geraten sind, – ob Sie ihn gewählt haben, in ihn hineingewachsen sind oder gezwungen waren, ihn aufzunehmen – auch hier gibt es Gelegenheiten für Angriffe. „Wie konntest du dich bloß entscheiden, hier zu arbeiten? ...Nur ein Idiot hätte sich so passiv auf eine beliebige Arbeit eingelassen. ...Habe ich dir nicht gesagt, du solltest dich zuerst genauer erkundigen, bevor du das Angebot annimmst? ...Du warst halt gezwungen, diese Arbeit anzunehmen. Für alles andere bist du doch zu blöd. ...Mit dieser Arbeit hast du einfach nur Glück gehabt, – mal sehen, ob du sie behalten kannst.“

Und was für eine Arbeit üben Sie überhaupt aus? Viele Menschen messen ihren Selbstwert und Status, ihr Gefühl, fähig oder erfolgreich zu sein, an dem was sie tun. Bei anderen ist der Lebenssinn davon betroffen: Gefällt mir, was ich tue? Sagt es irgendetwas Besonderes über mich aus? Fühle ich mich damit kreativ? Dient es anderen Menschen? Es ist also üblich, einen bewussten oder unbewussten Maßstab von seiner Arbeit zu haben. Selbst die Frage, ob Sie sie für einen Job, eine Karriere, einen Beruf oder eine Berufung halten, hat damit zu tun, was Ihnen Ihre Arbeit wert ist – und oft auch, was für Maßstäbe Sie für sich selbst setzen.

Es ist wichtig, sich zu erinnern, dass jeder Maßstab, den Sie errichten, auf Vergleichen beruht – vielleicht nicht mit anderen, sondern mit einem Ideal – was bedeutet, dass Ihre Selbstverurteilungen aktiv sind. Ihre Arbeit wird zum Objekt von Selbstangriffen, wenn Sie glauben, dass sie Ihnen nicht angemessen ist oder wenn Sie sie nicht mögen, obwohl sie wünschenswert und anerkannt ist, wenn Sie Ihnen nicht gut von der Hand geht oder Sie Angst haben zu versagen, oder wenn sie Ihnen zu einfach oder zu gut vorkommt, um wahr zu sein.

Selbst wenn Sie mit Ihrer Arbeit zufrieden sind, kann der Richter Sie foltern, indem er den Maßstab für Ihren Erfolg unerreichbar hoch anlegt. Die meisten Menschen wissen gar nicht, was sie wirklich befriedigen würde und verlassen sich deshalb auf die Maßstäbe, die der Richter ihnen setzt. Was die Sache noch schlimmer macht: Der Richter kann seinen Maßstab jederzeit ändern und damit neue Gründe finden, um unzufrieden zu sein oder Sie anzugreifen. Und am schlimmsten ist es, dass viele Menschen Richter haben, die ihnen weitaus höhere Erfolgsmaßstäbe setzen als allen anderen oder als die Situation erfordert, was darauf hindeutet, wie wenig realistisch sie sich selbst beurteilen. Man kann also sehen, dass die Selbstverurteilungen es fast unmöglich machen, jemals erfolgreich zu sein.

Wie messen Sie Ihren Erfolg? Hat er damit zu tun, dass Sie den Tag hinter sich bringen und die Lohntüte nach Hause tragen? Oder geht es Ihnen eher darum, Ihre Sorgen und Versagensängste zu überwinden, um sich mit dem, was Sie tun, erfolgreich zu fühlen? Geht es dabei um die Resultate Ihrer Arbeit, den Dienst, welchen Sie anbieten, oder den Gegenstand, den Sie herstellen? Nur selten sind alle drei das Gleiche. Wenn Sie das Gefühl haben, nicht erfolgreich zu sein, – was sagt das dann über Sie aus? Ihr Richter wird Ihnen so manches erzählen: „Das beweist, dass du dazu gar nicht imstande bist. ...Du kannst dich überhaupt nicht um dich kümmern. ...Das ist jetzt die Belohnung für all die vertrödelten Schuljahre. ...Jetzt wird keiner mehr auf dich stolz sein. ...Schäm dich! Hier kannst du dich nie wieder blicken lassen! ...Papa hat schon immer gesagt, dass aus dir nie etwas wird."

Ihre Arbeit setzt sich also aus einem Ort, einem Kontext und einer impliziten Beziehung mit anderen zusammen. Wenn der Richter Munition braucht, um Sie zu kritisieren, kann er jedes dieser Elemente nutzen. Falls Sie zur Arbeit fahren: das Wetter, den Pendelverkehr, Busse und Bahnen; falls Sie zu Hause arbeiten: Ablenkungen im Haushalt, Isolation, nie an die Luft kommen. Der Richter kann für jeden Aspekt Ihrer Arbeitssituation Maßstäbe, Vergleiche oder Beschwerden finden: wie Ihr Büro oder Arbeitsplatz aussieht, ob Ihre Stunden regelmäßig oder unregelmäßig ablaufen, Licht- und Lärmpegel, die Persönlichkeit Ihres Chefs, ob Sie allein oder mit anderen arbeiten, Publikumskontakt, Privatsphäre, Disziplin, Motivation und Ruhepausen. Und einige der offensichtlichsten Selbstangriffe in Bezug auf die Arbeit haben natürlich mit Ihren Kollegen zu tun: „Sie arbeiten viel härter als du. Was werden sie denken, wenn du als Erster fertig bist? ...Ist doch klar zu erkennen, dass der Chef sie lieber mag. ...Du hast ihn nicht gegrüßt! Jetzt wird er nie wieder mit dir reden. ...Bei den Besprechungen redest du immer zu viel. Eines Tages werden sie merken, dass du gar keine Ahnung hast." Außerdem kann Ihr Richter seine Angriffe jederzeit auf andere richten – laut oder in Ihrer Fantasie.

Ihre Beziehungen

Wenn es um intime Beziehungen geht, führen die Selbstangriffe gerne ein Eigenleben. Mehr als in anderen Situationen kommen hier Ihre Selbstverurteilungen zum Vorschein, werden gefördert und gespiegelt. Ihre Selbstverurteilungen sind, ebenso wie die Ihres Partners, stets und unbewusst damit verbunden, wie Sie sich selbst und einander erleben. Ihre Urteile gründen auf Maßstäben, die bestimmen, was Sie von der Beziehung erwarten, was Sie an ihr schätzen und was Sie an ihr stört. Von diesen Maßstäben hängt auch Ihre Vorstellung ab, wie Sie und Ihr Partner zu sein haben, damit die Beziehung funktioniert. Die Maßstäbe bestimmen unbewusst, wie Sie sich verhalten und reagieren, und beeinflussen damit die Wahrnehmung, welche Ihr Partner von Ihnen hat, sowie die Art, wie er auf Sie reagiert. Wenn Sie sich selbst in Bezug auf Ihre Beziehung angreifen, dann versuchen Sie, diese Maßstäbe aufrechtzuerhalten oder zu fördern. In einer Primärbeziehung gilt Ihre Aufmerksamkeit normalerweise zwar dem, was sich im anderen oder zwischen Ihnen beiden abspielt – doch wie Sie die Verbindung erleben, wird letzten Endes von Ihren eigenen unbewussten Maßstäben entschieden.

Im Glücks- oder Verliebtheitsstadium einer Beziehung schweigt der Richter entweder oder er fördert die vorherrschende Dynamik, weil das, was gerade geschieht, seinen Maßstäben entspricht. Im Laufe der Zeit mischt sich jedoch das Leben ein und der Austausch entspricht nicht länger den Maßstäben. Dann setzt die Selbstkritik ein. Häufig spiegeln sich die Selbstangriffe aufgrund der Verstrickung, die zwischen Intimpartnern besteht, im Außen – also im anderen. Das kann beabsichtigt sein oder unbewusst geschehen. In anderen Worten: Sie werden bemerken, dass Ihr Partner häufig genau dieselben Dinge an Ihnen kritisiert, die Ihr Richter angreift. Da gibt es dann verschiedene Möglichkeiten: Hat Ihr Partner das wirklich gesagt oder haben Sie es nur gehört, weil Ihr Richter es behauptet? Hat Ihr Partner wirklich diese Gefühle über Sie oder haben Sie seine Gefühle dadurch provoziert, dass Sie im Außen auf Ihren eigenen Richter reagiert haben? Oder haben Sie sich einen Partner ausgesucht, mit dem Sie sich wohlfühlen, weil er sich wie Ihr Richter anhört?

Derartig komplizierte Fragen werden bedeutungsvoll, wenn Ihnen in einer bestehenden engen Beziehung Ihre Selbstangriffe auffallen. Hat die Beziehung eine gewisse Stabilität oder Routine erreicht, dann geht damit der Widerstand einher, genau zu erkennen, wer was fühlt und warum. Dafür ist der Richter verantwortlich. Er glaubt, dass es ohne Verstrickung keine Anhänglichkeit und ohne Anhänglichkeit keine Beziehung geben kann. Auf der einen Seite ist es für Ihren Richter von Interesse, Sie dafür anzugreifen, wie die Dinge in Ihrer Beziehung laufen – was sich hätte ändern sollen, dass Sie nicht bekommen was Sie wollen, dass Sie Angst haben, für sich selber einzustehen und dass Sie kein guter Partner sind. Das erreicht er mit ständigen Schuldzuweisungen, die im Wechsel einmal Sie, dann Ihren Partner und schließlich die Beziehung betreffen, und es interessiert ihn nicht wirklich, die Wahrheit zu ergründen. Auf der anderen Seite wird Ihnen, je mehr Sie hinschauen, desto klarer, dass Ihr Richter entschlossen ist, keine Veränderung der Beziehung zuzulassen, weil das einem Versagen gleichkäme. Wenn eine Beziehung auf tiefere Intimität und größere Klarheit zusteuert, bedeutet das für den Richter das Risiko, dass Sie unannehmbare Tatsachen über sich selbst oder den anderen entdecken könnten. In seiner Sicht bedroht jede Veränderung die vorhandene Stabilität, was dazu führen könnte, dass Sie abgelehnt werden oder Ihren Partner nicht mehr akzeptieren können – und das würde die Beziehung nicht überleben.

Irgendwann beginnen Sie zu erkennen, dass Sie es nicht nur mit Ihrem eigenen Richter, sondern auch mit dem Richter und den Maßstäben

Ihres Partners zu tun haben, die sein oder Ihr Richter unterstützt. Diese Einsicht zwingt Sie zu der Erkenntnis, wie sehr diese ungreifbaren, in Ihrer Beziehung aktiven Mächte Sie einschränken. In jeder intimen Beziehung verläuft der Kontakt nicht nur in zwei, sondern in vier Richtungen: Jeder der beiden Partner hat es mit seinem Gegenüber sowie mit dessen und dem eigenen Richter zu tun. Stellen Sie sich einmal vor, wie frei und leicht sich das Ganze anfühlen könnte, wenn Sie es nur mit Ihrem Partner zu tun hätten! Tatsächlich würden die meisten Beziehungskonflikte und -probleme nicht mehr existieren, wenn lediglich die Urteile enden würden. Doch die Möglichkeit, ihre Maßstäbe und Vorstellungen von einer funktionierenden Beziehung aufzugeben, würde die meisten Menschen in Angst und Schrecken versetzen. Sie neigen zu der Annahme, dass alle Sicherheit und Befriedigung von diesen Maßstäben abhängt. So will es der Richter: Achten Sie darauf, die Beziehung gemäß den Regeln oder zumindest an den mühsam durch vergangene Erfahrungen erworbenen Prinzipien auszurichten. Doch eine Erfahrung, die intergriert wird, bietet keine festen Verhaltensmaßstäbe für die Zukunft, sondern hilft Ihnen, Ihre innewohnenden Fähigkeiten, Sie selbst zu sein, zu entwickeln, um dann auf der Basis jener Wahrheit in Beziehung zu treten. Wie kann Ihr Richter wissen, wie die Dinge zu sein haben? Ist eine Beziehung wirklich und lebensvoll, weil sie Ihren Maßstäben genügt, oder eher aufgrund des sich entfaltenden Mysteriums, welches Sie und Ihren Partner verbindet? Nur wenn Sie Ihr wahres Wesen erkennen, in ihm ruhen und von ihm aus in Beziehung treten, können wahrer Frieden und wahre Befriedigung entstehen. Diesen Zustand können die Maßstäbe des Richters nicht erreichen.

Sie glauben, dass der Richter nötig ist, um Sie in der Beziehung abzusichern. Je verletzlicher Sie sind, desto eher glauben Sie, ihn zu Ihrem Schutz zu brauchen. Das Gegenteil ist der Fall: Je größer die Bereitschaft zweier Menschen ist, ihre Verletzlichkeit bei sich selbst und miteinander zuzulassen, desto weniger benötigen sie den Schutz ihrer Richter. Tatsächlich sind Gesundheit und Lebensfähigkeit einer Beziehung direkt von der Fähigkeit beider Partner abhängig, ihre Verletzlichkeit auszudrücken und zu teilen. Immer wenn ein Beziehungspartner nicht bereit ist, während des gemeinsamen Austauschs mit ihrer oder seiner Verletzlichkeit in Kontakt zu sein, findet sofort eine Verschiebung zum Urteilen statt – zu Selbstangriffen, Angriffen auf den anderen/die andere oder zu beidem. Das ist eine Situation, die an das Ei und die Henne denken lässt: Nehmen Sie zum Urteilen Zuflucht, weil Sie sich nicht sicher fühlen, oder fühlen Sie sich nicht sicher, weil Urteile im Raum stehen? Im Umgang mit dem Richter ist das eine grundlegende Frage. Wir werden sie im Verlauf dieses Buches intensiv erforschen.

In zwei der schwierigsten Gebiete, die es in einer Beziehung durchzuarbeiten gilt, überschneiden sich die Urteile über intime Beziehungen mit den Urteilen über Ihren Körper und Ihre Arbeit – nämlich wenn es um Sex oder um Geld geht. Sexuelle Interaktionen bringen normalerweise eine intime körperliche Verletzlichkeit mit sich, die im Kontext geringster verbaler Kommunikation stattfindet. Je geringer Ihr Vertrauen in die nonverbale Verbindung ist, desto eher werden Sie sich im sexuellen Kontakt isoliert und bloßgestellt fühlen. Daraufhin wird Ihr Richter übereifrig in Aktion treten, um die Lücke zu füllen und alles, was geschieht, auszuwerten. Die hohen Erwartungen Ihres Richters, was Ihre Leistung (und ebenso Ihren Körper, Ihre Fähigkeiten usw.) angeht sowie die entsprechende Enttäuschung über Ihr jeweiliges Erlebnis werden durch die Isolation noch verstärkt. Viele Menschen begegnen dieser Situation, indem sie sich verstellen, um ihre Gefühle zu verbergen und sich darauf konzentrieren, es ihrem Partner recht zu machen, oder indem sie einfach gar keine Gefühle haben. Der Richter ist aktiv daran beteiligt, Erwartungen und Enttäuschungen sowie Leugnung und Vermeidung aufrechtzuerhalten.

Ein weiteres Thema, über das Paare sich häufig nicht austauschen, betrifft das Geld. Je nach Person symbolisiert das Geld viele verschiedene Dinge: Sicherheit, Macht, Möglichkeiten, Hoffnung, Unabhängigkeit, Freiheit – doch immer stellt es eine Art grundlegende Unterstützung dafür dar, wer man gerne sein möchte. Und wenn es um Geld geht, werden Sie von den unbewussten Überzeugungen und Maßstäben, die Sie in Ihrer Familie gelernt haben, genauso beeinflusst wie in anderen Gebieten Ihres Lebens. Solange Ihnen diese Annahmen nicht bewusst sind, bleibt Ihnen nichts anderes übrig als zu glauben, dass alle anderen ihnen ebenfalls anhängen. Das ist aber nicht der Fall, und sehr häufig sind die Überzeugungen Ihres

Partners völlig anders als Ihre eigenen. Es liegt nicht im Interesse des Richters, dass diese Überzeugungen ins Bewusstsein treten und verstanden werden; er will nur, dass seine Überzeugungen und Maßstäbe aufrechterhalten werden, damit Sie die Hoffnung nicht verlieren. Und diese Hoffnung wird dadurch aufrechterhalten, dass Sie sich selbst und Ihren Partner immer dann angreifen, wenn es – was garantiert passieren wird – zu finanziellen Schwierigkeiten kommt.

Ihre innere Arbeit

Wenn Sie sich in Ihrem äußeren Erleben der Welt an Ihre konditionierten Maßstäbe und Überzeugungen halten, gelingt es Ihnen vielleicht, den Richter nicht allzu sehr zu verärgern. Viele Menschen verbringen ihr ganzes Leben mit dem Bemühen, dem Coaching, der Anleitung und den Warnungen des inneren Kritikers Folge zu leisten. Die Gesellschaft fördert das. Treffen Sie allerdings die Wahl, sich der inneren Arbeit zu widmen und machen sich auf die Suche, um zu verstehen wer Sie sind, was Ihr Leben bedeutet und was die Wirklichkeit ist, dann gehen Sie notwendigerweise einen direkten Konflikt mit dem Richter ein. Mit der Erforschung Ihrer Überzeugungen, Ihrer Erlebnisse und der Gründe, weshalb Sie sich auf bestimmte Weise verhalten und fühlen, stellen Sie automatisch seine Autorität in Frage. Wenn Sie den Unterbau Ihrer psychologischen Realität (Ihrer Art zu denken und zu fühlen) ins Bewusstsein bringen, würden Sie diese Annahmen und Überzeugungen möglicherweise durch direktes Wissen ersetzen. Sie würden also erleben, dass Ihr bewusstes Gewahrsein an die Stelle akzeptierter Maßstäbe und Überzeugungen treten kann. Dann brauchen Sie nicht mehr von Ihrem Unbewussten in Gestalt des Richters geleitet, begrenzt und kontrolliert zu werden.

Der Richter kann diesen Prozess nur als Bedrohung für seinen Job und seine Autorität ansehen. In seinem Bemühen, diese tiefen Überzeugungen aufrechtzuerhalten, wird er Sie direkt und indirekt, offensichtlich und insgeheim angreifen. „Wenn du so weitermachst, wirst du entsetzliche, unakzeptable Dinge über dich herausfinden. ...Keiner wird dich mehr mögen. ...Der Schmerz wird dich überwältigen. ...Es ist bescheuert und totale Zeitvergeudung, all diese Fragen zu stellen. ...Wieso eigentlich nicht weitermachen wie bisher?" Neben diesen direkten Angriffen wird der Richter außerdem versuchen, den Prozess an sich zu reißen und eigene Maßstäbe anzusetzen, nach denen die innere Arbeit zu erfolgen hat – und damit insgeheim die alte Notwendigkeit am Leben erhalten, irgendwelche Anforderungen zu erfüllen. „Du musst endlich lernen, dich nicht mehr selbst zu verurteilen. ...Du musst immer auf dich Acht geben. ...Du bist so faul, was deine Meditation angeht. ...Deinem Therapeuten würde es aber gar nicht gefallen, dass du sowas denkst."

Der Richter bringt Sie dazu, sich vor Ihren inneren Erkundungen zu fürchten. Er greift Sie an, weil Sie unannehmbare Beweggründe (Angst, Hass, Eifersucht, Begierde) zur Schau stellen; er warnt Sie davor, vergrabene Gefühle (Schmerz, Unzulänglichkeit, Trauer, Ekel) ans Tageslicht zu ziehen, und er droht mit Konsequenzen (Ablehnung, Verlassenwerden, Abneigung). Das behindert die Möglichkeit, den eigenen Prozess offen und verletzbar zuzulassen. Die Aktivitäten, die Sie während der ersten Kapitel dieses Buches in Gang bringen, führen dazu, dass Ihr Richter Ihnen bewusster wird und Sie enger mit ihm in Kontakt kommen, was Sie wiederum empfindsamer für seine Angriffe macht. Das ist weder vergnüglich noch angenehm. Ihr Richter wird behaupten, es sei etwas Schlechtes, vor dem Sie sich hüten sollten. Doch ohne die Bereitschaft, Ihre Erfahrung des Verurteiltwerdens ins Bewusstsein zu rufen, den Angriffen die Stirn zu bieten und das Recht auf die eigene Verletzlichkeit zu verteidigen, können Sie Ihrer inneren Arbeit nicht auf eine Weise nachgehen, die wirklich bedeutungsvoll wäre. Dann können Sie nur eine Informationssammlung in Ihrem Kopf anlegen. Sie können sich der Fülle Ihrer Erfahrungen und dem tiefen Wissen, das zur Selbsterkenntnis führt, nicht öffnen.

Sich selbst misstrauen

Wenn Sie dem Richter die Stirn bieten und sich aus der Umklammerung seiner Angriffe lösen wollen, werden Sie sich mit verschiedenen Ebenen der Betroffenheit auseinandersetzen, die Ihren Selbstverurteilungen zugrunde liegen. Die erste Ebene bezieht sich darauf, wie Sie Ihre eigene Funktionsfähigkeit wahrnehmen, die sich durch Ihren Körper, bei der Arbeit und in Beziehungen ausdrückt, wie schon zu Beginn dieses Kapitels dargestellt.

Auf dieser Ebene stellen Sie sich unablässig selber in Frage, was Ihre Fähigkeiten und Beziehungen, Ihren Erfolg, Ihre Unabhängigkeit, Ihre Kompetenz, Ihre Beziehungen und die Ablehnung oder Anerkennung angeht, die Sie erfahren: Habe ich alles was ich brauche, um zu arbeiten, Freunde zu haben, eine Partnerschaft zu führen, attraktiv zu sein und so weiter? Mögen mich die Menschen wirklich leiden? Kann ich die Anerkennung meines Chefs, meiner Partnerin, meiner Eltern gewinnen? Reden die Leute hinter meinem Rücken über mich? Besitze ich genug Willenskraft, um es im Leben zu etwas zu bringen? All diese Fragen können auf eine einzige Grundfrage zusammengestrichen werden: Mache ich alles richtig? Und die Überzeugungen, die diesen unaufhörlichen Fragen und Angriffen zugrunde liegen, lauten: Mir fehlt etwas Wichtiges, ich kann es nicht richtig machen, ich bin ein Versager, eine Versagerin, ich bin nicht gut genug dafür.

Diese Überzeugungen basieren auf einer unbewussten Realität – dem Kontaktverlust mit der wahren Natur der Seele. Wenn dieser Kontakt nicht vorhanden ist, fühlt sich das an, als fehle einem etwas Grundlegendes. Das äußert sich im Verlust der Selbstachtung. Die Körpererfahrung, die damit einhergeht, ist durch defizitäre Leere gekennzeichnet. Es ist notwendig, die Selbstangriffe zu beenden und einfach mit dieser Leere zu verweilen – es einfach zuzulassen, dass diese Leere sich als die Weite der wahren Seelennatur sowie die Offenheit entpuppt, in der alle benötigten Eigenschaften erscheinen können.

Die nächste Ebene ist zentraler und beunruhigender. Hier befasst sich die Fragestellung damit, wie wir uns hinter all unseren Aktivitäten wirklich fühlen: Bin ich erwachsen? Bin ich groß genug, mein Leben im Griff zu haben? Bin ich immer so müde? Warum komme ich mir so klein vor? Wer sagt, dass ich irgendjemandes Hilfe brauche? Woran liegt es, dass ich so allein bin? Habe ich immer solche Angst? Bei diesen Fragen geht es mehr um die Polarität von Grandiosität und Unzulänglichkeit. Die grundsätzliche Frage lautet also: Was stimmt nicht mit mir? Und dahinter steht die Überzeugung: Ich bin klein, schwach, hilflos, schutzlos, verletzlich und allein.

An dieser Stelle benötigen Sie die Fähigkeit, diese grundsätzliche Wahrnehmung des konditionierten Selbst zu ertragen, während Sie erforschen, worin das wahre Wesen der Seele besteht. Wenn Sie auf dieser tieferen Ebene der inneren Arbeit Ihre Vorstellungen und Erfahrungen, wer Sie sind, freilegen, beginnen Sie zu erkennen, dass der Richter der Tatsache Ihrer Existenz im gegenwärtigen Augenblick zutiefst misstraut. Er muss das was Sie sind rechtfertigen, in Bezug setzen, definieren, erklären und analysieren, muss Sie mit der Vergangenheit vergleichen und an der Zukunft messen. Der Richter glaubt, dass Sie sich auf alte Überzeugungen, Maßstäbe und Richtlinien verlassen müssen, um weiterhin existieren zu können. Er glaubt nicht, dass Sie diese furchbaren Gefühle von Defizit zulassen und dann weiterleben können. Er hängt dem ständigen Glauben an, dass in der Gegenwart nichts Gutes von sich aus geschehen kann oder wird. Dieses Misstrauen drängt ihn dazu, Ihre Versuche, herauszufinden, wer oder was Sie sind, zu attackieren.

Heranzuwachsen und zu reifen bedeutet zwar, aus vergangenen Erfahrungen zu lernen, doch der Richter hilft Ihnen nicht dabei, sich aufgrund alter Fehler oder Erfolge zu entwickeln. Er besteht darauf, dass Sie die Vergangenheit immer wieder erleben, indem er ein festgelegtes Gefühl Ihrer selbst aufrechterhält. Dann wird jede Lehre, die Sie aus vergangenen Erfahrungen ziehen, durch Ihre konditionierte Selbstwahrnehmung begrenzt. Der Richter behauptet, dass Sie Ihre Annahmen oder Überzeugungen nicht in Frage stellen dürfen – Sie dürfen Ihre Konditionierung nicht einmal ins Bewusstsein kommen lassen. Er behauptet, das würde zu schmerzhaft und peinlich sein; es würde andere dazu veranlassen, Sie abzuweisen; es würde Sie ins Unrecht setzen oder unerträglich sein. Und das bedeutet nicht, aus der Erfahrung zu lernen, was funktioniert – es bedeutet, Ihre Erfahrungen zu unterdrücken, um eine begrenzte Sichtweise des Lebens aufrechtzuerhalten.

Warum hält der Richter das für nötig? Und warum unterwerfen Sie sich weiterhin seiner Sichtweise? Weil Ihnen das Vertrauen fehlt, dass die Dinge, die Sie über die Wirklichkeit oder Ihr wahres Wesen herausfinden werden, irgendeinen Wert oder irgendeine Güte besitzen. Sie haben Ihre Seelennatur vergessen und hängen nun dem unausgesprochenen Glauben an, dass alles, was aus Ihrem inneren Erleben aufsteigt, Ihnen Schaden zufügen oder Ihr Leben unmöglich machen würde, solange es nicht vom Richter vermittelt, zensiert, geformt, abgewiesen oder genehmigt wird.

Die Expansion anhalten

Dieses Misstrauen äußert sich besonders krass in den Reaktionen des Richters auf Ihre Erlebnisse von Erweiterung. *Expansion* oder *Erweiterung* bezieht sich hier auf Situationen, wo Sie etwas Neues ausprobieren; wo Ihnen etwas gelingt, was Sie nie zuvor getan haben; wo Sie eine selbstzerstörerische Angewohnheit ablegen, zu Ihrer eigenen Verteidigung das Wort ergreifen, eine Wahrheit über sich erkennen, eine neue Verantwortung auf sich nehmen und so weiter. Diese Expansion entspricht einem veränderten Gefühl dessen, wer Sie sind oder für wen Sie sich selbst gehalten haben – das was Sie sind, wird etwas größer und umfasst etwas mehr als vorher.

Wie geht der Richter mit solchen Augenblicken um? Fast jeder von uns hat schon einmal nach einer Erweiterung irgendeine Form der Kontraktion erlebt: Irgendeine Enttäuschung, irgendeine aufkeimende Angst, irgendeine Scham deswegen, größer zu sein, irgendeinen Rückzug von dieser Erweiterung. In gewissem Sinne ist das Teil eines natürlichen Expansions- und Kontraktions-Zyklus, doch die Kontraktion stimmt selten mit dem normalen Fluss der sich entfaltenden Seele überein.

Weitaus häufiger handelt es sich um eine Reaktion Ihres Richters auf die Expansion; seine Angriffe führen zu einem übertriebenen Rückzug und unterminieren oder zerstören Ihr neu entdecktes Selbstgefühl. Dann dient die Kontraktion als Beweis dafür, dass etwas nicht stimmt. Sie bedeutet keine Ruhepause vor Ihrer Rückkehr zum erweiterten Gefühl, sondern dient als Beweis, dass die Expansion ein Fehler war. „Du hast dich echt zum Narren gemacht – bittest um deine Gehaltserhöhung, wenn gleich danach die Verkaufsquote der Firma um zwanzig Prozent sinkt. ...Das hat dir gefallen, dich in all dem Applaus zu sonnen – aber denk mal drüber nach, was die Leute hinter deinem Rücken reden. ...Es ist dir doch wohl klar, dass du wieder mit dem Rauchen anfangen wirst wie all die anderen Male. ...Da ist dir ja mal was gelungen, aber das ist noch lange kein Grund, es sich zu Kopfe steigen zu lassen." Auf diese Weise schürt der Richter Ihr Misstrauen in Ihre eigene Fähigkeit zu expandieren, zu wachsen und sich zu verändern. Wenn Sie erst erkannt haben, wie das Muster funktioniert, können

Sie es leichter als das erkennen was es ist – ein Versuch, sowohl Ihr Selbstvertrauen als auch Ihr Vertrauen in die Fähigkeit, sich zu entwickeln, zu untergraben. Der Richter leugnet erfolgreich Ihre Seele sowie deren lebendiges, dynamisches Potenzial ab. Sie brauchen nicht zu akzeptieren, was er Ihnen erzählt.

~ Einige Punkte zur Beherzigung ~

- Ihre Existenz in diesem Augenblick ist dem Richter zutiefst suspekt. Er glaubt, dass Sie sich auf alte Überzeugungen, Maßstäbe und Richtlinien stützen müssen, um existieren zu dürfen.
- Immer wenn Sie einen Maßstab erschaffen, vergleichen Sie sich – vielleicht nicht mit anderen, sondern mit einem Ideal – und das bedeutet, dass Selbstverurteilungen am Werk sind.
- In Ihrem Körper drückt sich das was Sie sind am sichtbarsten und greifbarsten aus. Das macht ihn zum einfachsten Ziel für die Angriffe des Richters.
- Ihr Suchtverhalten ist häufig sowohl das Ziel von Selbstangriffen als auch Ihr Versuch, ihnen zu entkommen.
- Ihre Arbeit wird zum Thema von Selbstangriffen, wenn Sie glauben, dass sie unter Ihrer Würde ist; wenn Sie sie nicht mögen, obwohl sie wünschenswert und anerkannt ist; wenn sie Ihnen nicht liegt, Sie zu scheitern fürchten oder wenn Sie Ihnen zu einfach oder zu schön vorkommt, um wahr zu sein.
- Intime Beziehung finden nicht zwischen zwei, sondern vier Partnern statt – jeder der beiden Beteiligten hat es mit einem anderen Menschen und zwei Richtern zu tun.
- Ihre Selbstbeurteilungen sowie die Ihres Partners verweben sich unbewusst und implizit damit, wie Sie sich selbst und den anderen erleben.
- Obwohl sich Ihre Aufmerksamkeit in einer Primärbeziehung darauf richtet, was mit dem anderen oder zwischen Ihnen und dem anderen geschieht, sind Ihre eigenen unbewussten Maßstäbe der entscheidende Faktor dafür, wie Sie die Beziehung erleben.

- Immer wenn ein Beziehungspartner nicht willens oder fähig ist, während des gemeinsamen Austauschs mit seiner oder ihrer Verletzlichkeit in Kontakt zu sein, findet eine Verschiebung zum Urteilen hin statt. Das äußert sich als Selbstangriff, Angriff auf den anderen oder beides.
- Je mehr zwei Menschen bereit sind, im eigenen Inneren und miteinander verletzlich zu sein, desto geringer ist ihr Bedürfnis, sich mit Hilfe ihrer Richter abzusichern.
- Um Ihre innere Arbeit auf bedeutungsvolle Weise zu vollziehen, benötigen Sie die Bereitschaft, Urteile ins Bewusstsein zu bringen, Angriffen direkt die Stirn zu bieten und Ihr Recht auf Verletzlichkeit zu verteidigen.

Übung: Worauf richten sich Ihre Selbstangriffe?

- Nehmen Sie sich Ihre wachsende Liste von Selbstangriffen vor und ordnen Sie sie den verschiedenen Bereichen Ihres Lebens zu, in denen Angriffe häufig vorkommen: Körper, Arbeit, Beziehung und so weiter. Legen Sie für die Angriffe auf ihre Selbstwahrnehmung oder Selbsterforschung eine separate Liste an. Welche Gebiete werden besonders heftig angegriffen? Wie beziehen sich die Angriffe der verschiedenen Kategorien aufeinander? Worin bestehen die Gemeinsamkeiten und die Unterschiede?

Übung: Selbstangriffe beobachten, die sich auf Ihre Expansion richten

- Wenn Sie sich das nächste Mal einer Expansion Ihres Selbstgefühls gewahr werden, achten Sie darauf, was danach passiert. Richten Sie Ihre Aufmerksamkeit auf das, was der Richter Ihnen sagt, sowie auf alle Veränderungen in Ihrem Körpergefühl, Ihrer Energie und Ihrem Verhalten. Wenn es Ihnen hilft, notieren Sie das Ereignis oder das Öffnen, die zu der Expansion geführt haben und erstellen Sie eine Liste der richterlichen Angriffe sowie aller Veränderungen, die sich daraufhin in Ihnen ergeben haben.

Je geringer die Freiheit eines Menschen von seinem Über-Ich, desto mehr werden seine Beziehungen von ihm bestimmt. Das betrifft nicht nur die Partnerwahl, sondern alles, was im Verlauf der Beziehung geschieht. Wenn die Über-Ichs [der beiden Menschen] einander ergänzen, folgt daraus eine stabile Beziehung. Doch die Stabilität währt nur solange, wie keine Entwicklung oder Veränderung stattfindet. ...In der Mehrzahl aller Fälle sind die stabilen Beziehungen diejenigen, in welchen die zwei Über-Ichs ohne allzu viel Reibung miteinander leben können. Anders ausgedrückt: Es sind keine wirklichen Beziehungen, sondern Über-Ich-Beziehungen. Häufig mögen sich die betreffenden Individuen in Wirklichkeit nicht besonders leiden, bleiben aber aufgrund der Dominanz ihrer Über-Ichs zusammen. Das ist der Fall, wenn Beziehungen auf Abhängigkeit und Unsicherheit basieren. In anderen Fällen können die beiden, obwohl sie sich lieben, nicht zusammenbleiben, weil ihre Über-Ichs sich nicht vertragen. Das erklärt die Schwierigkeiten, die bei Paaren auftreten, deren beide Elternpaare sich nicht verstehen: ihre beiden Über-Ichs können deshalb nicht miteinander klar kommen. So verbringen zwei Menschen ein ganzes Leben als Paar und kommen einander doch nie richtig nahe, weil in Wirklichkeit die beiden Über-Ichs miteinander in Beziehung stehen.

A. H. Almaas, *The Work on the Superego*, S. 9

Frank blickte auf das Essen, das er gleich zu sich nehmen würde, auf die Zeitung, die mit ihren fetten Überschriften seine Aufmerksamkeit erregte und das Radio, das seine Ohren mit Informationen versorgte, die von intelligenten Stimmen vorgetragen wurden. Plötzlich fiel ihm auf, dass er sich gerade von allen Seiten vollstopfte. Gleichzeitig wurde ihm bewusst, wie sehr er das Gefühl von Sicherheit brauchte, das ihm diese gleichzeitige „Fütterung" all seiner Systeme vermittelte – als würde irgendeine Unterstützung verschwinden, wenn eines fehlen würde. Versuchte er gerade, seinen eigenen Richter dadurch auszuschalten, dass er sich selber mit Informationen überschüttete? Oder tat er gerade genau das, was er wollte und kümmerte sich darum, sich sicher zu fühlen? Er wusste es nicht, doch sein Hunger erschien ihm wichtiger als der Versuch, das herauszufinden – also nahm er einen großen Löffel voll Müsli und spülte mit Saft nach.

Wirst du es nie lernen, nicht gleich zu trinken, sobald du einen Bissen im Mund hast? Du hast es zu eilig, alles in dich hineinzuschlingen! Ein kleines bisschen Ruhe und Stille ist dir schon zu viel, oder?

Hey, hör auf mir zu sagen, was ich zu tun habe! Es stört doch keinen, wenn ich huste. Wenn es mir Spaß macht, zur gleichen Zeit zu essen, zu trinken, zu lesen, zu tanzen und zu singen, dann tue ich das. Ich habe damit überhaupt kein Problem, also brauchst auch du keines zu haben.

Diese Argumente waren ihm so vertraut. Es kam ihm vor, als ob sich nie etwas Neues daraus entwickeln würde, und er fühlte sich in der Defensive gefangen. Frank nahm noch einen Bissen und saß dann einfach da, kaute langsam vor sich hin und schmeckte gar nichts. Auch dem Radio lauschte er, ohne irgendein Wort zu verstehen, und aus der Zeitung, die er anstarrte, nahm er kein einziges Wort auf. Er wurde sich eines inneren Hungers gewahr, den er nur selten verspürte und der viel tiefer reichte als sein Hunger nach Essen. Ihm wurde klar, dass er diesen Hunger spürte, weil er sich nicht mehr mit einem Informationsüberfluss ablenkte. War er die ganze Zeit da gewesen?

Frank, jetzt betrittst du gefährliches Gebiet! Dir ist nicht klar, was da alles hochkommen kann oder was das alles bedeutet, aber glaub mir – es wird schlimm sein. Nun schüttele es ab und iss dein Frühstück.

Frank ignorierte die Stimme, und das nagende Gefühl trat in den Vordergrund und forderte seine Aufmerksamkeit. Sich seiner gewahr zu sein machte ihn nervös, doch es kam so tief aus seinem Inneren, dass er es nur anzuerkennen brauchte, damit etwas in ihm entspannte. Ob das bedeutete, dass sein Hunger immer dann zum Vorschein kommen würde, wenn er weniger als drei Sachen gleichzeitig tat? Oder war es eine Reaktion auf seinen Richter? Er wusste es nicht. Im Moment fühlte sich sein Hunger realer und interessanter an als sein übliches Denken. Er war eindeutig unangenehm, und das gefiel ihm nicht, doch er verspürte auch nicht das Bedürfnis, den Hunger wegzuschieben. Für diesen Moment war das so in Ordnung.

7
Annehmen

Wenn Sie beginnen, ein größeres Gewahrsein Ihres inneren Prozesses zu entwickeln, werden Sie erkennen, dass Sie Ihre Erfahrungen unablässig auswerten, abschätzen, kommentieren und auf sie reagieren. Das ist eine zentrale Vorgehensweise, sich Ihre Gefühle, Gedanken und Verhaltensweisen zu eigen zu machen. Der Richter erklärt sie für okay oder lehnt sie ab. Er verhilft Ihnen so zu einer Richtlinie und Perspektive, während er gleichzeitig Ihre Überzeugung verstärkt, dass alles, was Sie im gegenwärtigen Augenblick erleben, ständig ausgewertet werden muss.

Alle Aktivitäten des Richters werden von einer Haltung der Selbstablehnung getragen, und wenn Sie diese infrage stellen, lassen Sie die Möglichkeit – und damit die Sehnsucht – zu, auf andere Weise mit Ihren Erfahrungen präsent zu sein. Was wäre, wenn Ihr Richter nicht auf alles, was Sie tun oder fühlen, reagieren würde? Wenn Sie nicht entscheiden würden, ob eine Erfahrung gut oder schlecht war? Was, wenn Sie Ihr Erleben einfach so lassen könnten wie es ist, ohne ein Bedürfnis, es zu verändern? Für den Richter ist das unvorstellbar – doch es gibt einen Aspekt Ihres wahren Wesens, der eine solche Möglichkeit unterstützt. Das ist die Eigenschaft des annehmenden Geschehenlassens.

Annahme und Ablehnung

Annahme oder Akzeptanz wird gewöhnlich als das Gegenteil von Ablehnung verstanden. Wenn eine Universität Ihre Bewerbung annimmt anstatt sie abzulehnen, dann hat sie Ihre Qualifikationen anerkannt und heißt Sie als jemanden willkommen, den sie zu unterrichten bereit ist. Ablehnung bedeutet also, jemanden oder etwas wegzuschieben, zu verleugnen oder zu negieren. Und Akzeptanz oder Annahme bedeutet im normalen Sprachgebrauch, sich zu jemandem hinzubewegen, ihn anzuerkennen und zu bestätigen. Sind Sie annehmbar, dann haben Sie die Prüfung bestanden und sind in Ordnung.

Das Problem ist: Wenn wir Annahme auf diese Weise definieren, bewegen wir uns immer noch in der Welt von Urteilen, Einschätzungen und Bewertungen. Annahme hat eine positive und Ablehnung eine negative Bedeutung. Einer Ablehnung muss zunächst eine Annahme vorausgehen, und selbst wenn Sie annehmbar sind, kann es später passieren, dass Sie unannehmbar befunden werden. Annahme ist, wenn sie auf diese Weise definiert wird, immer von irgendeinem Umstand abhängig. So wie wir das Wort normalerweise gebrauchen, kommt die Bedeutung von Akzeptanz oder Annahme eher dem nahe, was sie bedeutet, wenn sie als das Gegenteil von Ablehnung verstanden wird. Wahres Annehmen ist etwas anderes.

Wahres Annehmen bedeutet, die Welt der Einschätzungen ganz zu verlassen. Dann erleben wir, dass wir weder ablehnen noch anerkennen. Im Ablehnen oder Anerkennen entfernen wir uns von unserer Erfahrung oder bewegen uns auf sie zu – Annehmen ist dagegen gar keine Handlung. Sie ist eine Nicht-Handlung, ein Seinszustand ohne dazugehörige Einstellung, in dem wir jede Erfahrung einfach auf ihre Weise geschehen lassen.

Annahme bedeutet nicht, das eigene Erleben anzuerkennen, es für okay zu halten, zu mögen oder glücklich darüber zu sein. Wenn wir etwas annehmen, beinhaltet das keinerlei Wertung oder Interpretation. Es bedeutet einfach, dass wir unsere Erfahrung so wie sie ist zulassen können – ohne jegliche Mühe, das was vorhanden ist, zu verteidigen, abzuleugnen, zu schützen oder zu fördern. Annahme bedeutet, dass Sie beiseite treten und keine Position mehr beziehen. Sie erkennen nichts an und lehnen nichts ab; Sie schieben Ihre Erfahrung nicht weg noch versuchen Sie, an ihr festzuhalten. Wenn Sie etwas mögen, dann wird das akzeptiert, und wenn Sie etwas nicht mögen, wird das ebenso akzeptiert. Was immer der Fall sein mag – Ihre Seele ist einfach mit der Erfahrung gegenwärtig.

Der Zustand von Annahme

Wenn Ihre Seele Annahme verspürt, entspannt sie sich spontan. Sobald die innere Erfahrung, sich selbst abzulehnen, von einem abfällt, wird der gesamte Körper von einem Gefühl der Befreiung und Losgelöstheit erfüllt. Jede Zelle öffnet sich diesem Raum, der ihr erlaubt, einfach nur sie selber zu sein, und atmet im Einklang mit ihm. Ihre Seele fühlt sich wie in einer zarten, erfrischenden Flüssigkeit gebadet, und das nährt Sie und gibt Ihnen ein Gefühl tiefster Entspannung. Sie fühlen sich von der uralten Bürde, immer kämpfen zu müssen, befreit. Dafür entsteht ein unanzweifelbares Gefühl von Zugehörigkeit. Hier und in diesem Augenblick gehören Sie als Teil von allem was existiert genau dahin, wo Sie sich gerade befinden. Und damit geht das Gefühl einher, alles was da ist anzunehmen und ohne Vorlieben oder Bedingungen einzuladen.

Sie erleben die Annahme zunächst in Bezug auf die Kontrolle über Ihre Erfahrungen. Annahme lässt alles zu, was Sie vorher abgewehrt oder dem Sie widerstanden haben. Sie spüren, dass sowohl Ihr Festhalten als auch Ihre Reaktionshaltung sich lösen. Wenn Ihr Zustand der Annahme sich vertieft, schließt er über die bloße Entspannung hinaus alle Aspekte des Erlebens ein, also auch Anspannung und Kontraktion. Die Annahme ist eine fundamentale Nicht-Gebundenheit an jegliche körperliche, emotionale oder energetische Befindlichkeit. Die vielfältigen Wechselwirkungen des inneren Erlebens wie Abwehr, Zweifel, Neugier, Trauer, Angst, Freude, Befriedigung, Ängstlichkeit und Sorge werden allesamt als natürliche Erscheinungen in der Seele erfahren. Jede hat ihren Platz und kann verstanden und gewürdigt werden. Keine ist besser oder schlechter als die andere.

Wenn Sie für alles was auftaucht dieses wahre Annehmen empfinden, beginnt ein natürlicher Fluss von Transformation in der Seele erkennbar zu werden. Sie bemerken, dass alle Erscheinungen des inneren Lebens kommen und gehen. Wenn auf das was auftaucht keine Reaktion erfolgt, wird es sich in seinem natürlichen Zyklus entfalten und wieder verschwinden, sobald etwas Neues an seine Stelle tritt. Diesem Fluss des Seins ist eine ursprüngliche Intelligenz zu Eigen, die immer genau so reagiert, wie es dem gesamten Leben der Seele dienlich ist. Dieser spontane, nicht-defensive Ablauf des inneren Lebens ist das Geschenk, welches das Annehmen Ihrer Seele zur Verfügung stellt. Manche nennen das den Zustand der Gnade.

Kontrolle und der Ablauf des Seins

Es gibt eine Grundüberzeugung, die es Ihnen verwehrt, in einen annehmenden Zustand zu gelangen: Sie glauben, Ihre Erfahrungen kontrollieren zu müssen. Diese Überzeugung wird durch die Erkenntnis verstärkt, dass vieles, was Ihnen geschieht, nicht Ihrer Kontrolle unterworfen ist. So viele Dinge könnten schief laufen oder ohne Vorwarnung eintreten – ganz abgesehen von Ihrem Bedürfnis, alles müsse nach Ihren Vorstellungen gehen, damit sich Ihr Leben sicher, bequem und ordentlich anfühlt. Sie nehmen jede Möglichkeit wahr, um Ihre Welt irgendwie in der Kontrolle zu halten. Und besonders eins haben Sie im Verlauf der Zeit herausgefunden – zumindest Ihr inneres Erleben können Sie jederzeit kontrollieren.

Wenn etwas passiert, das Ihnen nicht gefällt und das Sie nicht zu ändern vermögen, dann können Sie so tun, als mache es Ihnen nichts aus. Sie können sich zurückziehen und es egal finden oder sich entscheiden, dass es Ihnen eigentlich doch gefällt. Wenn Sie etwas, was Sie sich wünschen, nicht haben können, dann können Sie Ihren Wunsch auf etwas anderes verlegen. Sie können der Welt grollen, dass sie Ihnen einen Wunsch verweigert hat, oder sich entschließen, nie wieder etwas zu wollen. Es ist paradox: Genau dieses ständige Bemühen, Ihr inneres Erleben zu manipulieren, ist die größte Barriere für ein problemlos ablaufendes Leben. Wie konnte das passieren?

In Ihrer frühen Kindheit, als Sie noch kein bewusstes Gewahrsein und keine Selbstkontrolle besaßen, konnten Ihre Wechselbeziehungen mit dem Leben spontan und natürlich fließen. Dieses Fließen war mit der antwortenden Präsenz Ihrer Mutter verwoben. In dieser Gemeinsamkeit drückte sich das einfache So-Sein der wahren Natur sowie die natürliche Weise aus, wie eine individuelle Seele der Wirklichkeit angehört. Wenn Hunger Sie plagte, fühlte Ihre Mutter es und fütterte Sie. War sie nicht da, reagierte

Ihr Körper mit Unruhe, um eine Antwort zu erhalten. War das nicht genug, schrien Sie laut, und die Mutter erschien. Dann beruhigten Sie sich, wurden gefüttert und schliefen später ein. Herrschte das richtige Einverständnis zwischen Ihnen und Ihrer Mutter, führte das zu einem natürlichen Energiefluss mit seinen Höhen und Tiefen, seiner Spannung und Entspannung, Expansion und Kontraktion, Aktivität und Ruhe, Erregung und Gelassenheit.

Als körperlicher, energetischer Organismus besaßen Sie zu jener Zeit eine gewisse Fähigkeit, Frustration zu ertragen. Diese Spannung konnte einen bestimmten Punkt erreichen, bevor eine Entladung stattfinden musste – in Form irgendeiner Befriedigung wie gehalten oder gefüttert zu werden, aufzustoßen, zu weinen, sich zu übergeben oder in die Windel zu machen. Wenn alles gut verlief, bildeten Ihr Körper und das Umfeld eine Funktionseinheit, welche die jeweilige Entladung ermöglichte. Mit zunehmendem Alter erweiterte sich Ihre Fähigkeit, unangenehme Zustände zu ertragen, und die Befriedigung konnte hinausgeschoben werden – ein Ausdruck wachsender organismischer Kraft und Festigkeit (in psychol. Fachterminologie: Ichstärke).

Krisenintervention

Waren die Mutter und das Umfeld jedoch – was häufig der Fall ist – nicht auf Ihre Bedürfnisse eingestimmt, dann bauten sich Frustrationen auf, ohne sich entladen zu können, und diese Ladung überforderte Ihr noch unentwickeltes System. Überschritt die Dauer der Überforderungen infolge von Hunger, Kälte, Koliken, Isolation und so weiter das Maß des für Sie Erträglichen, dann war Ihr Überleben selbst in Gefahr. Dann bestand die Antwort Ihrer Seele darin, Ihre Empfindsamkeit für die Frustration oder die Spannung zu dämpfen. Worin das unerträgliche Gefühl auch bestand – Sie machten sich ihm gegenüber unempfindlich, um weiterleben zu können. Das war Ihre Art der Krisenintervention in einer unerträglichen Situation.

Jedem von uns ist diese Art des Sich-Verschließens in mehr oder weniger großem Ausmaß widerfahren. Der natürliche Kreislauf von Spannung und Entladung wurde umgangen, indem der Prozess abgebrochen wurde.

So konnte keine echte Entladung stattfinden, sondern die Spannung wurde im körperlichen, energetischen und psychischen System eingefroren. Die Spannungs-/Entspannungskreisläufe wurden nun von Bereichen erstarrter Energie eingeengt und mussten sich auf ein kleineres Gebiet begrenzen, und seitdem wird Ihre Selbstdefinition von dieser frühen Kontraktion gegen Ihr eigenes Erleben bestimmt. Die mangelnde Unterstützung durch Ihr Umfeld und die unaufgelösten Frustrationen haben Sie dermaßen überwältigt, dass Sie gelernt haben, dem Fluss von Spannung und Entspannung nicht mehr zu vertrauen. Tief in Ihrem Innersten glaubten Sie, dass Ihr Überleben davon abhing, Ihre unmittelbare Erfahrung abzulehnen.

Jetzt, als Erwachsener, lehnen Sie Ihre Erfahrungen weiterhin dadurch ab, indem Sie sie verurteilen und manipulieren. Sie glauben, sich selbst immer noch kontrollieren zu müssen. Sie glauben, dass Ihr Wesen fehlerhaft, schadhaft und nicht mit der natürlichen Welt verbunden ist – als wären Sie eine schlecht konstruierte Maschine, die Nachhilfe und Überredungskünste braucht, um richtig zu funktionieren. Sie sind der Überzeugung, dass Ihr wahres Wesen nicht fließt und es in Ihnen keine natürlichen Prozesse gibt, die alle Veränderungen Ihrer inneren Realität erfolgreich halten und harmonisch abwickeln können. Um die Notwendigkeit einer inneren Reaktionshaltung weiterhin zu rechtfertigen, erinnert Ihr Richter Sie unablässig daran, wie unkontrolliert und bedrohlich die Umwelt ist. Immer wenn Sie in Ihrer Kontrolle nachlassen, liefern Sie sich tendenziell an Ihr kindliches Angstgefühl aus, überwältigt zu werden. Das bringt sofort den Richter auf den Plan und motiviert ihn, seine liebste Anweisung auszusprechen: „Es muss etwas getan werden!" Sie fühlen sich gezwungen, die Inititative zu ergreifen, zu entscheiden, was getan werden muss oder sich zumindest innerlich schlecht zu fühlen. Wenn alles andere versagt, können Sie ja immer noch etwas essen und sich wieder betäuben.

Annehmen bedeutet, zum natürlichen und spontanen Fluss Ihres eigenen Seins zurückzukehren. Der Richter betrachtet das als direkte Bedrohung seiner Kontrolle. „Wenn du zu deiner Erfahrung keine Meinung hast, brauchst du sie erst gar nicht zu haben. Wie kannst du wissen, was sie für dich bedeutet, wenn du sie nicht einmal auswertest? Wie kannst du einen Bezug zu deiner Erfahrung haben, wenn du dich nicht entscheiden kannst, ob du sie ablehnen sollst oder nicht? Wenn du nicht weißt, was gut oder schlecht ist, was sich zu verfolgen lohnt oder was vermieden werden muss, dann kannst du dich auch nicht verbessern."

Sie haben sich daran gewöhnt, sich im Kontakt mit Ihren Erfahrungen auf historische Einschätzungen zu stützen, die Ihnen sagen, was wichtig, bedeutungsvoll, gut und hilfreich ist. Diese Herangehensweise scheint so nötig, dass man sich ein Leben ohne sie nur schwer vorstellen kann. Es würde diese vertraute Ausrichtung empfindlich stören, Ihre Erfahrungen ohne Urteil oder Auswertung anzunehmen. Der Richter fürchtet, dass Sie dann an äußere Mächte ausgeliefert wären – ein passiver Empfänger oder Beobachter ohne Vorlieben und ohne die Möglichkeit der Wahl, Unterscheidungsfähigkeit oder Kontrolle. Eine derartige Offenheit wird er energisch unterbinden: „Du kannst der Realität nicht einfach direkt vertrauen – besonders wenn du weißt, dass die Dinge schmerzhaft oder erschreckend sind und dir Probleme bereiten können. Das ist nicht einfach nur naiv. Das ist dumm!"

Annahme und der Fluss der Wirklichkeit

Erst wenn Sie das Ausmaß Ihres eigenen Misstrauens und Ihrer Selbstablehnung erkennen, kann das Annehmen beginnen. Sie müssen einsehen, dass der Richter Ihre Selbstzweifel ständig fördert. Schließlich müssen Sie aufdecken, dass und auf welche Weise Ihre gegenwärtigen Erfahrungen gänzlich von den Ereignissen Ihrer ersten Lebensmonate beeinflusst werden. Dann erkennen Sie, dass Sie kein Kind mehr sind und weder Ihre Mutter noch jene physische Umgebung weiterhin für Ihre Selbstregulierung brauchen. Sie sind eine Seele, deren wahres Wesen es unterstützt, ohne Manipulation und Beurteilung lebendig zu sein.

Haben Sie das eingesehen, wird Annahme zu einer gangbaren Alternative zum Anerkennen oder Ablehnen Ihrer Erfahrung. Sie lassen das Bedürfnis los, die Dinge beeinflussen oder ändern zu wollen, und dieser Seinszustand tritt hervor und öffnet die Seele. Ihre Befindlichkeit anzunehmen bedeutet, Ihr Erleben so zu lassen wie es ist, ohne es zu kommentieren, darauf zu reagieren oder Schlüsse daraus zu ziehen. Dann können intensive Gefühle oder auch die Erfahrung aufkommen, wieder ein Kind zu sein, das sich von ihnen überwältigt fühlt – doch Sie halten das, was geschieht, weder an, noch beurteilen oder glauben Sie es. Die Gefühle werden einfach als ein Ausdruck der Entfaltung Ihrer Seele im gegenwärtigen Moment gesehen. Sie öffnen sich der Bewegung Ihres Lebens und geben sich an sie hin.

Als kleines Kind haben Sie diese Gefühle ursprünglich zurückgewiesen, weil sie zu überwältigend waren. Dieses Abwehren der Gefühle hat dazu geführt, dass Sie aus Furcht, in ihnen zu versinken, immer noch in einer kindlichen Beziehung zu ihnen stehen. Doch ein Leben der Abwehr hat aus der Angst vor einer Überwältigung *die* überwältigendste Angst gemacht. Denken Sie daran, dass Ihr Nervensystem nicht mehr das eines Kindes ist, – dass also die Gefühle jetzt viel erträglicher sind als sie es in Ihrer Kindheit waren. Wenn Sie es zulassen, sie direkt zu fühlen, werden Sie entdecken, dass die Angst vor den Gefühlen viel schlimmer ist als die Gefühle selber.

Im Annehmen öffnet sich Ihr Herz und heißt Sie willkommen, so wie Sie sind. Annahme ergänzt durch ihre Qualitäten der Intimität und des Fließens die Frische und Unmittelbarkeit des Gewahrseins – durch ein Gefühl von Erlösung und die Empfindung, von allen fixierten Mustern, Anspannungen und Widerständen gegen das, was Sie in diesem Moment sind, reingewaschen zu werden. Sie durchtränkt Sie mit einer kühlen, sanften Frische und besänftigt die altvertraute Aufregung, die von Ihren inneren Aktivitäten ausgeht.

Aus dem Leben gegriffen

Am Ende eines hektischen Bürotages kommt Georgia nach Hause, und sogleich fühlt sie sich von ihrem Partner genervt. Es ärgert sie, dass er telefoniert, als sie hereinkommt; sie sieht, dass die Blumen im Esszimmer vor sich hin welken, ohne dass er es bemerkt hat, im Schlafzimmer stolpert sie über seine herumliegenden Sachen, und das Bett ist natürlich auch noch nicht gemacht. Sie kann sich nicht entscheiden – soll sie sich jetzt bei ihm beschweren oder ihm lieber die kalte Schulter zeigen, um ihm eine Lehre zu erteilen? Ihr fällt auf, dass sie beides verurteilt: Sich zu beschweren erscheint ihr als Zeichen der Schwäche – sie würde die Opferrolle spielen und ihn damit manipulieren; ihn abblitzen zu lassen wäre dagegen unfair und außerdem unbefriedigend, weil er nicht einmal wüsste, was er falsch gemacht hat.

Als Georgia darüber nachdenkt, wird ihr bewusst, wie angespannt und frustriert sie ist. In Wirklichkeit will sie nichts lieber als in seine Arme fallen und sich von ihm halten lassen. Im selben Moment spürt sie die Reaktion ihres Richters: „Was stellst du dir vor! Wie erniedrigend, ihm deine Bedürftigkeit und Hilflosigkeit zu zeigen. Er wird dich ekelhaft finden."

Eine derartige Übermacht von Stimmen und Gefühlen würde sie normalerweise verwirren, aufregen und überwältigen. Sie würde erstarren und sich verschließen, sodass sie nicht mehr fähig wäre, irgendetwas zu tun. Dieses Mal geht Georgia jedoch ins Schlafzimmer, rückt Bettlaken und Decken zurecht und nimmt sich einen Augenblick Zeit, sich hinzulegen, ihre Augen zu schließen und jede Facette ihres inneren Prozesses einfach zu erlauben. Sie nimmt jedes Gefühl, jedes Urteil und jeden Gedanken an, ohne sich darauf einzulassen oder zu versuchen, sie zu beenden. Während sich ihr innerer Zustand entwirrt, spürt sie ihre Atmung. Das hilft ihr, gegenwärtig zu bleiben und nicht blind zu reagieren.

Allmählich beruhigt sich ihr Körper, und ihr Verstand verlangsamt sein wildes Galoppieren. Nun kann sie mit dem, was sie wirklich fühlt, Kontakt aufnehmen, ohne zu sehr von Reaktionshaltungen und Urteilen behindert zu werden. Sie fühlt Traurigkeit und Sehnsucht, Kindheitsgefühle und damit den Wunsch nach der tröstenden Nähe ihrer Mutter in sich aufsteigen. Ihr Gefühl von Bedürftigkeit nimmt an Intensität zu und droht sie zu überwältigen. Georgia achtet auf ihre Körperempfindungen, und ohne zu reagieren lässt sie die Gefühle und Bilder erscheinen und sich von ihnen füllen. Bildfetzen erscheinen und verschwinden wieder: Sie liegt in ihrem Körbchen, isoliert, klein, allein in einem leeren Raum. Tränen füllen ihre Augen und fließen ihr über das Gesicht. Nach einer Weile lässt die Intensität nach. Sie bleibt ruhig liegen und die Identifikation mit ihrer Kindheit löst sich auf.

Georgias Körper fühlt sich offen und leicht an, als sei sie von allen inneren Kontraktionen befreit worden. Ihr Atem fließt tief und befriedigend und sie kann sich nicht erinnern, wann sie sich das letzte Mal so entspannt gefühlt hat. Sie ist sich einer sanften Leichtigkeit gewahr, einer intuitiven Anerkennung ihrer selbst und ihres derzeitigen Lebensweges. Als ihr Partner sein Telefongespräch beendet, steht sie auf – sie fühlt sich geerdet, erfrischt und bereit, ihm zu begegnen.

Dies ist ein Beispiel für die Unterstützung, die Ihr wahres Wesen Ihnen durch die Qualität des Annehmens schenken kann. Sie müssen Ihre Erfahrung nicht mögen – Sie leisten ihr einfach keinen Widerstand. Ihrem eigenen Erleben zu widerstehen entspräche einem Misstrauen in den Fluss Ihres wahren Wesens. Sie erlebten den größeren Fluss der Wirklichkeit nicht und glaubten deshalb, die Dinge kontrollieren zu müssen, damit überhaupt eine Bewegung stattfindet. Indem Sie keinen Widerstand leisten, bleiben Sie an keiner bestimmten Empfindung oder Besorgnis hängen, sodass Ihr Erleben fließen und sich leichter und natürlicher bewegen kann.

Denken Sie daran: Annehmen ist nichts, was Sie tun. Es stellt keine Handlung dar, die Sie durchführen. Wenn Sie versuchen, Ihre Ablehnung, Ihre Gefühle und das Urteilen zu beenden, spüren Sie das als eine innere Kontraktion. Schon wieder versuchen Sie, anders zu sein und lehnen damit alles, was und wo Sie jetzt sind, weiterhin ab. Genauso werden Sie den Richter nicht los, indem Sie ihn verurteilen. Das würde einzig der Aufrechterhaltung des Systems dienen.

Alles was Sie tun können ist, die Abwehr, die Kontrolle oder die Verurteilungen zu erkennen und zu spüren, wie sie funktionieren und Sie von Ihrem Erleben abschneiden. Das Annehmen, welches dann folgt, entspricht einem Sich-öffnen für die Wahrheit dessen, was da ist. „Was da ist" bedeutet auch, sich selbst als Teil eines größeren Seinsflusses zu erkennen. Sie sind nicht isoliert. Annehmen bedeutet also, sich dieser größeren Wirklichkeit zu öffnen und zu erfahren, dass deren Bewegung Sie mit einschließt. Der Fluss der wahren Natur kontrolliert Sie, ob Sie es wissen oder nicht.

Annehmen bedeutet, zuzulassen, dass Sie sich in Ihr eigenes Wesen hinein entspannen, wodurch ein natürlicher Entfaltungsprozess entstehen kann. Das schließt das Handeln keineswegs aus – es lässt einfach zu, dass die Wirklichkeit klarer zu erkennen ist, weil keine Urteile oder Vorlieben sie verschleiern. Durch das Annehmen werden Verhaltensweisen aufgedeckt, die zum Urteilen führen und Sie vom größeren Fluss der Wirklichkeit abgeschnitten halten. Dann kann sich wahres, aus dem Sein fließendes und von der Wirklichkeit unterstütztes Handeln durch Sie äußern.

Bevor Sie Ihr Erleben ganz und gar annehmen, muss Ihre Seele eine tiefe Bewusstseinsverschiebung durchmachen. Diese Verwandlung wird dadurch gefördert, dass Ihnen die verschiedenen Elemente des wahren Wesens vertrauter werden. Indem Sie die Wahrheit Ihres Erlebens bewusst erkennen und für sie einstehen, beginnt die innere Erstarrung der Selbstablehnung allmählich zu schmelzen. Und es sind diese Augenblicke des Loslassens, die es dem Fluss des Annehmens ermöglichen, als natürlicher Balsam die schmerzhafte Härte in Ihrer Seele zu mildern.

Praxisanleitung: Ihre Reaktionshaltung beobachten

Wählen Sie eine einfache Aktivität, die Sie täglich verrichten, wie das Zähneputzen, Ankleiden, Aufräumen, Mittagessen oder Spazierengehen. Es sollte eine körperliche Aktivität von nicht allzu langer Dauer sein. Üben Sie diese Handlung eine Woche lang auf einfache, achtsame und aufmerksame Weise aus. Das heißt, Sie nehmen sich genug Zeit, sind sich Ihrer selbst gewahr, vollenden die Aufgabe ohne sich zu beeilen und achten mit Offenheit darauf, welchen Widerstand Sie dieser Handlung entgegenbringen. Achten Sie auf die Tendenz, die Aktivität zu übergehen, sie halbherzig auszuführen, eilig abzuhaken oder sich gleichzeitig mit etwas anderem zu beschäftigen.

Können Sie lernen, sich selbst und dem Fluss des Universums genügend zu vertrauen, um bei der Ausführung dieser alltäglichen Handlung zu entspannen und offen zu sein? Was hindert Sie daran, sicher zu sein, dass für alles, was getan werden muss, genügend Zeit zur Verfügung steht? Bei welchen Aspekten Ihrer Aktivität fällt es Ihnen besonders schwer, sich nicht in Kommentare, Reaktionen oder Urteile verwickeln zu lassen? Können Sie Ihre innere Reaktionshaltung einfach beobachten, wenn sie da ist? Wenn Ihnen all das gelungen ist, können Sie diese Übung auf weitere Aktivitäten ausdehnen.

Sue lag für eine Weile wach im Bett, bevor sie die Augen öffnete. Es war angenehm, einfach nur im Bett zu liegen. Am liebsten würde sie den ganzen Tag hier verbringen. Ihr Leben kam ihr zur Zeit so anstrengend vor, dass sie keine Lust hatte, darüber nachzudenken. Sie konnte hören, dass Frank in der Küche war, wo das Radio lief.

Immer wenn er in der Küche ist, stellt er die Nachrichten an. Er ist süchtig darauf. Und was hat er nun davon, wenn er über alles, was in der Welt passiert, besser Bescheid weiß als ich? Ich habe einfach kein Interesse an jedem einzelnen Vorstoß der Bosnier, oder daran, welche Unterstützungsmaßnahmen die Republikaner dieses Mal gestrichen haben. Kann er nicht mal Musik einstellen?
A propos Musik – die CD, die ich gestern gekauft habe, ist völlig unmöglich.
Tja, das kommt davon, wenn man auf die Empfehlungen seiner Klienten hört. Die solltest du umtauschen – gleich nachdem du die Videokassette zurückgebracht und deine Übungen gemacht hast. Du hast doch vor, deine Übungen zu machen, oder?

Sue wusste nicht, was sie tun wollte. Schon fühlte sie sich müde. Sie öffnete die Augen und schaute an die Decke. Sofort fiel ihr Blick auf die Spinnweben und den vertrauten Riss im Putz.

Wie heruntergekommen dieses Haus ist. Ich weiß ja – wir hätten die Vermieterin vor dem Einzug bitten sol-

len, diesen Raum zu streichen.
Pass auf, du bist schon wieder dabei, depressiv zu werden.
Ich bin schon depressiv. Was wird Frank sagen, wenn ich ihm erzähle, dass ich im Bett bleiben will? Ich glaube, er hasst mich.
Natürlich hasst er dich. Das würde er aber nie zugeben. Dafür ist er zu nett.

Sie setzte sich im Bett auf und rief: „Frank, kommst du bitte mal?“ Kurz darauf wurde die Tür geöffnet. Frank stand mit ruhigem Blick vor ihr und schaute sie auf merkwürdig intensive Weise an. Sein Blick kam unerwartet, doch sie verstand ihn nicht und ignorierte ihn deshalb.

Kannst du nicht einmal essen, ohne dich dabei mit Nachrichten vollzustopfen? Du weißt genau, das führt zu Verdauungsbeschwerden und diesen ständigen Blähungen. Ich habe Kopfschmerzen und fühle mich heute morgen beschissen. Schatz, sei doch so lieb und mach mir einen Kaffee. Ich will noch ein bisschen im Bett bleiben und lesen.

Frank ging zum Bett hinüber, setzte sich auf Sues Schoß und umarmte sie mit einem breiten Lächeln. „Du hast Schatz zu mir gesagt. Das ist das Beste, was ich den ganzen Tag gehört habe“, und er gab ihr einen dicken Kuss. „Seit dem Aufstehen höre ich nichts anderes als den Richter, der mir das Leben zur Hölle macht!“

8

Die Verwicklung mit dem Richter

Sie haben gesehen, dass Ihre Fähigkeit, ein Urteil als einen Angriff zu erkennen sowie angemessen und effektiv mit ihm umzugehen, normalerweise blockiert ist. Das hat folgenden Grund: Zwar erkennt ein Teil von Ihnen, dass der Angriff gefährlich ist und tritt in Aktion, um die emotionalen oder körperlichen Auswirkungen der auf Sie gerichteten Energie abzuwehren oder abzuschwächen. Doch ein anderer Teil glaubt an die Autorität des Richters. Wenn Sie genau hinschauen, werden Sie erkennen, dass diesem Teil das Urteil vielleicht nicht behagt – doch er glaubt, die Unterstützung der Autorität zu benötigen und fürchtet sich davor, die Verbindung zum Richter aufzugeben. Er ist eher daran interessiert, den Richter dazu zu bewegen, sein Urteil zu verändern oder es sogar zurückzunehmen.

Das bedeutet, dass Ihre Reaktionen auf Urteile keine echten Verteidigungsmaßnahmen sind, sondern Verwicklungen. Diese Art von Reaktion nenne ich eine Verwicklung, weil sie den Richter toleriert, seine Bedingungen annimmt (er stellt die Autorität dar und kann Urteile fällen) und versucht, sein Urteil einzuschränken, abzuwehren oder zu diskutieren. Doch Sie werden die Beziehung nie endgültig beenden.

Alle Verwicklungen umgehen die eigentlichen Auswirkungen der Angriffe auf Sie. Das hält Sie in einer behindernden Beziehung mit dem Richter fest. Indem Sie sich verwickeln, akzeptieren Sie diese Beziehung – fördern sie sogar – und gliedern sich damit in die Welt des Richters ein. Jedes Urteil weckt ein negatives Selbstbild, was zur inneren Selbstablehnung führt, und sobald Sie sich an dem Urteil beteiligen, werden Sie in diesen Prozess der Selbstablehnung verwickelt und akzeptieren das negative Selbstbild. Eine Verwicklung ist eine aktive, durch ein Urteil provozierte Form der Selbstablehnung. Ihre Aufmerksamkeit gilt dann zwar nicht mehr der Tatsache, dass Sie sich selbst ablehnen, sondern der Auseinandersetzung mit dem Urteil – doch indem Sie sich auf eine Beziehung mit dem Richter einlassen, ist die Selbstablehnung implizit vorhanden. Sich wirklich gegen einen Angriff zu verteidigen – die Verwicklung also aufzulösen – würde bedeuten, das Urteil als eine unannehmbare Invasion oder Grenzüberschreitung anzusehen und alles Nötige zu unternehmen, um sie zu beenden. Schlicht und einfach. Es würde bedeuten, überhaupt nicht mit dem Richter verwickelt zu sein.

Verschiedene Arten, sich zu verwickeln

Doch lassen Sie uns an dem Punkt beginnen, wo Sie jetzt sind. Sie verwickeln sich ständig und meist unbewusst in Urteile oder Angriffe. Es gibt drei grundlegende Arten, sich in einen Angriff zu verwickeln: Sie können einen Gegenangriff starten, rationalisieren, oder den Angriff schlucken und kollabieren. Alle drei nehmen das Urteil an, drücken das aber auf verschiedene Weise aus. Wenn Ihnen dieser Prozess vertrauter wird, werden Sie sehen, dass Sie – in Übereinstimmung mit dem Überlebensstil, den Sie gelernt haben – dazu neigen, einen der drei zu bevorzugen

Der Gegenangriff ist eine Verteidigungsform, mit der Sie versuchen, *zurückzuschlagen* und den Richter zu *besiegen.* Hierbei ist es Ihr Bestreben, die Energie auf ihren Ursprung zurückzuwerfen und den Angreifer gleichzeitig mit weiteren Geschossen zu treffen. Sie wollen den Angriff beenden, indem Sie mit großer Intensität zurückschlagen und glauben, den Angreifer verwunden zu müssen. Vorwürfe und Schuldzuweisungen an andere sind hierbei an der Tagesordnung, und alle eigenen Unzulänglichkeitsgefühle werden vehement abgewehrt. Die Energie ist explosiv, intensiv und schnell – da wird „aus der Hüfte“ und nicht selten „unter die Gürtellinie“ geschossen. Der Körper ist normalerweise energiegeladen, straff und höchst reaktionsfähig. Das Denken spielt keine große Rolle – allein das Handeln zählt. Allerdings gelingt es durch einen Gegenangriff nie, die Verwicklung mit dem Richter zu beenden, da er die Streitigkeiten nur zur Eskalation bringt und dafür sorgt, dass Sie Ihrer wahren Erfahrung weiterhin ausweichen.

Ein Beispiel für einen Angriff mit Gegenangriff:

> „Wer hat dir denn die Haare geschnitten? Also, da werde ich mit Sicherheit niemals hingehen!“
> „Mach dir keine Sorgen – der würde deine Haare nicht mal mit einer Mistforke anfassen!“

In der Episode im vierten Kapitel startet Frank einen Gegenangriff auf seinen Richter, und im zehnten Kapitel greifen sich Frank und Sue gegenseitig an.

Rationalisieren. Hierbei versuchen Sie, sich zu *rechtfertigen*, sich zu *erklären* und sich aus dem Urteil *herauszureden*. Das ist eine Reaktion, die sich flach, unlebendig und mental anfühlt – als bestritten Sie, wirklich angegriffen zu werden. Sie verstärken Ihre Außenmauern, um Ihre Schwachpunkte vor dem Eindringen der Angriffsenergie zu schützen, die Ihren angeblichen Mangel bloßstellen könnte. Der Körper fühlt sich dabei oft steif und trocken, sogar hölzern an, und meistens spüren Sie ihn überhaupt nicht. Sie werden feststellen, dass nichts von dem, was Sie sagen, das Urteil mit Erfolg in seine Schranken weist – immer gibt es eine noch bessere Antwort – und Ihre Verwicklung kommt nie zu einem Ende. Diese Art, sich auf den Richter einzulassen, wird als Rückzug aus dem emotionalen Kontakt mit sich selbst und anderen wahrgenommen und meist von Männern bevorzugt.

Ein Beispiel für einen Angriff mit anschließender Rationalisierung:

> „Warum denkst du nie daran, mir Blumen mitzubrigen?“
> „Ich weiß halt nie, welche Sorte dir gefällt, und außerdem habe ich ein ziemlich unterentwickeltes Farbempfinden. Außerdem kommen mir Blumen nicht wie ein besonders gutes Geschenk vor – schließlich halten sie nur ein paar Tage...“

Schlucken oder kollabieren. Hier geben Sie innerlich klein bei und versuchen, den Angreifer zu besänftigen, indem Sie sich unterordnen statt zu opponieren, um alles wieder in Ordnung zu bringen. *Besänftigen* und *Jammern* sind zwei Verhaltensweisen, die dieser Reaktionsform besonders entsprechen. Das geht normalerweise mit einem dramatischen Energieverlust, einem Gefühl der Hoffnungslosigkeit und häufig auch mit einer Depression einher. Körperlich drückt es sich durch vorgezogene Schultern, einen eingefallener Brustkorb und ein abgeknicktes Becken aus („mit eingezogenem Schwanz"). Oft erhalten Sie die Verwicklung aufrecht, indem Sie das Urteil mit verschiedenen anderen Themen vermengen und Ihre Unzulänglichkeit sowie Ihr Versagen dadurch aufbauschen. Aus einer Maus machen Sie einen Elefanten. Diese Art sich zu verwickeln wird in unserer Gesellschaft eher den Frauen zugestanden als den Männern. Sie wird oft als das Bedürfnis wahrgenommen, anerkannt zu werden und den emotionalen Kontakt mit anderen ununterbrochen aufrechterhalten zu müssen.

Ein Beispiel für einen Angriff, der geschluckt wird:

> „Du hast dein Konto schon wieder um dreihundert Mark überzogen! Wie kriegst du das bloß immer wieder fertig?"
> „Ja, ich bin ein Versager. Ich habe etwa fünf ungedeckte Schecks ausgestellt, und jetzt, wo ich so wenig verdiene, kann ich's mir nicht einmal leisten, Urlaub zu machen."

Wie Sie sich verwickeln, indem Sie den Angriff schlucken, wird von Sue in der Episode dargestellt, die zu diesem Kapitel gehört, sowie in den Episoden zu den Kapiteln vierzehn und sechzehn.

Das Überleben des Kindes

Energetisch entsprechen diese drei Möglichkeiten jenen drei Reaktionsweisen, die bereits einem Kleinkind angesichts der Urteile, der Kritik oder der bedrohlichen Forderungen seiner Eltern zur Verfügung stehen: Es kann zurückschlagen, alles ausblenden oder aufgeben. Alle drei sind Reaktionen auf Erfahrungen, bei denen das psychische Überleben des Kindes gefährdet ist. Sie entsprechen den drei grundlegenden Reaktionen auf einen körperlichen Angriff: Kämpfen, erstarren und in Ohnmacht fallen (mit der Flucht als vierter Möglichkeit).

Um einen tiefgehenden Wendepunkt in der kindlichen Entwicklung besser zu verstehen, betrachten wir nun einen Faden im komplexen Gewebe der frühen Kindheit. Das Kind fühlt sich von seinen Eltern, ohne deren körperliche und emotionale Zuwendung und Unterstützung es nicht leben kann, häufig angegriffen und verurteilt. Haltung, Worte und Handlungen der Eltern spiegeln und unterstützen die innere Realität des Kindes oft überhaupt nicht. Es fühlt sich verletzt, abgewiesen, kritisiert, ignoriert, verlassen, manipuliert oder angegriffen. Wenn das geschieht, ist es zwischen zwei widersprüchlichen Reaktionsweisen gefangen. Zum einen ist da die emotionale Reaktion, sich instinktiv wegzubewegen und die Verbindung zu dem Angreifer/Elternteil, von dem die Verletzung ausgeht, abzubrechen; zum anderen ist es aufgrund seiner körperlichen Abhängigkeit und Hilflosigkeit gezwungen, zu bleiben und die Beziehung zum Angreifer/Elternteil um jeden Preis aufrechtzuerhalten.

Im Laufe der Zeit gibt jedes Kind einen gewissen Teil seiner Seele auf, um den Anforderungen gerecht zu werden, die seine körperlichen Überlebensbedürfnisse an die jeweilige Beziehung stellen. Es muss sich mit der Abhängigkeit identifizieren, die seine körperlichen Bedürfnisse mit sich bringen, was dazu führt, dass der Umfang seines Bewusstseins sich nach allen Richtungen einschränkt. Sein natürlicher Selbsterhaltungstrieb wird in dem Maße blockiert, wie die Aufrechterhaltung der Beziehung vorrangig wird. Anders ausgedrückt: Die Notwendigkeit mit anderen verbunden zu sein wird wichtiger als sein Bedürfnis, den Kontakt mit seinem wahren Wesen und dadurch seiner Seele aufrechtzuerhalten.

Die vierte Option – die Flucht – steht dem Kind nicht offen. Sein Überleben ist von den Eltern abhängig, und es kann den Kontakt nicht einfach unterbrechen oder weglaufen. Es ist weder groß noch stark genug, den Angriff zu stoppen, ohne die Beziehung zu gefährden, noch kann es den größeren Kontext verstehen, in dem es den Angriff nicht mehr als eine Bedrohung ansehen müsste. Wenn Sie das Dilemma des Kindes verstehen, können Sie besser begreifen, dass Ihre Verwicklung mit dem Richter einem Kindheitsmuster entspricht – einem Überlebensmechanismus, den

Sie lernen mussten, um die energetische Intensität der elterlichen Urteile oder Angriffe abzuwehren, ohne die Beziehung mit dem Angreifer zu gefährden. Um unabhängig zu werden, haben Sie die Beziehung zu den Eltern als psychische Stütze verinnerlicht, und damit als Teil desselben Prozesses auch den Überlebensmechanismus des Sich-Verwickelns. Nun verwickeln Sie sich in Ihrem Denken genauso mit Ihrem Richter wie sie es als Kind mit Ihren Eltern getan haben.

Die Verwicklung hält Sie in der Vergangenheit gefangen, weil sie auf dem Glauben beruht, dass Sie sich immer noch in der lebensbedrohlichen Situation des Kindes befinden. Zwar sind Sie jetzt ein Erwachsener ohne die körperliche Abhängigkeit eines Kindes, doch Ihr Glaube, für Ihr Überleben abhängig sein zu müssen, hält Ihre psychische Abhängigkeit weiterhin aufrecht. Ein wichtiger Schritt, um sich aus der Verwicklung zu lösen, besteht in Ihrer Einsicht, dass alles, was Sie heute für die Angriffe des Richters sensibilisiert und Sie in Ihrer Reaktion einschränkt, einer vergangenen Erfahrung entspringt. Diese alte Erfahrung sagt über Ihre jetzige Wahrheit nichts aus.

Alle drei Möglichkeiten, sich zu verwickeln, sorgen dafür, dass Sie mit dem Angreifer emotional und/oder energetisch verwickelt bleiben – wie es das Kind auch mit seinen Eltern war. (Das soll nicht heißen, dass sich die Eltern-Kind-Beziehung hauptsächlich durch eine auf Kompromissen basierende Selbstverleugnung auszeichnet. Doch der Anteil dieser Beziehung, der dazu führt, dass Selbstverurteilungen verinnerlicht werden, tut das sehr wohl.) Sich auf den Richter einzulassen entspricht auf tiefster Ebene einem bewussten oder unbewussten Akt der Selbstablehnung oder Selbstvermeidung. Oft bleibt ein heimlicher Groll in Ihnen zurück, und die Ungerechtigkeit des Ganzen erfüllt Sie mit impotentem Ärger oder Zorn. Und das wiederum führt nur zu häufig zu einer Depression.

Verwicklungen brauchen Ihre Unterstützung

Wenn Sie die Erfahrungen, die Sie selber mit Verwicklungen machen, genauer studieren, können Sie eine Menge darüber lernen, wie Sie den Urteilsprozess fördern. Sie werden bemerken, dass ein Angriff keine anhaltende Wirkung zeigt, wenn Sie sich nicht in ihn verwickeln. Noch einmal: Ein Urteil kann seine beabsichtigte Wirkung nur dadurch erzielen, dass Sie sich verwickeln. Normalerweise haben Sie den Eindruck, nur das Opfer oder der Empfänger zu sein und keinerlei Macht über die Situation zu besitzen – doch in Wirklichkeit erhalten Sie den Verurteilungsprozess dadurch aufrecht, dass Sie sich auf ihn einlassen. Sie fördern ihn dadurch, dass Sie ihn für nötig halten. Wir werden uns noch genauer ansehen, warum das so ist. Für den Moment reicht es, wenn Sie Ihr Gewahrsein mobilisieren und Ihre eigene Verwicklung entdecken – hoffentlich ohne sich dafür zu verurteilen oder blind darauf zu reagieren. Es geht einfach darum, wirklich zu sehen, was geschieht.

In der Einzelstunde

Doug berichtete von einem Erlebnis mit seiner Freundin Gloria. Sie waren gemeinsam in einem Kaufhaus und erreichten die Rolltreppe zum oberen Stockwerk gleichzeitig mit einem anderen Paar. Gloria schob sich vor, während Doug sich nicht beeilen wollte und die beiden vorließ. Oben angekommen zog Gloria ihn damit auf, dass er passiv sei und sich von anderen beiseite drängen ließe: „Warum musst du immer den lieben Jungen spielen und dich von anderen ausnutzen lassen?“

Als Doug diesen Vorfall beschrieb, war ihm unbegreiflich, warum sie seine Sichtweise nicht verstand. Er wusste, dass sie schneller war als er und es immer eilig hatte, voranzukommen. Er selber hatte kein Bedürfnis, sich zu beeilen – er wollte lieber höflich sein und auf andere Rücksicht nehmen. Vielleicht war er langsamer als Gloria, aber das bedeutete noch lange nicht, passiv zu sein. Außerdem handelte es sich bei dem Paar um Schwarze, und er wollte nicht den Eindruck erwecken, sich überlegen zu fühlen, weil er weiß war...

Doug rationalisierte. Ganz gleich, wie viele Antworten ihm zu Glorias Frage einfielen – nichts gab ihm das Gefühl, angemessen auf ihre Kritik reagiert zu haben. Es ließ ihm keine Ruhe. Diese Energie ist typisch für den Rationalisierer. Er redet nicht darüber, dass er angegriffen wurde, ja er nimmt es nicht einmal wahr.

Ich fragte, was ihn an der Interaktion mit Gloria so störte. Er meinte, er könne einfach nicht verstehen, dass sie seine Seite nicht sehen konnte. Wie war es für ihn, nicht verstanden zu werden? Es gefiel ihm nicht, und am wenigsten gefiel ihm die Tatsache, dass sie ihn dafür kritisierte, zu nett zu sein – als könne er sich vor lauter Rücksicht auf andere nicht gut um sich selber kümmern. Er deutete an, dass sie ihn oft dafür kritisierte, zu fürsorglich zu sein. Doug merkte, dass es ihn verletzte, wenn sie seine Besorgtheit um andere als Schwäche ansah. Nun konnte er sehen, dass er sich von ihrer Frage angegriffen gefühlt hatte und es ihn verletzte, wenn seine Absichten missverstanden wurden. Bis zu diesem Punkt konnte er sich aus der Verwicklung mit dem Angriff nicht lösen, weil er seine Gefühlsreaktionen rationalisierte, um seine Verletztheit nicht zu spüren. Damit erhielt er die Verwicklung aufrecht, ohne zu erkennen, wie viel er selber dazu beitrug.

Als er erkannte, dass er verletzt war, konnte Doug sich seinem Gefühl einfach widmen. Er bemerkte, dass er sich schon häufig verletzt gefühlt hatte, ohne es zu erkennen, und das machte ihn traurig. Es war nicht klar, ob er einen solchen Angriff von Gloria beim nächsten Mal erkennen oder fähig sein würde, sich aus ihm zu lösen, doch im Moment war er nicht länger in den letzten Vorfall verwickelt.

Wenn Sie erkennen können, dass Sie sich gerade in einen Angriff verwickeln, dann haben Sie die Möglichkeit, sich sofort aus der Verwicklung zu lösen: Sie beenden einfach die Aktivität, die zu der Verwicklung führt. Das ist eine reale Option, doch sie ist schwieriger durchzuführen als es zunächst scheinen mag. Vielleicht kann Ihnen zu diesem Zeitpunkt am meisten helfen, das Gewahrsein Ihrer selbst und der Art und Weise, wie Sie sich einlassen, weiter zu entwickeln. Wenn Sie außerdem wissen, welche der drei Arten, sich zu verwickeln, Ihnen am vertrautesten ist, dann kann Ihnen das dabei helfen, Ihr Gewahrsein auszudehnen.

Drei Zentren der Verwicklung

Jede Art der Verwicklung entspricht in etwa einem der drei „Zentren" unseres Körpers: dem Bauch, dem Kopf und dem Herzen.

Der *Gegenangriff* ist eine Reaktion, die aus dem Bauch kommt – instinktiv, schnell, ohne Gedanken oder Gefühle. Diese Art der Verwicklung wird von der unterschwelligen Annahme motiviert, dass Ihr Überleben davon abhängt, Macht und Stärke zu zeigen, und sie fußt auf dem Kinderglauben, ein Angriff könne nur abgewehrt werden, indem man zurückschlägt, Widerstand leistet und sich nicht einsperren lässt. Aus irgendeinem Grund fühlte es sich zu unerträglich an, die Angriffe nicht zu erwidern. Die zentrale Polarität heißt hier *Stärke und Schwäche.*

Sie hoffen, durch den Gegenangriff Ihre eigene Stärke bestätigt zu bekommen und weitere Angriffe zu verhindern, indem Sie die anderen einschüchtern. Doch um das zu erreichen, müssen Sie beweisen, dass der Angriff keine Macht über Sie hat und Sie gar nicht verletzen kann. Wenn Sie also derjenige sind, der zurückschlägt, muss Ihre Reaktion unmittelbar erfolgen und Sie werden in diesem Moment kaum ein Gefühl oder Gewahrsein von sich selbst haben.

Um den Kreislauf von Angriff und Gegenangriff zu beenden, müssen Sie sich aus dieser instinktiven Demonstration der Stärke lange genug lösen, um etwas Neues geschehen zu lassen. Dabei ist es hilfreich, langsamer zu werden. Wenn Sie nicht sofort reagieren, haben Sie Zeit, den Angriff zumindest zu bemerken und die Wirkung zu spüren, die er auf Sie ausübt. Anders ausgedrückt: Sie werden sich Ihres Herz- und Kopfzentrums stärker gewahr.

Alle, die zu Gegenangriffen neigen, haben besondere Schwierigkeiten mit ihrer Verletzlichkeit, die ihnen wie eine Schwäche vorkommt. Obwohl viele Menschen nicht immer gleich zurückschlagen, wenn sie von anderen kritisiert werden, neigt fast jeder dazu, es innerhalb der Machtkämpfe einer lang anhaltenden intimen Beziehung zu tun. Wenn jemand weiß, wie er Ihre Knöpfe drücken kann, ist es sehr schwer, es ihm nicht automatisch heimzuzahlen: Sie schlagen zurück, indem Sie beim anderen, den Sie so gut kennen, ebenfalls die Knöpfe drücken.

Das Rationalisieren entspringt dem Kopfzentrum und ist meistens sehr mental, ohne Verbindung zu den Gefühlen oder dem direkten Handeln. Wenn Sie dazu neigen, auf diese Weise zu reagieren, haben Sie wahrscheinlich als Kind erlebt, dass nichts höher gestellt wurde als die Macht des Verstandes. Wenn es darum ging, Urteile zu vermeiden, lag Ihre größte Hoffnung darin, sich zu rechtfertigen und Ihre Eltern mit Vernunftgründen davon zu überzeugen, dass Sie im Recht waren. Dann würden Ihre Eltern Sie vielleicht annehmen und anerkennen. Das Schlimmste was Ihnen passieren konnte war, irrational oder emotional zu werden, flehentlich zu bitten oder sich ihnen auf Gedeih und Verderb auszuliefern. Das hätte bedeutet, den eigenen Standpunkt nicht logisch untermauern zu können und daher im Unrecht zu sein. Alle Gefühle mussten verborgen werden, nichts durfte man ohne sorgfältige Planung unternehmen.

Hier heißt die zentrale Polarität *richtig und falsch*. Um Ihre rationalisierende Verwicklung zu lösen, müssen Sie die Vorrangstellung des Verstandes aufgeben. Wenn Sie zum Rationalisieren neigen, müssen Sie üben, Ihr Herz zu spüren, wenn Sie verurteilt worden sind, oder zu fühlen, was Ihr Körper gerne tun möchte. Das Denken ersetzt bei Ihnen alle anderen Aktivitäten und blockiert im Grunde jegliches Gewahrsein Ihrer selbst im gegenwärtigen Augenblick. Für einen Rationalisierer ist es besonders schwierig, den Schmerz zu spüren, den der Angriff verursacht, denn verletzt zu sein würde bedeuten, dass mit ihm irgendetwas nicht stimmt. Das Rationalisieren ist wahrscheinlich die häufigste Form der Verwicklung bei öffentlichen oder hierarchischen Situationen (z.B. Chef/Angestellter).

Das *Schlucken oder Kollabieren* ist eine Reaktion des Herzzentrums, welche solch starke emotionale Muster stimuliert, dass es mehr oder weniger unmöglich wird, klar zu denken oder zur Aktion zu schreiten. Die Annahme, die der Verwicklung durch Schlucken oder Kollabieren zugrunde liegt, besteht in dem Kinderglauben, dass nichts so wichtig für Ihr Überleben ist wie Liebe und Aufmerkamkeit.

Gut und böse heißt die Polarität, welche hier besonders aktiv ist. Der gute Elternteil ist eine Quelle der Liebe, und um diese zu verdienen, müssen Sie ein gutes Kind sein. Als Sie noch klein waren, fühlte sich der Liebesverlust, den Sie spürten, wenn die Eltern Sie beurteilten, lebensbedrohlich an. Ihr wichtigstes Ziel bestand also darin, Ihre Eltern weiterhin als gut anzusehen und ihre Meinung über Sie zu akzeptieren, um ihre Liebe zurückzuerwerben. Sie fanden heraus, dass Sie ihre Liebe und das Gefühl gut zu sein am ehesten zurückerlangten, wenn Sie fühlten, wie entsetzlich schlecht und böse Sie selber waren. Dann würden die Eltern Sie trösten und sagen, alles sei halb so schlimm und Sie seien ein gutes Kind. Sich böse vorzukommen war also eine Möglichkeit, um Liebe, Vergebung und Sympathie zu erringen und schmerzhafte Urteile zu vermeiden.

Wenn Sie aus der Verwicklung herauskommen wollen, in die Sie geraten sind, weil Sie alles schlucken, müssen Sie den Glauben aufgeben, nicht liebenswert zu sein. Immer wenn Sie unter Angriffen kollabieren, sind Sie herausgefordert, sich der äußeren Realität der Situation gewahr zu werden und ein distanziertes mentales Gewahrsein zu entwickeln, statt sich von einem Gefühlszustand überwältigen zu lassen. Spiegeln Ihre Gefühle von Schlechtigkeit, Versagen oder Hoffnungslosigkeit wirklich die Realität der Situation? Die schwierigste Herausforderung besteht jedoch darin, Energie zu Ihrer eigenen Unterstützung zu mobilisieren. Wenn Sie als Kollabierer in Ihrem eigenen Interesse tätig werden, zeugt das davon, dass Sie sich selber lieben. Die häufigste Form der Verwicklung mit dem inneren Richter ist wahrscheinlich die des Schluckens.

Innere Verwicklung

Als Reaktion auf den inneren Richter ist Ihnen das Schlucken wahrscheinlich am vertrautesten, denn die Auswirkungen seiner Angriffe sind am ehesten fühlbar, wenn Sie sich auf diese Weise verwickeln. Sie haben schlechte Gefühle über sich selbst, schämen sich und fühlen sich schuldig. Wie besessen denken Sie über Ihr Versagen, Ihre schlechten Eigenschaften, Ihre triste Zukunft, Ihren Mangel an Freunden und so weiter nach. Sie fühlen sich in einer Abwärtsspirale gefangen, ziehen sich zurück und oft auch in sich zusammen. Nicht zu kollabieren oder den Angriff nicht zu dulden käme Ihnen so vor, als würden Sie weitere Angriffe offen einladen. Sie haben keine andere Wahl, als sich in Ihrer Unzulänglichkeit zu verstecken.

Wenn Sie sich auf diese Weise verwickeln, glauben Sie, den Angriff nur dadurch stoppen zu können, dass Sie sich selber zuerst angreifen. Sie akzeptieren Ihre Unzulänglichkeit also – geben sie sogar zu – in der Hoffnung, dass die anderen Sie für gut erklären oder Ihnen zumindest vergeben werden, denn das können Sie selber nicht. In vielen Fällen besteht schon längst keine Hoffnung mehr, den Angriffen entrinnen zu können, und das Einzige, was bleibt, ist das vertraute Gefühl, schlecht, unzulänglich, bedürftig, hilflos oder ein Versager zu sein. Wenn Sie sich mit Ihrem Richter verwickeln, indem Sie kollabieren, bemühen Sie sich nicht länger, erwachsen werden zu müssen, sondern kehren zu Ihrer Kindheitswelt mit den guten Eltern und Ihrem Wunsch nach Liebe zurück.

Doch es gibt in Ihrem inneren Prozess auch andere Möglichkeiten, sich zu verwickeln. Viele Menschen empfinden das Rationalisieren als vertraute mentale Aktivität, verbinden es allerdings nicht unbedingt mit Angriffen, weil es normalerweise keine Gefühlskomponente enthält. Ertappen Sie sich indes dabei, Ihre Handlungen zu erklären, Ihre Gefühle zu rechtfertigen oder zu versuchen, die richtigen Reaktionen zu ergründen, so können Sie ziemlich sicher sein, sich in einen Angriff verwickelt zu haben. Wenn Sie den Angriff schlucken, verlieren Sie sich in Ihrem emotionalen Zustand, während Sie sich beim Rationalisieren leicht in Fantasien verirren. Um sich vor unangenehmen Gefühlen zu bewahren, können Sie endlose Theaterstücke darüber abspulen, was hätte geschehen können und wie die Zukunft aussehen könnte.

In solchen Augenblicken ist es nicht so wichtig, sich etwas zu überlegen, vielmehr sollte man den Angriff und die Gefühle, die er mit sich bringt, vermeiden. Doch Sie können Ihre Fantasien nicht anhalten, weil der Angriff im Hintergrund weiterhin abläuft. Manchmal erleben Sie Ihr Rationalisieren als mentale Besessenheit mit einer Erfahrung, die schon gemacht wurde oder vielleicht geschehen könnte und für die Sie verzweifelt versuchen, die perfekte Lösung zu finden. Dieses Gefühl, etwas nicht loslassen zu können, weist auf einen unterschwelligen Angriff hin, den man noch nicht angeschaut hat. Solange Sie rationalisieren, bleiben Sie weiterhin in ihn verwickelt.

Von allen inneren Verwicklungen ist der Gegenangriff am wenigsten offensichtlich. Wie starten Sie einen Gegenangriff auf den eigenen Richter? Im Wesentlichen mit der Energie, die in Aussagen mitschwingt wie: „Ist doch völlig egal, was du sagst. ...Ich werd dir zeigen, wer hier der Boss ist. ...Sag mir bloß nicht, wie ich zu sein oder was ich zu tun habe. Ich mache eh alles so, wie ich es will.“ Beachten Sie, dass Sie glauben könnten, sich mit derartigen Trotzreaktionen vom Richter abzusetzen: „Ich schiebe ihn weg und bestätige meine eigene Unabhängigkeit." Doch die Stärke einer solchen Aktion entspringt primär der Oppositon oder Rebellion gegen die richterliche Macht. Die Illusion von Unabhängigkeit entsteht nur dadurch, dass Sie den Angriff bekämpfen. Deshalb ist der Fortbestand des Gefühls von Stärke und Eigenständigkeit davon *abhängig,* dass Sie etwas/jemanden wegschieben, was bedeutet, den Kampf weiterzuführen und weiterhin in ihn verwickelt zu sein.

Diese interne Verwicklung aufgrund von Gegenangriffen manifestiert sich unter anderem als selbstzerstörerisches Verhalten. Ihr Richter findet, dass Sie nicht trinken sollten (Ihre Eltern haben zuviel getrunken), nicht rauchen sollten (führt zu Lungenkrebs), oder keine Süßigkeiten essen sollten (das macht dick, und niemand wird Sie lieben). Sie lassen sich auf diese Angriffe also in Form von Gegenangriffen ein, die darin bestehen, alles zu tun, was Sie eigentlich nicht dürften: Sie trinken, rauchen oder essen Süßigkeiten. Damit sagen Sie dem Richter: „Scheiß auf dich, ich tue was ich will, und du kannst mich nicht dran hindern!" Das ist ein Machtkampf, und ein solches Suchtverhalten führt unvermeidlich dazu, dass die Angriffe des Richters in dem Moment, wo die Konsequenzen Ihrer selbstzerstörerischen Lebensweise augenscheinlich werden, noch heftiger ausfallen. Sie erkennen zwar, dass Sie sich verletzen, lassen sich aber in dem Bemühen, dem Richter eins auszuwischen, trotzdem darauf ein. Ihre Handlungen entspringen dem Groll und Hass darüber, dass man Ihnen Vorschriften macht und Sie wie ein Kind behandelt. Doch mit Ihren Selbstangriffen verschärfen Sie die Verwicklung nur.

Jede dieser Arten, sich einzulassen, hat ihre eigene Geschichte, Annahmen und Charakteristika, welche sich vielleicht gegenseitig auszuschließen scheinen. Doch denken Sie daran – diese Definitionen dienen nur als konzeptueller Rahmen, um es Ihnen zu erleichtern, Ihre inneren Urteile zu erforschen und zu verstehen. Lassen Sie sich von keiner dieser Kategorien einschränken. Jeder von uns hat mit jeder dieser Arten seine Erfahrungen gemacht, wenn die Einzelheiten auch von Person zu Person verschieden sein mögen. Wichtig ist allein, dass Sie zu erkennen beginnen, wie relativ vorhersagbar die Muster sind, welche die inneren Angriffe unterstützen.

Wie sich eine Verwicklung anfühlt

Je mehr Sie gewahr werden, sich in Angriffe zu verwickeln, desto eher können Sie das energetische Gefühl erkennen, das mit Verwicklungen einhergeht. Es kann sich so klebrig anfühlen wie Fliegenpapier: Wenn Sie erst einmal daran kleben, macht jede Bewegung alles nur schlimmer. Sie versuchen, Ihren Verstand und Ihre Energie auf andere Dinge zu richten, werden aber immer wieder dazu getrieben, über ein Geschehnis zu rationalisieren und wie besessen nachzudenken. Sie sind mit nichts zufrieden, können nichts auf die Reihe kriegen. Es fällt Ihnen auf, dass Sie nichts von dem, was Sie geschafft haben, loslassen können – statt dessen polieren Sie weiterhin daran herum, um es perfekt zu machen. Doch was Sie in Wirklichkeit nicht loslassen können, ist die Verwicklung, die Ihnen im Kopf herumgeht.

Ein weiterer Aspekt dieses Verwicklungszustands besteht in dem Gefühl, eingeschlossen zu sein. Wenn der Angriff sowie Ihre Verwicklung Ihnen das Gefühl vermitteln, keine Richtung und keinen Platz mehr zu haben, so kann das ziemlich klaustrophobisch wirken. Sie kommen sich gefangen und in einer Falle vor. Oder Ihr Atem kann beengt sein, was Sie erst bemerken, wenn Sie zur Ruhe kommen und feststellen, dass es einer bewussten Bemühung bedarf, tief durchzuatmen. Eine dritte Eigenschaft des Verwickeltseins besteht in einem Gefühl von Trübheit, so als befände man sich im schlammigem Wasser. Sie können sich nicht klar darüber werden, was los ist oder getan werden muss. Sie fühlen sich verwirrt, leicht abgelenkt und nicht geerdet, als sähen Sie Ihre Umgebung ohne Scharfeinstellung.

Weiterhin bringt die Verwicklung ein subtiles aber konstantes Gefühl von Frustration mit sich – hauptsächlich im Verein mit Gegenangriffen – welches der Klebrigkeit ähnelt, zusätzlich aber Unruhe und Irritation mit sich bringt. Es scheint, als ginge Ihnen alles gegen den Strich, ganz gleich, wie sehr Sie versuchen, zu entspannen und sich zu beruhigen. Sie können nicht wirklich wütend werden, weil nichts wirklich wichtig genug ist, doch die Frustration bleibt.

Depression (schlucken/kollabieren) sowie Rigidität (rationalisieren) sind weitere Eigenschaften der Verwicklung. Depressionen bringen eine schwere, lethargische und apathische Stimmung mit sich. Es fällt Ihnen schwer, auch nur die geringste Energie aufzubringen, irgendetwas zu tun, und letzten Endes scheint eh alles egal zu sein. Warum nicht gleich lieber fernsehen? Die Rigidität führt zu emotionalen und körperlichen Enge- und Starregefühlen, als fehle es Ihren Gelenken sowie Ihren Reaktionen an Flexibilität. Das ähnelt dem Gefühl, eingeschlossen zu sein, doch anstatt sich von irgendeiner äußeren Macht gefangen oder eingesperrt zu fühlen, leiden Sie mehr unter einem inneren Empfinden von Beengtheit und kommen sich spröde und hart vor.

All diese Energiequalitäten sind Ihnen wahrscheinlich vertraut, doch nun können Sie sehen, dass sie Ausdruck Ihres Verwickeltseins in einen Angriff sein können und damit auf Selbstverurteilungen hinweisen. Das verläuft folgendermaßen: Sie erleben einen inneren Angriff Ihres Richters, der Wirkung auf Sie zeigt und Sie weiterhin belastet, während Sie sich unbewusst dadurch verwickeln, dass Sie zurückschlagen, rationalisieren oder den Angriff schlucken. Inzwischen gehen Sie Ihrem täglichen Leben nach, fühlen sich aber wie unter einem Zwang, beengt, unfokussiert und leicht depressiv. Hat dieser Zustand mit dem Angriff und Ihrer inneren Verwicklung zu tun? Unbedingt.

Indem Sie Verwicklungen erkennen, verfeinert und vertieft sich Ihr Gewahrsein der energetischen und emotionalen Auswirkungen von Urteilen, wie wir das im Kapitel 4 behandelt haben. Sie erkennen, dass die verschiedenen Auswirkungen mit der Art und Weise zu tun haben, wie Sie sich in Angriffe verwickeln. Wenn Sie eine gewisse Übung darin haben, auf Ihren eigenen Prozess zu achten, werden Sie beginnen, die Qualitäten Ihres eigenen Verwicklungszustands zu erkennen. Vielleicht haben Sie schon gemerkt, dass dieser Zustand die meiste Zeit Ihr Handeln bestimmt. Einige Menschen verbringen fast ihr ganzes Leben auf diese Weise und halten es für normal.

Verwicklungen im täglichen Leben

In den meisten Fernseh-Sitcoms werden Verwicklungen auf die Spitze getrieben. Oft bestehen 90 Prozent der Interaktionen in Sitcoms und Seifenopern aus Urteil und Verwicklung: Auf einen Angriff folgt ein Gegenangriff, dann wird rationalisiert und geschluckt. Der Humor einiger Komödien besteht zum größten Teil aus Gegenangriffen. (Auf der anderen Seite besteht die befriedigendste Form des Humors in der echten Abwehr eines Angriffs, weil dieser die Wahrheit der Seele unterstützt.) Im „wahren Leben“ ist die Verwicklung eine anerkannte Form des sozialen Austauschs und in lockeren Gesprächen sowie im Klatsch klar zu erkennen. Denken Sie nur einmal daran, wie viele oberflächliche Gespräche sich um Klagen und Selbstanklagen drehen (schlucken), sowie darum, dass Sie Ihr Verhalten rechtfertigen (rationalisieren), oder andere kritisieren und heruntermachen (Gegenangriff). Ich bezeichne sie alle als Verwicklungen, nicht als Angriffe, weil diese Verhaltensweisen normalerweise – wenn Sie sie innerlich erforschen – Reaktionen auf Ihre eigenen Selbstverurteilungen sind. Doch es kann sich bei ihnen gewiss um beides handeln.

Nötig ist ein allmählicher Prozess, um Angriffe und Verwicklungsverhalten sowie die Selbstablehnung zu erkennen, die in beiden enthalten ist. Zunächst spüren Sie die Selbstablehnung oder den Angriff in dem was Sie tun gar nicht, weil Sie sich so sehr daran gewöhnt haben und weil Ihr gewohntes Denken und Verhalten dadurch unterstützt werden. Wenn sich mit der Zeit ein Gewahrsein Ihrer selbst entwickelt, beginnen Sie ganz von selbst zu spüren, wie schmerzhaft dies alles ist. Sie beginnen also zu erkennen, dass Ihr Angriffs- und Verwicklungsverhalten Ihnen nicht hilft. Sie sehen, dass es zwar vertraut ist, zugleich aber einen selbstzerstörerischen Prozess am Leben hält. Sie beginnen, sich selbst auf neue, andere Art wertzuschätzen und nicht mehr auf die Weise, welche von den Angriffen gefördert wird. Diese Form der Selbstablehnung wollen Sie nicht länger betreiben. In der Arbeit mit Urteilen ist das eine natürliche Entwicklung. Urteile, die Sie noch vor einem Jahr gar nicht bemerkt hatten, weil sie sich so vertraut und akzeptabel anfühlten, sind jetzt schmerzhaft und bestürzend – können aber anderen weiterhin normal vorkommen.

Wenn Sie Ihre Verwicklung mit dem Richter erforschen, wird Ihnen schrittweise bewusst, wie viel Zeit Sie damit zubringen, von Angriffen getroffen zu sein – oft ohne es zu wissen. Es kann zum Beispiel sein, dass Sie viele normale Aktivitäten dafür nutzen, die Tatsache, in einen Angriff verwickelt zu sein, auszuagieren und sich dabei selbst zu verletzen. Haben Sie jemals einen kollabierten Zustand mit Essen zu füllen versucht, Fernsehen geschaut, um eine Depression zu vertreiben, Ihre Geschichte einem Freund erzählt, um einen Angriff wegzurationalisieren oder mit einem heftigen Tennisspiel oder Verbalattacken im Verkehr versucht, einen Gegenangriff auf Ihren eigenen Richter zu starten? Wenn Sie beginnen, Ihr eigenes Verwicklungsverhalten zu erkennen, wird Ihnen vielleicht auffallen, dass Sie attackiert wurden, ohne es zu bemerken und ohne zu wissen, worin der Angriff bestand. Das gibt Ihnen die Möglichkeit, Ihr Erlebnis noch einmal Revue passieren zu lassen und zu schauen, ob Sie herausfinden können, was passiert ist und auf welche Weise Sie sich angegriffen fühlten.

Das ist ein schwieriger Punkt auf dieser Reise: mit dem Unbehagen sowie dem Gefühl, eingesperrt zu sein, zu verweilen, um die Wahrheit über das Urteil herauszufinden. Es ist verlockend, nach schnellen Lösungen, bequemen Interpretationen und angenehmeren Erlebnissen Ausschau zu halten. Sich selbst dabei zu unterstützen, mit dem zu verharren, was wahr ist, ist keine einfache Sache. Gewahrsein fordert das Durchhaltevermögen Ihres eigenen persönlichen Willens, der es Ihnen ermöglicht, sich auf die Befreiung Ihrer Seele von Verwicklungen und Selbstangriffen zuzubewegen.

~ Einige Punkte zur Beherzigung ~

- Ihre üblichen Reaktionen auf Urteile sind keine echten Verteidigungsmaßnahmen gegen Angriffe: Sie sind Verwicklungen. Verwicklungen streben an, das Urteil zu mindern, abzuwehren oder gegen es zu argumentieren, beenden jedoch die eigentliche Beziehung nicht.
- Sich wirklich gegen einen Angriff zu verteidigen – sich also aus der Verstrickung zu lösen – bedeutet, das Urteil als unannehmbare Grenzüberschreitung zu erkennen und jede mögliche Handlung zu unternehmen, die notwendig ist, um sie zu beenden. Das bedeutet, sich überhaupt nicht mit dem Richter einzulassen.
- Es gibt drei grundsätzliche Möglichkeiten, sich in einen Angriff zu verwickeln. Alle drei fallen auf das Urteil herein, drücken das aber auf

verschiedene Weise aus. Diese sind:

Der Gegenangriff: Der Versuch, *zurückzuschlagen* und den Richter zu *besiegen,* indem Sie die Energie dahin zurückschicken, wo sie hergekommen ist, damit der Angriff zu einem Ende kommt. Normalerweise bringt dieses Verhalten mit sich, anderen die Schuld zu geben und alle inneren Gefühle der Unzulänglichkeit völlig abzuwehren. Es bringt keine Lösung aus der Verstrickung, weil es zur deren Eskalation führt sowie dazu, dass Sie Ihr wahres Erleben weiterhin vermeiden. Das betroffene Körperzentrum ist der *Bauch,* und alles dreht sich um die Polarität von *Stärke und Schwäche.*

Das Rationalisieren: Der Versuch, sich zu *rechtfertigen,* zu *erklären* oder sich aus dem Urteil mit *Argumenten* herauszureden, um zu verhindern, dass die angreifende Energie Sie trifft und das angebliche Defizit bloßlegt. Es führt nicht zur Lösung aus der Verstrickung, weil nichts von allem, was Sie sagen, ausreicht, um auf das Urteil zu reagieren. Es gibt immer eine noch bessere Antwort. Das betroffene Körperzentrum ist der *Kopf* und alles dreht sich um die Polarität von *richtig und falsch.*

Das Schlucken oder Kollabieren: In dem Versuch, den Angreifer zu besänftigen und die Situation wieder in Ordnung zu bringen, wird Opposition durch Gefügigkeit ersetzt. Diese Reaktionsweise drückt sich besonders im *Besänftigen* und *Jammern* aus. Das fühlt sich häufig wie ein Bedürfnis nach Anerkennung und nach ungebrochenem emotionalem Kontakt mit anderen an. Es führt nicht zur Lösung aus der Verstrickung, weil Sie dazu neigen, das Urteil mit allen möglichen anderen Themen in Verbindung zu bringen, was Ihr Defizit und Ihr Versagen nur verstärkt. Bei dem betroffenen Körperzentrum handelt es sich um das *Herz,* und im Mittelpunkt Ihres Interesses steht die Polarität von *gut und böse/schlecht.*

- In den verschiedenen Formen der Verstrickung drücken sich die drei Reaktionsweisen aus, die einem Kind angesichts elterlicher Urteile, Kritik oder bedrohlicher Anforderungen zur Verfügung stehen: sich zu wehren, auszublenden oder aufzugeben. In allen drei Fällen reagiert das Kind darauf, dass sein körperliches Überleben bedroht ist.

- Wenn Sie sich verwickeln, erhält das Ihre Beziehung zur Vergangenheit aufrecht, denn die Verwicklung resultiert aus dem Glauben, sich immer noch in der lebensbedrohlichen Situation des Kindes zu befinden.
- Wenn Sie erkennen können, dass Sie sich in einen Angriff verwickeln, stellt Ihnen das sofort die Möglichkeit zur Verfügung, sich aus der Verwicklung zu lösen – indem Sie die Aktivität, welche zur Verwicklung führt, einfach beenden.
- Wenn Sie mit Verwicklungen arbeiten wollen, besteht ein wichtiger erster Schritt darin, das Gewahrsein Ihrer selbst und der Möglichkeiten, wie Sie sich verwickeln, auszuweiten. Zu wissen, welche Art Ihnen am vertrautesten ist, kann Sie dabei unterstützen, Ihr Gewahrsein zu fördern.

Übung: Erkennen, wie Sie sich verwickeln

Erinnern Sie sich an einige Ihrer jüngsten Erlebnisse, als Sie sich in der äußeren oder inneren Welt angegriffen fühlten und erforschen Sie, welche Form der Verwicklung Sie jeweils gewählt haben. Stellen Sie sich soziale, intime und Arbeitssituationen vor. Reagieren Sie jedes Mal auf die gleiche Weise? Welche Situationen führen zu welchen Verwicklungsformen? Beachten Sie, ob Sie meistens eine bestimmte Form verwenden.

Übung: Verwicklungen in sozialen Situationen beobachten

Wenn Sie das nächste Mal zu einer Abendgesellschaft oder irgendeinem anderen sozialen Anlass eingeladen sind, achten Sie besonders darauf, ob und wann die Unterhaltung Angriffe und Verwicklungen enthält. Wie fühlt es sich an, diese Ebene der Unterhaltung zu beobachten? Nehmen Sie an ihr teil? Was können Sie tun, um eine solche Art der Interaktion zu vermeiden?

Das Ich reagiert auf das Über-Ich automatisch und unbewusst mit Verdrängung von Teilen der Persönlichkeit, um sich vor dessen schmerzhaften Angriffen zu schützen. Eine wirksame Weise, mit dem Über-Ich zu arbeiten, besteht darin, zu lernen, wie man sich auf eine andere Weise gegen seine Angriffe schützt, als sie zu verdrängen oder die anderen unbewussten Abwehrmechanismen einsetzen zu müssen. Die Methode muss bewusst und gezielt sein – im Gegensatz zu den gewohnheitsmäßigen, automatischen Reaktionen, die nur Unbewusstheit fördern können... Wenn ein Mann zum Beispiel antwortet: „Vater, es ist nicht wahr, dass ich schwach und feminin bin. Zärtlichkeit ist gut und bedeutet nicht schwach oder feminin zu sein", dann argumentiert er mit einem nicht wirklich rationalen Über-Ich. Außerdem hat er diese Antwort wahrscheinlich schon viele Male ohne Erfolg versucht, weil er mit dieser Antwort in der Defensive ist. Er versucht, sein Gefühl zu rechtfertigen und jemand anderen bestätigen zu lassen, dass er in Ordnung ist. Eine Rechtfertigung impliziert schon ein gewisses Schuldgefühl, deshalb wirkt sie nicht.

A. H. Almaas, *Essenz,* S. 168-169

Sue erstarrte vor Erstaunen über Franks unerwartetes Verhalten. Sie küsste nicht zurück und fühlte sich nach seiner Bemerkung darüber, dass sie ihn Schatz genannt hatte, etwas unbehaglich. Sie hatte es schließlich nicht liebevoll gemeint. Es war einfach eine ihrer Gewohnheiten, um ihn dazu zu bringen, zu tun, was sie wollte. Sie fühlte sich schuldig und fragte sich, ob er sich wohl über sie lustig machte.

Pass auf, Sue, du kannst dieser Offenheit nicht vertrauen. Du weißt, dass du es nicht verdient hast, liebevoll behandelt zu werden – schließlich hast du dich nur bei ihm beschwert. Außerdem fühlst du dich schon wieder so mies wie immer. Er tut da irgendetwas Merkwürdiges – lass dich bloß nicht von ihm aus dem Konzept bringen.

Sue war sich dieser Stimme bewusst, und zugleich galt ihr Gewahrsein Frank, der auf ihrem Schoß saß und sie mit einem sehr offenen, liebevollen Blick anschaute. Sie wusste nicht, was sie tun oder von dieser Situation halten sollte. Es gelang ihr nur, tief ein- und auszuatmen. Sie fühlte sich nicht mehr so angespannt, sondern wie an ihrem Platz festgewachsen und unfähig oder nicht willens, irgendetwas zu tun.

Du, schieb ihn einfach weg. Du weißt, er ist zu schwer, um auf dir zu sitzen. Sag ihm, dass dir das jetzt alles zuviel ist. Tust du das nicht, wird es dir hinterher leid tun. Er will nur irgendetwas von dir und hat sich eine neue Strategie überlegt, um dich zu überrumpeln.

Sue erkannte, wie oft sie auf diese Stimme gehört und alles getan und geglaubt hatte, was sie ihr erzählte. Das war ihr vertraut, und sie war versucht, dem Vertrauten zu folgen. Doch im Augenblick war sie mehr an dem interessiert, was hier und jetzt geschah: an Franks Blick und dem Kommentar, den er gerade über seinen eigenen Richter gemacht hatte. *Junge, ich weiß genau, wovon er redet.* Ohne zu überlegen lehnte Sue sich vor und küsste ihn. Ihre Hände schoben sich unter seinen Morgenmantel, spürten seine warme Haut und glitten dann mit festem Druck über seinen Rükken. Plötzlich fühlte sich ihr Körper lebendig und hungrig an, und sie spürte den seinigen als präsent, stark und interessiert.

Nach einem ausgedehnten Kuss zog Frank sich zurück, lächelte und sagte: „Nicht so wild! Ich habe mir den Nacken ausgerenkt und will nicht, dass es schlimmer wird..."

Ja, so geht's – jetzt wird er dir die Schuld geben und sich dann zurückziehen. Habe ich dir nicht gesagt, dass das ein Fehler war?

„...bist du sicher, dass du Kopfschmerzen hast? Das fühlt sich nicht nach Kopfschmerzen an. Du fühlst dich so lecker an – zum Vernaschen!" Worauf er seinen Morgenmantel ablegte, sie sanft in die Kissen drückte und sich auf sie legte.

9

Der Persönliche Wille

Der Richter glaubt zu wissen, was für Sie am besten ist, wie Sie zu sein haben, worauf Sie achten müssen und was an Ihnen nicht stimmt. Je mehr Sie sich mit ihm befassen, desto mehr werden Sie erkennen, dass er einen eigenen Kopf und einen eigenen Willen hat. Um sich von diesem unablässigen Kontrollieren des Richters zu befreien, müssen Sie Ihren eigenen Willen verstehen und nutzen. Doch einen eigenen Willen zu besitzen bedeutet nicht, ihn im Kampf gegen den Willen des Richters antreten zu lassen. Einen eigenen Willen zu besitzen bedeutet, die essenzielle Seelenqualität des persönlichen Willens zu erfahren.

Die folgende Geschichte zeigt einige der Stufen, die beim Aktivieren des eigenen Willens in Erscheinung treten. Einige Aussagen sind kursiv gedruckt, um die Punkte in Dorothys Prozess, welche in Bezug auf diese Qualität besonders wichtig sind, hervorzuheben.

Aus dem Leben gegriffen

Dorothy, eine ehrgeizige junge Frau, verfasste die jährlichen Geschäftsberichte für kleine gemeinnützige Organisationen und hatte dafür ihre eigene Firma gegründet. Sie war intelligent, intuitiv und fleißig, konnte gut schreiben und war als Sekretärin und Buchhalterin ausgebildet. Mit Disziplin und harter Arbeit hatte sie eine erfolgreiche Firma aufgebaut. Es machte Dorothy stolz, erfolgreich zu sein, weil ihr Vater sie stets für ihre Leistungen gelobt hatte und ihr besondere Beachtung schenkte, wenn ihr etwas gelang. Sie erkannte, dass ihr Richter sich genauso verhielt. Er motivierte sie, sich anzutreiben und lobte sie, wenn sie erfolgreich war: „Immer wenn du einen neuen Auftraggeber an Land ziehst oder einen fertigen Bericht abgibst, beweist du, dass du wirklich etwas wert bist."

In den ersten paar Jahren machten ihr die harte Arbeit, die langen Arbeitsstunden und das Gefühl von Dringlichkeit, das alle Aufgaben begleitete, viel Freude. Ihr Richter war ihr ständiger Begleiter – er unterstützte sie und trieb sie an, wenn sie einmal müde, einsam oder besorgt war. *Irgendwann aber spürte Dorothy das Bedürfnis nach einem Privatleben und sozialen Kontakten, und ihr wurde bewusst, dass sie kaum wusste, was sie wollte oder wie so etwas aussehen könnte.* Außerdem bemerkte sie, dass sie auf die Fragen ihrer Bekannten nach ihrem Befinden immer Antworten gab, die sich nur auf ihre Arbeit bezogen. *Sie erkannte, dass sie nicht wusste, wie sie sich fühlte* – sie konnte ihre Befindlichkeit nur im Hinblick darauf einschätzen, wie gut oder schnell sie mit ihrer Arbeit vorankam.

Die Zeit verging, und eines Tages geschah es, *dass sie plötzlich mitten am Tag die Lust verspürte, eine Pause zu machen.* „Das geht aber nicht! Es gibt viel zuviel zu tun, und außerdem ist das die reinste Zeitvergeudung," sagte ihr Richter. Sie gab ihm Recht und arbeitete weiter. Eine Woche später kam derselbe Wunsch wieder, und obwohl sie ihr Büro nicht verließ, fühlte sie sich so verwirrt, dass sie aufstand, sich ans Fenster stellte und die Welt dort draußen betrachtete. *Es fühlte sich an, als wäre ein Bann gebrochen.* Vertieft in den Anblick vorbeifahrender Autos und eiliger Fußgänger blieb sie eine Viertelstunde lang stehen – bis der Richter schließlich ihr Bewusstsein erreichte: „Was ist denn los? Du fängst ja an, faul zu werden! Nun aber schnell zurück an die Arbeit, bevor du echte Schwierigkeiten kriegst."

Sie ging zurück zu ihrem Schreibtisch und spürte die Schmerzen in ihrem Körper viel stärker. Außerdem wurde ihr klar, dass sie gerade überhaupt keine Lust hatte, einen begeisterten Bericht über eine gesichtslose Organisation und ihre Finanzen zu schreiben. Sie bemerkte zum ersten Mal, *dass sie in Kontakt damit war, wie sie sich in diesem Augenblick fühlte,* unabhängig davon wie die Arbeit lief. *Das war ein wenig erschreckend, weil ihre Gefühle nicht zu dem, was sie eigentlich tun musste, passen wollten.* Ihr Richter ergriff das Wort: „Da siehst du, warum persönliche Gefühle nur zu Problemen führen. Du musst einfach nur fleißig sein und deine Ziele und Pflichten nicht aus dem Blick verlieren. Wer weiß, was passieren wird, wenn du zulässt, alles Mögliche zu fühlen? Vielleicht willst du dann gar nicht mehr arbeiten. Was würde dann aus dir werden? Hör mir gut zu: Dieser persönliche Kram wartet nur drauf, dich in Schwierigkeiten zu bringen". Es war klar – wenn sie die Unterstützung des Richters weiterhin zur Verfügung haben wollte, durfte sie in ihrem Arbeitstempo nicht nachlassen.

Das Problem war, dass sie das nun schon seit zweieinhalb Jahren so tat; dass sie einiges Geld sowie eine schöne Wohnung hatte, beides aber nicht genießen konnte. Sie arbeitete die ganze Zeit und kam weder dazu, gesund zu essen noch sich Bewegung zu verschaffen. In diesem Augenblick *spürte sie ganz sicher, dass die Dinge sich verändern mussten, obwohl sie nicht wusste wie.* Sie fragte sich, wo sie Unterstützung finden könnte, denn ihr war klar, dass ihr Richter nicht einverstanden sein würde, wenn sie begänne, ihren Privatangelegenheiten Zeit und Energie zu widmen. Den restlichen Nachmittag hielt sie immer wieder inne, um darüber nachzudenken, wie es wohl wäre, sich selbst mehr Freiraum zu verschaffen. Während dieser Pausen *fielen ihr in ihrem Büro einige Dinge ins Auge, die sie völlig ignoriert hatte:* Eine Brötchentüte von letzter Woche, der Rohentwurf eines Berichtes, den sie in die Ecke gepfeffert hatte, ein Poster, dessen eine Ecke sich mangels einer Reißzwecke aufrollte, eine leere Kaffeetasse auf dem Fensterbrett und eine zweite in der Ablage. Als sie das dritte Mal innehielt, bemerkte sie plötzlich direkt vor sich auf dem Schreibtisch die Rose, die ihr Vermieter ihr vor zwei Wochen zum Valentinstag geschenkt hatte und die schon vor einer Weile in der leeren Vase vertrocknet war.

Das war der letzte Anstoß. *Sie stand auf und verbrachte den Rest des Nachmittags damit, ihr Büro zu reinigen.* „Wird auch langsam Zeit, dass du dich mal um den Raum kümmerst. Ich muss schon sagen – das ist hier nicht gerade ein professionelles Büro gewesen." Dorothy konnte hören, wie ihr Richter versuchte, ihre eigene Initiative für sich zu verbuchen. *Es war ihr egal. Sie wusste, dass sie sauber machte, und als sie damit fertig war, fühlte sie sich offen, klar und glücklich – nicht, weil der Raum jetzt professioneller aussah, sondern weil sie getan hatte was nötig war, und ihr ihre Umgebung jetzt besser gefiel. Zehn Minuten lang saß sie einfach in ihrem Sessel, erfreute sich an ihrem Büro und war sich des Gefühls gewahr, wirklich auf solide, simple Art in diesem Raum anwesend zu sein. Das hatte nichts damit zu tun, irgendetwas zu erreichen.* Anstatt zur Arbeit zurückzukehren, fasste sie den Entschluss, sich selbst als Zeichen für ihr neues Leben zum Essen einzuladen.

In die Wirklichkeit aufwachen

Dorothy muss zuerst erkennen, wie wenig sie mit sich selber im Kontakt ist und dass ihr Richter in ihrem Leben die Rolle des Leiters, des Antreibers, der Unterstützung und des Direktors gespielt hat. Sie hat das Gefühl, zu tun, was sie selbst will, doch ihre Wünsche werden dadurch motiviert, dass sie vom Richter (ihrem verinnerlichten Vater) unterstützt werden möchte. Allmählich erwacht sie zu der Tatsache, dass sie neben ihrem Richter weder ein persönliches noch ein inneres Leben besitzt. Sie erkennt ihren Mangel an Selbstgerichtetheit und Selbstgewahrsein, und dieser Prozess spiegelt das Erwachen ihres essenziellen Willens – des persönlichen Willens, der aktiviert wird, wenn wir beginnen, das, was wir für die Wahrheit gehalten haben, in Frage zu stellen und zu erkennen, dass unser Erleben begrenzt ist und nicht unbedingt unsere Wahrheit reflektiert.

Sogar als sie aufwacht, ist sie noch zu abhängig von der Unterstützung des Richters, um irgendetwas zu verändern. Erst als sie nicht anders kann und das Muster ihrer üblichen Aktivitäten durchbricht, bewegt sie sich über das vertraute Bild ihrer selbst hinaus. Doch der Richter macht seine Position sofort wieder geltend und holt sie zurück. Dorothy gehorcht zwar, kann aber die Dinge, die er ihr sagt, nicht länger ernst nehmen. Sie sieht sich mit der Möglichkeit konfrontiert, dass sich hinter ihrer Fassade eine sehr unzufriedene Frau verbirgt. Was, wenn sie die Arbeit, die sie sich selbst erschaffen hat, gar nicht mag? Ihr wird bewusst, was alles sie daran hindert, wirklich in ihrem eigenen Leben Fuß zu fassen – die Angst davor, nicht zu wissen, was geschehen sollte oder geschehen wird, aber auch davor, die Unterstützung des Richters zu verlieren.

Wieder tritt ihr persönlicher Wille zutage – dieses Mal, um ihr die Gewissheit zu geben, dass sie trotz der Hindernisse eine neue Richtung einschlagen muss. Darin besteht ein weiteres Charakteristikum dieser Seeleneigenschaft: Der persönliche Wille fördert unsere Entdeckung dessen, was gut für uns ist und versieht uns, wenn wir – vielleicht sogar ohne es zu wissen – mit dieser Wahrheit im Einklang sind, mit einem Gefühl von Zuversicht. Nachdem sich dieses Gefühl persönlicher Notwendigkeit bei Dorothy eingestellt hat, beginnt sie, die unmittelbareren Aspekte ihrer Wirklichkeit wahrzunehmen – so zum Beispiel all die Dinge in ihrem Büro, die sie während der Zeit, in der sie so extrem unter Leistungsdruck stand, völlig übersehen hatte. Auch darin äußert sich ihr persönlicher Wille, dass er sie mit den inneren und äußeren Realitäten des Augenblicks verbindet.

Je mehr sie sich dieser äußeren Realität gewahr wird, desto mehr fühlt sie sich angeregt, antwortend in Kontakt mit ihr zu treten. Hier äußert sich ihr Wille in der sofortigen Aktion, ihr Büro sauber zu machen. Wenn wir in unserem persönlichen Willen verwurzelt sind und erkennen, dass etwas getan werden muss, dann müssen wir es tun – nicht weil wir es wollen oder sollten, sondern weil es nötig ist. Diese Art des Tuns ist ein natürlicher, spontaner Akt. Sie benötigen dafür keinen Richter, der Sie antreibt. Es fühlt sich einfach gut an, ein Teil der Wirklichkeit zu sein, die sich um sich selbst kümmert.

Der letzte Schritt auf Dorothys Reise in Bezug auf den persönlichen Willen besteht darin, ihn als ein Gefühl in ihrem Körper wahrzunehmen. Sie hat aufgrund ihres eigenen Willens und nicht auf Befehl des Richters gehandelt und sie kommt dadurch zu einer natürlichen Ruhe, die sich befriedigend und weit anfühlt. Insbesondere ist sie sich eines einfachen, soliden Gefühls von Gegenwärtigkeit gewahr. Wenn Sie mit Ihrem persönlichen Willen im Kontakt sind, fühlen Sie sich körperlich im Hier und Jetzt verwurzelt. Ihr Körper fühlt sich solide und eindeutig an, mit klaren Abgrenzungen und innerer Dichte. Sie wissen, dass Sie in diesem Augenblick hier an diesem Platz und nirgendwo anders sind. Der Verstand kann still oder beschäftigt sein, doch Sie sind weder in der Vergangenheit noch in der Zukunft – Sie sind einfach nur jetzt hier.

Wir haben also drei bestimmte Erscheinungsformen des persönlichen Willens betrachtet: ein definitives, konkretes Gefühl Ihrer eigenen Gegenwärtigkeit; Gewissheit und Zuversicht im Handeln sowie das Wissen darüber, was wahr und was notwendig ist. Wenn Sie Ihren eigenen Willen erleben, wissen Sie ohne jedes Denken, dass all diese Erscheinungsformen einer einzigen inneren Realität entspringen – einer soliden, unerschütterlichen Klarheit des Seins. Wenn Ihnen diese Erfahrung vertrauter wird, werden Sie erkennen, dass der persönliche Wille all Ihrem Tun auch eine gewisse Unerschütterlichkeit verleiht. Ihr Wissen, dass eine bestimmte Sache in Ihrem Leben geschehen muss, ist dasselbe wie Ihre Absicht es zu tun – und das wiederum stimmt damit überein, dass Sie sich selbst dazu verpflichten, es durchzuführen. Sie fühlen eine klare Zielgerichtetheit, der die Versuche des Richters, Sie hin und herzuziehen, nichts anhaben können. Genauso wie Dorothy die Versuche ihres Richters, ihre Reinigungsaktion an sich zu reißen, bemerkte, werden auch Sie die Manipulationsversuche Ihres Richters hören, ohne sich davon beeinflussen zu lassen. Das hat nichts damit zu tun, in Ihrem Handeln stur oder dickköpfig zu sein – Sie versuchen nicht, die Realität auszublenden. Im Gegenteil, der persönliche Wille befindet sich in ständiger Offenheit der Wirklichkeit gegenüber und ist auf den Kontakt zu ihr angewiesen. In den Interaktionen mit Ihrem Richter lässt Ihr persönlicher Wille klar erkennen, wie der Richter die Wirklichkeit manipulieren muss, um an der Macht zu bleiben.

Der Wille und der Richter

Der Wille entsteht aus Gewahrsein und Akzeptanz. Sie nehmen Ihre derzeitige Realität so umfassend wie möglich wahr und richten sich an ihr aus. Das bedeutet, mit der physischen Realität im Kontakt zu sein, der konkreten Bestimmtheit Ihres Körpers, der Luft, die Sie atmen, dem Essen, das Sie zu sich nehmen, dem Haus, in dem Sie leben, dem Auto, das Sie fahren. Wenn irgend etwas kaputtgeht, reparieren Sie es – Sie lassen es nicht monatelang in der Hoffnung liegen, dass es sich von selbst erledigt. Der Wille hat auch damit zu tun, mit Ihren Gefühlen, Bedürfnissen, Gedanken, Überzeugungen sowie Ihrem Richter im Kontakt zu sein. Sie erkennen, dass diese Dinge nicht die höchste Wahrheit, sondern einfach einen Teil Ihrer Realität darstellen, mit dem Sie auf realistische Weise verbunden sein und umgehen müssen. Wenn Sie ekennen, dass die Art eines Ihrer Freunde, Konversation zu machen, darin besteht, Sie ständig anzugreifen, dann fragen Sie sich, ob Sie das wollen und bitten ihn wahrscheinlich, damit aufzuhören. Sollte das nicht funktionieren, überlegen Sie sich, ob Sie wirklich jemanden zum Freund wollen, der Sie ständig angreift. Ist die Antwort nein, dann werden Sie die Beziehung womöglich abbrechen, obwohl Sie das sozial in Verlegenheit bringen könnte.

Wie attackiert der Richter Ihren Willen? Hauptsächlich, indem er Ihnen einflüstert, dass Ihnen nichts gelingen wird, wenn Sie sich nicht bemühen, anstrengen und disziplinieren. „Du kannst hier nicht einfach rumsitzen, du musst diese Sache erledigen. Es gucken schon alle. Was willst du jetzt tun? Denke daran, was letztes Mal passiert ist. Meinst du etwa, es wird dieses Mal anders laufen?" Der Richter verzerrt ständig die Realität, damit Sie aufpassen und sich so fühlen wie er es will. Wenn Sie versuchen, Ihr Tempo zu drosseln und nicht mehr so unüberlegt zu handeln, wird er Sie als Versager, Waschlappen, Feigling oder Schwächling bezeichnen. Er wird Ihnen sagen, dass Sie faul und verantwortungslos sind, weil Sie nicht genug tun, die Kontrolle verlieren, hinter den anderen zurückbleiben, nicht rechtzeitig fertig sind, Ihre einzige Chance verspielen und so weiter. Auf Ihren Willen hat der Richter einen größeren Einfluss als auf jede andere Eigenschaft Ihres wahren Wesens. Er versucht, Sie aktiv von Ihrer Verwurzelung in der Realität abzuschneiden. Indem er Sie unaufhörlich als schwach, passiv, unzulänglich, schüchtern, bedürftig und hilflos bezeichnet, macht er Ihnen weis, dass Sie ihn zu Ihrer Unterstützung brauchen. Zeigen Sie ihm die kalte Schulter, dann nennt er Sie rigide, kontrollierend, zu unabhängig und selbstsicher, frech, egozentrisch und arrogant und findet, dass er Sie zurechtweisen und Ihnen zeigen muss, wer der Herr im Hause ist.

Ihre stete Verbindung mit Ihrem persönlichen Willen stellt für die Macht des Richters eine Bedrohung dar. Wenn Sie beginnen, sich selbst sowie der Erfahrung zu vertrauen, mit Ihrer eigenen Wahrheit im Kontakt zu sein, dann benötigen Sie die Unterstützung des Richters nicht länger. Sie kultivieren das Gefühl, standfest in der Realität verwurzelt zu sein und lassen es nicht länger zu, dass der Richter Ihre Erfahrungen durch seine Überzeugungen, Prioritäten und Wertbegriffe beeinflusst. Stattdessen entwickeln Sie die Geduld, zuzulassen, dass sich die Dinge von selber entfalten und Ihnen ihre Wahrheit enthüllen.

Der persönliche Wille agiert im Verein mit Ihrem Gewahrsein, indem er Ihnen die Entschlossenheit gibt, zu spüren, zu schauen und zu lauschen. In dem Maße, wie sich Ihr persönlicher Wille entwickelt, gewinnen Sie die Fähigkeit, sich in dem Augenblick, in dem der Richter seine vertrauten Angriffe startet, nicht mehr mit ihm zu verwickeln. Wie wäre es, dem Richter einfach ohne zu reagieren zuzuhören, sich auf nichts weiter einzulassen und einfach dem eigenen Atem zu folgen? Wenn der Richter Sie nicht mehr zum Handeln oder Reagieren bewegen kann, hat er ausgespielt – seine Macht ist dahin.

Praxisanleitung: Sitzen als Praxis

Mit dieser Praxis kultivieren Sie schrittweise Ihren persönlichen Willen, also die Fähigkeit, einfach mit dem gegenwärtig zu sein, was im jeweiligen Augenblick geschieht.

Schritt 1.

Suchen Sie sich an einem überfüllten, belebten Ort einen Platz, wo Sie ungestört sitzen können – das kann eine Bank in einem Einkaufszentrum, einem Bahnhof oder an einer Geschäftsstraße sein. Dort sitzen Sie etwa fünfzehn Minuten lang bequem und ruhig ohne sich zu bewegen oder zu sprechen – Sie schauen, Sie lauschen und Sie sind sich Ihres Körpers gewahr. Achten Sie auf all das Leben und die Energie, die Sie umgeben und darauf, dass Sie einfach mitten darin sitzen können, ohne etwas zu tun. Vielleicht wecken Dinge, die Sie sehen, oder Gesprächsfetzen, die Sie hören Ihr Interesse – doch Ihre Aufgabe besteht darin, Ihr Gewahrsein immer wieder zum eigenen Körper und der eigenen Erfahrung, einfach nur zu sitzen, zurückzubringen.

Schritt 2.

Für die gleiche Praxis wählen Sie nun einen Ort in der Natur – am Meer, im Wald oder in einem nahe gelegenen Park – wo es kaum Menschen gibt, die Sie mit ihren Aktivitäten stören könnten. Achten Sie auf das Tempo und die unterschiedliche Intensität, welche die Energie und die Bewegungen hier haben. Beachten Sie, was Sie an diesem Ort angezogen hat. Folgen Sie weiterhin der Absicht, stets zum Gewahrsein Ihrer selbst zurückzukehren.

Schritt 3.

Üben Sie diese Sitzpraxis zu Hause, zum Beispiel in Ihrem Wohn- oder Schlafzimmer. Nehmen Sie sich dafür mindestens fünfzehn Minuten Zeit und achten Sie darauf, wie Ihr Geist in verschiedene Richtungen gezogen wird: Alles um Sie herum weckt vertraute Assoziationen; Sie denken daran, was Sie noch zu tun haben, und länger nicht beachtete Dinge rufen Erinnerungen wach. Versuchen Sie, Ihren Körper entspannt und ruhig zu halten. Es gibt während dieser Zeit nichts zu tun. Fällt es Ihnen in dieser vertrauten Umgebung schwerer, Ihre Aufmerksamkeit immer wieder auf die einfache Aktivität des Sitzens, Atmens und Sich-Spürens zurückzubringen?

Schritt 4.

Sitzen Sie fünfzehn Minuten lang *mit geschlossenen Augen* an einem stillen Platz in Ihrer Wohnung, wo Sie ungestört sind. Vielleicht möchten Sie auch das Telefon abstellen. Nun können Sie durch keinerlei äußere Eindrücke abgelenkt werden. Nur Sie selbst und Ihr Verstand bleiben übrig, und Sie werden mit den unzähligen Möglichkeiten konfrontiert, wie Ihr Verstand Sie davon ablenken will, einfach nur zu sitzen und still zu sein. Ihrem Atem zu folgen ist eine gute Unterstützung, um konzentriert zu bleiben; und wenn Sie wollen, können Sie Ihr Gewahrsein auch darauf richten, Ihre Arme und Beine zu spüren. Wann immer Sie sich in der Vergangenheit oder der Zukunft, an weit entfernten Orten, beim Denken an schwierige Aufgaben oder in Verhandlungen mit Ihrem Richter wiederfinden, bringen Sie Ihre Aufmerksamkeit einfach wieder zu Ihrem Atem oder dem Gewahrsein Ihres Körpers zurück. Erinnern Sie sich daran, dass Sie in diesem Augenblick nichts anderes tun als zu sitzen.

Diese Erfahrung des Sitzens beinhaltet die Praxis, sich bewusst dafür zu entscheiden, still zu sein und weder innen noch außen irgendetwas zu tun. Diese Praxis aktiviert, wenn Sie sie über einen längeren Zeitraum aufrechterhalten, Ihren Willen, einfach nur zu sein und nichts zu tun. Denken Sie daran – sie ist nicht dazu da, irgendein bestimmtes Ergebnis oder Erleben zu fördern, möge es leicht oder schwer, angenehm oder unangenehm sein. Es mag Ihnen sehr wohltuend und entspannend vorkommen, nichts zu tun – doch es kann Ihnen auch unangenehm vorkommen, sich nicht zu bewegen, Ihren Körper zurechtzurücken oder sich auf etwas einzulassen, das sich in Ihrem Kopf oder um Sie herum abspielt. Vielleicht fühlen Sie sich gelangweilt, ängstlich, müde oder aufgeregt. Sie können alles Mögliche erleben. Im persönlichen Willen gründet Ihre Fähigkeit, alles, was sich innerhalb Ihres Erlebens abspielt, im Kontakt und im Gewahrsein zu halten.

Es ist von großem Wert, die Sitzpraxis häufig, sogar täglich auszuüben. Sie verstärkt Ihre Fähigkeit, innerlich still zu sein und sich von den verschiedenen Energien, die Ihnen im Außen und im eigenen Innern begegnen, nicht ablenken zu lassen.

In dem Augenblick, in dem wir „Nein" zu unserer Erfahrung sagen, benutzen wir den falschen Willen. Wahrer Wille bedeutet, den falschen Willen, der unser Erleben in eine andere Richtung lenken will, einfach loszulassen.
Wenn wir also willens sind, ganz im Moment zu sein, verschafft uns das eine bessere Möglichkeit, zu sehen, was in Wirklichkeit da ist und was wirklich passiert. Sagen wir dagegen: „Nein, ich will das nicht. Ich will, dass es anders ist", dann blockiert das unsere Erfahrung und verringert damit unsere Möglichkeit, die Wahrheit klar zu sehen. Wenn der wahre Wille aktiv ist, verstärkt er also unser Gewahrsein dessen was da ist. Er ermöglicht uns eine vollständigere und vollere Wahrnehmung. Nur anhand dieser vollständigen Wahrnehmung können wir wirklich verstehen, was da ist.

A. H. Almaas, *Diamond Heart Book 2,* S. 120

Nachdem sie sich geliebt hatten, lagen Frank und Sue auf dem Bett. Der Ablauf fühlte sich unvollständig an, wie so oft. Auch dieses Mal hatte Frank, sobald er in ihr war, seine Erektion verloren und sie fühlte sich betrogen, wie immer. Sein Problem hinderte sie an ihrem Vergnügen. Beide schwiegen. Die Atmosphäre war dicht und unangenehm.

„Also, was ist dieses Mal dein Problem, Frank? Wieso kannst du nicht steif bleiben?"

„Macht es dir denn überhaupt keine Freude, wenn ich in dir bin? Du siehst immer irgendwie gequält aus, als ob du dir wünschst, dass ich jemand anders wäre!"

„Ach, nun ist es also mein Problem! Wer ist denn derjenige, der drei Jahre lang überhaupt keinen Sex wollte und nun so schnell kommt, dass mir kaum Zeit bleibt, tief durchzuatmen?"

„Fick dich doch selber. Du machst mich dermaßen wütend!" Frank drehte sich herum, um sich von Sue abzuwenden und hielt sich in seinen eigenen Armen fest.

„Mach jetzt bloß nicht zu, Frank," forderte Sue, die sich aufgrund seines Rückzugs hilflos zu fühlen begann. Seine Art sich abzuwenden war ihr ebenso wohlvertraut wie die Angst und Bedürftigkeit, die sie dann empfand. „Warum kannst du nicht einfach sagen, was du zu sagen hast. Ich bin es leid, dass du deinen Ärger runterschluckst." Und nach eine Pause fügte sie hinzu: „Hör zu, ich verspreche dir, einfach nur zuzuhören, ohne etwas zu erwidern."

Frank schwieg einige Minuten lang, setzte sich dann auf, atmete tief durch, und begann:

„Ja, ist schon wahr – du gehst mir gerade ziemlich auf die Nerven. Immer lauerst du wie ein Geier, um mir die Schuld daran zu geben, dass du keinen Spaß hast. Du bist doch froh, wenn ich es nicht bringe – dann kannst du mir voller Schadenfreude sagen, dass es mein Fehler war. Dein eigentliches Problem liegt darin, dass du dir selber keine Lust verschaffen kannst. Du bist total davon abhängig, dass der Mann dich die ganze Zeit aus dir herauslockt. Scheiß drauf! Ich hab selber genug Defizite – da brauch ich mir deine nicht auch noch aufzuladen. Meinst du, es ist ein Vergnügen, mit einem so winzigen Schwänzchen wie dem meinen klarzukommen? Ich hab's nicht im Griff. Ich kann mich nicht darauf verlassen, dass er durchhält oder steif bleibt. Keine Ahnung, was mit ihm los ist oder was er braucht. Stell dir's bloß mal vor – du machst Liebe und dein wichtigstes Werkzeug gibt genau in dem Moment den Geist auf, wo's drauf ankommt. Ich fühle mich verdammt hilflos. Wie ein Kastrat, ohne Eier. Da kann ich doch gleich ins Kloster gehen. Suze, es ist so verdammt erniedrigend."

Sue lehnte sich zu ihm herüber, legte ihre Hand auf seine Brust, und er brach in Tränen aus. Was für ein Morgen! Zuerst war er auf solch spontane Weise liebevoll gewesen, und nun das! Was für ein intensives Erlebnis, all den unterdrückten Zorn zu beobachten, der in seinen Urteilen über Sue und sich selbst zum Ausdruck kam – Zorn, der all die Verletzungen und den Schmerz überdeckte, die er so verzweifelt zu verbergen trachtete.

10

DER RICHTER SEIN

Bislang haben wir das Urteilen aus der Sicht desjenigen betrachtet, der verurteilt wird. Das ist wichtig, denn Sie nehmen die Verurteilungen sowie das Leid, welches sie verursachen, zunächst wahr, wenn Sie sich in dieser Position befinden. Doch in Ihrem Inneren sind beide Seiten des Urteilsprozesses zu Hause. Um das Urteilen vollständig zu erforschen, müssen wir die Dinge auch aus der Sicht des Angreifenden betrachten. Das bedeutet, sich selbst als den Richter zu sehen.

Vielleicht sind Ihnen die Augenblicke schon bewusst, in denen Sie die Rolle desjenigen annehmen, der andere kritisiert und sich selber heruntermacht. Es kann sogar sein, dass Ihnen die Erfahrung, sich anderen überlegen zu fühlen, vertrauter ist als das Gefühl, mangelhaft oder unwürdig zu sein. Vertraut oder nicht – mit zunehmendem Gewahrsein Ihrer selbst werden Ihnen Augenblicke auffallen, in denen Sie der Urteilende sind, selbst wenn Sie das gar nicht wollen. Ein wichtiger Schritt in der Arbeit mit dem Richter besteht also darin, zu lernen, warum Sie sich verpflichtet fühlen, den Richter zu spielen.

Die Urteilsschleife

Wie wir im Kapitel 8 festgestellt haben, wird der Urteilsprozess sowohl vom Richter als auch von demjenigen aktiv unterstützt, der verurteilt wird. Durch ihre gegenseitige Abhängigkeit entsteht eine Endlosschleife der Selbstverurteilung. Der Richter braucht denjenigen, der verurteilt wird, und umgekehrt. Wenn Sie sich anderen gegenüber für überlegen halten, werden Sie wahrscheinlich Beziehungen mit Menschen haben, denen es an

Selbstbewusstsein mangelt. Identifizieren Sie sich gewöhnlich damit, derjenige zu sein, der abgekanzelt wird, werden Sie sich wahrscheinlich am wohlsten mit einem Menschen fühlen, der gerne kritisiert. In beiden Fällen neigen Sie unbewusst dazu, sich Ihrem Gegenteil zuzuwenden, weil das Ihr Gefühl dafür, wer Sie sind, unterstützt. Anders ausgedrückt: In diesen nach außen projizierten Versionen der Urteilsschleife finden Sie jemanden, der Ihr verletztes Kind oder Ihren Richter darstellt.

Wenn Sie sich erst einmal mit dem Richter oder dem Verurteilten identifiziert haben, sind Sie in der Schleife gefangen. Dort müssen Sie nun bleiben, sonst verlieren Sie die Unterstützung Ihres Gegenparts. Verlassen Sie in einer Beziehung die Gegenrolle, dann kann das den Status quo ins Wanken bringen. Wenn Sie sich als Herr Hoch-zu-Ross eines Tages unwürdig fühlen, wird das Ihre Partnerin, Fräulein Fußabtreter, vielleicht beunruhigen und sie wird versuchen, Sie zu Ihrem bekannten überlegenen Selbst zurückzubringen. So ist das Leben in der Schleife.

Der Urteilsprozess läuft Runde um Runde innerhalb der Schleife ab und kann dadurch in Gang gesetzt werden, dass Sie sich wie der Richter oder wie der Angeklagte verhalten. Oft beginnt Ihr eigener Richter die Sache, indem er Sie kritisiert – doch je mehr Sie erkennen, wie der Prozess eigentlich verläuft, desto klarer wird Ihnen, dass auch die andere Seite beginnen kann. Sie können sich von jemandem „angegriffen" fühlen, der selber gerade angegriffen wird, wenn dessen Verhalten dazu tendiert, Sie in die Urteilsschleife hineinzuziehen.

In der Gegenwart eines Menschen, der gerade eine kollabierende Verwicklung ausagiert – sich verfolgt, hilflos oder extrem abhängig fühlt – kann es sehr schwer sein, nicht zu seinem Richter zu werden. Er sagt vielleicht so etwas wie: „Du findest mich bestimmt ekelhaft, oder?", macht Sie damit zu seinem Richter und verwickelt sich in der Folge in eine Beziehung mit Ihnen, in der er alles schluckt. Ein gutes Beispiel für eine solche Interaktion liefert Sues Verhalten in der Episode am Anfang von Kapitel 16. In engen Beziehungen, in denen beide Partner unbewusst die Rollen ausfüllen, welche von ihnen erwartet werden, ist das ein sehr häufiges Muster. Die Urteilsschleife wird sehr oft zum Teil der vertrauten Dynamik einer Beziehung, in der mal der eine, mal der andere sie ins Leben ruft, indem er eine der beiden Rollen spielt – den Richter oder den Angeklagten. Im Inneren findet dieser Prozess auf ähnliche aber nicht so offensichtliche Weise statt.

In der Schleife sind Sie immer dann gefangen, wenn Sie sich verwickelt haben. Da es sich bei ihr um ein geschlossenes System handelt, fühlen Sie sich eingesperrt und festgefahren – Sie können über Ihre Verwicklung nicht hinausschauen und verlieren den Boden unter den Füßen. Die einzige Möglichkeit, als Gefangener in der Schleife eine gewisse Erleichterung zu erfahren, ohne sich aus der Verwicklung zu lösen, besteht darin, die Rollen zu wechseln. Sie wechseln vom Richter zum Angeklagten oder umgekehrt.

Was bedeutet das? Es bedeutet, dass Sie, anstatt sich ohnmächtig zu fühlen, zu demjenigen werden, der sich mächtig vorkommt. Wenn Sie gerade eine Erfahrung hinter sich gebracht haben, in der Sie sich – vielleicht ohne es zu wissen – angegriffen fühlten und die Gefühle von Hilflosigkeit und Scham, die damit einhergehen, schwer zu ertragen sind, ist es nicht ungewöhnlich, sich plötzlich in einer kritischen Haltung anderen gegenüber zu befinden oder sie aggressiv herumzukommandieren. Dabei kann es sich um Angestellte, Ehepartner, Kinder, Haustiere oder Dinge handeln. Auf diese Weise entkommen Sie zeitweilig der eigenen Machtlosigkeit, die Sie auf der Angeklagten-Seite der Schleife empfinden, und nehmen die mächtige Position des Richters ein. Dabei spielt es keine Rolle, ob die äußere Situation anders ist als diejenige, in welcher Sie sich verurteilt gefühlt haben (was es tatsächlich leichter macht, die Rollen zu wechseln), weil die Urteilsschleife sich in Ihrem Inneren befindet und Sie begleitet, wohin Sie auch gehen.

In der Einzelstunde

In einer Einzelstunde berichtet Jim von einer kürzlichen Erfahrung, bei der er feststellte, dass er andere Menschen heftig kritisierte. Eines Morgens war er in einem Café, fühlte sich wohl und genoss Sonnenschein und Kaffeeduft. Als er zum Tresen ging, fiel sein Blick auf jemanden an einem der Tische, der ihn betrachtete. Sofort fühlte er, wie er sich versteifte, nach innen zurückzog und mit wachsamem Auge um sich schaute. Er bemerkte auch, dass sein Verstand über die verschiedenen Menschen in dem Café herablassende Bemerkungen machte und damit jeden einzelnen aburteilte. Diese Art inneren Kommentars war ihm sehr vertraut, doch nie zuvor war ihm aufgefallen, wie negativ er war.

Als Jim das bemerkte, verstörte es ihn ein wenig, doch er war auch neugierig, was da eigentlich vor sich ging. Während er auf seinen Cappuccino wartete, horchte er in sich selbst hinein und erkannte, wie verletzlich er sich gefühlt hatte, als jener Mensch ihn fixiert hatte. Er fühlte sich schwach, bloßgestellt und war sich sicher, verurteilt zu werden. Seine Verletzlichkeit wurde unerträglich, als er in den Augen aller Anwesenden seinen Richter sah und sich vorstellte, dass sie sich über ihn lustig machten. Da erkannte er, dass er seine eigene Schwäche in ihnen sah. Er wusste, dass er dazu neigte, das Gefühl, bloßgestellt zu werden dadurch abzustellen, dass er selber zum Richter wurde und andere angriff. In der Sitzung konnte er erkennen, dass er sich als Richter stark und in Kontrolle statt schwach und ausgeliefert gefühlt hatte. Indem er also zum Richter wurde, vermied er es, für seine Verletzlichkeit angegriffen zu werden.

Als Richter fühlen Sie sich im Recht, stark und mächtig, und sind bereit, sich aggressiv Gehör zu verschaffen. Sie wissen, was los ist und was zu geschehen hat. Das unterscheidet sich gewaltig von den Gefühlen, die Sie als Angeklagter haben – schwach, hilflos, klein, unzulänglich und unwürdig. Da ist es kein Wunder, wenn einer der beliebtesten Auswege, um solchen Gefühlen zu entkommen, darin besteht, zum Richter zu werden. Warum der Gefangene sein, wenn man auch der Gefängniswärter sein kann? Das ist natürlich die Sichtweise des Ego, welche auf der Konditionierung beruht, dass das Leben aus sich ergänzenden Rollen besteht – dass man entweder das eine oder das andere sein muss und die beiden sich gegenseitig ausschließen.

Die wahre Natur beruht nicht auf Trennung, Absonderung oder Ausschluss. Wenn Sie Ihr wahres Wesen verkörpern, schließt das alle Eigenschaften und alle Erfahrungen ein. Als Kind mussten Sie lernen, Ihr Erleben in Rollen und Beziehungen, Möglichkeiten und Begrenzungen, Vorstellungen Ihrer selbst und der anderen aufzuteilen. Kinder verinnerlichen diese Perspektiven mit Spielen, die sich auf Beobachtungen stützen, wie die Menschen miteinander umgehen: „Tommy, du spielst jetzt den bösen Jungen, der seine Schulaufgaben nicht gemacht hat, und ich bin der Lehrer, der ihn anschreien und in die Ecke stellen darf." Sie lernen die Rollen des Gefängnisses der Persönlichkeit. In diesem Buch untersuchen wir die Möglichkeit, das Gefängnis ganz zu verlassen.

Wenn Sie normalerweise die richterliche Rolle mit ihrer Stärke, Kontrolle, Klarheit und Richtigkeit spielen, finden Sie nicht, dass Sie urteilen. Sie sind ganz und gar von sich überzeugt und halten es für nötig, diese Position einzunehmen – Sie finden Ihre Art zu handeln und zu denken also völlig gerechtfertigt. Dieses Gefühl der Überzeugung und Notwendigkeit entspringt allerdings nicht einer Verwurzelung in der Wirklichkeit des persönlichen Willens, sondern dem Bedürfnis, das Ungemach, angegriffen zu werden, zu vermeiden. Das können Sie daran erkennen, dass Sie sich aufgrund Ihrer Position aufblasen, anderen sagen, wo's langgeht, selbstgerecht Ihre Wahrheit vertreten oder mit anderen kommunizieren, indem Sie sie angreifen. Wollen Sie, dass sich die Dinge auf bestimmte Weise entwickeln und reagieren auf die Frage, warum das so ist, defensiv, so können Sie sicher sein, dass Sie nicht die Leichtigkeit und Klarheit fühlen, die entstehen, wenn man in der größeren Wahrheit der Realität ruht. In den meisten Fällen verurteilen Sie sich selbst oder andere, weil Sie damit ein Gefühl von Defizit überdecken wollen, das oft aus der Erfahrung resultiert, angegriffen zu werden. (Aus diesem Blickpunkt gesehen stellt der Gegenangriff einen Platzwechsel dar – vorher wurden Sie verurteilt, jetzt sind Sie selber der Richter).

Es ist schwierig, sich selbst als Richter zu erkennen, ohne sich daraufhin böse, falsch, gemein oder herzlos vorzukommen. Doch diese Reaktion sagt aus, dass Sie nun Ihren Richter verurteilen – und immer noch in der Schleife gefangen sind. Wenn Sie ausbrechen wollen, besteht der erste Schritt darin, sich der Wahrheit gewahr zu sein ohne zu reagieren. Denken Sie daran – diese Urteilsschleife existiert nur in Ihrer Vorstellung, und an jedem Ende ist ein Teil Ihrer Identität befestigt.

Ihre tiefste und längste Verbindung besteht mit demjenigen, der angegriffen wird – dem Kind –, doch um zu überleben haben Sie gelernt, genauso zu sein wie Ihre Eltern. Sie haben den Richter, den Sie ursprünglich in den Eltern erlebt haben, verinnerlicht, und nun wechseln Sie hin und her und identifizieren sich abwechselnd mit dem einen und dem anderen Ende der Schleife. Um Ihr Verständnis vom Urteilsprozess weiterhin zu vertiefen, müssen Sie Ihre Erfahrung, selber der Richter zu sein, genauso in Augenschein nehmen wie Ihre Verwicklungen mit dem Richter. Hier einige wichtige Fragen, die wir genauer betrachten werden: Wie fühlt es sich an, der Richter zu sein? Wann werden Sie zum Richter? Zeigen Sie es oder verbergen Sie es? Bringt Ihnen das Urteilen irgendetwas? Wodurch wird der Richter motiviert?

Den Richter in sich selbst erkennen

Eine Dimension der Erforschung Ihres eigenen inneren Richterseins besteht darin, festzustellen, wie Sie sich als Richter fühlen – genau wie Sie das im Kapitel 4 mit der Erfahrung getan haben, beurteilt zu werden. Auf somatischer Ebene können Sie die Dominanz Ihres Richters an jedem der folgenden Symptome erkennen:

- Ihre Stimme wechselt in eine höhere Tonlage, wird schneller oder lauter
- Ihre Atemfrequenz und -tiefe steigern sich
- Sie bemerken, dass Ihr Herz schneller und heftiger schlägt
- Die Muskeln in Ihren Armen oder Beinen, in Nacken, Gesicht oder Bauch ziehen sich zusammen
- Sie fühlen sich aufgeladen und bereit, voll in Aktion zu treten
- Sie fühlen eine Anspannung zwischen den Schulterblättern
- Sie haben das starke Gefühl im Körper, Energie ablassen zu müssen
- Ihr Bewusstsein schränkt sich auf den Gegenstand Ihrer Kritik ein.

Auch auf kognitiver Ebene wird der Richter durch bestimmte Haltungen und Einstellungen sichtbar. Jeder der folgenden Gedanken oder Empfindungen kann auf eine kritische Einstellung hinweisen:

- Die Überzeugung, dass die Dinge in Ihrem Umfeld nicht richtig gemacht werden
- Die Gewissheit, dass anderen die Fähigkeit oder die Motivation fehlt, das Notwendige zu tun
- Misstrauen in die Motive der anderen; Enttäuschung über ihr Versagen

- Ein starkes Bedürfnis, sich durchzusetzen und das eigene Territorium zu verteidigen
- Das hartnäckige Augenmerk darauf, Recht zu haben oder Details zu verbessern
- Die Überzeugung, alles alleine und ohne die Hilfe der anderen erledigen zu müssen.

Keine der obigen Listen ist vollständig, auch werden Sie Ihre Identifikation mit dem Richter nicht notwendigerweise auf eine dieser Arten erleben. Welche Möglichkeiten sind Ihnen am vertrautesten? Was erschwert es Ihnen, Ihre Identifikation mit dem Richter zu erkennen?

Die Rollen des Richters

Um sich selbst als den Richter zu erkennen, ist es hilfreich, verschiedene Formen zu kennen, derer sich das Urteilen bedient. Diese äußern sich als Rollen, hinter denen sich der Richter verbirgt – so die Rolle des Gewissens oder desjenigen, der anfeuert, beschützt oder spiegelt. All diese Rollen erfüllen lebenswichtige Funktionen, sind von Ihnen jedoch unglücklicherweise dadurch erlernt worden, dass Sie Ihre Eltern nachgeahmt haben, was unweigerlich ein Element der Selbstablehnung mit sich bringt. Jede Rolle wird also von den Urteilen gefärbt, die in der frühen Beziehung zwischen Ihnen und Ihren Eltern implizit vorhanden waren.

Wenn Sie zum Beispiel eine eigene oder fremde Handlung nach moralischen Gesichtspunkten einschätzen, wird es Ihnen schwer fallen, mit der Handlung nicht zugleich die Person zu beurteilen. „Irgendetwas an mir muss falsch sein, wenn ich etwas so Böses tun konnte." Und nicht nur das – Sie neigen außerdem dazu, Schuldgefühle als eine passende Strafe für „falsches" Verhalten anzusehen: „Wenn ich mich nicht schuldig fühle, werde ich nie etwas dazulernen." Ihnen fehlt das Vertrauen, auch dann etwas zu lernen, wenn Sie nicht bedroht werden. Sie erleben das Gewissen auf der Basis moralischer Maßstäbe und nicht aufgrund eines konkreten Wissens über Ihre Handlungen und deren Folgen. Und Sie halten diese Maßstäbe durch Schuld und Strafen aufrecht, jedoch nicht, um Ihre eigene Wahrheitsliebe zu unterstützen.

Genauso haben Sie gelernt, sich zu motivieren, um Dinge zu tun, die eine gewisse Mühe von Ihnen fordern oder zu denen Sie keine Lust haben. Vielleicht motivieren Sie sich mit einer Belohnung oder Sie jagen sich selber Angst ein, indem Sie sich auf die negativen Konsequenzen hinweisen, die Ihr Nichtstun hätte. Sie werden sich überreden, überzeugen oder umgarnen. All diesen Vorgehensweisen liegt die Annahme zugrunde, dass Sie entweder den Wunsch nach etwas Besserem oder die Angst vor etwas Schlechterem wecken müssen, und in beiden Fällen gründet Ihre Motivation darauf, dass Sie Ihren gegenwärtigen Zustand ablehnen.

Dieses gleiche Muster von Verurteilung und Selbstablehnung ist an der Basis anderer Rollen zu finden, wie der des Beraters, des Führers, der Autoritätsfigur, des Beschützers, des Prüfers und des Spiegels. Wenn Sie sich darauf konzentrieren, sich Ihre eigene Anerkennung zu sichern, das angemessene Verhalten festzulegen oder sich selber Anweisungen zu geben, werden Sie nur zu leicht die Haltung des Richters übersehen, welche all diesen Funktionen zugrunde liegt. Ein Schritt, um Ihre eigenen Aktivitäten als Richter aufzudecken, besteht also darin, auf die Einstellungen und Annahmen zu achten, die präsent sind, wenn Sie diese Rollen in Ihrem Leben ausagieren. Wenn Sie es zulassen, sich Ihrer eigenen richterlichen Aktivitäten in größerem Maße gewahr zu werden, können Sie erforschen, wie Sie sich dabei fühlen, Urteile zu fällen, und warum Sie sich auf diese Art und Weise erleben.

Urteilen und seine Meinung sagen

Immer wenn Sie jemandem ein Feedback geben oder aussprechen, was Sie über das Verhalten oder die Handlungen eines anderen Menschen empfinden, müssen Sie sich zwangsläufig mit Ihrer eigenen verurteilenden Haltung auseinandersetzen. Eine der wichtigsten Barrieren zur unverblümten Kommunikation ist die Angst vor Urteilen und Ablehnung beim Geben oder Empfangen von Feedback. Können Sie starke Gefühle über eine Person oder Situation zum Ausdruck bringen, ohne ins Urteilen zu verfallen oder zu fürchten, dass andere Sie für verurteilend halten?

Vier Punkte sind in dieser Situation von Bedeutung. Zuerst stellt sich die Frage, ob Sie Ihre Gefühle über die andere Person von Ihren Urteilen über sie trennen können. Wenn jemand Sie mit irgendeiner Aussage verletzt hätte, wäre Ihr Fokus also weiterhin auf Ihre eigene Befindlichkeit gerichtet und Sie würden nicht automatisch beginnen, den anderen als schlecht, manipulativ oder unzuverlässig zu beurteilen. Wenn Ihnen die Wahl eines anderen nicht gefällt, würden Sie das einfach sagen und nicht versuchen, sich dadurch zu rechtfertigen, dass Sie erklären, warum diese Wahl gut oder schlecht war. Wenn Sie glauben, dass man eine Sache auch besser machen könnte, dann sagen Sie das, ohne den anderen als Idioten zu bezeichnen, wenn er nicht Ihrer Meinung ist. Sie werden herausfinden, dass persönliche Gefühle den Grund und die Antriebskraft für alle Urteile darstellen. Konzentrieren Sie sich darauf, die Gefühle offenzulegen und Sie werden das Bedürfnis zu urteilen damit umschiffen.

Das bringt uns zum zweiten Punkt. Wenn Sie etwas sagen wollen, sollten Sie dann solange warten, bis Sie sicher sind, dass Ihre Haltung frei von Urteilen ist? Tun Sie das, dann werden Sie vielleicht nie etwas sagen – zumindest nichts Spontanes und Lebendiges. Sich Ihrer Angewohnheit zu urteilen bewusster zu werden, ist eine gute Praxis und Sie können lernen, kritische Kommentare und hartes Feedback auf ein Minimum zu begrenzen. Doch echte Kommunikation muss direkt und lebendig sein – zuviel Planen und Sorgfalt erstickt sie nur. Es bleibt Ihnen also nichts anderes übrig, als ins kalte Wasser zu springen und dabei zu lernen. Am besten lernen Sie, wenn Sie das Feedback der anderen offen anhören, und nicht, indem Sie versuchen, das Feedback-Bedürfnis von vornherein zu vermeiden. Sie werden Fehler machen, anderen auf die Füße sowie häufig ins Fettnäpfchen treten, doch das sind wertvolle Erfahrungen und kein Grund, den Mund zu halten. Am wichtigsten ist es, dass Sie wirklich daran interessiert sind, zu kommunizieren und zu lernen, echt zu sein – und nicht daran, zu gewinnen oder Recht zu haben.

Manchmal ist es nicht möglich, die Gefühle von den Urteilen zu trennen, und Sie können sich nicht urteilsfrei ausdrücken. Der dritte Punkt beschäftigt sich also mit der Frage: Können Sie zu Ihrem Urteil stehen, während Sie es ausdrücken? Das setzt Ihre Bereitschaft voraus, die eigene Reaktivität und Verwicklung anzuerkennen – das Gefühl, dass Sie von irgendetwas eingefangen sind. Denken Sie daran: Zu urteilen ist nicht falsch; das Urteilen ist eine normale menschliche Fähigkeit und Aktivität. Sie brauchen sich nicht für Ihre Urteile zu schämen oder zu verteidigen (obwohl Sie das tun werden und andere es auch von Ihnen verlangen). Jeder hat Urteile, bergeweise. Schwierig werden Kommunikation und Interaktionen erst, wenn die Menschen nicht zu ihren Urteilen stehen und so tun, als gäben sie eine objektive Wahrheit von sich – was sie oft auch glauben. Es ist klar, dass Sie nur dann zu Ihren Urteilen stehen können, wenn Sie ihrer auch innewerden.

Wenn Sie erkennen, dass Sie einen anderen verurteilen – Sie sind überzeugt, dass er Mist gebaut hat oder glauben, dass er im Unrecht ist – dann ist es am effektivsten, zuerst einmal gar nichts zu sagen. In allen Interaktionen spielen Urteile meist keine konstruktive Rolle, es sei denn, verborgene Gefühle werden dadurch zum Vorschein gebracht, dass man ein Urteil ausdrückt. Wie können Sie ein Urteil bei sich behalten? Köchelt es in Ihrem Inneren vor sich hin? Richten Sie es irgendwann gegen sich selbst? Können Sie für sich erforschen, wodurch das Urteil angetrieben wird, ohne es zu verstärken oder um weitere Urteile zu erweitern? Indem Sie mit Ihrem Erleben verweilen, können Sie vielleicht Ihre Gefühle von Ihren Urteilen trennen.

Doch es gibt auch Zeiten, in denen es wichtig oder sogar unvermeidlich scheint, Ihre Urteile und Reaktionen einem anderen zu enthüllen. Wenn Sie den Mund aufmachen und dem anderen mitteilen müssen, was mit Ihnen los ist, kann es hilfreich sein, ihn zu bitten, nur zuzuhören und nicht zu antworten. In diesen Zeiten intensiver Gefühle und Urteile haben Ihre Äußerungen eher den Zweck, sich selbst und Ihren reaktiven Zustand zum Ausdruck zu bringen, und weniger, dem anderen nützliche Informationen zu übermitteln: „Ich habe gerade ein fettes Urteil, dass du völlig neben der Rille liegst" oder „Ich kann nichts dagegen tun, aber wenn du das sagst, dann fange ich an zu urteilen und finde, dass du eine schwache, bescheuerte Heulsuse bist!" Werden die Kommentare auf diese Weise eingebettet, dann erweitert das Ihre Kommunikation um eine gewisse Selbsterkenntnis, was wiederum einen echteren Kontakt ermöglicht. Anstatt nur das Urteil zu vernehmen, kann der andere *Sie* in Ihrem Urteil spüren.

Der vierte Punkt ist trickreich: Wie können Sie es vermeiden, die andere Person mit Ihren Kommentaren zu verletzen? Einerseits liegt es nicht in Ihrer Macht, zu beeinflussen, ob sich jemand verletzt fühlt oder nicht – das ist von der Geschichte und der Entwicklung des Betreffenden abhängig. Andererseits werden Sie und Ihre Worte ihn umso mehr erreichen, je sensibler Sie für ihn und seine Situation empfinden. Wenn Sie in Ihrem Gegenüber Verletzungen provozieren, ist das kein effektiver Weg, die Kommunikation oder Veränderung zu fördern. Angriffe werden mit Sicherheit eher Schmerz verursachen als ein direkter Gefühlsausdruck – doch es gibt keine Garantie dafür, dass Ihre Gefühle (auch ohne Urteil) den anderen nicht verletzen werden. Manchmal kann man die Wahrheit nicht äußern – und sei es auch auf die taktvollste Art – ohne Schmerz zu verursachen. Letzten Endes kann eine ehrliche Kommunikation nicht das primäre Ziel haben, Schmerz zu umgehen. Doch keine Kommunikation kann langfristig ohne Mitgefühl funktionieren.

Die Macht des Richters

Wir haben bestimmte Gefühlszustände bemerkt, die auftauchen, wenn Sie sich gerade als Richter betätigen. Dann sind Sie zum Beispiel aggressiv, konzentriert, groß, mächtig, haben Recht und die Kontrolle, sind sich Ihres Wissens sicher und besitzen die Fähigkeit, andere zu beeinflussen. Während Sie gerade urteilen, werden Sie diese Gefühle vielleicht gar nicht bemerken, können jedoch davon ausgehen, dass Ihr Verhalten sie spiegelt. Derartige Gefühle zu haben bedeutet allerdings nicht automatisch, in einer urteilenden Haltung zu sein. Sie haben gelernt, dass bestimmte Rollen auf eine urteilende Haltung schließen lassen. Ebenso haben Sie gelernt, dass diese Selbstbehauptungsgefühle mit einer urteilenden Haltung einhergehen. Tatsächlich fällt es den meisten Menschen schwer, sich auf aggressive, mächtige, selbstbewusste Weise stark zu fühlen, ohne sich mit dem Richter zu identifizieren.

In unserer Gesellschaft (in Filmen, im Fernsehen und in der Werbung) wird machtvolle Stärke häufig mit Härte, Gewalttätigkeit, Kontrolle und Einschüchterung gleichgesetzt. Selbst wenn es sich bei dem Starken um den

Guten handelt, hat dieser doch die Absicht, die anderen zu besiegen, ihnen seinen Willen aufzuzwingen, Rache auszuüben und so weiter. Die aggressive Stärke, die Sie als Kind bei Ihren Eltern erlebt haben, hatte meistens damit zu tun, dass diese wütend waren – häufig sogar wütend auf Sie. In dieser Gesellschaft – und noch eher in Ihrem persönlichen Leben – gibt es kaum Vorbilder dafür, dass sich eine positive, machtvolle Stärke auf offene, fördernde Art und Weise ausdrückt, ohne einen anderen herabzuwürdigen. Wann ist Ihnen das zum letzten Mal begegnet?

Aufgrund dieser Konditionierung denken Sie bei einer expansiven, selbstbewussten Stärke leicht an Einschüchterung, Kontrolle, Bedrohung, Strafe, Rache und sogar an Grausamkeit und Hass. Im Inneren bedeutet das, der Richter – also der Böse zu sein. Deshalb werden Sie sich sofort für böse, gemein und grausam halten, wenn Sie bemerken, dass Sie sich in Gegenwart anderer aggressiv und stark fühlen. Eine solche Stärke werden Sie nur dann akzeptabel finden, wenn Sie völlig im Recht sind, sich also gegen Bösartigkeit zur Wehr setzen, ein Unrecht korrigieren oder jemand anderen beschützen.

Wie schmerzhaft die Assoziation von Stärke mit Gemeinheit ist, wird besonders klar, wenn ein Gefühl von Erregung, Leidenschaft oder Expansion spontan in uns aufsteigt. Dann können wir lebendig und stark sein, solange wir uns dessen nicht bewusst sind. Sobald man selber oder ein anderer es bemerkt, fühlt man sich verunsichert, reagiert auf die Stärke, als sei sie etwas Schlechtes und schreckt vor den expansiven Gefühlen zurück. Man zieht es vor, klein, schwach und machtlos zu sein, weil man glaubt, dass man dann auch gut, sensibel, fürsorglich und liebevoll ist. Wenn man andererseits seine Stärke nicht verleugnen will, muss man sich von allen distanzieren, die einen vielleicht verurteilen oder sich bedroht fühlen. Und welch bessere Art, sich zu distanzieren, als die anderen dafür zu verurteilen, dass sie einen nicht verstehen! Innerhalb dieses Musters scheint es, als ob Ihr Selbstgewahrsein tatsächlich aufgrund der Überzeugungen, die mit ihm einhergehen, Ihre eigene, lebendige Stärke unterminiert.

Doch nun ist der Augenblick gekommen, in dem Sie diese Assoziationen und Überzeugungen herausfordern können. Lassen Sie es zu, den inneren Richter wahrzunehmen, ohne auf ihn zu reagieren. Betrachten Sie ihn einfach, und wenn möglich in Aktion. Es ist gut, sich darum zu bemühen, sich selbst und andere nicht mehr anzugreifen – doch hier ist es wichtiger, auf diesen Teil seiner selbst neugierig zu sein. Was geschieht, wenn Sie zum Richter werden? Warum handeln Sie so? Was sind die tieferen Gefühle, die diesen Aktivitäten bei Ihnen zugrunde liegen? Wir haben gesehen, dass der Richter alle unannehmbaren Gefühle abwimmelt. Warum ist es so wichtig, diese Gefühle zu unterdrücken? Nur indem Sie die Rolle des Gefängniswärters spielen, können Sie wirklich verstehen, warum Sie einen Teil Ihrer selbst hinter Gittern halten.

Um hiermit zu experimentieren, suchen Sie sich einen abgeschiedenen Platz, wo Sie all die sonst zurückgehaltenen Urteile laut aussprechen können. „*Ich* weiß, was an dir alles nicht stimmt – und ich weiß auch genau, wie man es wieder in Ordnung bringen kann!" Normalerweise muss sich der Richter-Anteil in Ihnen ziemlich vorsichtig ausdrücken, weil Sie glauben, dass es „nicht nett" wäre, sich offen kritisch zu äußern. Das führt in der Regel dazu, dass die urteilenden Aussagen durch den unterdrückten Ärger und die Frustrationen noch angeheizt werden. Wenn Sie Ihr Urteil über ihn also aufgehoben haben und es sich erlauben, uneingeschränkt der Richter zu sein, werden Sie sowohl Erleichterung als auch eine nicht gekannte Energie verspüren. Die Macht dieser richterlicher Autorität kann einen Freudenrausch mit sich bringen, aber auch die schmerzhafte Erkenntnis, wie vieles Sie angreifen wollen.

Wie kann es sein, dass sich die Macht des Richters gut anfühlt? Hat das nur damit zu tun, dass die Gefühle unterdrückt waren und Rache süß ist? Führt es zu einem natürlichen Lustgewinn, Macht über andere auszuüben? Oder hält sich im Urteilen irgendetwas verborgen, was uns aufleben lässt? Wenn Sie sich als Richter erleben und dabei ein Gefühl von Richtigkeit bemerken, kann das auch daher rühren, dass Sie Ihre natürliche vitale Stärke spüren – einen echten, im urteilenden Verhalten gefangenen Teil Ihrer selbst. Vielleicht neigen Sie auch weiterhin zum Urteilen, weil Sie dadurch in Kontakt mit diesem Teil kommen. Erforschen Sie das alles voller Wissbegier.

Was den Richter motiviert

Wenn Sie Ihren urteilenden Gefühlen und Einstellungen mehr Raum geben, öffnen Sie sich natürlicherweise für die Sichtweise des Richters. Nehmen Sie diese Sichtweise unbesehen an, dann sorgen Angriffe, Selbstablehnung und Verwicklungen dafür, Sie tiefer in die Schleife einzubinden. Doch Ihre Neugier darüber, was den Richter umtreibt, kann zu der Frage führen, was an der Kritik und den Angriffen gut sein soll. Was genau versucht Ihr Richter Ihnen eigentlich mitzuteilen? Es ist möglich, ihm diese Frage zu stellen. Wenn Sie Ihren Richter nicht ablehnen, können Sie zu seinem Sprachrohr werden und ihm erlauben, sich durch Sie mitzuteilen. Warum handelt er so wie er es tut, und warum behandelt er Ihren kindlichen Anteil mit solcher Härte? Wenn Ihr Richter die Möglichkeit hat zu reden, ohne sich in einer Angriffshaltung zu befinden, dann kann er Ihnen wertvolle Wahrnehmungen und Fragen zur Verfügung stellen, die Sie erforschen und damit Ihr Gewahrsein erweitern können.

Diese Art der Erforschung ist von der Offenheit abhängig, die Ihnen durch die Akzeptanz zuteil wird, und muss von Ihrem persönlichen Willen unterstützt werden. Wenn es darum geht, sich dem inneren Richter zu öffnen, fürchten Sie sich am meisten vor der Entdeckung, tatsächlich böse, selbstsüchtig und grausam zu sein. Sie könnten herausfinden, dass Sie voller Hass und lieblos sind. Wenn Sie dem Richter das Wort geben, können solche Gefühle sicherlich zum Vorschein kommen, doch dann kann er Ihnen auch sagen, warum er dieser Meinung ist. All Ihre Handlungen beruhen immer auf der Überzeugung, dass Sie das tun, was am besten für Sie ist – und das betrifft auch Ihr Richtersein. Das Problem ist, dass Sie den Kontakt zur ursprünglichen Motivation des Richters verloren haben. Warum hat er – und haben Sie – zu glauben begonnen, dass es Ihnen am meisten nützt, hart und kritisch zu sein? Indem Sie sich wieder mit den tieferen Beweggründen des Richters in Verbindung setzen, legen Sie das Fundament dafür, diesen kritischen Anteil Ihrer selbst wieder anzunehmen und zu verstehen, warum der Richter immer wieder auf seine Weise agiert.

Ihr wachsendes Mitgefühl für den Richter ist ein mächtiges Element, um die Urteilsschleife zu transformieren. Sie müssen erfahren, was er zu tun beabsichtigt und warum er sich für so wichtig hält. Sie werden herausfinden, dass der Richter nicht auf Ihre Fähigkeiten und Ressourcen vertraut, mit den Dingen selber umzugehen. Die Schwäche, Hilflosigkeit und Bedürftigkeit Ihres jüngeren Selbst verursachen ihm große Schmerzen. Insbesondere glaubt er, dass das überwältigende Liebesbedürfnis des Kindes eine Gefahr darstellt – dieser leidenschaftliche Hunger hat immer zu Problemen geführt. Er fühlt sich deshalb gedrängt, das Kind zu beschützen, zu warnen, im Zaum zu halten und zu unterdrücken.

Es ist beeindruckend, welch andere Qualität die Urteilsschleife annimmt, wenn der Richter seine eigene Verletzlichkeit ausdrücken kann, seine Angst und Hilflosigkeit angesichts der Aufgabe, sich um dieses hoffnungslose Kind zu kümmern, das nie etwas zu lernen scheint. Aus der Sicht des Richters hat sich Ihr kindlicher Anteil rigoros gewehrt, erwachsen zu werden, nicht mehr bedürftig und jämmerlich zu sein und zu lernen, sich um sich selbst zu kümmern. Er hat das Gefühl, dass seine Aufgabe nie ein Ende finden wird. Er ist müde und hat das Gefühl, für seine Arbeit nie gewürdigt zu werden. Solange die gesamte Situation nicht angenommen und verstanden wurde, bleibt ihm nichts anderes übrig, als weiterhin das Beste zu tun, was er kann. Kennen Sie einen Teil Ihrer selbst, der sich so anfühlt?

Sich seiner selbst als Richter gewahr zu sein, geschieht nicht von heute auf morgen. Es reicht nicht, so zu tun als ob, und Sie können es erst zulassen, wenn es sich sicher anfühlt. Das bedeutet, genug inneren Boden zu verspüren oder von einem Lehrer oder einer Therapeutin ausreichend unterstützt zu werden, um Ihren Richter ertragen zu können. Wir haben schon gesehen, dass ihm ein Großteil Ihrer aggressiven, expansiven Kraft zur Verfügung steht. Das macht es unerlässlich, sich um einen guten, soliden Anker zu bemühen, bevor man ihm uneingeschränkt das Wort erteilt. Sie können damit beginnen, den Richter der anderen zu beobachten und zu üben, alles, was Sie wahrnehmen und fühlen, voller Wissensdurst zu betrachten.

Sie öffnen sich der Möglichkeit, den Richter anzunehmen und auszuhalten, und dieser Prozess bedeutet einen wichtigen Schritt, um die essenziellen Qualitäten in seinem Inneren zurückzugewinnen. Die zentralste dieser Eigenschaften besteht in Ihrer tief-innersten Stärke und Autorität, die es Ihnen ermöglicht, ohne die konstante Präsenz der verinnerlichten Eltern in Form des Richters auf eigenen Füßen zu stehen.

~ Einige Punkte zur Erinnerung ~

- Wenn Sie erst einmal mit dem Richter oder dem/der Angeklagten identifiziert sind, dann sind Sie in der Schleife gefangen. Der Urteilsprozess verläuft innerhalb dieser Schleife und beginnt, wenn Sie als Richter oder als Angeklagter handeln.
- Wenn Sie in der Schleife gefangen sind und Erleichterung suchen, ohne sich aus der Verstrickung zu lösen, dann erreichen Sie das dadurch, dass Sie die Rollen wechseln. Sie wechseln vom Richter zum Verurteilten und umgekehrt.
- Hinter einer urteilenden Haltung sich selbst oder anderen gegenüber verbirgt sich meistens ein Defizitgefühl, welches häufig durch die Erfahrung entsteht, angegriffen zu werden.
- Urteile verbergen sich in allerlei Rollen, wie der des Motivierenden, des Gewissens, des Führers und der Autoritätsfigur. Diese haben Sie von Ihren Eltern gelernt, und sie gründen auf den Urteilen, welche in Ihrer damaligen Beziehung implizit vorhanden waren.
- Alle Urteile basieren auf persönlichen Gefühlen und werden von ihnen genährt. Konzentrieren Sie sich darauf, die Gefühle auszudrücken und umgehen Sie damit das Bedürfnis zu urteilen.
- Es ist nicht falsch, zu urteilen – es ist eine normale menschliche Fähigkeit und Aktivität. Sie müssen sich nicht für Urteile entschuldigen. Wenn Sie allerdings einen gewissen Grad von Selbsterkenntnis in Ihre Kommunikationen einbringen und dadurch mehr Raum für wahren Kontakt schaffen, spürt der andere nicht mehr nur das Urteil – er kann dann *Sie* in Ihrem Urteil wahrnehmen.
- Den meisten Menschen fällt es schwer, eine aggressive, machtvolle und selbstbewusste Stärke zu spüren, ohne sich mit dem Richter zu identifizieren.

- Wenn sich Ihre Erfahrung, der Richter zu sein, irgendwie richtig anfühlt, dann spüren Sie vielleicht Ihre natürliche vitale Stärke – einen echten Anteil Ihrer selbst, der im urteilenden Verhalten eingeschlossen war.
- Wenn Ihr Richter die Möglichkeit hat, zu sprechen, ohne sich in der Angriffsposition zu befinden, kann er Ihnen wertvolle Einsichten und Fragen zur Verfügung stellen, die Sie erforschen und damit Ihr Gewahrsein erweitern können.

Übung: Die Maske des Richters durchschauen

Wählen Sie einen Augenblick, in dem Sie gerade einen oder mehrere Menschen auf kritische Weise betrachten. Halten Sie inne und spüren Sie sich selbst. Gibt es irgendetwas, was Sie bedrückt? Hat Ihre Kritik an den anderen vielleicht damit zu tun, dass Sie sich gerade von sich selbst oder einem anderen auf irgendeine Art kritisiert fühlen? Wenn Sie Ihr eigenes Gefühl näher bestimmen können, fragen Sie sich, was an diesem Gefühl Sie dazu bewegt, nun jemand anderen anzugreifen. In Zukunft können Sie Ihre kritische Haltung als ein Anzeichen dafür betrachten, dass Ihre eigenen Gefühle Ihrer Aufmerksamkeit bedürfen. Das kann dazu führen, dass Sie sich selbst ehrlicher und intimer erleben.

Übung: Das Geschenk des Richters auspacken

Denken Sie an ein Ereignis, bei dem Sie sich von einem anderen angegriffen fühlten. Nehmen Sie sich dann etwas Zeit, um mit dem, was er Ihnen sagte, zu verweilen. Stellen Sie zunächst klar, worin die Aussage bestand, die den Angriff ausmachte. Stellen Sie diese dann einen Moment beiseite, – sie ist Teil Ihrer Geschichte. Betrachten Sie nun, was durch den Angriff sonst noch kommuniziert wurde. Können Sie wahrnehmen, wie sich der andere gefühlt hat, was Sie getan haben, um seinen Richter zu provozieren oder ob Sie sich um irgendetwas in Ihrem Inneren, was mit dieser Person zu tun hat, nicht gekümmert haben? All diese oder andere Einsichten können zu einem erweiterten Gewahrsein und einer größeren Anerkennung Ihrer selbst, der anderen Person und Ihrer beider Beziehung führen.

Übung: Den Richter sprechen lassen

Wählen Sie einen Zeitpunkt, an dem sie einen Selbstangriff bemerken, und nehmen Sie sich einen Augenblick Zeit, um die angreifende Aussage – in der Du-Form – klar herauszuschälen. Achten Sie besonders auf den Tonfall dieses spezifischen Angriffs. Versuchen Sie, wenn Sie es können und wollen, die Aussage in demselben Tonfall laut auszusprechen. Wiederholen Sie sie einige Male, und falls der Richter noch mehr zu sagen hat, weiten Sie den Angriff aus. Achten Sie darauf, wie Sie sich fühlen. Hier richtet sich der Fokus nicht so sehr auf den jeweiligen Inhalt des Urteils, sondern darauf, wie es sich anfühlt, der Richter zu sein. Wenn das was Sie sagen von Energie begleitet ist, finden Sie heraus, warum Sie es sagen. Wie fühlt es sich an, auf diese Weise zu sprechen und solche Dinge zu sagen?

Frank fühlte sich von seinen Tränen wie gereinigt. Es hatte ihn wirklich sehr befreit, all seine Urteile über Sue und sich selbst herauszulassen. Er wurde das Gefühl nicht los, dass seine Impotenz etwas mit dem Unterdrücken all jenen Ärgers zu tun hatte. Als er sich aufsetzte und Sue ansah, merkte er, unter welchem Druck er sich gewöhnlich befand, wenn es darum ging, Liebe zu machen: er musste erregt sein, steif sein, sie erregen, steif bleiben, ihr zum Orgasmus verhelfen, seinen eigenen Orgasmus genießen. Er fühlte sich wie ein kleiner Junge, der unter Druck stand, alles richtig zu machen, damit alle glücklich waren.

Als er Sue dieses Gefühl beschrieb, spürte er, wie er ungehalten darüber wurde, sich selbst auf diese Weise zu behandeln. Er verspürte den Wunsch, für sich selber einzustehen und jenen Stimmen zu befehlen, sie sollten verschwinden!

„Ich brauche eure Hilfe nicht, vielen Dank. Wenn ihr euch noch einmal blicken lasst, bringe ich euch um!“ Bei dieser Vorstellung musste er lächeln. Er zog eine Fantasiepistole und begann, in verschiedene Richtungen zu schießen. Sein Bauch und seine Beine fühlten sich stark und kompetent an – er verspürte eine warme Lebendigkeit, die ihm die Sicherheit gab, für sich selbst sorgen zu können. Er brauchte niemanden, keine Stimmen und keine Richter, die ihm sagten, was er tun musste. Nachdem er die Pistole weggesteckt hatte, wandte er sich an Sue und sagte ihr seine Meinung: „Und du brauchst mir auch nicht zu sagen, wie ich zu sein habe. Ich hab' die Nase voll von all meinen Richtern, innen oder außen! Ich werde für mich selber einstehen.“

Aufrecht stand er auf dem Bett und gab ein lautes Hurrrah von sich. Er zog Sue zu sich hoch und begann, mit ihr zu tanzen. Sie war zunächst verwundert, spielte dann aber mit, und beide hüpften auf dem Bett herum, bis sie schließlich über die Decken stolperten und lachend übereinanderfielen. Frank war noch außer Atem, als die Stimme in seinem Kopf wieder loslegte:

Meinst du nicht, dass du dich ziemlich kindisch verhältst? Nichts hat sich geändert – nur deine Stimmung. Warte du nur, bis ihr wieder Liebe macht! Dann wirst du schon sehen, ob sie dich mag. Denk dran, du hast immer noch diesen kleinen mickrigen Pimmel, der sich nichts sagen lässt.

Frank klatschte laut in die Hände und rief: „Verpiss dich, du abgeleierte Schallplatte!“

Sue begann sich an diese spontanen Ausbrüche zu gewöhnen. „Mit wem redest du?“

„Rate mal. Mit meinem netten, allgegenwärtigen Richter. Er kann es nicht leiden, dass ich wieder am Leben bin. Jawoll! Und meine Lust auf dich ist auch wieder da.“ Mit diesen Worten stürzte sich Frank auf sie, und die beiden rollten schreiend und kichernd zwischen den Laken und Decken herum.

11
Stärke

Je mehr Sie Ihre inneren Erfahrungen erforschen, desto häufiger werden Sie die dominante Stärke und Energie des Richters spüren. Auf der Höhe seiner Kraft ist er aggressiv, scharf, durchdringend, intensiv, groß und einschüchternd. Und wenn er sich einmal nicht groß und konzentriert anfühlt, so erscheint er verführerisch, eindringlich, heimtückisch, manipulativ und fähig, alle Abwehrstrategien, die Sie gegen ihn ins Feld führen, zu unterbinden. Diese mächtigen Eigenschaften sind es, die Ihnen neben dem Inhalt seiner Angriffe gewaltig zu schaffen machen. In ihrer Gegenwart fühlen Sie sich kontrolliert, machtlos und besiegt.

Wenn Sie erkennen, dass die Wurzel dieser Erfahrung bei Ihren Eltern liegt, deren wütende oder kontrollierende Stimmung Sie als Kind durchzustehen hatten, wird die Dynamik verständlicher. Dabei ist es nicht wichtig, was sie gesagt haben – sie waren Ihnen an Größe und Kraft weit überlegen. Und obwohl die Aussagen mit zunehmendem Alter erwachsener und differenzierter ausfielen, bleibt die ursprüngliche energetische Erfahrung bestehen: „Der Richter ist größer, schneller und mächtiger als ich."

Diese konditionierte Erfahrung steht als eine der wichtigsten Barrieren zwischen Ihnen und dem Richter. Solange Sie das Gefühl haben, Ihre gesamte körperliche und energetische Kraft stehe dem Richter zur Verfügung – selbst wenn Sie wissen, dass sie im Recht sind und sich aus der Verstrickung lösen – dann glauben Sie weiterhin, dass er Sie einfach aufgrund seiner Größe und Energie überwältigen kann. Sie haben es ja erlebt: Einer der Hauptgründe, immer wieder zum Richter zu werden, liegt darin, jenes Gefühl von Macht und Stärke zu erreichen.

Essenzielle Stärke

Das bringt uns zur nächsten Eigenschaft Ihres wahren Wesens, der Stärke. Wie definieren Sie normalerweise Stärke? Für die meisten Menschen bedeutet sie Ellbogen, Macht, Härte, Muskelkraft, Einschüchterung, Intensität, massive Energie. Auf der körperlichen Ebene hat die Stärke in der Sichtweise dieser Gesellschaft etwas von einem angespannten Bizeps, ist straff, hart und fest. Wenn Sie sich stark fühlen oder so erscheinen wollen, straffen Sie normalerweise Ihren Körper, um ein Gefühl von Festigkeit und Härte zu bekommen. Das Problem ist nur, dass diese Haltung dazu führt, dass Sie starr, unflexibel und defensiv werden. Fühlen Sie sich nicht massiv, angespannt oder kraftgeladen, so halten Sie sich für schwach. Die meisten finden es schwer, sich gleichzeitig stark und fließend, stark und offen oder stark und verletzlich zu fühlen. Es mag einem vorkommen, als sei es nicht nur schwierig, diese Eigenschaften gleichzeitig zu spüren, sondern als schlössen sie einander aus: „Wenn ich mich verletzlich fühle, bin ich alles andere als stark!" Doch tatsächlich ist es so, dass alles, was Sie über Stärke gelernt haben, vom Richter kommt – und *er* arbeitet stets nur mit Pseudostärke.

Wahre Stärke hat nichts damit zu tun, massiv, muskulös oder einschüchternd zu sein. Sie entspringt direkt Ihrer Lebendigkeit, dem dynamischen Fluss Ihrer Seele und ist ein Ausdruck der Vitalität, Frische und Dynamik, die jedem lebendigen, wachsenden Organismus zu Eigen sind. Sie ist der Saft und die Kraft Ihres wahren Wesens. Sie durchströmt, nährt, bewegt Sie, weckt Ihre Vitalität und erweitert Ihre Horizonte. Wahre Stärke verleiht Ihnen nicht nur ein Gefühl von Macht, sondern von Kompetenz und von Entschlusskraft statt roher Gewalt. Sie haben das Gefühl, alles erreichen zu können, stehen jedoch nicht unter dem Druck, irgendetwas tun zu *müssen*. Pseudostärke dagegen verlangt Aktionen. Häufig fühlen sich die Menschen stark, wenn sie sich Bewegung verschafft haben oder aufgeregt sind. Dann sind sie aufgeladen und energievoll. Doch eine solche energetische Stärke braucht ein Ventil: Sie muss auf irgendeine Weise entladen werden, sonst beginnen Sie, sich ruhelos, einschlossen und gereizt zu fühlen.

Wahre Stärke verleiht Ihnen den Mut, sich dem Leben und all seinen Möglichkeiten zu öffnen. Sie sind bereit, Risiken einzugehen, sich nicht mehr zu verstecken und auf die Dinge zuzugehen, die Sie sich wünschen. Ihr Verstand erscheint Ihnen wach und präsent, Ihre Visionen scharf und klar. Das gibt es kein Zögern, keine halben Sachen, keine Ambivalenz.

Wenn diese Stärke Sie durchströmt, ist sie ausgedehnt und voller Leben, kann sich aber auch präzise und angemessen auf das jeweilige Bedürfnis einstellen. Sie kann stark wie eine Planierraupe, heiß und flüssig wie Lava oder fein und präzise wie eine Nadel sein. Es wird keine Energie vergeudet, und Sie genießen totale Flexibilität und offene Reaktionsfähigkeit. Im Umgang mit Ihrem Leben fühlen Sie eine Direktheit und Einfachheit, mit gesundem Menschenverstand gepaart. Und darüber hinaus erleben Sie, wie es sich anfühlt, jedem Augenblick, so wie er ist, unmittelbar zu begegnen, ohne durch Erwartungen, Hoffnungen oder Vorurteile belastet zu sein: „Ich bin präsent und leidenschaftlich lebendig in meinem Leben."

Stärke zerstört falsche Überzeugungen

Die Stärke in Ihrer Seele dient dem Leben – Ihrem Leben. Sie beschützt das Leben – nicht indem sie wie der Richter Mauern errichtet und die Vergangenheit bewahrt, sondern indem sie alles aussondert, was nicht wahr und mit der Wirklichkeit im Einklang ist. Diese essenzielle Qualität beschützt das Leben dadurch, dass sie seinen Fluss fördert und den natürlichen Prozess von Zerstörung und Schöpfung, Tod und Geburt ermöglicht. Essenzielle Stärke kann wie ein Feuer sein – höchst lebendig und zugleich dauernd bereit, alles was es berührt zu verbrennen sowie alle alten zum Schutz von Überzeugungen und Vorstellungen errichteten Abwehrhaltungen zu durchtrennen.

Diese spezifische Eigenschaft verleiht der wahren Stärke eine weitaus größere Macht als sie die falsche Macht des Richters je besitzen wird, denn sie braucht an keinen Attitüden festzuhalten und keine Positionen zu verteidigen. Aufgrund dieser kompromisslosen Wahrhaftigkeit erscheint die Vorstellung, die Stärke könnte zu einem Teil des eigenen Erlebens werden, ziemlich beunruhigend. Ihr gewohntes Gefühl von Sicherheit, Kompetenz und Zuversicht beruht zum größten Teil auf vertrauten, zuverlässigen Überzeugungen und Erfahrungen. Sie wissen, wie die Dinge laufen und was Sie zu erwarten haben. Es kann erschreckend sein, sich dieser spontanen, vitalen Lebendigkeit der Seele zu öffnen. Die essenzielle Stärke wird nicht zulassen, dass Sie in den bequemen Strukturen Ihres eigenen Selbstbildes sitzen bleiben. „Aber wie kann ich wissen," werden Sie fragen, „ dass etwas Neues und Besseres an die Stelle meiner geschätzten Überzeugungen tritt, wenn ich sie aufgebe? Wie kann ich wissen, dass ich ohne diese Strukturen überleben werde? Wie kann ich wissen, ob der Richter nicht doch Recht hat?"

Erst wenn Sie die alten Überzeugungen darüber, was Ihr Leben unterstützt, leitet und schützt, aufgegeben haben, können Sie erkennen, was wirklich wahr ist. Und genau diese Erfahrung kann Ihnen zur Stärke verhelfen, indem sie alles Alte und Gewohnte durchtrennt. Dann können Sie sehen, dass Sie selber die Quelle des Lebens sind; dass Sie von der lebendigen Fähigkeit erfüllt sind, sich zu bewegen und zu agieren; dass Sie jeden Augenblick neu geboren werden, vom Lebenssaft des Universums durchströmt. Sie brauchen niemanden – und schon gar nicht eine Stimme in Ihrem Kopf – der oder die Ihnen sagt, was wirklich und was wichtig ist.

Was von der Stärke übrig bleibt

Was ist bloß aus dieser uns innewohnenden und lebensfördernden Eigenschaft geworden, die voller energetischer Potenz und vitaler Wahrhaftigkeit ist? Ihre wahre Stärke ist größtenteils unterdrückt worden, hat sich verborgen und hinter eingeengten Formen versteckt. Schauen wir uns doch einmal Ihr gewohntes Erleben an – was ist hier an den Platz der essenziellen Stärke getreten?

Manchmal drückt sich die Qualität der vitalen Energie im Sex oder bei physischen Betätigungen aus, wie im Sport oder bei körperlicher Arbeit. Das sind Bereiche, in denen sich die Vitalenergie hauptsächlich als physische Energie äußert und mit körperlichen Aktivitäten oder emotionaler Ladung einhergeht. Wenn diese Energie Sie erfüllt, fühlen Sie sich robust, lebendig und erregt – sie ist allerdings von der Kondition Ihres Körpers sowie der jeweiligen Aktivität abhängig. Die Lebendigkeit der essenziellen

Stärke wird hier auf eine energetische Ausstrahlung reduziert, der sowohl tiefere Intelligenz als auch wahrhaftige Klarheit fehlen.

Wie ist das mit dem lebenserhaltenden Aspekt der Stärke? Er ist vom Richter vereinnahmt worden. Vielleicht erinnern Sie sich: Der Richter ist zu einem Zeitpunkt entstanden, als Sie eine innere Stimme brauchten, die Ihr Überleben dadurch gewährleistete, dass sie die Verbindung zu den Eltern aufrechterhielt. Die instinktive Überlebensenergie der Seele wurde also darauf ausgerichtet, den körperlichen und emotionalen Schutz durch diese verinnerlichte Elternstimme auszuüben. In dieser Rolle wurde der Richter zu dem Anteil Ihrer selbst, der sich fähig, stark, klar, entschieden und energisch fühlt und weiß, was für Ihr eigenes Wohlergehen das Beste ist. Allerdings gründet dieser Schutz auf lauter angelernten Vorstellungen darüber, was gut für Sie war, wie Sie zu sein hatten und was Sie nicht tun durften. Wenn Sie sich also als Richter stark fühlen, dann steht diese Stärke im Dienst alter Überzeugungen und Vorstellungen, ist starr, hart und strafend. Sie mag zwar aggressiv und motivierend sein, ist aber in Wirklichkeit eine unechte, eine Pseudostärke. Im Verlauf der Zeit hat sie die Anbindung an alles verloren, was dem Überleben Ihrer Seele tatsächlich dient. In der Tat schützt der Richter nun ein Image Ihrer selbst, indem er das angreift, was echt an Ihnen ist.

Wut versus Stärke

Was ist mit der Fähigkeit, die Wahrheit dadurch aufzudecken, dass man alles Falsche durchtrennt? Das ist ein seltenes Erlebnis und für die meisten nur ein Traum. Und doch ist dies die wahre Natur der Stärke: Als Lebensblut der Seele ergießt sie sich aus der Wahrheit dessen, was wirklich ist. Ohne diese Anbindung an die Wahrheit wird die Stärke immer starr, hohl und kurzlebig sein.

Wenn Sie so sind wie die meisten Menschen, dann haben Sie den Kontakt zu Ihrer lebendigen Wahrhaftigkeit verloren und können deren Fülle nur dann noch spüren, wenn Sie sich erlauben, Ihre Wut direkt zu verkörpern (was an sich schon eine ungewöhnliche Erfahrung ist). In unserer uneingeschränkten Wut sind wir der aufrechten Direktheit essenzieller Stärke am nächsten, weil wir nur im Zorn willens sind, die Überzeugungen und Strukturen, die unser Leben eingrenzen, anzufechten. Wenn Ihre Frustration ein unerträgliches Maß erreicht hat, sagt einer Ihrer Anteile: „Genug!" – und Sie lassen sich gehen, schäumen, explodieren. In diesem erfüllten Moment der Fülle, wenn Sie sich weigern, weiterhin von frustrierenden Umständen eingeschlossen zu sein, ist Ihre essenzielle Stärke gefragt, um das Einengende zu durchbrechen und die Wahrheit zu sagen. Das ist der Augenblick, in dem Sie mit Ihrer eigenen Wahrheit in Einklang kommen und der Stärke teilhaftig werden, um diese Wahrheit auszusprechen. Wut hingegen spricht nur aufgrund von Frustrationen und konzentriert sich auf das frustrierende Hindernis. In der Wut sind Sie sich Ihrer selbst nur selten bewusst – Sie sind darauf versessen, die Situation zu beeinflussen. Ihr Kopf ist übervoll davon, was Ihnen alles angetan wurde, und im Vergleich zu Ihrem Bedürfnis, gesehen und angehört zu werden, erscheint Ihnen die aktivierte Stärke eher unwichtig.

Aus diesem Grund gleicht die Wut dem Korken auf der Flasche, in der sich die wahre Stärke befindet. Die Wut bringt Ihre vitale Lebendigkeit ins Spiel und verschafft Ihnen Zugang zu ihrer Macht. Gleichzeitig wird die Wut durch Groll und Frustration definiert und weigert sich, ihr Objekt gehen zu lassen. Selbst wenn Sie sich also nach einem Wutausbruch stark und mächtig fühlen, werden Sie wahrscheinlich Ihren eigenen Erfolg und Ihre Rechtschaffenheit im Geiste Revue passieren lassen anstatt einfach Ihre frische, leuchtende Fülle zu erleben.

Doch Wut kann ein Tor zur Stärke sein. Dabei besteht die Herausforderung darin, sich auf die Körperempfindungen zu konzentrieren, die durch die Wut hervorgerufen werden: Fühlen Sie die Energie der Wut selber und konzentrieren Sie sich nicht auf das, was Sie wütend macht. Wenn Sie diese Geschichte nicht mehr zu Ihrer Unterstützung brauchen, können Sie beginnen Ihre eigene vitale, ausgeweitete Kapazität, die Klarheit und Gewissheit, ohne jede Entschuldigung zu spüren. Sie haben das unwiderstehliche Gefühl, vor Lebendigkeit und Wärme zu sprühen und mit einer Kraft erfüllt zu sein, die sich nicht verleugnen lässt. Auf diese Weise kann die Wut, die nicht unbewusst auf andere und einen selber losgelassen, sondern gehalten und verkörpert wird, zu einer Öffnung werden, die Ihnen Ihre essenzielle Stärke zugänglich macht.

Doch an dieser Stelle tritt der Richter auf und versucht, Sie mit Vernunftgründen davon abzuhalten, Ihren Ärger zu fühlen. Er wird behaupten: „Du hast gar keinen Grund, wütend zu sein; es macht doch keinen Unterschied und wahrscheinlich ist es eh deine Schuld... Wenn du wütend bist, bekommen die Leute Angst und du wirst wahrscheinlich jemanden verletzen oder irgendetwas zerschlagen... Du verlierst die Kontrolle, und dann ist alles noch viel schlimmer als vorher... Es ist grausam, hässlich und herzlos, deine Wut auf unschuldige Menschen loszulassen – wie konntest du nur!"

Selbst wenn Sie sich Ihre Wut zugestehen, werden Sie sie zunächst vielleicht als ein Gefühl der Frustration spüren und fühlen, dass Ihre Energie blockiert oder festgefahren ist. Das geschieht, wenn die Wut mit dem gegen sie gerichteten Widerstand zusammenstößt und sich Ihre Energie daraufhin verknotet. Besonders stark zeigen sich diese angestauten Gefühle von Wut und Ärger in Schultern, Nacken und Kiefern. Sollte Ihnen das bekannt vorkommen, dann beginnen Sie, ein Gefühl für die beiden sich bekämpfenden Kräfte zu entwickeln. Gewöhnlich werden Sie spüren, dass eine der beiden – die Wut – versucht, aus dem Inneren Ihres Körpers auszubrechen, während die andere sich bemüht, sie innen zu halten. Wenn Sie diesen Kampf spüren können, atmen Sie tief durch und konzentrieren Sie sich darauf, die Wutenergie durch Sie hindurchströmen zu lassen. Erzwingen Sie nichts und bewegen Sie auch Ihren Körper nicht – stellen Sie sich einfach vor, dass Sie die Oberflächenspannung, welche die Expansion verhindert, loslassen. Dann spüren Sie vielleicht, wie Hitze in Ihnen aufsteigt, sich Ihre Energie erweitert und Sie beginnen, sich größer zu fühlen. Wenn Sie sich nicht von Ihren ärgerlichen Gedanken einwickeln lassen, macht die Wut Sie größer. Und wenn Sie größer und voller werden, neigt der Anlass Ihrer Frustration dazu, sich aufzulösen. Dann treten Kraft und Durchsetzungsvermögen an die Stelle der Wut.

Sich für sich selber einsetzen

Wenn Sie die Gefühle von Kompetenz, Konzentration und Initiative kennen lernen, die mit der wahren Stärke zum Vorschein kommen, dann sehen Sie, dass diese die inneren Barrieren beseitigen, welche Sie daran hindern zu handeln und lebendig zu sein, sich zu erweitern, zu wachsen und unabhängig zu sein. Der Richter wird eine solche Autonomie schnellstens als egoistisch abschmettern. „Wenn du niemanden brauchst, wer wird sich dann um dich kümmern?... Übernimm dich bloß nicht!...Du bildest dir zuviel auf dich ein – das kann doch keiner leiden... Ich finde, dass du dich ganz schön arrogant anhörst...Komm auf den Boden und sieh endlich ein, dass so ein Angeber wie du allen auf die Nerven geht...Wart's nur ab, bis die Dinge schwierig werden – du wirst schon sehen, was dann aus deiner Unabhängigkeit wird."

Die Geschichte der Unterdrückung Ihrer wahren Stärke ist lang und alt, und der Richter wird Sie an jeden Grund erinnern, aus dem Sie diese Energie aufgeben mussten. Doch um sich aus der Verstrickung zu lösen, ist es von größter Wichtigkeit, diesen Teil Ihrer selbst wieder zu aktivieren. Er ist Ihr Herzensblut und ist Ihnen vom Richter gänzlich abgezapft worden. Um ihn wieder zurückzubekommen, müssen Sie aktiv werden und sich ihn holen. Sie müssen lernen, dem Richter in einem gerechten Zorn über den Raub zu sagen, dass er abhauen und den Mund halten soll. Ihre Ablösung aus der Verstrickung mit dem Verurteilen kann nur dann zu einer Realität werden, wenn Ihre Abwehr gegen die Angriffe des Richters Ihrer wahren Stärke entspringt. Dabei macht es keinen Unterschied, ob diese sich als ein Blitzstrahl zeigt, der den Richter aus Ihrem Denken verbannt, als ein neugieriges Kind, das die Nacktheit des Richters entlarvt oder als eine klare, solide Präsenz, die sich auf das Reale konzentriert und den Rest ignoriert (wie Bob es im zweiten Beispiel von Kapitel 4 tat). Machen Sie sich klar, dass die Stärke Antworten hervorruft, die der Situation angemessen sind.

Wenn Sie Ihre wahre Stärke einsetzen, werden Sie erleben, dass der Richter auf seine wahre Größe zusammenschrumpft. Seine Stärke ist unecht, rigide, unflexibel, mechanisch und hat Ihrer Lebendigkeit nichts entgegenzusetzen. Deren Stärke ist den Einschüchterungen des Richters weit überlegen. Sie gleicht einem feurigen Dämon im Dienste der Wahrheit. Mit ihrer Intensität und spontanen Macht kann sie beim ersten Mal häufig furchterregend sein. Sie kann einem destruktiv und unkontrolliert vorkommen, und der Richter wird sein Möglichstes tun, Sie davon zu überzeugen, dass sie vermieden werden muss. Doch wenn Sie geübt haben, Ihre Erregung, Lebendigkeit, Leidenschaft, Ihre Entrüstung und den vom Herzen kommenden Mut, für sich selber einzustehen, zuzulassen, dann werden Sie jenes Vertrauen erwerben, dass die wahre Stärke alles unterstützt, was Sie wirklich sind und dass sie für nichts eine größere Bedrohung darstellt, als für die Falschheit des Richters.

Praxisanleitung: Die Lebendigkeit testen

Immer wenn Sie daran denken, halten Sie mit dem inne, was Sie gerade tun und erinnern Sie sich daran, dass Sie ein lebendiger Organismus sind, in dem das Blut pulsiert und der voller vitaler Energie ist. Achten Sie darauf, ob sich das wahr anfühlt oder nicht. Atmen Sie dreimal tief durch und stellen Sie sich vor, dass Sie jedes Mal *durch Ihre Augen* ausatmen. Nun rollen Sie die Schultern und spreizen zuerst Ihre Finger ganz weit, um sie danach zu Fäusten zu ballen. Tun Sie das drei Mal. Machen Sie sich keine Sorgen, auch wenn Sie keine Stärke oder Lebendigkeit verspüren. Oft müssen wir zuerst die Abwesenheit einer Eigenschaft bemerken, bevor wir sie spüren. Lassen Sie einfach alles zu, was da ist, ohne zu reagieren oder darüber zu urteilen. Üben Sie, mit Ihrem Erleben gewahr zu sein.

Immer wenn es dem Individuum gelingt, sich gegen das Über-Ich zu verteidigen, wird eine gewisse Menge aggressiver Energie freigesetzt, die sich als Wut äußern kann. Deshalb wird auch der Prozess, sich selbst zu verteidigen, häufig von einem Gefühl der Wut begleitet. Mit anderen Worten: Die Wut, welche vom Über-Ich auf das Ich gerichtet wurde, steht nun dem Ich zur Verfügung, um sie nach Belieben einzusetzen. Wir haben beobachtet, dass eine Person, die sich auf den Prozess einlässt, sich vom Über-Ich zu lösen, gestärkt und energiegeladener wird. Man wird faktisch nicht nur dadurch gestärkt, dass man seine eigene Wut wieder in Besitz nimmt, sondern auch – und das ist viel grundlegender – indem man den essenziellen Aspekt der Stärke, welcher der Emotion der Wut zugrunde liegt, integriert.

A. H. Almaas, *The Work on the Superego,* S. 6

Frank und Sue saßen auf der hinteren Veranda und genossen den Spätsommermorgen. Sie trank ihren Kaffee, er seinen Kräutertee. Die Hände um ihren Becher gelegt, begann sie:

„Weißt du, ich habe darüber nachgedacht, wie sehr ich dich vorhin verurteilt habe, nachdem wir versucht haben, uns zu lieben. Du warst so wütend und hast dann diese Bemerkung gemacht, dass ich mir selber keine Lust verschaffen könne. Das macht mir wirklich Angst. Es fühlt sich für mich nicht besonders gut an, mich der Lust zu überlassen. Ich meckere ständig über die Dinge, die mich davon abhalten, Essen, Sex und Beziehungen zu genießen, aber ich glaube, damit überdecke ich nur meine Angst, loszulassen. So ziemlich die einzige Gelegenheit, bei der ich wirklich loslasse, ist, wenn ich Tennis spiele – da werde ich zu einem anderen Menschen, ohne Angst, ohne Zurückhaltung, mit vollem Einsatz.

Mir fiel meine Familie ein – ich höre meine Mutter genauso, als wäre es heute. Als ich heranwuchs, sagte sie immer: 'Übermut tut selten gut', 'Verlass dich bloß nicht auf deinen Körper, sonst wirst du Dinge tun, die du hinterher bedauerst, das kannst du mir glauben,' und 'Das Leben ist hart und mühevoll – es geht nicht darum, sich zu amüsieren.' Und das sage ich mir jetzt ständig selber.

Mir fällt ein, dass ich einmal meine Mathe-Hausaufgaben in ein Spiel verwandelt hatte. Ich zeigte Vater, wieviel Spaß es machte, die richtige Antwort zu finden – da schickte mich Mutter zurück an meinen Schreibtisch. Ich sollte die Sache ernster nehmen: 'Mit den Schulaufgaben soll man nicht spaßen!'"

Sue schwieg und nippte an ihrem Kaffee. Frank saß mit geschlossenen Augen in der Sonne und hörte ihr zu.

„Als ich heute morgen nackt mit dir auf dem Bett getanzt habe, kam eine Erinnerung zurück, die ich völlig vergessen hatte. Es passierte, als ich ungefähr sechs Jahre alt war – meine Tante und mein Onkel waren eines Abends bei uns zum Essen eingeladen. Nach dem Essen tanzte ich zu irgendeiner Elvis-Schallplatte im Wohnzimmer herum und hatte unglaublich viel Spaß dabei. Mein Onkel hatte eine solche Freude an mir, dass er aufstand und mittanzte. Dann war es an der Zeit, vorm Zubettgehen in die Badewanne zu steigen. Meine Eltern unterhielten sich mit meiner Tante, und da bot er an, mir zu dabei helfen.

Er half mir beim Ausziehen und dabei, mich in der Wanne zu waschen. Ich weiß noch genau, wie ich in der Wanne stand und er mich am ganzen Körper mit Seife einrieb. Ich kicherte und lachte, besonders, als er mit dem Seifenstück zwischen meine Beine geriet. Dann schaute ich auf, und mein Blick fiel auf meine Mutter, die in der Tür stand und zusah. Sie fragte, was denn hier so lustig wäre – aber ich konnte sehen, dass ihr etwas nicht passte. Danach sagte sie ständig zu mir, dass ich mich damenhaft benehmen müsse und nicht zu aufgeregt oder glücklich erscheinen dürfe – das würde zu leicht zu Missverständnissen führen."

12
Warum urteilen wir?

Wenn Sie sich in den inneren Urteilsprozess einfühlen, erleben Sie den Richter vielleicht als eine allgegenwärtige Stimme, die im Hintergrund schwebt und vertraute Sätze von sich gibt. Wenn Ihnen klar wird, was er Ihnen sagt, werden Sie feststellen, dass er aus einem großen Reservoir von Maßstäben, Idealen, Rügen und Verboten aus Ihrer Kindheit schöpft. Meistens können Sie leicht erkennen, dass Sie diese Urteile als Kind von Menschen in Ihrem Umfeld gehört haben. Es sind Aussagen Ihrer Eltern, die sie häufig oder bei wichtigen Anlässen von sich gegeben haben; Dinge, die Ihre Mitschüler oder älteren Geschwister gesagt haben; Warnungen oder Vorwürfe Ihrer Verwandten, Aufpasser und Lehrer – und jede einzelne ist genau auf Ihre spezifische Situation oder Erfahrung zurechtgeschnitten. Zu dieser Vorratskammer hat sich Ihr Richter Zugang verschafft, und mit ihrer Hilfe konstruiert er Erpressungen und Drohungen, um Sie davon abzuhalten, ein reiches, freudiges und friedliches Leben zu führen.

Das Wichtigste an all diesen Urteilen und Maßstäben, die der Richter Ihnen präsentiert, ist nicht allein ihre Macht, Sie kleinzukriegen, sondern dass sie nichts mit dem gegenwärtigen Augenblick zu tun haben. Die Ermahnungen fußen auf Äußerungen, die sich auf Ihr Verhalten und Ihr Überleben bezogen, als Sie zwischen einem und sechs Jahren alt waren. Es waren Warnungen, die mit Dingen zusammenhingen, welche Sie noch nicht gelernt hatten; es waren Rügen, die Sie von gefährlichen Plätzen fernhalten sollten; es waren Verhaltensanweisungen, die einen Menschen aus Ihnen machen sollten, auf den Ihre Eltern stolz sein konnten; es waren Drohungen, die Sie davon abhalten sollten, Dinge zu tun, die die Erwachsenen erschrecken oder aufregen würden; es waren Beleidigungen, die Sie zu etwas bringen sollten, worauf Sie keine Lust hatten; es waren alle möglichen Behauptungen, die dafür sorgen sollten, dass Ihre natürliche Lebendigkeit den Status Quo nicht in Frage stellte. Das alles gehörte zum Prozess der so genannten Erziehung und Sozialisierung des Kindes, der dem Kind ein Gewissen und eine Orientierung für das Leben in dieser Gesellschaft einimpfen sollte. Sie lernten Ihre Emotionen, Ihr Verhalten und Ihre Energie zu kontrollieren, und der Richter wurde zu Ihrem Gewissen, das Ihnen all die Verhaltensweisen, die Sie gelernt haben, ständig vor Augen hält, damit Sie sich beim Leben in dieser Welt im Griff haben.

Diese ursprünglichen Maßstäbe wurden zu einem Zeitpunkt gesetzt, als Sie ein hilfloses und unerfahrenes Kind waren, das in einer von den Erwachsenen regierten Welt zu leben lernte. Nun sind Sie selbst ein Erwachsener, der sein eigenes Leben führt und mit anderen Erwachsenen umgeht – doch Sie leben weiterhin nach jenen Maßstäben. Da stellt sich die Frage, warum der Urteilsprozess so unglaublich effektiv ist – arbeitet er doch mit Waffen, die schon längst veraltet sind.

Die ursprünglichen Maßstäbe und Bewertungen haben keine äußere Bedeutung mehr, doch für Ihr Inneres sind sie immer noch relevant. Das führt bei Ihnen zu dem unbewussten Glauben, jene Maßstäbe und Einschätzungen im Kontext Ihrer jetzigen Interessen immer noch zu benötigen. Der Richter bedient sich zeitgemäßer Worte und Themenbereiche, um wichtig zu erscheinen, doch die dahinter liegende Botschaft ist dieselbe, die Sie schon als kleines Kind gehört haben. Damals haben Sie den Richter und seine Maßstäbe verinnerlicht, um Ihre Eltern in der Nähe zu halten und sich ein Gefühl von Schutz, Sicherheit und eingebildeter Macht über sich selbst und die Realität zu verschaffen. Das ist der Schlüssel, um die Macht des Richters zu verstehen.

In der Einzelstunde

Joanne brachte eine Auseinandersetzung mit ihrem Richter, die seit dem letzten Abend an ihrer Arbeitsstelle ablief, mit in die Stunde. Sie war Hebamme und ihre Schicht hatte begonnen, als ein Geburtsprozess schon im Gang war. Sie berichtete, dass es eine schwere Geburt gewesen sei und sie nicht ihr Bestes gegeben habe. Ich bat sie, mehr zu erzählen, weil ich wissen wollte, ob ihre Einschätzung korrekt war oder ob es sich um einen Angriff handelte. Sie sagte, dass das Baby zu dem Zeitpunkt, als sie übernahm, Zeichen von Stress erkennen ließ – es war also wichtig, es so schnell wie möglich herauszuholen. Doch der Muttermund dehnte sich nur sehr langsam. Sie kannte derartige Situationen gut genug, um zu wissen, dass sie zwar ernst, aber nicht gefährlich waren. Die assistierenden Krankenschwestern waren nicht so erfahren wie sie und ziemlich besorgt. Ihnen kam es vor, als ob es sich um eine Krise handelte und Joanne sich nicht genug bemühte. Doch obwohl sie sich von ihren Mitarbeiterinnen nicht unterstützt fühlte, blieb Joanne ruhig und war weiterhin Herrin der Lage.

Eine der Schwestern überzeugte sie schließlich, dass man eine Ärztin rufen müsse. Joanne schickte sie los und fuhr fort, die Wehen in Gang zu halten. Die Austreibungsphase hatte begonnen, und Joanne wollte gerade einen Dammschnitt vornehmen, um die Geburt zu beschleunigen, als die Ärztin erschien, eine sehr aggressive Frau. Sie nahm die Geburtshilfe sofort in ihre Hand, überging die Mutter dabei völlig und behauptete, Joanne sei nicht schnell genug gewesen. Zwei Minuten später war das Kind geboren. Joanne hatte sich an den Rand des Geschehens zurückgezogen und schämte sich ein wenig.

Es war offensichtlich, dass Joanne sich dafür angriff, nicht aggressiv genug gewesen zu sein. Sie hatte sich in den Angriff verwickelt, indem sie ihn schluckte und akzeptierte, dass er der Wahrheit entsprach. Als ich nachfragte, stellte sich heraus, dass sie tatsächlich der Meinung war, ihre Arbeit korrekt ausgeführt zu haben – das Baby hatte bereits begonnen, herauszukommen und sie war sich sicher, dass kein Notfall vorlag, der das aggressive Verhalten der Ärztin gerechtfertigt hätte. Während sie über diese Erfahrung sprach, wurde klar, dass sie das Gefühl hatte, alles richtig gemacht zu haben, sich von den hysterischen Krankenschwestern aber nicht unterstützt und von der Ärztin beiseite geschoben fühlte. Joanne hatte gespürt, dass die Mitarbeiterinnen ihr nicht vertrauten und ihre Erfahrung nicht schätzten – doch weil die Ärztin in ihre Arbeit eingriff und das Kind zur Welt brachte, verurteilte sie sich selbst. Das war ihr vertraut und bedrohte sie weniger, als wenn sie über die Art, wie ihre Mitarbeiterinnen sie behandelten, verletzt und wütend gewesen wäre. Je mehr sie das einsah, desto klarer wurde ihr, dass diese Geburt ihr Job war, dass sie wusste was sie tat und dass ihr alles gelungen wäre, wenn man sie nicht ausgeschaltet hätte.

Zu diesem Zeitpunkt fragte ich Joanne, wie sie sich fühlte. Sie sagte, dass ihr Richter sie jetzt dafür angriff, etwas so Eindeutiges nicht schon früher bemerkt zu haben. Als sie das erkannte, konnte sie ihren Richter auffordern, sie in Ruhe zu lassen. Ich gab ihr Recht – es gab keinen Grund, sich dafür zu beschuldigen, dass sie die Wahrheit der Situation nicht schon eher erkannt hatte. Doch ich war auch neugierig, warum das so war. Was hatte sie daran gehindert? Ich bat sie, sich genau an ihr Gefühl zu erinnern, als die Ärztin erschien. Joanne erinnerte sich, dass sie sich, als die Ärztin ihren Job übernahm, an die Seite geschoben, ignoriert, fast nicht mehr anwesend und dazu auch noch klein und hilflos gefühlt hatte.

Ich fragte sie, ob ihr dieses Gefühl bekannt vorkam. Joanne sagte: „Ja, so habe ich mich als Kind oft meinem Vater gegenüber gefühlt. Außer der Arbeit war für ihn nichts wichtig, und alles, was wir je zusammen taten, war, im Haus verschiedene Arbeiten zu erledigen. Doch er wollte alles kontrollieren – alles sollte richtig gemacht werden, und er hatte mit anderen keine Geduld. Nie erklärte er mir, wenn ich etwas tun sollte, wie es ging. Fing ich eine Sache an, kam er rüber und beendete sie. Ich kam nie dazu, etwas zu Ende zu bringen und hatte nie das Gefühl, dass ich selber etwas lernen oder meiner eigenen Fähigkeit, etwas zu schaffen, trauen könnte."

Damals konnte sie manche Dinge tatsächlich noch nicht schaffen, aber es wurde ihr nie die Möglichkeit gegeben, es zu lernen. Ich fragte sie, ob sich der Vorfall mit der Ärztin ähnlich anfühlte, und sie sagte: „Ja, das fühlte sich ganz genauso an: ein 'Großer', der Bescheid weiß, nimmt mir die Aufgabe weg und beendet sie für mich, und ich fühle mich nicht gesehen, total klein, hilflos und unfähig."

Das verschaffte uns ein klares Bild davon, auf welch machtvolle Weise die Umstände des letzten Abends dazu geführt hatten, Joannes schmerzhafte Kindheitserfahrungen wieder aufzurühren. Nun war klar, warum sie sich selber angriff, anstatt die Wahrheit des Geschehens zu erkennen. Mit dem Selbstangriff, nicht aggressiv genug zu sein, wollte sie einerseits ihr

Gefühl beiseite schieben, von den Schwestern nicht genügend unterstützt worden zu sein, und andererseits sollte er sie daran hindern, den von ihrem Vater übernommenen Glauben, unfähig zu sein, in Frage zu stellen. Das gelang dem Angriff dadurch, dass er das vertraute Gefühl in ihr hervorrief, so klein und hilflos zu sein wie zu Kinderzeiten.

Nachdem wir erforscht hatten, wie genau dieser Vorfall das alte Muster mit ihrem Vater bedient hatte, bat ich Joanne, sich anzuschauen, worin sich das Geschehene von ihrem Kindererleben unterschied, obwohl er jenes unbeachtete, abgelehnte Selbstbild wieder in ihr hervorgerufen hatte. Sie dachte einen Augenblick nach und sagte dann: „Zuerst kann ich sehen, dass ich gestern Abend alles richtig gemacht habe. Ich war nicht so unerfahren wie damals als Kind. Außerdem ist mir klar, dass sich die Ärztin nicht wie mein Vater verhielt. Sie tat einfach nur, was sie für nötig hielt, und das hatte mit mir als Hebamme nichts zu tun.“ Mit anderen Worten: Die Ärztin hatte sich zu ihrer vorhandenen oder nicht vorhandenen Kompetenz gar nicht geäußert. Zum Schluss sah Joanne ein, dass die Ärztin nicht – wie damals ihr Vater – über alles die Kontrolle hatte, noch war sie selber so sprachlos wie damals ihrem Vater gegenüber. Hätte sie es gewollt, dann hätte sie der Ärztin sagen können, dass sie prima alleine zurecht kam. Das wäre allerdings eine unvertrautere Haltung gewesen, als aufzugeben und sich hilflos zu fühlen.

Diese Einsichten führten dazu, dass Joanne das Gefühl, sich angesichts der Situation wie ein Kind vorzukommen, loslassen und die Wahrheit dessen, was passiert war, besser beurteilen konnte. Beide Angriffe – nicht aggressiv genug zu sein, und nicht gleich erkannt zu haben, was doch auf der Hand lag – verwandelten sich für sie in Türen zu einem besseren Verständnis ihrer Erfahrung, was ihr Gewahrsein und ihre Handlungen in Zukunft zweifellos beeinflussen wird.

Ein Angriff lenkt Ihr Gewahrsein normalerweise nach außen auf die Vorkommnisse, Hindernisse oder Verhaltensweisen, die Ihnen begegnen oder mit denen Sie zu tun haben. Sie hören sich an, was der Angriff behauptet und glauben, dass das Urteil für Ihre Handlungen von Belang ist und Sie deshalb in Ihrem eigenen Interesse zuhören sollten, um der

Mensch zu sein, der Sie sein wollen, oder das Leben zu führen, das Sie anstreben. Solange Sie sich auf das Außen konzentrieren (auf andere, das Umfeld, Ihr Verhalten, Ihre Probleme), werden Sie unbewusst an der elterlichen Macht sowie dem Gefühl von Sicherheit, das sie vermittelte, festhalten. Dann sind Sie weiterhin den Angriffen des Richters und seiner Ungnade ausgeliefert. Die Ablösung verlangt, dass Sie Ihre eigenen inneren Erfahrungen genauer betrachten, anstatt zu versuchen, Ihr äußeres Erleben zu verändern – wie am Beispiel von Joanne gezeigt. Nur auf diese Weise werden Sie erkennen lernen, warum Sie glauben, den Richter zu brauchen und weshalb er eine solch mächtige Präsenz in Ihrem Leben darstellt.

Die Wünsche Ihrer Eltern ausleben

Wie Sie gesehen haben, ist Ihr Richter in Ihrem Familienumfeld entstanden, – insbesondere in dem Ihres Vaters, Ihrer Mutter, oder derjenigen Menschen, die ihren Platz einnahmen. Sie hatten keine Wahl und mussten deren Handlungen und Worte als repräsentativ für das Leben annehmen – also verinnerlichten Sie diese Aussagen und Haltungen als Teil Ihres inneren Umfeldes, insbesondere des Richters. Aufgrund dieses Verinnerlichungsprozesses leben Sie immer noch im Umfeld Ihrer Eltern, und es fällt Ihnen schwer, das Gefühl Ihrer selbst von Ihren Eltern und deren Wünschen und Erwartungen – an Sie und an sich selbst – zu trennen.

Je objektiver Sie die Situation betrachten können, in der Sie aufgewachsen sind, desto klarer und intelligenter können Sie mit Ihrem Richter umgehen. Eine Mutter wird ihre eigenen Bedürfnisse, Ängste und Erwartungen an das Leben häufig durch die Beziehung zu ihrem Kind ausdrücken. Außerdem bewegt sich ihr Verhalten dem Kind gegenüber auf einer Skala, an deren einem Ende sie einfach auf ihre eigenen Bedürfnisse, und am anderen auf die Bedürfnisse des Kindes reagiert. Was dem Kind innerhalb dieser Interaktion also entgegenkommt, kann völlig belanglos für es sein, teilweise auf seine Situation eingehen oder genau dem entsprechen, was es braucht. Unglücklicherweise ist das Kind nicht in der Lage, die Unterschiede zu erkennen, und obwohl das unpassende Verhalten der Mutter oder des Vaters ihm Schmerz verursacht, wird es das stets für seinen eigenen Fehler halten. Anders gesagt: Der elterliche Mangel an Gewahrsein oder Präsenz wird zu einem Teil des kindlichen Richters.

Als Kind konnten Sie das mangelnde Eingestimmtsein Ihrer Eltern selten erkennen, doch nun, als Erwachsener, können Sie es. Je mehr Sie sich Ihrer eigenen Schwierigkeiten in Ihrem Leben, bei der Arbeit sowie im Kontakt zu anderen gewahr sind, desto eher können Sie ermessen, wie sehr es Ihnen in der Kindheit an Anerkennung, Unterstützung, Führung und Würdigung gefehlt hat. Lernen Sie daher soviel Sie können über das Denken, die Gefühle und das Verhalten Ihrer Eltern im Familienkreise. Wenn Sie dann erkennen, was Ihre Eltern von Ihnen wollten und erwarten, können Sie das mit dem vergleichen, was Sie als Kind gebraucht hätten und einschätzen, wie wenig das Eine mit dem Anderen übereinstimmte. Nun verstehen Sie besser, welche Form der Hilfe und Unterstützung Sie erhalten haben und welche nicht – und warum Sie auf Ihre Weise darauf reagiert haben. Dabei können Sie Ihr verinnerlichtes Gewissen befragen und herausfinden, welchen Einfluss es auf Sie ausübt und ob es Sie unterstützt. Erkennen Sie jetzt, dass Ihr Richter mit seiner Art, Sie zu behandeln, genauso wenig auf Sie eingestimmt ist wie damals Ihre Eltern?

Hier eine Methode, um dieses Erforschen zu vertiefen: Betrachten Sie, welch erweitertes Interesse die Angriffe des Richters verfolgen. Alle Angriffe lassen sich in zwei Kategorien aufteilen: Jene, die dazu da sind, die „bösen" oder unannehmbaren Anteile Ihrer selbst im Zaum zu halten und jene, die Sie Ihrem Ideal eines guten Menschen näher bringen sollen. Man könnte also sagen, dass der Richter Sie immer entweder von etwas weg oder auf etwas zu stößt – er ist nie zufrieden damit, wo Sie gerade sind.

Negatives unter Verschluss halten

Schon früh haben Sie gelernt, dass man über bestimmte Dinge, wie zum Beispiel den Stuhlgang, besser nicht spricht, und dass man manches, wie die Sexualität, besser sorgfältig im Verborgenen hält. Diese „unakzeptablen" Teile Ihres Erlebens waren Aspekte Ihrer natürlichen, triebhaften Vitalität. Sie bedrohten Ihre Eltern sowie Ihr Umfeld, weil sie spontan, energiegeladen und ungezähmt waren. Welche spezifischen Äußerungen Ihrer Lebendigkeit Sie als unpassend oder „schlecht" erlebt haben, hängt von Ihrer

Familie und Ihrer persönlichen Geschichte ab. Dabei handelte es sich um Teile Ihrer selbst, die Sie nicht einfach loswerden konnten oder vielleicht auch nicht wollten, die aber zu Problemen oder heftigen negativen Reaktionen führten oder als moralisch verwerflich betrachtet wurden.

Es wurde zu einer der Hauptaufgaben Ihres Richters, diese Anteile unter Verschluss zu halten. Und wenn Sie diese Tabus nicht bewusst selbst ans Licht holen, dienen sie dem Richter als eine der wichtigsten unbewussten Waffen im Kampf gegen Sie. Früher oder später werden Sie einsehen, dass Ihre Angst, die Schlechtigkeit in Ihnen könnte ans Tageslicht kommen, dazu geführt hat, die Lebendigkeit selbst wegzusperren und abzutöten. Schon die Begriffe *gut* und *schlecht* sind extrem suspekt und sollten nachdrücklich in Frage gestellt werden. *Schlecht* bezieht sich vielfach auf Dinge, die sich gut anfühlen – besonders auf lustvolle Empfindungen und alle angenehmen Gefühle, die keinen Grund oder keine offensichtliche Berechtigung haben. Besonders wenn Ihr Richter beginnt, Sie für irgendetwas an Ihrer gegenwärtigen Erfahrung herunterzumachen, das er für schlecht hält: Achten Sie genau darauf, was er sagt. Was ist da wirklich so schlecht?

Die meisten Menschen halten „negative" Emotionen für schlecht – Gefühle wie Wut, Hass, Eifersucht, Neid, Gier, Schmerz, Trauer und Angst. Im Allgemeinen wird ihr Schlechtigkeitsgrad davon abhängig gemacht, wie sie auf andere wirken. Wenn Hass oder Gier von Ihren Eltern missbilligt wurden oder es ihnen Schwierigkeiten bereitete, Ihre wütende, explosive Energie zu ertragen, wenn Sie wütend waren und Ihre Tränen, wenn Sie traurig waren, dann haben Sie gelernt, diese Gefühle für schlecht zu halten. Und zwangsläufig hat Sie das dazu gebracht, sich zu bemühen, diese Gefühle zu vermeiden, zu verstecken oder abzuleugnen, wenn Sie in Ihnen auftauchten oder sich selbst dafür zu verurteilen, sie zu haben. Manchmal verband sich dieses äußere Urteil mit Ihrem eigenen Unbehagen darüber, Emotionen wie Schmerz oder Angst zu empfinden. Wären Ihre Eltern dagegen voller Mitgefühl und Akzeptanz gewesen, dann hätte Ihnen das dabei geholfen, diese Gefühle zu ertragen. Sie hätten gelernt, dass derartige Gefühle vielleicht schmerzlich, aber nicht schlecht sind.

Nicht allein wurden bestimmte Emotionen, Verhaltensweisen und Handlungen von Ihnen für unakzeptabel gehalten – es gab immer wieder

Momente, in denen Sie *sich selber* unakzeptabel fanden. Die Ablehnung Ihrer Eltern bezog sich häufig auf Dinge, die Sie nicht verstehen konnten. Im Bemühen, sich die Ablehnung selbst zu erklären, benutzten Sie Begriffe, die Sie anderswo gehört hatten – wie *falsch, schlecht, schwach, nicht liebenswert, bedürftig* oder *hilflos.* (Einige dieser Begriffe haben eher mit Ihrer Verinnerlichung dessen zu tun, was andere in Ihnen sahen, als mit dem, was Sie selber erlebt haben. Welches Gefühl geht mit „falsch" oder „nicht liebenswert" stärker einher als das Gefühl, abgelehnt zu werden?)

Bei jedem dieser Gefühle steht die negative oder unangenehme Qualität im Vordergrund, weil damit eine eindeutige und schmerzhafte Erfahrung einhergeht, abgelehnt, nicht gewollt oder ignoriert zu werden. Sie begannen zu glauben, abgelehnt zu werden, weil Sie schwach oder bedürftig waren, und waren sich daraufhin unsicher, ob nicht vielleicht jedes Erlebnis, das in Ihnen Schwäche oder Bedürftigkeit hervorrief, eine Ablehnung zur Folge haben würde. Und damit Sie sich nie wieder abgelehnt fühlen müssen, bekämpft der Richter jetzt all Ihre negativen Gefühle über sich selbst. Dann wieder gibt es Momente, in denen Sie in einer Weise denken, fühlen oder handeln, die der Richter unannehmbar findet, und wo er Sie mit Hilfe Ihrer negativen Gefühle (sowie der impliziten Ablehnung durch andere) erpresst, um Sie zu bedrohen und zum Aufhören zu bewegen: „Wenn du mit dem herauskommst, was du willst und es aussprichst, werden dich die Leute für bedürftig halten."

Es gibt allerdings zwei „negative" Emotionen, die der Richter nur selten verurteilt. Diese beiden Gefühle – Scham und Schuld – erscheinen fast nur als Reaktion auf ein Urteil, was sie zu mächtigen Werkzeugen des Richters macht, die er dazu benutzt, Ihr inneres Leben zu kontrollieren. Tatsächlich bedient er sich genau dieser Gefühle, um die unannehmbaren Anteile Ihrer selbst zu verurteilen.

Scham und Schuld sind Gefühle zweiter Hand und werden Ihren unmittelbareren Erfahrungsinhalten hinzugefügt, wodurch Ihre Beziehung zu ihnen dann eine negative Färbung erfährt. Auf diese Weise benutzt der Richter Scham und Schuld, um Ihr Selbstbewusstsein, Ihre Selbstliebe und Ihren Selbstrespekt zu unterwandern. Wenn Ihnen zum Beispiel vorgehalten wird, dass Sie sich dafür schämen müssen, jemanden zu hassen oder einem anderen seinen Besitz zu neiden, dann wird die Scham zu einem Teil dieses Hasses oder Neides. Und wenn Sie dann jemanden hassen oder ein anderer Ihren Neid bemerkt, dann versetzt die Scham Ihrem Selbstwertgefühl einen Stoß. Oder wenn Ihnen schon früh beigebracht wurde, nicht für sich selber einzutreten, weil das eine Einmischung wäre und andere dadurch benachteiligt würden, dann werden Sie sich jedes Mal schuldig fühlen, wenn Sie öffentlich Ihre Meinung ausdrücken wollen. Zwei der häufigsten Standardaussagen des Richters lauten: „Du solltest dich schämen" und „Du bist selber schuld."

Das Positive unannehmbar finden

Ob Sie böse oder schlecht sind, hängt aber nicht nur von negativen Emotionen oder kraftvollen Energiezuständen wie Aggression, Begeisterung, sexueller Erregung oder Angst ab. Sie werden sich vielleicht wundern, was alles undenkbar zu sein scheint. Da ist zum Beispiel die kindliche Unschuld, die sich in Wahrhaftigkeit, Interesse, Offenheit und Wissbegierde äußert. Kinder sind noch stärker dem Mysterium des Lebens verbunden und haben sich von den ordentlichen Schubladen, in welche die Erwachsenen es zu quetschen versuchen, noch nicht so einschränken lassen. Das drei- oder vierjährige Kind lernt, alles zu benennen, was es sieht, und es wird unablässig fragen, was die Dinge sind, oder warum sie so sind wie sie sind – zum Beispiel: „Warum ist der Himmel blau?" Wenn die Eltern ungeduldig sind oder es ihnen Probleme macht, die Antwort nicht zu wissen und sie eine viel zu „erwachsene" Antwort geben, mag das in dem Kind das Gefühl erwecken, es hätte besser gar nicht fragen sollen. Das wissbegierige fünf- oder sechsjährige Kind wird vielleicht Themen wie Scheidung, Tod, Gott, Liebe, Hass und die Geschlechtsorgane zur Sprache bringen. Wenn diese Themen bei den Eltern angstbesetzt sind, wird das Kind vielleicht glauben, dass sowohl das Thema als auch sein Fragen nicht in Ordnung sind. Darüber hinaus finden viele Eltern solche direkten Fragen ihrer Kinder bedrohlich, weil sie fürchten, dass dadurch Geheimnisse oder Tabus auf den Tisch kommen, die die Familie sorgfältig vermeidet oder verdeckt hält. Aus diesem Grund werden natürlich Eigenschaften wie Wissensdurst oder Wahrhaftigkeit leicht etwas Bösem und Schlechtem zugerechnet, das vermieden werden muss.

Dann wiederum kann es unannehmbar sein, eine „gute" Eigenschaft wie zum Beispiel Liebe, Freude oder Vitalität auf eine Weise auszudrücken, die andere nicht ertragen können, weil sie ihnen zu energiegeladen oder expressiv erscheint. Ein Mensch kann es nur schwer ertragen, wenn andere eine Eigenschaft, die ihm fehlt oder der er mit Ambivalenz begegnet, in ihrer puren Form ausdrücken. Kinder sind sehr sensibel für diese Intoleranz ihrer Eltern und kommen leicht zu dem Schluss, dass die Eigenschaft selbst nicht in Ordnung ist. Auf diese Weise führt der Urteilsprozess häufig zur Unterdrückung grundlegender menschlicher Erfahrungen, damit das Gefühl bestehen bleibt, akzeptiert zu werden. Als Erwachsener mag es Ihnen schwer fallen, zu verstehen oder zu akzeptieren, dass Sie Ihre eigenen guten Gefühle wie Liebe oder Freude verurteilen. Schließlich sind sie etwas wirklich Gutes. Doch diese Form des Selbstangriffs ist sehr verbreitet, und Ihr Verstand wird ihn vielleicht dadurch akzeptabler machen, dass er ihm einen vernünftigen Anstrich verleiht: „Das Problem ist ja nicht, dass Freude unannehmbar wäre – es ist nur so, dass es wirklich egoistisch ist, sich ohne guten Grund glücklich zu fühlen, wenn viele Dinge noch nicht in Ordnung sind!"

Fühlen im Gegensatz zum Ausdrücken

An dieser Stelle ist es wichtig, zu betrachten, welcher Unterschied zwischen dem Erleben einer Emotion/eines Gedankens und seinem Ausdruck besteht. Es ist ein Charakteristikum der frühen Kindheit, dass alle Erfahrungen sofort ausgedrückt werden: Traurigkeit führt zu Tränen, Wut zu Trampeln und Schreien, Freude zu Lächeln und Tanzen. Das ist wunderbar und problematisch zugleich. Das Kind hat noch nicht gelernt, seine emotionalen Impulse im Zaum zu halten. Es ist Teil seines Wachstumsprozesses, zu lernen, seinen Selbstausdruck zu kontrollieren – nicht alles auszusprechen, was ihm in den Sinn kommt, und Gefühle wie Missfallen, Ekel, Angst oder Begierden nicht immer gleich auszudrücken, weil das in vielen Situationen nicht angemessen ist. Für ein Kind ist das nicht leicht zu verstehen. Wenn es lernt, den *Ausdruck* eines Gefühls oder Gedanken zurückzuhalten, unterdrückt es häufig das Gefühl oder den Gedanken gleich mit. „Wenn ich meine Wut nicht ausdrücken darf, dann muss das bedeuten, dass sie etwas Schlechtes ist", oder „wenn ich sie nicht ausdrücken darf, dann macht es auch keinen Sinn, sie zu fühlen." Diese letztgenannte Unterdrückung wirkt sich am tiefsten auf Sie aus. Wenn Sie das Erleben Ihrer Gefühle und Gedanken unterdrücken, verringert das Ihren Kontakt zu Ihrer Seelennatur in viel größerem Maße, als wenn Sie ihren Ausdruck blockieren, weil Sie gelernt haben, dem spontanen Impuls Ihrer eigenen Reaktionen auf das Leben zu misstrauen.

Ein weiterer Aspekt des Erwachsenwerdens besteht darin, den Wert Ihrer eigenen Erfahrungen schätzen zu lernen, unabhängig davon, ob jemand anders sie sieht, auf sie reagiert oder sie anerkennt. Das Wachstum eines Kindes hängt von der Interaktion mit den Eltern und der Umwelt ab, sowie davon, dass es von ihnen gespiegelt wird. Dabei ist es wichtig, dass es sich ausdrückt, denn das Kind muss lernen zu kommunizieren, sich Gehör zu verschaffen und verstanden zu werden. Außerdem hängt die Entwicklung seines eigenen Selbstgefühls davon ab, seine Gefühle reflektiert zu bekommen, damit es sie zu erkennen lernt. Gefühle, die von anderen nicht bestätigt werden, können nicht wahrgenommen oder integriert werden.

Wenn also angemessene Interaktionen und Spiegelungen stattfinden, wird das Kind das Vertrauen gewinnen, seine eigenen Gefühle zu erkennen und zu würdigen. Auf der Basis dieses Vertrauens entwickelt sich ein Gefühl von Autonomie, wobei die Gefühle sowohl das Selbstverständnis des Kindes als auch seine zwischenmenschliche Kommunikation fördern. Wird der Ausdruck aber behindert, dann wächst das Kind in dem Glauben auf, dass Gefühle nur dann eine Bedeutung oder einen Wert besitzen, wenn sie ausgedrückt und dadurch gesehen oder reflektiert werden.

Der Richter als Verhaltenspolizei

Der Job des Richters, Sie dazu zu bewegen, sich an anerkannte und zivilisierte Maßstäbe zu halten, wird von der Gesellschaft aktiv unterstützt. Wenn Sie dem Richter in diesem Bereich die Stirn bieten, heißt das nicht, dass Sie jetzt die Erlaubnis haben, impulsiv oder total beliebig und rücksichtslos zu handeln. Ein solches Verhalten wird den Richter erst recht auf den Plan rufen und möglicherweise Ihre Ehe oder Ihr Arbeitsverhältnis gefährden, oder Sie sogar ins Gefängnis bringen! Hier besteht Ihre Aufgabe darin, die Fähigkeit eines Erwachsenen zu entwickeln, etwas zu fühlen, ohne es auszudrücken und etwas zu denken, ohne es auszusprechen – und die Unterschiede klar zu erkennen. Ihr Richter wird Ihnen vielleicht weismachen wollen, dass beides dasselbe ist – „Wenn du so etwas denkst, dann ist das genauso schlimm, als würdest du es sagen" – doch dabei handelt es sich um Überbleibsel von Kindheitserfahrungen oder um eine moralische Einstellung, die immer noch der Kindheitsperspektive entspringt.

Wenn Sie Ihre Gefühle unterdrücken, betrifft das sowohl die verinnerlichten Urteile über Ihre Kindheitsgefühle als auch die Frustration, die Sie als Kind darüber empfunden haben, sich nicht ausdrücken zu können. Wenn Sie es Ihren unterdrückten Gefühlen also erlauben, wieder aufzutauchen, müssen Sie dem verletzten Kind zugleich einen inneren Raum zur Verfügung stellen, in dem es zu Worte kommen und vielleicht sogar in einer Therapie oder mit einem guten Freund die Sicherheit finden kann, um das auszudrücken, was Sie so lange zurückgedrängt haben. Es kann wichtig sein, die unterdrückten Gefühle bewusst hervorzubringen, um mit ihnen wieder in Kontakt zu kommen. Das eigentliche Ziel besteht allerdings darin, die Fähigkeit zu erwerben, einfach nur zu fühlen, ohne die Gefühle sichtbar werden zu lassen – was nicht gerade einfach ist. Eine solche Praxis verleiht Ihrem inneren Kind keine Befriedigung. Doch als lebendige Seele können Sie Ihre eigene Fülle und Lebendigkeit dadurch wiedererlangen, dass Ihnen der innere Raum und die Kraft zur Verfügung stehen, alle Anteile Ihrer Erfahrung zuzulassen und dabei gleichzeitig zu erkennen, inwieweit auch der äußere Ausdruck angemessen ist. Dann können Sie den Richter aus einer seiner wichtigstenTätigkeiten entlassen: dem Job Sie zu überwachen und Ihnen Instruktionen darüber zu erteilen, was in Ordnung ist und was nicht.

Das ideale Selbst

Sie mussten als Kind nicht nur darum kämpfen, bestimmte festgelegte Gefühle und Verhaltensweisen zu vermeiden, – Sie mussten außerdem lernen, was von Ihnen erwartet wurde, um gemocht und anerkannt zu werden. Das hatte gewöhnlich mit bestimmten Aspekten Ihrer selbst zu tun, die von Ihren Eltern gesehen und geschätzt wurden (Ihre Intelligenz, Attraktivität, Liebenswürdigkeit, Geschicklichkeit, Entschlusskraft, Gehorsam u.s.w.). Diese Eigenschaften wurden entsprechend der Wünsche Ihrer Eltern, wie Sie zu sein hatten, sowie der Art, wie Sie Ihre Eltern erlebten, mit weiteren Qualitäten zu einem Amalgam verschmolzen. Das Resultat war kein ideales, sondern ein verzerrtes Bild Ihrer selbst, auf das Sie sich unbewusst festgelegt haben. Seither haben Sie ständig versucht, diesem Ideal zu gleichen, überzeugt, dass in ihm der Schlüssel zu Ihrem Glück verborgen läge. Unglücklicherweise haben Ihre ständigen Vergleiche mit einem idealen Maßstab zu dem Schluss geführt, dass Sie sich, um sich selbst annehmen zu können, zuerst verbessern müssten. Inzwischen sind Sie der Ansicht, dass Sie neue Fähigkeiten und Verhaltensweisen nicht lernen, damit sie Ihnen das Leben erleichtern, sondern um ein besserer Mensch zu werden und sich akzeptabel zu fühlen. Sie lehnen sich selbst subtil und unbewusst fast in jedem Augenblick ab und sind sich sicher, dass Sie von Natur aus nicht perfekt und daher verbesserungsbedürftig sind.

Dieses eingebildete ideale Selbst wurde zu einem inneren Bild davon, wie Sie sein müssten, damit alles gut würde, und damit Sie sich endlich entspannen könnten und geliebt, anerkannt, angenommen, umsorgt würden. Es enthält persönliche Maßstäbe für alle Handlungen, Gedanken, Gefühle, Verhaltensweisen, Leistungen, sowie für Ihr äußeres Erscheinungsbild. Das ideale Selbst stellt also ein Ziel dar, an dem sich all Ihre Aktivitäten orientieren: Die Richtung, welche Ihr Leben einzuschlagen hat, was geschehen muss und wie Sie mit sich selbst umgehen. Das Streben nach Ihrem idealen Selbstbild bringt jedoch ein großes Problem mit sich: *es lässt sich nicht erreichen.* Obwohl Ihr Streben nach dem Ideal zu Kinderzeiten die Anerkennung der Eltern bewirkt hat, hat es wenig dazu beigetragen, Ihnen inneren Frieden zu verschaffen. Die Anstrengung, sich ständig mit einem Ideal zu vergleichen, war erschöpfend, einsam und Angst erregend. Heute, da Sie als Erwachsener nicht mehr bei Ihren Eltern leben oder primär mit ihnen interagieren, ist die Wahrscheinlichkeit, dass Sie sich mit einem verwirklichten idealen Selbstbild glücklich, sicher oder zufrieden fühlen, sogar noch geringer geworden.

Ein Ideal lässt sich nie erreichen – es befindet sich immer gerade hinter dem Horizont. Selbst wenn Sie einen gewissen Teilbereich verwirklichen, wird Ihre Zufriedenheit nicht von Dauer sein und Sie werden wahrscheinlich glauben, dass Sie irgend etwas nicht gut genug oder irgendwie falsch gemacht haben. Ein weiterer Hauptjob des Richters besteht darin, Sie zu motivieren, sich auf dieses unerreichbare Ziel auszurichten. Er stößt Sie immer wieder an, dieses perfekte Bild zu erreichen und gönnt Ihnen weder Pause noch Befriedigung. Obwohl das Ideal sowohl würdig als auch gut sein kann, müssen Sie sich irgendwann die Frage stellen, wie gut es wirklich ist, wenn Sie es jetzt zum Mittel Ihrer ständigen Selbstablehnung machen. Im Vergleich mit einem Ideal werden Sie immer schlecht abschneiden und im gegenwärtigen Augenblick nicht genügen, falsch oder minderwertig sein.

Das ideale Selbst bildet die Grundlage für die meisten Maßstäbe und Regeln, nach denen Sie leben. Der Richter ist der Anteil Ihrer selbst, der die Aufgabe hat, jene Maßstäbe aufrechtzuerhalten. Was Sie so leicht aus dem Blick verlieren, ist die Tatsache, dass Maßstäbe für einen effektiven Ablauf von Interaktionen von Nutzen sind, für Ihre Selbsteinschätzung aber keine Bedeutung haben. Dafür benötigen Sie Mitgefühl, Gewahrsein und Verständnis. Unglücklicherweise sind Sie in dem Glauben aufgewachsen, dass Maßstäbe auf alles und besonders auf Sie selbst anzuwenden sind.

Wenn Sie sich der Maßstäbe gewahr werden, an die Sie sich in allen möglichen Situationen halten, dann können Sie erkennen, wie der Richter täglich an Ihnen arbeitet. Einige dieser Maßstäbe beziehen sich auf die gewohnheitsmäßigen Abläufe körperlicher Aktivitäten. Ursprünglich gelernt, um reibungslose Funktionen zu garantieren, sind diese Muster jetzt zu automatischen Handlungen geworden, deren Vertrautheit und Vorhersagbarkeit ein Gefühl der Sicherheit vermitteln. Sie können es daran hören, wie der Richter sich darüber äußert, wie Sie Ihre Zähne putzen, Geschirr spülen, das Bett machen, sich anziehen und so weiter. Auch Ihre unaufhörliche Wachsamkeit gegenüber sich selbst, mit der Sie sicherstellen, dass Sie sich in alltäglichen Situationen nicht zum Narren machen, nichts Unpassendes tun, keine Aufmerksamkeit auf sich ziehen und nichts Dummes sagen, lässt alle möglichen Maßstäbe erkennen. All diese Urteile basieren auf den Maßstäben, die Sie in Bezug auf Ihr ideales Selbst verinnerlicht haben. Sie beeinflussen Ihr gesellschaftliches Leben, Ihren emotionalen Ausdruck, Ihre persönlichen Beziehungen, Ihr Verhalten bei der Arbeit, Ihre Freizeit, Ihre Gesundheit und sogar Ihre intimsten Gedanken.

Das berüchtigte *sollte* ist hier der entscheidende Ausdruck, der Sie antreibt, diese unmöglichen Maßstäbe zu erfüllen. Obwohl *sollte* auch etwas bezeichnen kann, „das angemessen oder notwendig" ist, drückt es meistens ein kritisches Urteil aus – im Sinne von: „Wenn du das nicht tust, stimmt etwas nicht mit dir." Es ist hilfreich, jede *Sollte*-Aussage daraufhin zu betrachten, welchen negativen Ausdruck sie zwischen den Zeilen enthält. In dem Satz „du solltest liebevoller sein" verbirgt sich zum Beispiel die Aussage: „Du bist egoistisch", die den eigentlichen Angriff darstellt. Hier können Sie auch sehen, wie die Vorstellung eines idealen Selbst sich perfekt mit Ihrem Versuch verbindet, unakzeptable Anteile Ihrer selbst zu vermeiden, indem Sie Maßstäbe setzen, die diese Anteile ablehnen und missbilligen.

Erkennen, was Sie blind macht und gefangen hält

Der Richter steuerte die Überlebensbedürfnisse des Kindes durch zwei primäre Funktionen: Er hielt es davon ab, sich auf eine Weise zu verhalten, die zu einer Ablehnung führen konnte und er ermutigte es, sich so zu benehmen, dass Anerkennung, Liebe und Fürsorge der Lohn waren. Diese Wahlmöglichkeiten bezogen sich spezifisch auf Ihre Eltern und Ihre familiäre Situation, und deshalb werden sie es entweder unterstützen, dass Sie im späteren Leben Situationen auswählen, die Ihrem Familienvorbild ähneln, oder sie werden immer, wenn Ihr Umfeld anders ist als Sie damals gelernt haben, großen Stress erzeugen. Solange Ihnen nicht bewusst ist, was Sie verinnerlicht haben, werden Sie sich in der sattsam bekannten Lage befinden, entweder sich selbst oder das Umfeld dafür schuldig zu sprechen, dass es nicht die vom Richter verlangten Ergebnisse hervorbringt. Wenn Sie die wirklichen Wurzeln Ihrer Sichtweise von sich selbst und Ihrem Leben erkennen, werden Sie bemerken, dass diese Sichtweise es Ihnen nicht gestattet, sich selbst und die Welt in der Gegenwart zu sehen und auch so auf sie zu reagieren.

Um das Netz, das Sie an die Selbstverurteilungen bindet, aufzudröseln, müssen Sie Neugierde darüber empfinden, wie diese faszinierende Logik der Selbstwahrnehmung entstanden ist. Sie müssen willens sein, sich zu fragen, welche ungewöhnlichen Ereignisse dazu geführt haben, dass Sie sich selber so scharf überwachen müssen. Und insbesondere brauchen Sie eine gewisse Leichtigkeit und einen Sinn für Humor, um nicht dem tödlichen Ernst der Selbstverbesserung aufzusitzen.

~ Einige Punkte zur Erinnerung ~

- Der Schlüssel, um die Macht des Richters zu verstehen, besteht in Ihrem Wissen, ihn und seine Maßstäbe verinnerlicht zu haben, um Ihre Eltern nicht zu verlieren und ein Gefühl von Schutz, Sicherheit und vorgestellter Macht über sich selbst und die Realität zu erwerben.
- Solange Sie sich auf das Außen konzentrieren (auf die anderen, das Umfeld, Ihr Verhalten oder Ihre Probleme), werden Sie unbewusst an der elterlichen Macht sowie an dem Sicherheitsgefühl festhalten, das diese Ihnen verschafft hat. Dadurch werden Sie dem Richter weiterhin ausgeliefert und in seine Angriffe verstrickt sein.
- Der Weg der Ablösung besteht darin, Ihre eigene innere Erfahrung sorgfältiger zu betrachten anstatt zu versuchen, Ihre äußere Erfahrung zu verändern.
- Der Richter behandelt Sie mit demselben Mangel an Mitempfinden, wie es schon Ihre Eltern seinerzeit getan haben.
- Scham und Schuld entstehen fast nur als Reaktion auf ein Urteil. Sie sind also mächtige Werkzeuge des Richters, um Ihr inneres Leben zu kontrollieren.
- Wenn Ihre Gedanken und Gefühle keinen Zugang zu Ihrem Erleben finden, behindert das Ihren Kontakt zu Ihrer Seelennatur in weitaus größerem Maße, als wenn ihr Ausdruck blockiert wäre, denn Sie lernen, der spontanen eigenen Reaktion auf das Leben zu misstrauen.

- Wenn Sie sich ständig an einem idealen Maßstab ausrichten, führt das zu dem Schluss, dass die Selbstverbesserung ein notwendiger Bestandteil der Selbstannahme ist.
- Eine weitere Hauptaufgabe des Richters besteht darin, Sie dazu zu motivieren, unerreichbare Ziele anzustreben. Er stachelt Sie an, das perfekte Image erreichen zu müssen und gönnt Ihnen weder Pause noch Zufriedenheit.
- Was Sie so leicht aus dem Blick verlieren, ist, dass Maßstäbe zwar für das effektive Funktionieren von Handlungen und Interaktionen eine Bedeutung haben, nicht aber für Ihre Selbsteinschätzung.
- Solange Ihnen nicht bewusst ist, was Sie verinnerlicht haben, werden Sie sich in der vertrauten Lage wiederfinden, sich selbst oder das Umfeld dafür schuldig zu sprechen, dass die vom Richter verlangten Ergebnisse nicht erreicht werden.

Übung: Sich als das Kind Ihrer Eltern erkennen

Nehmen Sie sich etwas Zeit und schreiben Sie auf, was Ihre Eltern sich *für* Sie und *von* Ihnen wünschten. Was für ein Jemand sollten Sie werden, und warum? Wie haben sie das Ihnen gegenüber ausgedrückt und wie hat es Sie beeinflusst? Verwirklichen Sie die Träume Ihrer Eltern? Versuchen Sie, das zu erreichen, was Ihre Eltern nicht geschafft haben? Rebellieren Sie gegen das, was Ihren Eltern so wichtig war? Auf welche Weise sind Sie das Kind Ihrer Eltern?

Übung: Erkennen, was Ihre Eltern Ihrem Richter beigebracht haben

Untersuchen Sie, auf welche Weise sich Ihr Richter wie Ihre Mutter oder Ihr Vater verhält. Auf welche Weise spiegelt Ihre Art, mit sich selbst umzugehen, die Art, wie Ihre Eltern mit Ihnen umgegangen sind?

Übung: Dem, was ausgeschlossen wird, Raum verschaffen

Machen Sie eine Liste der Teile, von denen Sie glauben, dass sie verborgen werden müssen, nicht angesprochen oder nicht beachtet werden dürfen. Dazu gehören vielleicht Emotionen wie Hass, Selbstsucht oder Eifersucht; Verhaltensweisen wie Furzen oder Masturbation; Fantasien wie zum Beispiel Ihren Partner zu ermorden oder die Kommunisten zu wählen; Körperteile wie Penis, Klitoris oder andere Teile Ihrer selbst wie Ihre Seele, Ihre Lebendigkeit oder Ihre Neugier. Achten Sie auf alle Teile oder Dinge, die Sie über sich selbst vielleicht gar nicht wissen wollen. Wie ist es, das alles aufzuschreiben und als Anteil Ihrer selbst zu betrachten?

Übung: Die Selbstverbesserung infrage stellen

Machen Sie eine Liste aller Selbstverbesserungsbestrebungen, denen Sie zur Zeit anhängen. Dazu gehören Diäten, Übungs- und Leseprogramme, Studien, Ausbildungen, Workshops, sogar Meditation und andere spirituelle Praktiken. Wie sehr basieren diese Aktivitäten auf Ihrem Bemühen, sich selbst zu verbessern? Welche Maßstäbe legen Sie an, um festzustellen, ob Sie sich schon verbessert haben?

Das Ego funktioniert aufgrund emotionaler Abhängigkeit, und Sie nennen es Liebe. Selbst wenn Sie allein sind, weder verheiratet noch in einer Beziehung oder einer Gruppe, befinden Sie sich immer noch in der Beziehung zu Ihrer Mutter – der Mutter in Ihrem Inneren. Sie beziehen sich auf Ihr Über-Ich, und Ihr Über-Ich verprügelt Sie immer noch. Warum verprügelt Ihr Über-Ich Sie? Weil es Ihnen das Gefühl gibt, Ihre Mutter sei anwesend. Als Sie noch ein Kind waren, hat Ihre Mutter Sie unablässig beurteilt. Und immer, wenn Sie sich wie ein Kind fühlen, kommt Ihre innere Mutter und verprügelt Sie. Dann fühlen Sie sich sicher. Sie beklagen sich vielleicht, aber Sie fühlen sich sicher.

A.H. Almaas, *Diamond Heart Book I,* S. 185

Sue schaute zu Frank herüber – er sah verändert aus. Er hatte sie an diesem Morgen so häufig überrascht, und nun war eine Erinnerung zu ihr zurückgekommen, die viele Dinge in ihrem Leben in einen Zusammenhang brachte. „Weißt du, Frank, ich wollte immer Tänzerin werden. Und jetzt kann ich sehen, dass ich mich im Anschluss an jene Geschichte durch die Angst meiner Mutter zu sehr behindert fühlte."

Sue fiel in tiefes Schweigen, als sie daran dachte, welche Auswirkungen diese Geschichte auf ihre Sexualität gehabt hatte. Sie hatte die lustvollen Gefühle in ihren Genitalien einfach nur genossen, ohne an so etwas wie „Sex" zu denken. Ihr kindlicher Verstand konnte nicht begreifen, was daran falsch sein sollte, aber der Blick ihrer Mutter hatte ihr sehr klar gemacht, dass es falsch war. Es war unmöglich für sie, das Lustgefühl in ihren Genitalien von dem Gefühl zu trennen, dass irgend etwas nicht stimmte, und es war ihr nie gelungen, herauszufinden, was denn da falsch gewesen war. Lag der Fehler darin, dass jemand ihr Vergnügen verschafft hatte, vielleicht auf die falsche Art? Oder dass sie ihren Spaß daran hatte? Lag es daran, dass ihre Genitalien ihr Vergnügen verschafften? Dass sie zuviel getanzt hatte? Dass ein Mann sie zu sehr gemocht hatte? Woran lag es? Schließlich erkannte sie, wo das Gefühl, dass etwas nicht stimmte, wahrscheinlich begonnen hatte, und irgendetwas in ihr begann sich zu entspannen.

Zum ersten Mal an diesem Morgen verspürte Sue ein Gefühl von Offenheit, und ihr war leicht ums Herz. Als sie an ihrem Kaffee nippte, merkte sie, dass sie sich merkwürdig fühlte. „Weißt du, Frank, ich finde diese Erinnerung und alles, was ich durch sie verstanden habe, ziemlich erstaunlich. Aber am erstaunlichsten finde ich diesen Vormittag. Was ist passiert? Ich verstehe nicht, was los ist."

Was redest du da für einen Unsinn? Es ist überhaupt nichts los, und außerdem bringen solche Fragen nichts als Probleme mit sich. Wer nach dem tieferen Sinn sucht, stößt vielleicht auf mehr als er wissen wollte.

„Da meldet sich mein Richter. Im Moment hört er sich an wie eine Aufziehpuppe mit der Stimme meiner Mutter. Und du – du bist irgendwie derselbe, und zugleich kommst du mir vor wie jemand, den ich noch nie gesehen habe. Ein bisschen fühle ich das auch mir selbst gegenüber. Ich finde es wunderbar, was da passiert. Ich werde zwar nicht klug daraus, aber das stört mich nicht so wie sonst. Es ist mir egal, ob ich's verstehe, und zugleich bin ich total neugierig, was da wirklich los ist. Und außerdem sagt mir eine kleine Stimme, dass ich verrückt sein muss."

Frank trank seinen Tee und grinste verschmitzt. Dann sagte er mit tiefer und autoritätsgeladener Stimme: „Jawohl, Susan, Sie sind eindeutig verrückt. Die Sexualität ist eine sehr bedeutungsvolle Sache, und Sie haben gerade Erinnerungsmaterial freigelegt, das sich auf schlimmsten inzestuösen Missbrauch bezieht. Wir müssen umgehend eine Selbsthilfegruppe für Sie finden. Es ist offensichtlich, dass Sie dieses Thema unbedingt durcharbeiten müssen. Diese Leichtigkeit, die Sie da verspüren, deutet auf ein ernsthaftes Problem hin – mit Sicherheit eine Art neurotischer Abwehr gegen versteckte sadomasochistische Tendenzen." Sie brachen beide in Lachen aus.

13
FREUDE UND WISSBEGIERDE

Eine grundlegende Eigenschaft der menschlichen Natur, in deren Gegenwart der Richter es nicht aushält, ist die Freude. Das können Sie daran erkennen, auf welch natürliche Weise die Freude bei Kindern hervorbricht – und wie ungewöhnlich es ist, sie bei Erwachsenen zu finden. Sie ist die fundamentalste Qualität einer glücklichen Kindheit. Die Freude ist im Herzen aller Spiele zu Hause, in der Freiheit, der Leichtigkeit, der Spontaneität und dem Spaß. Diese Gefühle gehen auf eine Zeit zurück, als Sie noch keine Verantwortung tragen mussten – und Sie sind der Ansicht, dass Sie sie aufgeben mussten, um erwachsen zu werden. Inzwischen sehnt sich Ihr Herz danach, sich wieder so leicht und frei zu fühlen, wie das in der Kindheit für es natürlich war. Eins der Dinge, um die Ihr Herz am tiefsten trauert, ist der Verlust jener freudvollen Lebenserfahrung. Wenn Sie sich auf den Weg machen, Ihrem Richter die Stirn zu bieten und ihn zu erforschen, besteht eine wichtige Herausforderung darin, das Entzücken zurückzugewinnen, mit dem Ihr Herz dem Wunder des Lebens und Ihrer selbst begegnet.

Ein leichtherziges, strahlendes Glücksgefühl kann sich nur in einem inneren Umfeld manifestieren, das frei von Beschränkung ist. Voller Freude zu sein bedeutet, dass Sie Ihrem Herzen freien Lauf lassen und es ihm zu erlauben, zu blühen und zu strahlen. Das bedeutet, nicht einfach nur befriedigt, zufrieden, okay, annehmbar, sondern von der Magie Ihrer Herzensfreude verwandelt und überwältigt zu sein. Sie empfinden ein solches Vergnügen über das, was Sie fühlen und erleben, dass Sie überfließen und glühen, tanzen und singen. Die Freude ist eine so tief empfundene Herzensqualität, dass sie vom rationalen Verstand niemals verstanden werden kann. Ihr praktischer Anteil findet sie albern, abgehoben und wehrlos. Wenn Freude zugelassen wird, bringt sie den Verstand völlig aus dem Konzept; sie stürmt mit solch strahlender Süße und Energie voran, dass keine Vernunft sie erklären und keine Regel sie einschränken kann.

Die Freude ist eng mit dem Begehren verwandt. Sie begehren, was Ihnen Freude bereitet, und das Herz ist voller Freude, wenn es bekommt, was es begehrt. Deshalb sind Sie mit dem Glauben herangewachsen, Freude habe damit zu tun, zu bekommen, was Sie sich wünschen. Dieser Glaube ist teilweise wahr. Wenn Sie gerade etwas lang Begehrtes bekommen haben – das kann ein neues Auto, ein elegantes Kleid, ein Feinschmeckermenü, eine Nacht mit Ihrem Geliebten oder eine tiefe Einsicht sein – dann ist Ihr Herz natürlich voller Freude. Einen Augenblick lang haben Sie sich dem angenähert, was Ihr Herz erfreut.

Doch die Freude ist nicht von langer Dauer. Sie scheint von ihrem Wesen her vergänglich zu sein. Innerhalb weniger Tage, Stunden oder sogar Minuten hat Ihr Herz seine Zufriedenheit verloren. Und so führt Sie das Begehren auf die Suche nach der Nahrung, von der Sie hoffen, dass sie Ihr hungriges Herz sätttigen wird. Erst nach langer Suche und vielen Enttäuschungen werden Sie erkennen, dass die Freude direkt der Freiheit des Herzens entspringt. Jedes Objekt Ihrer Begierde war einfach nur etwas, das zu dem jeweiligen Zeitpunkt notwendig schien, damit das Herz sich frei entfalten konnte – doch Sie hielten es fälschlich für die Quelle der Freude. Deshalb entdecken Sie immer wieder, dass Geschehnisse und Situationen, Menschen und Orte nicht die wahren Urheber der Freude sind. Bestenfalls beseitigen sie ein Hindernis, das der Freude im Wege stand. Die wahre Quelle der Freude besteht darin, dass das Herz sich selber ohne Einschränkung kennt und lebt.

Die ernsten und vorsichtigen, einschränkenden und bedrohlichen Eigenschaften des Richters, die Ihr Leben mit Sorge und Angst erfüllen, stehen in völligem Gegensatz zu einem Zustand des Glücks und der Freude. Der Richter lebt in einer Welt der Begrenzungen und Maßstäbe. Die Dinge müssen einen strengen Standard erfüllen. Spontaneität ist nicht erlaubt. „Wenn du das Umfeld und die anderen Menschen nicht unter

Kontrolle halten kannst, dann musst du dich wenigstens immer selbst kontrollieren. Sonst passieren schlimme Sachen, du wirst bestenfalls unpassend und albern wirken, schlimmstenfalls aber irgendwelche respektlosen, gefährlichen und selbstsüchtigen Dinge tun." Der Richter ist fest entschlossen, das Richtige vom Falschen, das Gute vom Bösen und das Nützliche vom Frivolen zu trennen – und Freude ist der Inbegriff von Frivolität und Nutzlosigkeit. Vielleicht hält der Richter die Freude für etwas Gutes, aber nur, wenn ein guter Grund für sie besteht, und sie ist nur dann richtig, wenn Sie sie auch verdient haben. Meistens verursacht die Freude aufgrund ihrer Unvernunft, Respektlosigkeit und Unkontrolliertheit nichts als Probleme. Was den Richter anbelangt, ist Freude selten gerechtfertigt und wird selbst dann meistens übertrieben. „Du kannst im Leben prima ohne sie zurechtkommen, also weiche ihr am besten ganz aus."

Die Freude ist eine Herzensregung, leicht und spielerisch, voller Liebe und Entzücken. Das Herz bewegt sich nicht auf die Dinge zu, weil es sie braucht, sondern weil es sie liebt. Es ist glücklich und bezaubert und strahlt dieses Gefühl auf andere aus. „Schau nur, was für unglaubliche Dinge es zu sehen und zu bestaunen gibt!" Für alle, die leichten Herzens sind, ist die Welt ein Ort voller Wunder und Faszination, wo hinter jeder Ecke endlose Entdeckungen warten.

Freude führt zur Wissbegierde

Eine freudige Liebe zur Welt bringt natürlicherweise den Herzenswunsch mit sich, diese Welt kennen zu lernen. Aus der Freude ergibt sich Wissbegierde. Die Wissbegierde entspricht einer offenherzigen Faszination für das Leben, einer Liebe, die sich als Wunsch ausdrückt, das Leben zutiefst kennen zu lernen: es zu untersuchen, auf es zu lauschen, es zu betrachten, zu schmecken, auseinander zu nehmen und herunterzuschlucken. Sie können diese Form der Wissbegierde bei Kindern sehen, für die jede Begegnung mit der Welt voller Entzücken ist. Sie haben kein Ziel im Sinn, sondern wollen nur alles kennen lernen, was ihnen begegnet. Das ist eine wundersame Herzensbewegung, die vom Verstand unterstützend begleitet wird.

Im Gegensatz dazu ist das Lernen, das in der Schule und im Erwachsenenleben stattfindet, meistens eine zielorientierte Betätigung des Verstandes, die das Herz völlig ausschließt. Sie lernen, um Geld zu verdienen und etwas zu erreichen, um Schmerz und Leid zu vermeiden oder um herauszufinden, wie Sie das, was Sie sich wünschen, bekommen können. Da gibt es kaum ein Verlangen, die Dinge oder die Wahrheit nur um ihrer selbst willen kennen zu lernen und zu entdecken. Das Lernen kommt einem oft wie eine Bürde oder eine anstrengende Pflicht vor, wie etwas, das einem gut tun soll. Und das wissbegierige Lernen, in dem sich die Liebe dafür ausdrückt, das Leben kennen zu lernen, ist auf der Strecke geblieben.

Bei der Unterdrückung Ihrer natürlichen spielerischen Wissbegierde und ebenso Ihrer Freude hat der Richter eine wichtige Rolle gespielt. „Deine Wissbegierde wird dir noch Probleme machen, wenn du deine Nase in Dinge steckst, die dich nichts angehen... Du wirst niemals lernen, was du brauchst, wenn du einfach nur deinem Herzen folgst. Guck dir nur mal an, wie oft dein Herz schon verletzt worden ist... Denk darüber nach! Du kannst nicht darauf vertrauen, dass dein Herz weiß, was es tut... Reiß dich zusammen, das ist hier kein Witz, sondern dein Leben... Wenn du nur das tun würdest, was dir Freude macht, und nur lernen würdest, auf was du neugierig bist, dann würdest du immer noch in der Sandkiste sitzen und mit Förmchen spielen... Werde endlich erwachsen und höre auf, dich wie ein Kind zu benehmen."

Die Präsenz des Richters unterminiert ständig Ihre Fähigkeit, Dinge offen und unbefangen zu untersuchen. Er behindert den ungezwungenen Fluss des Herzens, und das Herz ist die Quelle der natürlichen Bewegung der Seele. Ohne Freude und Wissbegierde ist das Leben eine ernste Pflicht, eine Aufgabe voller Schwere und Düsterkeit. Sie können all die richtigen Dinge studieren, können tun was gut für Sie ist, können bedacht, großzügig, hilfreich und fürsorglich sein, doch dem Leben fehlt der Schwung. Es bleibt eher langweilig und uninteressant. Wenn Ihnen die Freude fehlt, können Sie sich nie von Herzen und auf kreative, spontane Art in der Welt bewegen und werden deshalb auch nie spüren, was Ihr Herz sich wirklich wünscht und welches die wahre Liebe Ihres Lebens ist.

Freude bringt Freiheit mit sich

Die Dinge, die Ihr Herz erfreuen, können Ihnen angesichts der drängenden Notwendigkeiten des Lebens oft völlig belanglos vorkommen – wie ein Luxus oder eine Wunscherfüllung, denen nachzugehen es Ihnen an Zeit und Energie mangelt. Doch insgesamt gesehen ist ein Leben ohne Freude nicht lebenswert. Welchen Wert hat ein menschliches Leben, wenn das Herz unberührt bleibt? Wenn Sie sich von jenem mühelosen und unbeschwerten Glücksgefühl berühren lassen, erscheinen alle Probleme und Sorgen bedeutungslos und irrelevant. In einem solchen Augenblick wissen Sie, dass das Leben eine erstaunliche Offenbarung ist, die einfach gefeiert werden muss. Kein Leiden und kein Elend kann das Mysterium und das Wunder dessen, was ist, aufheben.

Im Zustand der Freude werden Leid und Elend nicht geleugnet, sondern als vergängliche Erscheinungen auf den oberflächlichen Schichten der Realität gesehen. Merkwürdigerweise glauben viele Menschen, dass die tiefsten Bereiche der menschlichen Seele durch Schmerz und Traurigkeit gekennzeichnet sind – dabei erfüllt die Freude das Herz gerade deshalb mit solch überschäumender Fröhlichkeit, weil sie den Tiefen unseres wahren Wesens entspringt, wo sie den Ort berührt, an dem das Sein grenzenlos und ungeteilt, sowie untrennbar mit der Liebe verbunden ist.

Je mehr Sie Ihre Wissbegier fördern – das Verlangen, Ihre eigenen Erfahrungen ohne Rücksicht auf Konsequenzen zu machen, einfach aus dem Wunsch, die Wahrheit kennen zu lernen –, desto eher können Sie den Bemühungen des Richters, Ihr Erforschen zu begrenzen und zu steuern, die Stirn bieten. Immer wieder wird der Richter Ihnen Weisheiten auftischen, die er „empfangen" hat und die Ihnen weismachen wollen, welche Bedeutung die Dinge haben und warum sie so sind, wie sie sind. Wenn Sie wirklich wissensdurstig sind, werden Sie seine Aussagen nicht akzeptieren, sondern alles selbst herausfinden und Ihre alten Annahmen und Ideen über die Realität infrage stellen wollen. Sie werden jetzt, in diesem Moment wissen wollen, was wirklich wahr ist. Wenn Sie die Frische Ihres sich gegenwärtig entfaltenden Erlebens entdecken, freuen Sie sich, Ihr eigenes Herz und Ihren eigenen Sinn zu erkennen. Je mehr Sie herausfinden, wie sehr

Sie noch an Ihre Kindheitserlebnisse gebunden sind – und loslassen –, desto leichter werden Sie die Beschränkungen auflösen können, die Sie daran hindern, das zu sein was Sie jetzt sind und was Sie werden könnten.

Mit jeder Beschränkung, die Ihr Geist verliert, wird ein kleines Freudenfeuerwerk gezündet. Ihre inneren Grenzen brechen auf, und ein köstlich leichtes Entzücken findet seinen Weg in die Freiheit – und mit jedem Mal, bei dem Sie es kosten, erwacht die Liebe des Herzens zum Ganz-Sein, Wahr-Sein und Echt-Sein etwas stärker. Wenn sich weitere Begrenzungen lösen, vertieft sich die Freude des Herzens und die übermütige Lust an einer neu gewonnenen Freiheit räumt den Platz für die reiche, tiefe und weiche Stille der erwachten Seele. Strahlend in der glückseligen Verzückung einer heranreifenden Freude ruht das Herz in der Wahrheit.

Nichts ist mächtiger im liebevollen Kampf gegen den Richter als die Sehnsucht des Herzens danach, die Wahrheit zu erlangen und zu erkennen. Wenn Sie die Freude anerkennen, wirklich zu sein, wer Sie sind, dann erscheinen die Schwere und Ernsthaftigkeit der Selbstverurteilungen immer eindringlicher und unerträglicher. Wo der Richter einst die Freude mit Regeln und Maßstäben unterdrücken konnte, muss er jetzt feststellen, dass seine Waffen gegen ein völlig unbeschwertes und strahlendes Herz, das keine Angst kennt, nichts ausrichten können.

Praxisanleitung: Sich einem spielerischen Herzen öffnen

Finden Sie einen Spielplatz, wo Sie sitzen und den Nachbarskindern beim Spielen zuschauen können. Nehmen Sie sich mindestens eine halbe Stunde, um zu beobachten, wie die Kinder kommen und gehen. Schauen Sie sich an, wie sie miteinander umgehen, sich Spiele ausdenken, diese dann spielen und sich amüsieren. Wenn möglich, erlauben Sie sich, die Kinder nicht nur mit dem Verstand, sondern auch mit Herz und Körper zu betrachten. Können Sie sich in die Sichtweise der Kinder – ihren Rhythmus, den Fokus ihrer Aufmerksamkeit, ihr Gefühl von Größenordnung und Priorität – einklinken? Wie wird Ihr

Herz davon berührt, dass es der Welt der Kinder beiwohnen kann? Sind Sie sich gewahr, dass Ihr Erlebnis durch die Anwesenheit des Richters gemindert wird?

Praxisanleitung: Wissbegierde fördern

Wählen Sie einen Zeitpunkt, an dem Sie einigen Freunden dabei zuhören können, wie sie über sich selbst reden. Achten Sie auf ihre impliziten Annahmen und Überzeugungen, wer sie sind und welche Bedeutung ihre Erfahrungen haben. Probieren Sie, neugierig zu sein, weshalb diese Haltungen da sind und wo sie herkommen. Stellen Sie sich vor, wie es wäre, sich mit der Wissbegierde eines Kindes zu fragen, warum sie so sprechen, handeln und denken, wie sie es tun. Was hindert Sie daran, wirklich mehr darüber wissen zu wollen, wer sie sind und warum sie sich so fühlen wie gerade jetzt? Wen würde es bedrohen, wenn Sie Fragen stellten, an die man meistens gar nicht denkt oder die man nicht vorzubringen wagt? Gelingt es Ihnen, zu bemerken, dass Sie Ihr eigenes Erleben fast nie in Zweifel gezogen haben?

Freude ist wissbegierig. Freude ist Wissbegierde. In dem Maße, wie Sie die Wahrheit lieben oder die Wahrheit das liebt, was Sie gerade tun, leuchtet die Wahrheit. Und dieses Leuchten der Wahrheit ist Freude. Sie sind die Wahrheit, erforschen die Wahrheit, lieben die Wahrheit, und Ihre Freude ist die Freude an der Wahrheit...

Wenn wir wissbegierig sind, sind wir ganz und gar vollständig und glücklich. Wir tun das, wofür wir da sind und verwickeln uns nicht in Dinge, die immer mehr Leid und Frustration mit sich bringen. Wir beschäftigen uns mit etwas, das Herz und Geist befreit, und suchen diese Freiheit dabei nicht einmal. Der Prozess selber ist die Freiheit... In jedem Moment, in dem Sie ganz und gar neugierig sind, sind Sie frei. Sie sind völlig verliebt – und in was sind Sie verliebt? Wer weiß! Sie sind einfach verliebt. Was immer gerade da ist – darin sind Sie verliebt. Sie sind ganz und gar verliebt in alles, was Ihnen vorgestellt wird; Sie lieben es so sehr, dass Sie alles über es wissen wollen.

A. H. Almaas, *Diamond Heart Book I,* S. 240-241

Sue fuhr das Auto auf ihrem gemeinsamen Ausflug zum Park, wo sie an diesem Nachmittag einen ihrer Lieblingsspaziergänge machen wollten. Sie war glücklich und sang eines ihrer selbst erfundenen Lieder, bei denen Frank immer versuchte, mitzusummen. Plötzlich musste sie hart auf die Bremsen treten, um nicht mit einem Wagen zusammenzustoßen, der eine Ewigkeit brauchte, um links abzubiegen. Die Bremsen quietschten und Sues Wagen kam ins Schlingern. Sie konnte gerade noch rechtzeitig anhalten und verpasste das Heck des anderen Wagens nur um Zentimeter.

Frank schrie auf – der plötzliche Halt hatte seinem Nacken einen Stoß versetzt. „Herrgott nochmal! Das kann doch nicht wahr sein, du kannst ja immer noch nicht fahren! Willst du uns umbringen oder was? Au, mein Nacken ist total verrenkt. Mist!"

All die Leichtigkeit war verschwunden. Sue war geschockt und klammerte sich an das Lenkrad wie an einen Rettungsring. Sie fuhr im Schrittempo, während sie beide tief durchatmeten und versuchten, das Zittern zu stoppen.

Er hat Recht, weißt du? Was ist bloß los mit dir? Du kannst überhaupt nicht fahren. Da fühlst du dich so gut und bringst euch dann fast um. Du solltest dich schämen!

Mein Gott, ich habe das Gefühl, dass meine Mutter Recht hatte. Wenn ich mich gut fühle, bringt das nur Probleme mit sich.

Tränen liefen ihr über das Gesicht und sie riss sich zusammen, um weiterzufahren. Dabei murmelte sie vor sich hin: „Ich sollte nicht Auto fahren... das ist zuviel für mich... ich bin noch viel zu klein." Sobald Frank sich beruhigt hatte und bemerkte, in welchem Zustand sie sich befand, forderte er sie auf, an den Straßenrand zu fahren und anzuhalten. Doch sie wollte weiterfahren, weil sie fast schon am Ziel waren, und so fuhren sie schweigend bis zum Parkplatz.

„Ich höre die ganze Zeit nur diese Stimme, die mir sagt: 'Du solltest dich schämen! Da fühlst du dich so gut und glaubst zu wissen, was du tust.!' Was soll ich dazu sagen? Ich fühle mich ganz elend." Sie heulte vor sich hin, während Frank sie in den Armen hielt.

„Es war schon schlimm genug, fast mit dem Auto zusammenzustoßen, aber was du dann gesagt hast, das hat mich so tief getroffen. Ich komme mir vor wie eine Fünfjährige, die etwas Schreckliches getan hat. Das war nicht meine Absicht. Ich habe mich so gut gefühlt, und dann *peng!*" Sie schluchzte und hielt ihn umklammert. „Ich fühle mich am Boden zerstört – als ob mir die Schuld an etwas Schlimmem gegeben wird. Das Gefühl, klein zu sein, ist so lebhaft – als ob ich es wieder erleben würde. Ich kann kaum atmen, so sehr regt mich das auf. 'Du solltest dich schämen' – das hört sich an wie die Stimme meines Vaters. Er steht ganz riesig vor mir und sagt mir, wie schändlich ich bin." Allmählich kam sie wieder zu Atem und beruhigte sich so weit, um Frank anzusehen und festzustellen, dass er nicht ihr Vater war und sie sich bei ihm mit ihrem Verletztsein sicher fühlen konnte.

14
Tiefer schauen

Sie haben jetzt ein Gefühl dafür, wie Sie zumindest einige Ihrer Selbstangriffe erkennen können. Sie beginnen zu verstehen, wie Sie sich auf diese Angriffe einlassen und wie es sich anfühlt, der Angreifer zu sein. Schließlich ist Ihnen bewusst geworden, dass Sie viele Ihrer Urteile aus der frühen Kindheit übernommen haben. All das sind notwendige Schritte für den Prozess der Ablösung; sie bilden das Fundament für die weit schwierigere Arbeit, sich selbst gegen die Angriffe zur Wehr zu setzen. Sie mögen sich allerdings während der gesamten Erkundung gefragt haben, was eigentlich wirklich geschieht. Wer bin ich, wenn ich angreife, und wer, wenn ich in einen Angriff verwickelt bin? Wo hat diese Dynamik ihren Ursprung? Bevor wir uns auf die Abwehr konzentrieren, werfen wir einen Blick auf die eigentliche Interaktion des Urteilens.

In der Einzelstunde

Paula wollte gerne verstehen, warum es ihr in der Gegenwart ihrer Mutter immer noch so schlecht ging. Immer wenn es sich bei ihren Begegnungen um die Angelegenheiten ihrer Mutter drehte, fühlte sie sich genervt und kritisch ihrer Mutter gegenüber. Selbst wenn ihre Mutter versuchte, offen und zum Austausch bereit zu sein, fühlte Paula sich angespannt und wäre am liebsten irgendwo anders. Sie war von sich selbst enttäuscht – noch immer hatte sie es nicht gelernt, sich wie eine Erwachsene zu verhalten und sich von ihrer Mutter nicht aus dem Konzept bringen zu lassen. Paula konnte spüren, wie ihr Richter sie wegen dieses Problems angriff, aber sie sah keine andere Möglichkeit, als ihm Recht zu geben. (Was war denn schließlich so schlimm an dem Ganzen?) Ich fragte sie, was sie für ihre Mutter empfand, und sie sagte: „Wut. Ich bin die ganze Zeit einfach nur wütend." Sie verurteilte sich, weil sie nicht verstehen konnte, warum das so war.

Paula erlebt sich, wenn ihre Mutter dabei ist, eindeutig wieder als Kind, ist auf sie wütend und will nicht bei ihr sein. Sie mag es nicht, sich so zu fühlen, und konzentriert sich deshalb darauf, wie sie sich gerne fühlen würde – erwachsen, so wie sie es sich vorstellt. Sie kann ihren Ärger nicht verstehen, weil sie sich nicht als das wütende Kind sehen will.

Ich fragte sie, wie sie sich mit ihrer Mutter als heranwachsendes Kind gefühlt hatte. Sie dachte eine Weile nach und sagte dann: „Nicht unterstützt." Ihre Mutter hatte sie immer kritisiert, war mit allem, was Paula tat, nie zufrieden und hatte ihr Augenmerk immer nur auf das gerichtet, was noch getan werden musste. Paula hatte sich von ihrer Mutter nie gesehen gefühlt und weder Mitgefühl noch Wärme von ihr erhalten. „Meine Mutter war nicht einmal gemein oder bösartig – sie war immer nur an dem interessiert, was ihrer Meinung nach erledigt werden musste und wie es zu geschehen hatte. Da gab es keinen Raum für mich und meine Wünsche oder Bedürfnisse." Ich fragte sie, wie es für sie war, sich dieser Kindheitssituation bewusst zu sein. Sie entgegnete, dass es sie traurig machte. Ich stellte fest, dass es sicher auch ziemlich frustrierend gewesen sein musste, sich immer nur auf die Mutter und deren Bedürfnisse einzustellen. Sie antwortete mit einem Nicken.

Es wurde Paula bewusst, dass sie sich ihrer Mutter gegenüber immer noch wie ein Kind verhielt. Dieses Kind ist klein und wird von seiner egozentrischen, getriebenen und vielbeschäftigten Mutter nicht geliebt oder gesehen, wird kontrolliert und frustriert.

Ich fragte sie, ob das vielleicht mit der Wut, die sie jetzt ihrer Mutter gegenüber verspürte, im Zusammenhang stehe. Sie antwortete: „Ja, natürlich. Ich kann es heute nicht ertragen, irgendetwas für meine Mutter tun zu müssen. Doch ich bin immer noch verpflichtet, ihr in ihrer Firma zu helfen. Das kann ich jetzt nicht aufgeben. Damit würde ich sie ziemlich hängen lassen." Als sie das aussprach, wurde ihr klar, was für eine frustrierende Verpflichtung sie da eingegangen war.

Am Ende unserer Sitzung war die Situation noch nicht geklärt, aber Paula verurteilte sich nicht mehr. Sie empfand ein gewisses Mitgefühl für das, was sie ihr Leben lang von ihrer Mutter hatte einstecken müssen und konnte verstehen, dass sie bereit war, es zu ändern. Doch nun konnte sie sehen, dass eine solche Veränderung die Bereitschaft von ihr forderte, ihre Mutter zu verlassen. Das erklärte, warum ihr Ärger sich unangenehm und unakzeptabel anfühlte – ihn ganz zu spüren würde ihren Wunsch an die Oberfläche bringen, ihrer Mutter den Rücken zuzukehren. Ihr Richter griff sie dafür an, einen solchen Wunsch zu haben und erreichte, dass sie sich schuldig fühlte, weil sie eine solch selbstsüchtige Handlungsweise überhaupt in Betracht gezogen hatte.

Wenn Sie die Macht hinter den Aktivitäten Ihres Richters verstehen wollen, müssen Sie lernen, sich selbst genau zu beobachten, wenn Sie einen Angriff erleben. Diese Art Gewahrsein ist nicht leicht. Es verlangt von Ihnen, gegenwärtig zu bleiben und sich nicht in die üblichen Verwicklungen zu verlieren. Es verlangt Ihr Bewusstsein, um Ihren Körper und Ihre Reaktionen zu spüren, ferner Mut und Stärke, um sich schwierigen Gefühlen zu stellen, und es braucht Ihre Neugier, um für das, was Sie finden werden, offen zu sein. Um mit Ihrem inneren Prozess im Kontakt zu bleiben, ist es hilfreich, Zeit zu haben, und dann einen Ort, an den Sie sich zurückziehen können. Vielleicht können Sie auch jemanden finden, der Sie bei der Erforschung unterstützt.

Tiefe Selbsterforschung

Um bewusst zu erleben, dass Sie gerade *angegriffen werden* – anstatt in den Angriff *verwickelt zu sein* – müssen Sie Ihre Aufmerksamkeit vom Außen weg auf das Innen richten: Vom Richter und seiner Geschichte auf Sie selbst und darauf, wie das Urteil auf Sie wirkt. Die Aufgabe besteht hier darin, einen Selbstangriff auszuwählen, der Ihnen in der letzten Zeit aufgefallen ist, und zu untersuchen, wie er in Ihnen abläuft. Wie das aussehen könnte, zeigt Ihnen das folgende Beispiel aus meinem Leben:

Ich bemerke, dass ich beim Schmieden irgendwelcher Zukunftspläne von meinem Richter zu hören kriege: „Du bist zu ehrgeizig, du bist egoistisch und hältst dich für besser als andere." Das führt immer zu Verwicklungen, bei denen ich entscheiden will, ob der Richter Recht hat oder nicht, und mich zu rechtfertigen versuche. Stattdessen achte ich dieses Mal darauf, was mit mir geschieht, wenn ich spüre, dass der Richter so mit mir redet.

Wenn Sie Ihre Erfahrungen auf diese Weise beobachten, wird die emotionale Seite Ihres Erlebens mehr zutage gefördert. Sobald Sie bemerken, welche Gefühle durch den Angriff provoziert werden, können Sie sie aussprechen, aufschreiben oder sich selber aufzählen.

Ich bemerke, dass ich mich ärgere und schäme, mich unruhig und in die Enge getrieben fühle. Ich spüre meine Sorge darüber, wie die anderen mich sehen könnten. Ich ziehe mich zurück und möchte meine Aufmerksamkeit auf etwas anderes richten. Ich erkenne, dass ich aufgehört habe, mich selber zu spüren, um meine Projekte durchzuziehen.

Wenn Sie im Kontakt mit den jeweiligen Gefühlen bleiben, werden Sie zweifellos spüren, dass Ihnen die Erfahrung, sich so fühlen zu müssen, sehr vertraut vorkommt: das ist Ihnen schon vorher passiert, vielleicht schon viele Male.

Dieses Muster geht auf meine Zeit als junger Heranwachsender zurück und zieht sich durch fast alle Aktivitäten, mit denen ich mich beschäftigt habe. Immer wenn ich etwas Neues gelernt und mich daran erfreut hatte, und es anderen beibringen oder zeigen wollte, kam diese Dynamik in Gang. Damals war ich mir der Angriffe normalerweise nicht gewahr, doch jetzt kann ich sehen, dass sie sehr häufig stattfanden. Ich stellte mir normalerweise vor, dass mich die anderen beurteilten, und wich ihnen aus oder tat so, als mache mir das alles nichts, um den Gefühlen vorzubeugen, die ihre Reaktionen vielleicht in mir erzeugen würden. Mir wird der schmerzhafte Widerspruch bewusst, der zwischen dem Wunsch, meine Freude zu teilen und dem Bedürfnis

> besteht, mein Herz zu verschließen, damit ich nicht dafür angegriffen werde, ehrgeizig und egoistisch zu sein. Mein Herz tut mir weh.

Wenn Sie es sich erlauben, mit jedem Gefühl, das auftreten mag, zu verweilen, führt das häufig zu einer Offenheit gegenüber allen Gefühlen und Überzeugungen, die mit dieser Situation zu tun haben. Vielleicht entdecken Sie, dass Sie den gegenwärtigen Angriff verstehen, indem Sie sich an immer frühere Erlebnisse auf einer anderen oder tieferen Ebene erinnern. Sie kommen womöglich mit Geschehnissen in Kontakt, in denen der gegenwärtige Angriff seinen Ursprung hatte, oder Sie spüren, dass der jetzige Angriff eine verzerrte Version eines darunter liegenden Gefühls, Angriffs oder sogar eine Reaktion auf ihn darstellt.

> Die unterschiedlichsten Einsichten beginnen, an die Oberfläche zu kommen. Es ist mir nie möglich gewesen, ein Projekt zu verfolgen und dabei mit meinem Herzen im Kontakt zu bleiben – ich war auf zusätzliche Motivation von außen angewiesen, um durchzuhalten. Indem der Angriff meine Konzentration auf das Projekt untergräbt, versucht er, mich einerseits vor der Enttäuschung zu schützen, die mein Versagen mit sich bringen würde, und andererseits vor einer unangenehmen Reaktion der anderen. Ich bemerke, dass Gefühle wie Empfindsamkeit, Sehnsucht, Angst und Traurigkeit auftauchen. Und insbesondere verspüre ich eine Hilflosigkeit, die bewirkt, dass ich mir sehr jung vorkomme. Ich ahne, dass es da eine ursprüngliche Beziehung gibt: zwischen meiner Erregung, dem Wunsch, neue Dinge zu entdecken und mich meiner Mutter mitzuteilen – und ihrer negativen Reaktion darauf. Es fällt mir schwer, mit dem unangenehmen Gefühl in Körper und Geist im Kontakt zu bleiben – und doch fühle ich mich in diesem Moment sehr nahe bei mir, mit einem Gefühl meiner selbst, das durch den Angriff eine klare Definition und Begrenzung erfahren hat. Das damit einhergehende Gefühl von Unbehagen versuche ich nicht durch irgendwelche Verwicklungen zu vermeiden.

Im Verlauf dieses Regressionsprozesses werden Sie vielleicht auch feststellen, dass Sie nicht nur ein einzelnes Gefühl, sondern ein ganzes Bewusstseinsnetz verfolgen, das Überzeugungen, Körperempfindungen,

Bewegungsimpulse und vielleicht noch andere Sinneswahrnehmungen (Gerüche, Geräusche) sowie innere Bilder enthält. Sie alle verbinden sich zu einer Gesamtgestalt, die von diesem Angriff hervorgerufen wurde.

> Ich empfinde die kindlichen Gefühle eines kleinen Jungen, der zwischen seinem eigenen aufgeregten Herzen und der ängstlichen Betroffenheit über seine Mutter schwebt. Erstarrt vor Unentschlossenheit kann er kaum atmen und steht mit hängenden Armen einige Schritte von seiner Mutter entfernt und schaut sie an. Ich bin mir gewahr, wie unangenehm es gewesen ist, mich so zu fühlen.

Sie und Ihr Selbstbild

Diese Gesamtschau nennt man ein *Selbstbild* – eine dreidimensionale Empfindung Ihrer selbst (mit oder ohne visuellen Eindruck), die auf vergangenen oder häufig wiederkehrenden Erfahrungen beruht. Es wird zwar als ein Bild bezeichnet, scheint aber sehr real zu sein, da Sie es über Ihren Körper und Ihre Emotionen wahrnehmen können und es einen bestimmten Rhythmus, eine bestimmte Weise mit sich bringt, durch die Sie die Welt erleben. Trotzdem ist es ein Bild, eine Momentaufnahme oder richtiger ein Film der Vergangenheit. Es ist festgelegt und ändert sich nie, obwohl es in Bewegung ist. Und es ist vorhersagbar und leblos, obwohl es emotionale Energie besitzt. Wenn Sie angegriffen werden, beruht die Wirkung primär auf Ihrer Identifikation mit einem bestimmten Selbstbild aus Ihrer Vergangenheit. Nicht die Gefühle, die dabei ausgelöst werden, sind das Problem, sondern das mit diesen Gefühlen assoziierte Selbstbild. Es schränkt Sie ein und bringt Sie dazu, sich selber abzulehnen.

Jeder Angriff, den Sie erleben, ruft ein bestimmtes Selbstbild in Ihnen hervor, für das Sie sich in diesem Moment unbewusst halten, und Ihr Verhalten ist ein Ausdruck dieser Identifikation. Jedes Selbstbild kann zu einer frühen Kindheitssituation zurückverfolgt werden, die sich zu diesem inneren Bild kristallisiert hat. Obwohl Sie also äußerlich wie ein Erwachsener denken und handeln, verhalten Sie sich unbewusst wie das kleine Kind, das Sie einst waren. Kein Wunder, dass Sie sich unfähig fühlen, effektiv zu handeln.

Man kann auch erkennen, dass Ihre Versuche, ein Urteil zu beenden die Verwicklung mit dem Richter weiterhin aufrechterhalten, solange Sie noch mit dem Kind identifiziert sind. Das hat damit zu tun, dass seine Erlebnisse und Wünsche das Kind dazu bewegten, weiterhin verwickelt zu bleiben, um seine Beziehung zu den Eltern nicht zu gefährden. Und dieses Kind ist ein verfestigtes Selbstbild, das der Vergangenheit entstammt. Das Bild entstand aufgrund der Erfahrung, mit dem Richter verwickelt zu sein. Dies zu beenden würde also bedeuten, sich nicht länger mit dem Kind zu identifizieren, was zur Folge hätte, die Beziehung zu dem verinnerlichten Elternteil ebenfalls abzuschneiden. Dann schweigt die Stimme, und Sie sind alleine in Ihrem Inneren, ohne Kind und ohne Eltern.

Das Fremdbild als Richter

Das bringt uns zu dem Punkt, wo wir den Richter identifizieren. Ebenso wie die frühe Geschichte um einen Angriff Ihnen zeigt, wer Sie damals waren, können die Erinnerungen auch den Ursprung dieses bestimmten Angriffs enthüllen. Anders ausgedrückt: Wenn Sie erleben, dass Sie angegriffen werden, und zulassen, dass diese Erfahrung Sie ganz erfüllt, dann können Sie vielleicht denjenigen identifizieren, der in der Vergangenheit auf eben diese Weise mit Ihnen gesprochen hat (meistens irgendein Familienmitglied). Dieser Mensch hat vielleicht dieselben oder andere Worte mit demselben Gefühlsinhalt benutzt, oder Sie wussten vielleicht einfach, wie derjenige sich fühlte, weil er andere und sich selbst genauso angegriffen hatte. Vielleicht haben Sie auch ein frühes Erlebnis als Angriff oder Ablehnung interpretiert, obwohl es das gar nicht war. Wie auch immer, zu jenem Zeitpunkt fehlte Ihnen die Perspektive, um das erkennen zu können.

Wichtig ist es, einen Eindruck davon zu gewinnen, wo und wann in Ihrer persönlichen Geschichte eine bestimmte verurteilende Energie entstanden ist, und zu verstehen, dass Sie sie nicht verursacht haben. Jeder Angriff bringt ein bestimmtes Selbstbild hervor – und auf die gleiche Weise ist jedes Selbstbild an ein bestimmtes *Fremdbild* gekoppelt, das Sie als Ihren Richter verinnerlicht haben. Wie befreiend könnte es sein, zu erkennen, dass

Sie, wenn Sie in einen bestimmten Angriff verwickelt sind, es in Wirklichkeit immer mit Onkel Heinz zu tun haben. Als Kind haben Sie sich einem Erwachsenen wie Onkel Heinz gegenüber wahrscheinlich hilflos gefühlt – Sie konnten sich weder verteidigen noch ausdrücken, was für Sie stimmte. Jetzt, da Sie größer und älter sind, können Sie auf andere Weise antworten.

Wenn wir einen Angriff auf diese Weise untersuchen, kann zum Vorschein kommen, was sich unter Ihren vertrauten Depressionen und Rationalisierungen verbirgt. Auch alte und mächtige, lange unterdrückte Gefühle können dadurch zutage treten und weitere harte Selbstverurteilungen nach sich ziehen. Das Gewahrsein ist sehr machtvoll, und ein solcher Erforschungsprozess muss in Sicherheit – besonders vor dem Richter – vor sich gehen. Anders ausgedrückt ist die Tatsache, dass Sie sich wie eine wütende und gedemütigte Vierjährige fühlen, kein Grund, sich anzugreifen. Es ist wichtig, dass das Gewahrsein in einem Umfeld liebe- und respektvoller Freundlichkeit stattfindet.

Weil Sie immer noch glauben, auf irgendeine Weise wie jenes Kind zu sein, können Sie Ihr kindliches Selbstbild nicht wie ein Foto behandeln, das man einfach wegwerfen kann. Für Sie fühlt es sich real an, und das müssen Sie in diesem Augenblick als eine Tatsache respektieren. Je stärker Sie also spüren können, wie schwer es das Kind gehabt hat, desto mehr wird Ihre liebevolle Freundlichkeit wachgerufen. Wenn Sie mit der Wahrheit der Situation im Kontakt sind, besteht eine natürliche Reaktion darin, für den jüngeren Teil Ihrer selbst, den der Angriff so sehr betroffen hat, Mitgefühl zu empfinden. Sie brauchen nichts anderes zu tun als sich des Geschehenen gewahr zu sein und Ihr neues Verständnis, warum der Angriff eine solche Wirkung auf Sie hatte, aufrechtzuerhalten. Je deutlicher Sie die Wahrheit erkennen, desto natürlicher wird der Lösungsprozess aus der Verstrickung sich entfalten und alles, was geschehen muss, wird geschehen.

~ Einige Punkte zur Erinnerung ~

- Die Wahrnehmung, gerade *angegriffen zu werden* anstatt in den Angriff *verwickelt zu sein* verlangt von Ihnen, Ihre Aufmerksamkeit vom Außen auf das Innen zu richten: Vom Richter und seiner Geschichte auf Sie selbst und darauf, wie das Urteil auf Sie wirkt.
- Werden Sie angegriffen, beruht die Wirkung primär auf Ihrer Identifikation mit einem bestimmten Selbstbild aus Ihrer Vergangenheit. Nicht die dabei ausgelösten Gefühle sind das Problem, sondern das mit diesen Gefühlen assoziierte Selbstbild. Es schränkt Sie ein und bringt Sie dazu, sich selber abzulehnen.
- Jeder Angriff bringt ein bestimmtes Selbstbild hervor – und auf die gleiche Weise ist jedes Selbstbild an ein bestimmtes *Fremdbild* gekoppelt, das Sie als Ihren Richter verinnerlicht haben.
- Wenn Sie mit der Wahrheit der Situation im Kontakt sind, ist es eine natürliche Reaktion, für den jüngeren Teil Ihrer selbst, den der Angriff so sehr betroffen hat, Mitgefühl zu empfinden.

Übung: Ihr Erleben während eines Angriffs erforschen

Schritt 1.

Wählen Sie einen Selbstangriff, der Ihnen vertraut ist. Bitten Sie einen Freund, der Ihnen zu helfen bereit ist, sich Ihnen gegenüberzusetzen und den Angriff mit ruhiger Stimme an Sie zu richten, so wie der Richter es tun würde (kein besonders gemeiner Ausdruck ist vonnöten), und anschließend still bei Ihnen zu sitzen, während Sie nachforschen. Wenn Sie diese Übung alleine duchführen, kann es hilfreich sein, den Angriff mehrere Male auf Band zu sprechen, dann eine Version des Angriffs abzuspielen, anzuhalten und nachzuforschen.

Schritt 2.

Lauschen Sie der Aussage und verweilen Sie dann bei sich selbst. Beobachten Sie, was geschieht: Haben Sie gespürt, wie der Angriff Sie in den Griff bekommt? Wie hat er sich auf Ihren Körper ausgewirkt? Welche Gefühle wurden von dem Angriff ausgelöst?

Schritt 3.

Lauschen Sie dem Angriff ein zweites Mal. Beobachten Sie weiterhin. Achten Sie darauf, ob Sie beginnen, sich zu verwickeln und versuchen Sie, sich immer dazu zurückzubringen, nur auf Ihre Gefühle zu achten. Beobachten Sie die Tendenz, zu erstarren und zu versuchen, nicht berührt zu werden. Spüren Sie das. Es geht darum zu lernen, was mit Ihnen geschieht, wenn Sie diesen Angriff hören. Sind keine Gefühle vorhanden, nehmen Sie das zur Kenntnis. Bemerken Sie Taubheit, Dumpfheit oder Leere? Wie fühlt es sich an, in einem solchen Zustand zu sein? Erinnern Sie die Gefühle oder Emotionen, die vielleicht präsent sind, an frühere Zeiten, als Sie sich genauso gefühlt hatten? Wurden Ihnen in Ihrer Kindheit ähnliche Sachen vorgehalten? Wer hat sie gesagt? Sind Sie sich gewahr, dass Sie sich so fühlen, als befänden Sie sich wieder in jener Situation?

Schritt 4.

Wiederholen Sie den Angriff so oft, wie Sie es brauchen, um die Auswirkungen, die er auf Sie hatte, so tief wie möglich zu spüren.

Wir begreifen immer noch nicht, dass unsere Haltungen, Ideen und Überzeugungen die Ursache für unser Leiden sind. Wir tun so, als sei uns diese Vorstellung klar, doch wir verstehen sie nicht voll und ganz. Also bleiben wir in unseren alten Mustern stecken. Die Arbeit, die wir hier tun, dient einfach der Möglichkeit, das ganze Bild zu sehen, ganz genau zu sehen, was da getan wird und welche Auswirkung es auf die Realität hat.

Nur auf diese Weise kann es Freiheit, kann es wirkliche Veränderung geben. Um in Freiheit und absoluter Erfüllung zu leben, benötigen wir eine komplette, radikale Verschiebung – und eine solche Verschiebung kann nur geschehen, wenn ein vollständiges Verständnis dessen vorliegt, was wir eigentlich tun. Jegliche Arbeit, die Sie hier tun, beruht auf dem Verständnis davon, was Sie tun und wie Sie sich dem natürlichen Prozess in den Weg stellen. Wenn Sie versuchen, über das Verständnis der Situation hinaus irgendetwas zu tun, wird Ihr Bemühen eine Blockade, einen Widerstand, eine Störung darstellen. Sie können sich selber nicht dazu bringen, zu wachsen; Sie können nur damit aufhören, sich einzumischen. Sie können sich selbst nicht glücklich machen; Sie können nur mit Ihren Urteilen aufhören. Wachstum und Expansion sind natürlich, sie sind die Lebenskraft selbst. Und Sie können ihre Richtung nicht voraussagen.

A. H. Almaas, *Diamond Heart Book 2,* S. 109

Frank schaute Sue ins Gesicht und sah ein sehr verstörtes Kind. Sie zitterte, und er konnte spüren, wie groß ihr Schmerz war, obwohl er keine Ahnung hatte, worum es bei dem Ganzen ging. Er tat einen tiefen Atemzug, atmete aus, nahm ihre Hand und sagte: „Kannst du mir sagen, was dir so weh tut, Sue?"

Sue schaute herab auf ihre Hand in der seinen und begann langsam zu sprechen: „Ich erinnere den Tag, als ich zum ersten Mal übte, Fahrrad zu fahren. Meine Eltern hatten Gäste eingeladen, die auf der Terrasse ihre Drinks und Hors d'Oeuvres zu sich nahmen. Ich war am Üben und wollte meinem Daddy zeigen, wie gut ich schon fahren konnte. Er ermutigte mich, zu den anderen hinüber zu fahren. Ich fuhr etwas wackelig, aber nicht schlecht – bis ich mich den Tischen auf der Terrasse näherte. Da wurde ich nervös. Ich kippte um, und riss den Tisch mit den Hors d'Oeuvres zu Boden. Gemüse, Kräcker und Dips flogen durch die Gegend.

Wenn ich heute darüber nachdenke, war es wahrscheinlich ein ziemlich witziger Anblick: Überall lag das Essen herum – doch es lachte natürlich niemand. Damals war ich mir nur der Schweinerei bewusst, die ich veranstaltet hatte, und dass alle Augen auf mir ruhten. Ich hatte Angst und wollte mich am liebsten verstecken. Da kam mein Vater zu mir herüber und zog mich am Arm unter dem Fahrrad hervor. Er starrte mich an, als ob ich ein dreckiges Wort oder so etwas gesagt hätte. Ich kann den blauen Fleck immer noch spüren, den er mir mit seinem Griff verpasst hatte, und den Alkohol in seinem Atem rieche ich auch noch. Er begann mich auszuschelten: „Sieh dir bloß mal an, was du getan hast! Da hast du dein Bein verletzt, unsere Vorspeisen ruiniert und dich selber zum Narren gemacht – bloß um anzugeben und so zu tun, als wärst du Gott weiß wie perfekt. Du solltest dich schämen!" Ich schämte mich – es war mir so peinlich, dass ich hingefallen war. Ich wand und drehte mich, und ich weinte lange. Warum bin ich bloß immer noch so unfähig?"

Frank spürte, wie sein Herz sich ausdehnte und weich wurde – ein weiches Kissen, in dem die kleine Sue sich geborgen fühlen konnte. In einem stetigen Rhythmus griffen ihre Hände nach den seinen und entspannten sich dann wieder, und immer wieder standen ihr die Augen voller Tränen, während ihr Körper das Trauma wieder durchlebte, das durch den Tadel ihres Vaters sowie ihre Scham darüber ausgelöst worden war. Frank strich ihr sanft über die Haare.

„Unbegreiflich, dass er dich in einem Moment auffordert herzukommen, und dich im nächsten dafür fertigmacht. Es scheint, als ob ihm der Eindruck, den du auf seine Freunde machtest, wichtiger war als deine Gefühle. Das muss ja ein ziemlicher Schreck gewesen sein, auf die Terrasse zu fallen, während die anderen alle zuschauten – und besonders dein Vater. Es war ihm wohl enorm wichtig, stolz auf dich sein zu können." Mit liebevoller Stimme gab er den Gefühlen Ausdruck, die er bei Sue vermutete, und das schien ihr zu helfen, sich zu entspannen und tiefer zu atmen.

„Du hast Recht. Ich habe mich geschämt, weil es mir nicht gelungen war, ihn stolz auf mich zu machen – und all die Zeit dachte ich, es wäre, weil ich noch zu klein war, um mein Fahrrad im Griff zu haben."

15
Mitgefühl

Das unmittelbare Gegengift des Herzens gegen jegliches Urteil ist das Mitgefühl. Weil der Richter immer nur das bemerkt, was falsch ist und korrigiert werden müsste, wissen Sie, dass Sie von ihm kein Mitgefühl erwarten können. Deshalb werden Sie sich hüten, Angst erregende oder negative Anteile Ihrer selbst vor ihm zu enthüllen – denn Sie können sicher sein, dass sein Umgang damit in Ihnen den Wunsch wecken wird, bloß nichts gesagt zu haben. Alles was Sie sagen und denken, kann gegen Sie verwandt werden. Sein Job ist es, den Status Quo aufrechtzuerhalten und Sie dadurch zu schützen, dass er Ihr Selbstgefühl durchgängig einschränkt. Wenn Sie expandieren oder sich zu gut fühlen, wird der Richter Ihnen eine „gute Dosis Realitätssinn" verpassen; – ziehen Sie sich dagegen zu sehr in sich selbst zusammen und kollabieren, wird er Sie daran erinnern, dass alles doch nur halb so schlimm ist und Sie es schon überleben werden. Sein Job ist es nicht, Sie zu bestätigen, Ihren Mut zu würdigen oder Ihren Schmerz anzuerkennen.

Bestenfalls wird der Richter versuchen, Ihren Schmerz zu verringern, Ihnen zu sagen, was Sie falsch gemacht und womit Sie den Schmerz verursacht haben, was Sie dagegen tun können, warum es sich nicht lohnt, sich Sorgen darüber zu machen und wie alles noch viel schlimmer hätte kommen können. Auf diese Weise spiegelt der Richter alle Möglichkeiten, wie in Ihrer Kindheit mit Ihrem Schmerz umgegangen wurde.

Gewiss ist es angemessen, dass die Eltern ihr Bestes versuchen, um den körperlichen oder emotionalen Schmerz des Kindes, der durch bestimmte Handlungen oder Geschehnisse ausgelöst wurde, abzustellen oder zu verringern. Viele Menschen haben auf diese Weise Hilfe bei körperlichen, sowie Anteilnahme bei emotionalen Verletzungen erhalten. Anders jedoch lag die Sache, wenn der Ursprung des Schmerzes nicht klar ersichtlich war oder nicht abgestellt werden konnte – wie zum Beispiel bei einer Scheidung, dem Tod eines Familienmitglieds, der Depression eines Elternteils oder Druck von Seiten der Mitschüler. Das sind Situationen, in denen nur wenige Menschen erlebt haben, dass ihr Schmerz angenommen und als normal angesehen wurde. Der emotionale Schmerz eines Kindes war für die Erwachsenen oft unangenehm, weil er ein Element des Lebens spiegelte, über das sie keine Kontrolle besaßen oder dem sie selber keine Toleranz entgegenbrachten. Dieses Unbehagen führte dazu, dass die Eltern sich darauf konzentrierten, den Schmerz durch Leugnen, Vermeiden, Abschwächung oder Kompensation zu beenden. Das Kind lernte, dass etwas nicht in Ordnung war, wenn es Schmerz empfand. Wenn der Schmerz als ein Problem behandelt wurde, begann das Kind schließlich zu glauben, dass *es selbst* irgendwie ein Problem war, weil der Schmerz von ihm ausgegangen war. Als Sie ein Kind waren, gab es einen Teil in Ihnen, der sich danach sehnte, dass irgendjemand einfach bei Ihnen wäre, wenn Sie Schmerz empfanden – jemand, der Ihnen zuhören, Sie halten und Ihnen zeigen würde, dass der Schmerz ein natürlicher Teil des Lebens ist. Und genau das leistet das Mitgefühl.

Mitgefühl und Schmerz

Das Mitgefühl ist eine natürliche Reaktion auf Verletzungen und Schmerzen, die Sie selbst oder ein anderer empfinden. Das Herz öffnet sich und wird weich. Mitgefühl fühlt sich warm und tröstlich an wie eine sanfte Salbe. Es gibt dem Herzen die Kraft, sowohl den Schmerz als auch die Wahrheit der Situation zu fühlen, die ihn verursacht. Meistens kann der Schmerz, den ein Erwachsener empfindet, weder durch äußere Aktionen abgestellt, noch mit Hilfe von Logik oder Aufmunterungen geklärt werden. Das Leiden basiert häufig auf Situationen, die Sie nicht ändern können oder wollen, oder es begleitet Sie schon lange Jahre und wurzelt in irgendwelchen Situationen aus der Vergangenheit. Ein großes Herz ist vonnöten, um sich von der Wirklichkeit eines solchen Schmerzes berühren zu lassen, ohne gleich zu versuchen, ihn zu verändern oder abzustellen. Wenn Sie angesichts Ihres eigenen Schmerzes Mitgefühl verspüren, dann wissen Sie, dass alles gut ist so wie es ist und Sie nichts zu tun, zu verändern oder zu reparieren brauchen. Ja, der Schmerz ist da, und Sie können mit ihm verweilen, weil Ihr Herz von Mitgefühl erfüllt ist. Mitgefühl entspringt einem Herzensverständnis Ihrer eigenen Wahrheit und unterstützt Ihre Bereitschaft, mit diesem Schmerz zu sein.

Wenn das Herz nicht blockiert ist, zieht der Schmerz also natürlicherweise Mitgefühl nach sich, welches Ihnen wiederum ermöglicht, die schmerzlichen Gefühle in größerem Umfang zu ertragen. In den meisten Fällen werden Sie erkennen, dass Ihre Verletztheit vor langer Zeit entstanden ist und nicht durch die gegenwärtige Situation verursacht wurde. Wenn Sie sich den Raum schaffen können, mit der Verletztheit zu verweilen, werden Sie erkennen, dass Sie sich schon häufig so gefühlt haben. Ihr Herz kennt solchen Schmerz. Sie erinnern sich an andere Momente, als Sie ihn gefühlt haben, und dabei enthüllt der Schmerz seine Wurzeln, die immer tief in Ihre Vergangenheit reichen. Ihn zu spüren entrollt eine Art roten Faden des Schmerzes, der Sie zu alten vergessenen Wunden Ihrer Kindheit zurückführt. Es kann geschehen, dass Sie die ursprüngliche Situation von Verrat, Zurückweisung oder Demütigung wieder erleben, die all die Jahre wie eine Narbe in Ihnen vorhanden war. Das Mitgefühl stellt Ihnen einen freundlichen Raum zur Verfügung, in dem Sie diese tiefen Herzenswunden sehen und fühlen können. Einfach dadurch, dass Sie erkennen, worin vor so langer Zeit die Ursache Ihrer Verletzung lag, beginnt die Heilung, die Sie wieder gesunden lässt. Denn diese Erkenntnis ermöglicht es Ihnen, sich selbst in diesem ursprünglichen Schmerz mit einer Fülle und einem Verständnis nahe zu sein, die damals nicht möglich waren.

Wenn Ihr Schmerz von anderen wie etwas behandelt wird, das man vermeiden oder loswerden muss, dann fördern die implizite Ablehnung und Feindseligkeit Ihren inneren Zustand von Unverbundenheit mit sich selbst. Sind Sie dagegen mit jemandem, der ein freundliches, offenes und annehmendes Herz hat, dann können Sie sich in Ihrem Schmerz gehalten fühlen. Sie brauchen ihn nicht länger zu verstecken, müssen nicht länger so tun, als fühlten Sie etwas anderes, und brauchen keine Möglichkeit mehr zu finden, alles heil zu machen oder zu verstehen, was es bedeutet. Sie können einfach mit dem verweilen, was da erscheint und sich unterstützt, gesehen und verstanden fühlen.

Verspüren Sie Ihr eigenes Mitgefühl, dann ist das so, als ob Ihre Brust sich weiten und Ihnen den Raum zur Verfügung stellen würde, tief durchzuatmen und mit Ihren Gefühlen zu sein. Die unbewussten Anstrengungen, den Schmerz in Ihrem Herzen nicht zuzulassen, lösen sich auf, und das Herz entspannt sich. Sie können in dem verweilen, was wahr ist. Verletzungen sind geschehen, das kann nicht geändert werden. Sie fühlen den Schmerz und sind größer als er. Da besteht ein Gefühl, dass Sie die Wahrheit zulassen und fördern können, ohne irgendetwas Bestimmtes zu tun oder zu sein. Die Wärme einer sanften Freundlichkeit vermischt sich mit der kühlen Frische der Realität.

Mitgefühl und der Richter

Genauso, wie Wut eine Barriere oder ein Tor zu Ihrer wahren Stärke sein kann, vermag es der Schmerz, Ihrem Mitgefühl als Barriere oder als Tor zu dienen. Wenn Sie nicht willens sind, Ihren Schmerz anzuerkennen oder mit ihm zu verweilen, wird es Ihnen schwer fallen, Mitgefühl mit sich selbst oder anderen zu empfinden. Es ist die Spezialität des Richters, Sie dafür, dass Sie Schmerz empfinden, anzugreifen. „Wozu soll es gut sein, Schmerz zu fühlen? Das ändert doch überhaupt nichts! ...Du bist so eine Heulsuse. ...Pass bloß auf, dass du nicht anfängst zu heulen – dann haben wir echt Probleme! ...Was? Den Schmerz fühlen? Sag mal, bist du etwa ein Masochist oder sowas? ...Dein Schmerz ist doch ein Witz! Anderen geht es viel schlechter. ...Na gut, wenn du deinen Schmerz fühlen willst, ist das dein Problem. Aber erwarte ja nicht, dass du mir leid tust. ...Ich weiß, Baby, es tut weh. Aber Kopf hoch! Es könnte viel schlimmer sein, glaube mir."

Mitgefühl ist ein direktes Gegengift für das Gift des Richters, – es wird von der besänftigenden Wärme eines offenen Herzen neutralisiert. Seine Zärtlichkeit löst alle Härte auf, und das Zulassen macht die Abweisung ungeschehen. Die kritische Haltung verliert an Boden und fällt ab. Wo vorher eine Struktur war, gibt es jetzt Raum, in dem alles gehalten werden kann. Wo bisher Überzeugungen und Wissen waren, findet sich jetzt die Wahrheit des Unbekannten.

Achten Sie jedoch darauf, wie Ihr Richter seine Aufmerksamkeit auf das Mitgefühl richtet und es zum Ziel seiner Angriffe macht, um neuerlich blinde Reaktionen und Härte zu erzeugen. Er wird versuchen, die Freundlichkeit als Schwäche und Sentimentalität oder Egoismus darzustellen: „Mitgefühl ist lediglich eine spirituelle Art von Mitleid. Gib's auf.... Wenn du diesen Schmerz erst mal annimmst, wirst du immer mehr wollen – glaub's mir. ...Hach, was für ein netter Mensch du doch bist! So lieb und interessiert! ...In dieser Welt kommst du mit deiner Weichherzigkeit auf keinen grünen Zweig – das ist was für Waschlappen. ...Du kannst nicht einfach nur dasitzen und spirituell aussehen – du musst was *unternehmen.* ... Nun hast du dein verletztes Kind aber lange genug verhätschelt." Das Mitgefühl einfach kommentarlos zuzulassen, würde die grundsätzliche Perspektive des Richters in Frage stellen, dass die Welt ein gefährlicher Ort ist und Sie ganz alleine und auf ständige kritische Aufmerksamkeit angewiesen sind, um zu überleben.

Das wahre Geschenk des Mitgefühls

Wenn Sie selbst es zulassen, sich tief verletzt zu fühlen, ist das nicht dasselbe, als unterstützten Sie die Identifikation mit dem schmerzgepeinigten Kind – obwohl Sie dann auch erkennen müssen, dass Sie sich unbewusst mit dem Kind identifiziert haben und von seinen Gefühlen motiviert wurden. Statt dessen stellt das Verweilen mit Ihrem eigenen Schmerz den Weg dar, die Fülle Ihres Herzens sowie seine Wahrheit zuzulassen. Dabei geht es nicht darum, Hilflosigkeit zu rechtfertigen oder Schuldzuweisungen auszuteilen. Beide verhelfen Ihnen weder zu der Aufmerksamkeit noch der Geborgenheit, die Sie als Kind vermisst haben.

Mitgefühl und die Warmherzigkeit der Seele gab es in den damaligen schwierigen Zeiten für Sie als Kind in Ihrem Umfeld nicht. Sie wurden deshalb auch weder wahrgenommen noch gab es irgendeine Unterstützung, diese Gefühle im eigenen Inneren hochkommen zu lassen. Doch warmherziges Mitgefühl ist eine Eigenschaft, die Ihnen jetzt wahren Trost verschaffen kann. Andere dazu zu bringen, Sie in den Arm zu nehmen und

Ihnen Aufmerksamkeit zu schenken, wirkt sich besänftigend aus, hat aber die Tendenz, Ihren Glauben, immer noch jenes Kind zu sein, weiterhin zu unterstützen. Ihr verletztes Kind nimmt in Ihrem Inneren einen Platz ein, der Sie nicht entspannen und Ihre Gefühle voll und ganz spüren lässt. Ihr eigenes Leiden zu berühren, kann Sie über die zeitweilige Erleichterung hinaustragen, die durch den Trost anderer in Ihnen entsteht. Es wird den festgefahrenen Zustand durchdringen, Ihr eigenes Mitgefühl aktivieren und es Ihrer Seele erlauben, sich in die Weite des Herzens auszudehnen.

Diese Offenheit des mitfühlenden Herzens ist ein Tor zu intimer Verbundenheit mit dem gesamten Leben. Letztendlich wächst das Mitgefühl weit über Gewahrsein und Empathie hinaus zu der Erkenntnis, von allem, was um Sie herum ist, nicht getrennt zu sein. In der Offenheit eines wahrhaftigen Herzens gibt es weder innen noch außen Begrenzungen oder Mauern gegen den Fluss des Lebens. Sie können das Erleben der anderen Menschen, der Blumen, Bäume und Eichhörnchen, des Windes und der Felsen erkennen, weil Ihr Herz völlig wach, offen und bar jeglicher Abwehr ist. In seiner Tiefe erschafft das Mitgefühl die entwaffnende Fähigkeit, zu berühren und berührt zu werden – eine Qualität von essenzieller Bedeutung, wenn es darum geht, Ihrer Sensibilität den Kontakt zu Ihrem eigenen Erleben und Ihrer Welt zu erlauben.

Der Richter muss immer Abstand zu Ihnen und Ihrer Situation halten, um die Kontrolle zu behalten. Mitgefühl bedeutet, dass zwischen Ihnen und der Verletztheit keine Trennung besteht – Sie spüren sie, ohne darauf zu reagieren und halten nichts zurück. Mitleid und Sympathie hingegen erschaffen Abstand, Trennung und oft ein Gefühl der Überlegenheit. Wenn Sie Mitgefühl für sich selbst empfinden, heilen Sie die Spaltungen, die der Richter aufrechterhalten hatte – groß und stark im Gegensatz zu klein und schwach, Überlegenheit im Gegensatz zur Unterlegenheit, und ich im Gegensatz zu dir. Dann bleibt nur die schlichte Wahrheit dessen, wo Sie sich gerade befinden.

Das Mitgefühl stellt eine bedeutende Unterstützung dar, wenn wir das Unbekannte oder die verborgenen Anteile unseres eigenen Erlebens berühren wollen. Mit ihm lebt ein Verbündeter in unserem Herzen, der all unsere Entdeckungen unterstützt – ob wir sie nun mögen oder nicht, und ob sie sich nun gut anfühlen oder nicht. Ohne diesen Verbündeten sind wir der Gnade des Richters jedesmal ausgeliefert, wenn wir irgendetwas Altes oder Neues erleben.

Übung: Mit dem Schmerz verweilen

Üben Sie beim nächsten Mal, wenn Sie in der Gegenwart von jemandem sind, der Schmerz empfindet oder verletzt ist, Ihr Herz dem Erleben dieses Menschen zu öffnen und alle Impulse zu beobachten, die Sie wegziehen oder zu Hilfe eilen lassen. Sind Sie versucht, die Schwierigkeiten zu erklären oder zu analysieren, geben Sie Ratschläge, verleihen Sie dem Ärger über die Situation Ausdruck, sagen Sie, dass alles gut werden wird oder bieten Sie sogar körperlichen Trost an? Wenn Sie sprechen, versuchen Sie einfach Ihr Gewahrsein der Verletztheit oder der Schwierigkeit einzugestehen. Denken Sie daran: diese Übung soll Unterstützung bieten, um mit dem Schmerz verweilen zu können. Das wird wahrscheinlich besonders schwierig sein, wenn der Betroffene dem Schmerz entrinnen will – aber üben Sie es trotzdem. Achten Sie darauf, was geschieht.

Es besteht eine wunderschöne Beziehung von Ursache und Wirkung zwischen der Wahrheit und dem Mitgefühl. Sie gehören zusammen. Das Mitgefühl führt zur Wahrheit, die Wahrheit zum Mitgefühl – und was uns dazu bringt, eins von beiden oder beide zu vermeiden, ist normalerweise der Schmerz. Wir wollen uns gut fühlen. Wir wollen unsere Überzeugungen beschützen, unsere Vorstellungen davon, wer wir sind. Wir wollen uns selbst davor beschützen, die Wahrheit über andere zu sehen. Wir alle hätscheln bestimmte Überzeugungen darüber, wer wir sind, wer die anderen sind und wie die Dinge zu sein haben. Diese Überzeugungen zu durchschauen könnte Schmerz oder Angst mit sich bringen. Doch das ist der Grund, warum wir an diese Lügen glauben. Wir halten die Lügen für die Wahrheit, weil wir der Wahrheit selber nicht vertrauen. Doch es geht um die Wahrheit selber, egal ob sie mit unseren Überzeugungen übereinstimmt oder nicht.

A. H. Almaas, *Diamond Heart Book 1,* S. 98

Frank schulterte den Rucksack, Sue befestigte eine Wasserflasche an ihrem Gürtel, und sie machten sich auf, dem Pfad zu folgen, der vom Parkplatz wegführte. Die Sonne leuchtete hell, und der frische Duft eines Eukalyptusbaums durchzog den sanften Nachmittagswind. Zwei Eichhörnchen auf einem nahe gelegenen Baum plauderten mit ihnen, während sie ein paar Rehe betrachteten, die zu ihrer Rechten den steilen Hang zum Wald hin emporkletterten.

Sue schien sich von dem Fast-Unfall beim Fahren völlig erholt zu haben. Sie kletterte den alten Wanderweg hinauf und sang dabei. Nachdem beide so eine Weile lang gegangen waren, fragte sie: „Liebst du mich noch?"

Frank hasste diese Frage. Sie schien immer dann an der Reihe zu sein, wenn Sue auf irgendeine Weise ihre Verletzlichkeit gezeigt hatte oder sie beide sich sehr nahe gewesen waren. *Warum kann sie es verdammt noch mal nicht fühlen? Haben meine Umarmungen, meine Fürsorge und Zugewandtheit denn nicht ausgereicht, um ihr meine Liebe zu zeigen? Schon allein deshalb würde ich am liebsten sagen: „Nein, ich kann dich nicht ausstehen!"*

Er bemühte sich, seine Reaktion zu unterdrücken, und sagte einfach nur: „Ja, das tue ich."

„Aber ich weiß nicht, ob ich dir vertrauen kann. Ich fürchte, du warst nur deshalb so nett, weil mir das alles so wehtat. Außerdem glaube ich gar nicht, dass ich es wert bin, geliebt zu werden."

Frank konnte spüren, wie er immer angespannter wurde. Es war, als ob sie ihn dazu bringen wollte, sie zu verurteilen, und in seiner Vorstellung tat ihr sein Richter gerne den Gefallen. *Sie hört sich an wie ein flennendes, erbärmliches kleines Kind, das herumjammert, wie wertlos es ist. Sie hat ja Recht! Nichts von dem, was ich ihr gebe, hat sie verdient!* Er war versucht, es laut auszusprechen, riss sich aber zusammen und hielt den Mund.

„Ich kann nicht anders. Ich bin mir sicher, dass du irgendwann von mir die Nase voll hast und abhauen wirst. Du bleibst ja eh nur, weil du mir helfen willst, aber in Wirklichkeit müssen dir meine Probleme ziemlich auf die Nerven gehen. Wie hältst du es bloß mit mir aus?“

Frank lief schweigend weiter, aber der Richter in seinem Kopf hatte eine Antwort parat: *Ich kann dich nicht ausstehen und warte nur auf den geeigneten Moment, um die Mücke zu machen. Dann kann jemand anders deinen lieben Papi spielen und versuchen, dich davon zu überzeugen, dass du kein totaler Trottel bist. Werde endlich erwachsen!* Der Gedanke machte ihm irgendwie perverses Vergnügen, doch sein Gefühl, durch den Austausch mit Sue innerlich zu verkrampfen, stand im Vordergrund. Er mochte es nicht, in seine eigene innere Negativität gezogen zu werden. Plötzlich wurde ihm klar, dass er die Rolle seines Vaters eingenommen hatte, der auf seine damalige kindliche Unsicherheit reagierte. Er war sich seiner selbst so wenig sicher gewesen und hatte die ständige Bestätigung seiner Eltern gebraucht, weil es keine Geschwister, sondern nur Erwachsene gab, mit denen er sich hätte vergleichen können. Ihm fiel ein, dass er die Ungeduld und den Widerwillen fühlen konnte, die sein Vater angesichts seiner Hilflosigkeit empfand, und er erkannte, dass er sich in Bezug auf seine eigene als auch auf die Bedürftigkeit der anderen mit seinem Vater identifiziert hatte. Und Sue war die perfekte Partnerin in diesem Spiel.

16

Disidentifikation

In diesem Kapitel werden wir kurz zusammenfassen, was wir schon gelernt haben und dann die Schritte des Disidentifikationsprozesses durchgehen. Wir haben gesehen, dass jeder psychische Prozess, der Sie kontrolliert, einen Großteil seiner Macht daher bezieht, dass er unbewusst ist. Wenn Sie die Kontrolle über Ihr Herz und Ihren Geist wiedergewinnen wollen, besteht die erste Phase deshalb darin, sich den jeweiligen Prozess so bewusst wie möglich zu machen. Ihr Wissensdurst und Ihre Bereitschaft, mit dem, was Sie erleben, im Kontakt zu sein, verhelfen Ihnen zu einem wachsenden Gewahrsein der psychischen Aktivität, sich selbst zu verurteilen.

Die Selbstverurteilung ist eine konstante Bewertung Ihrer selbst anhand von Maßstäben, die Sie in der Vergangenheit gelernt haben. Sie äußert sich in Form von Angriffen und Verwicklungen. Je bewusster Ihnen wird, wie Sie sich innerlich angreifen und verwickeln, desto eher erkennen Sie, dass fast jede mentale Aktivität, die die Urteile beenden soll, eher dazu führt, sie zu unterstützen. Das kommt daher, dass die Bemühung, den Angriff zu stoppen, ursprünglich aus der Erfahrung stammt, dass Sie das Opfer des Angriffs – also das Kind – sind. Aber wie Sie gesehen haben, führt jede Handlung, die von jenem Selbstbild des kindlichen Opfers ausgeht, stets zu irgendeiner Form der Verwicklung. In anderen Worten: Eine wirkliche Ablösung fordert die Disidentifikation von dem kindlichen Selbstbild. Nur dann können Sie den Angriff effektiv beenden.

Im Abwehrprozess gegen Angriffe steckt bereits die Disidentifikation. Keine Abwehr kann wirklich funktionieren, wenn sie ein Selbstbild – sei es des Kindes oder des Richters – unterstützt. Sie ist vom Verstand unabhängig. Aber was soll das heißen? Und wie hört man auf, sich mit dem zu identifizieren, wofür man sich hält – mit den vertrauten Bildern, die einen definieren? Die folgende Herangehensweise zur Disidentifikation kann Ihnen dabei helfen, Ihren eigensten Impuls zur Selbstverteidigung zu erkennen und zu fördern – einen Impuls, der auf Ihrer eigenen Lebendigkeit gründet und nicht auf Ihren Identifikationen.

Die Eltern-Kind-Dynamik

Stellen Sie sich vor, Sie befänden sich in einem Warenhaus auf der Suche nach Unterwäsche. Während Sie einen Gang entlanggehen, hören Sie, wie im benachbarten Gang eine Mutter mit ihrem Kind streitet. Plötzlich erklingt das Geräusch eines Schlages auf nackte Haut, und die Stimme der Mutter gewinnt an Lautstärke: „Habe ich dir nicht gesagt, du sollst nichts anfassen? Warum hörst du nie zu? Ich hätte dich auf die Straße werfen sollen, dann könntest du allein nach Hause gehen. Wenn bloß dein Vater hier wäre, dann könnte er dir die Abreibung verpassen, die du verdient hast!" Das Kind wimmert vor sich hin und bricht dann weinend zusammen. „Was hast du denn jetzt schon wieder!" schreit die Mutter, „du alte Heulsuse! Dafür gehen wir jetzt nicht ins Kino, und du bleibst den Rest des Tages zu Hause in deinem Zimmer!" Und bevor Sie sich's versehen, stürmt die Mutter auf dem Weg zum Ausgang an Ihnen vorbei und zieht das Kind am Arm hinter sich her.

Das gesamte Ereignis ist sehr schmerzhaft mit anzuhören und anzusehen. Wie ist Ihre natürliche Reaktion auf eine solche Situation, wenn Sie sich nicht einfach abkehren und so tun, als gehe es Sie nichts an? Was ist Ihr erster Impuls? Viele Menschen wären über das Verhalten der Mutter ihrem Kind gegenüber so empört, dass sie sie am liebsten zur Seite nehmen und ihr die Meinung sagen würden – auch ohne Näheres über die Umstände zu wissen. Sie würden sie auffordern, den Mund zu halten und ihre Wut lieber an jemandem auszulassen, der ihr gewachsen ist. Andere würden es lieber vermeiden, sich mit der Mutter anzulegen und würden einfach dazwischentreten, sich das Kind schnappen und es an einen sicheren Platz mitnehmen, wo sie es vor dem Zorn der Mutter beschützen und es trösten könnten. Im wahren Leben wären diese Aktionen natürlich nicht besonders realistisch, weil solch ein Geschehnis auf einer langen Geschichte basiert und ein Fremder sich im Allgemeinen nicht einschalten kann, ohne sich auf umfangreiche Verwicklungen und unbekannte Konsequenzen einzulassen.

Für Ihre Erforschung ist es in diesem Fall wichtig, zu erkennen, mit welchem instinktiven Impuls Sie den Angriff stoppen würden. Das gerade genannte Beispiel war extrem, unterscheidet sich aber nur durch seinen Schweregrad von vielen ähnlichen Situationen, in denen ein Elternteil vergisst, dass der Respekt zwischen ihm und seinem Kind in beide Richtungen geht, und sich darauf verlässt, größer und mächtiger zu sein. Vielleicht sagt er: „Nein, so fühlst du dich doch gar nicht!" oder „Wie kannst du es wagen, so mit mir zu sprechen. Du solltest dich schämen!" Wenn Sie als Außenstehender eine solche Situation miterleben, in der ein Elternteil sein Kind angreift, werden Sie natürlicherweise Mitgefühl, einen Beschützerinstinkt und Entrüstung verspüren. Darin besteht die Grundlage einer jeden Verteidigung – dazwischenzufahren und die Auseinandersetzung zu beenden. Sie behaupten nicht, dass das Kind im Recht ist und die Eltern Unrecht haben, sondern Sie reagieren einfach auf die Unmenschlichkeit der Handlung – auf das Empfinden, dass menschliche Qualitäten wie Integrität und Respekt grundsätzlich entehrt werden. Irgendwie ist die der menschlichen Natur zugrunde liegende Wahrheit auf schmerzhafte Weise verzerrt worden.

Als Kind konnten Sie diese Form der Entehrung nicht stoppen, identifizierten sich also mit der Verzerrung, als wäre sie ein Teil Ihrer selbst. Das hat dazu geführt, dass Sie die verschiedenen „Warenhaus-Erlebnisse" Ihrer Kindheit immer wieder durchleben. Um sich schon zu Kinderzeiten zu disidentifizieren, hätten Sie jemanden gebraucht, der die Dynamik durchbrochen und Sie beschützt hätte. Sich jetzt als Erwachsener aus der Verwicklung zu lösen bedeutet, nicht identifiziert zu sein, während Sie diese Art der Kindheitsdynamik wieder erleben.

In dieser Dynamik sind Sie entweder mit der Hilflosigkeit und Wertlosigkeit des Kindes oder der Verachtung und dem Hass des Erwachsenen identifiziert. In beiden Fällen scheint das, was in dem Angriffs-/Verwicklungszyklus vor sich geht, unvermeidlich und unaufhaltbar zu sein. Wer sich mit dem Kind identifiziert, fühlt sich besiegt: „Ich fühle mich so klein und böse, dass ich es verdient habe, bestraft zu werden," oder „ich fühle mich so ängstlich und hilflos, dass ich mir überhaupt nicht vorstellen kann, wie ich diese Situation ändern könnte," oder „ich hasse dich so sehr, dass ich lieber sterben würde, als dir das zu geben, was du willst." Es gibt kaum eine Möglichkeit, eine solche Person davon zu überzeugen, aus dem Teufelskreis auszubrechen.

Auch derjenige, welcher sich mit den Eltern/dem Richter identifiziert ist frustriert: „Dieses Kind ist so erbärmlich, mir bleibt nichts anderes übrig, als es zu schlagen. Ich muss es dazu kriegen, sich zu benehmen oder es verstecken, damit es mein Leben nicht ruiniert!" oder „dieses Kind kann sich nicht um sich selber kümmern; es weiß nicht, was es tun soll. Ich muss es also disziplinieren, bis es lernt, nicht in Schwierigkeiten zu geraten." Dieser Person den Angriff auszureden würde dem Versuch gleichen, jemandem klarzumachen, dass er die Ameisen, die über seinen Küchentisch laufen, nicht töten darf.

Um überhaupt die Vorstellung von einer echten Ablösung zuzulassen, muss in beiden Fällen zunächst die Perspektive verändert werden. Letztendlich bedeutet das, die Bilder, mit denen Sie identifiziert sind, genau als das zu erkennen, was sie sind – Bilder. Sie sind nicht das, was Sie ausmacht, und sind in keinem Fall das an Ihnen, was am lebendigsten ist. Doch Ihr Interesse, diese Bilder aufrechtzuerhalten, ist gut verankert und meist unbewusst. Zweifellos gibt es viele gute Gründe, warum Sie weiterhin an diesen Identifikationen festhalten. Oft braucht es Zeit, zu erkennen, wer Sie jenseits von ihnen sind. Bis dahin können Sie die folgenden Werkzeuge zur Hilfe nehmen:

Eine Veränderung der Perspektive

Ein gutes Werkzeug, den ersten Schritt zur Disidentifikation zu unterstützen, ist die Visualisation. Wenn Sie die frühkindliche Dynamik, auf der Ihre Selbstverurteilungen basieren, erkannt haben und diese besonders schmerzhaft und überwältigend ist, versuchen Sie die folgende Übung: Stellen Sie sich zunächst vor, das Kind (Sie) stände vor Ihnen. Es ist genauso alt wie damals und befindet sich in der gleichen Situation, um die sich die Dynamik dreht. Betrachten Sie sein Aussehen und wenn Sie erinnern, auch seine Kleidung. Schauen Sie sich sein Gesicht und sein Verhalten an. Wenn Sie sich selbst inmitten einer Interaktion mit den Eltern sehen, so vervollständigen Sie die Szene um alle Details, die dazugehören. Sind Sie allein in einem Zimmer, so stellen Sie sich das Zimmer vor. Sehen und fühlen Sie, wie das Kind sich fühlt und wie es mit jenen Emotionen umgeht. Es mag auch schwierig und schmerzhaft sein, sich selbst in einer Situation zu sehen, in der Sie sich schämen oder hilflos sind. Ihr Ziel ist es, sich so weit neben das Kind zu stellen, dass Sie sich betrachten können, als seien Sie jemand anders – dass Sie sich in Ihrer Scham und Hilflosigkeit anschauen können.

Wie ist es, dieses Kind zu sehen, und welche Gefühle werden dadurch ausgelöst? Stellen Sie sich nun – genau wie in der Warenhausfantasie – vor, wie Sie selbst auf das Kind eingehen würden, wenn Sie die Möglichkeit hätten. Das kann bedeuten, sich in einen Streit einzumischen, den Elternteil rauszuschmeißen, das Kind zu ergreifen und zu halten, oder mit dem Kind zu sprechen und ihm zu sagen, dass Sie sehen können, wie groß der Schmerz ist, den es fühlt. Jede Reaktion, die die Situation in Bewegung und Veränderung bringt, deutet auf eine gewisse Disidentifikation von der Urteilsschleife hin und sät den Samen zur Ablösung. Wenn Sie selber keinen Wunsch verspüren zu reagieren oder nicht fähig dazu sind, dann stellen Sie sich einfach vor, was dieses Kind in dem Moment, in dem Sie es vor sich sehen, am meisten braucht. Das wichtigste Bedürfnis besonders von Kindern ist es, in einer solchen Situation gesehen und gehört zu werden – dass jemand erkennt und versteht, was sie fühlen.

In einigen Fällen können Sie die Identifikation mit dem kleinen Kind nicht allein dadurch brechen, dass Sie sich die Situation vorstellen. Sie können sich nicht weit genug von der Hilflosigkeit des Kindes sowie von dem Gefühl lösen, dass die Macht der Eltern unanfechtbar ist. In solch einem Fall kann es hilfreich sein, einen Dritten in die Situation einzubeziehen. Stellen Sie sich zunächst einmal vor, dass es in Ihrer Familie einen Erwachsenen gab, der Sie als Kind unterstützt hat – einen, dem Sie vertrauen konnten und der Sie als Person gewürdigt und Ihnen ein Gefühl von Sicherheit und Wärme vermittelt hat. Stellen Sie sich nun während dieser schmerzhaften Dynamik, da Sie angegriffen werden und sich nicht wehren können, vor, dass dieser hilfreiche Erwachsene erscheint. Stellen Sie sich vor, was er vielleicht zu Ihrer Unterstützung getan hätte. Es kann sein, dass er den betroffenen Elternteil auf irgendeine Weise abgelenkt hätte, um ihn davon abzuhalten, Sie anzugreifen; vielleicht hätte er Sie irgendwie gerettet. Wenn das funktioniert, haben Sie die Samen zur Disidentifikation und Abwehr durch die Vorstellung gesät, dass jemand Sie unterstützt hätte.

In der Kindheit mancher Menschen gab es allerdings keinen hilfreichen Erwachsenen, sodass diese Option nicht zutrifft. Trifft das auf Ihren Fall zu, dann stellen Sie sich vor, dass jemand, der Sie jetzt gerne mag und unterstützt, in diese Kindheitssituation eintritt und sich dort für Sie stark macht.

In der Einzelstunde

Judy, eine junge Frau, die ich begleitete, litt unter ihrem tiefen Schmerz und den Urteilen, die sie als Kind immer dann gefühlt hatte, wenn sie um etwas bat und ihre Mutter sich daraufhin abwandte. Das gab ihr ein Gefühl von Enge, Einsamkeit und Hilflosigkeit, und sie sah, dass ihr Richter sie genauso behandelte. Ich fragte sie, ob irgendjemand sie als Kind unterstützt hatte; das verneinte sie. „Und jetzt?“ fragte ich. „Ja, mein Freund.“ Als ich vorschlug, ihn in die Situation mit ihrer Mutter hereinzuholen, brach sie in lautes Lachen aus. „Ich konnte nicht anders, ich musste lachen,“ sagte sie, „weil ich mir vorgestellt hatte, dass mein Freund sich den Schwachsinn nicht hätte bieten lassen.“ Schon diese spontane Erleichterung deutet darauf hin, dass die Identifikation sich ein wenig gelockert hatte, und Judy das Gefühl hatte, in jener Situation Unterstützung erfahren zu können und nicht völlig allein zu sein.

Die Visualisationen, die ich gerade beschrieben habe, beruhen auf der Identifikation mit dem Kind. Was geschieht aber, wenn Sie mit dem Elternteil identifiziert sind, der keinen anderen Weg sieht als dieses „böse“ Kind anzugreifen? Es ist nicht ungewöhnlich, zu glauben, dass Sie es als Kind verdienten, bestraft, verlassen oder ignoriert zu werden. In diesem Fall sind Sie mit Ihrem jeweiligen Elternteil identifiziert – gegen Ihr kindliches Selbst. Aus irgendeinem Grund sind Sie der Weltsicht Ihrer Eltern treu ergeben, und die Weise, wie Sie diese Weltsicht als Kind gestört haben, stand dem entgegen. Deshalb ist es Ihnen nicht möglich, zu erkennen oder zuzulassen, was *Ihre* Gefühle zu dem Zeitpunkt gewesen sein mögen.

Ist das Ihre Erfahrung, dann ist es nötig, Ihre Kindheitssituation weiter zu untersuchen, um zu erkennen, in welcher Hinsicht Ihre Erwartungen und Maßstäbe unrealistisch für das Kind sind. Vielleicht neigten Sie als Baby zu Koliken, und Ihre Versorgung war für Ihre Eltern mit viel Stress verbunden – bis zu dem Punkt, als sie vielleicht ihre Arbeit aufgeben mussten, weil die ständige Sorge um Sie ihre ganze Aufmerksamkeit forderte. Oder vielleicht fürchteten Sie sich im Dunkeln und konnten erst viel später als Ihre Geschwister alleine schlafen. Vielleicht waren Sie Bettnässer, bis Sie zehn Jahre alt waren, und Ihre Eltern mussten jede Nacht aufstehen, um mit Ihnen zur Toilette zu gehen. In jeder dieser Situationen greifen Sie sich wahrscheinlich dafür an, dass Sie es nicht gelernt haben, sich besser zu kontrollieren. All diese Dinge liegen zwar außerhalb der Kontrolle eines kleinen Kindes, doch für seine jeweiligen Verhaltensweisen ignoriert, abgelehnt oder nicht geliebt zu werden, wird vom kindlichen Selbst als Verurteilung seines Wesens empfunden.

In der Einzelstunde

Agnes wurde unaufhörlich von ihrem Richter dafür angegriffen, dass sie extrem sensibel und emotional war. Sie fand heraus, dass diese Haltung auf ihren Vater zurückging. Sie fühlte sich sehr positiv mit ihm verbunden, weil er liebevoller und mehr auf sie eingestellt war als ihre Mutter. Als Kind war sie allerdings fest davon überzeugt, dass es ihre Schuld war, so emotional und ängstlich und nicht jenes glückliche Mädchen zu sein, das ihr Vater sich wünschte. Wenn sie besorgt oder durcheinander war, machte ihn das traurig, er zog sich zurück und war enttäuscht von ihr. Das brachte Agnes noch mehr durcheinander und belastete die Situation. Daher glaubte sie, die gnadenlosen Angriffe des Richters auf ihre Emotionalität verdient zu haben. Schließlich war ihr Vater solch ein fürsorglicher und wichtiger Mensch für sie – es musste also an ihr liegen, wenn er enttäuscht von ihr war.

Ihre Perspektive schien zu beinhalten, dass es ihr Vater war, der mehr Unterstützung brauchte als Agnes, das Kind. Ich fragte, wie sie sich das vorstellte – wie konnte ein kleines Kind die Verantwortung für die Gefühle eines Erwachsenen tragen? Dann erklärte ich ihr, dass es für ein Kind völlig natürlich ist, starke Gefühle zu haben, manchmal ängstlich zu sein und wissen zu müssen, dass sein Vater sich nicht aufgrund seiner Gefühle von ihm abwenden würde. Agnes sagte, sie habe den Glauben entwickelt, dass irgendetwas Schlechtes in ihr dazu geführt hatte, dass sie nicht so sein konnte, wie ihr Vater es wünschte. Als ich ihr erzählte, dass es völlig natürlich war, so zu sein wie sie als Kind gewesen war, und dass die Gefühle ihres Vaters außerhalb ihrer Kontrolle lagen, brach sie in Tränen aus. Niemand hatte ihr je zuvor so etwas gesagt. Sie spürte, wie sie innerlich entspannte, als ihre negative Identifikation mit ihrem kindlichen Selbst einen Moment lang aufhörte.

Sie brauchen Hilfe, um zu erkennen, dass bestimmte kindliche Verhaltensweisen außerhalb Ihrer Kontrolle lagen und dass Sie, selbst wenn Sie Ihren Eltern Probleme machten, Mitgefühl und Unterstützung statt Ablehnung und Verurteilungen gebraucht hätten. Wenn Sie das erkannt haben, werden Sie sich erlauben können, Schmerz und Verletztheit zu empfinden, weil Sie nicht gehalten, geliebt und unterstützt worden sind. Wenn Sie beginnen können, sich mit sich selbst als Kind zu identifizieren, kann der Visualisationsprozess Sie dabei unterstützen, die Bewegung in Richtung Disidentifikation weiterzuführen.

Das Loslösen aus der Verwicklung ist vom Kontakt zur instinktiven Energie, die das natürliche Leben der Seele erhalten will, abhängig. Dieses Leben wurde dem Kind verweigert und hat sich ihm verschlossen. Angesichts der elterlichen Urteile wurde dem Kind das Gefühl genommen, dass es im eigenen Inneren oder in seinem Umfeld Unterstützung finden konnte, es selbst zu sein. Und wenn Sie beginnen, sich von dem Kind zu disidentifizieren, können Sie erkennen, dass die Energien der Stärke und des Mitgefühls jetzt in Ihnen existieren und Ihrer eigenen Seele zugute kommen können.

Zwei Arten zu leiden

Urteile bringen zwei verschieden Arten von Schmerz und Leiden mit sich. Die eine bringt Sie dazu, im Hinblick auf den Richter etwas zu unternehmen und die Dinge zu ändern. Sie führt dazu, dass die Menschen ein Interesse entwickeln, sich mit ihrem Kritiker auseinanderzusetzen. Um wirklich vom Urteilsprozess befreit zu werden, müssen Sie allerdings mit der zweiten Art des Leidens in Kontakt kommen.

Bei der ersten Art geht es um das Leiden des Kindes, das von den Eltern angegriffen wird. Als Erwachsener fühlen Sie diesen Schmerz, wenn Ihr Richter Ihnen sagt, dass Sie dumm oder ein Versager sind. Er entspricht der Demütigung, die Sie darüber empfinden, klein und hilflos zu sein. Er entspricht der Scham, die Sie empfinden, wenn Sie glauben, nicht so gut zu sein wie die anderen Menschen. Ihr Verlangen, von den Angriffen erlöst zu werden, bringt Sie dazu, sich mit dem Richter auseinanderzusetzen.

Doch diese Motivation führt normalerweise nur zu Verwicklungen, indem Sie versuchen, den Richter zu besiegen. Sie wollen beweisen, dass er im Unrecht ist, wollen seine Anerkennung gewinnen, ihm zeigen, dass er inkonsequent und schlecht informiert ist, oder ihn im Extremfall sogar angreifen und umbringen. Das Problem ist: Sie wollen derselbe bleiben, der Sie sind, wenn Sie sich angegriffen fühlen. Sie denken, das Problem liege allein am Richter, an Ihren Eltern. Wenn Sie von zu Hause ausziehen könnten, hätten Sie's geschafft.

Aber das haben Sie schon längst getan, und es hat nicht funktioniert. Erinnern Sie sich daran: auch das Kind wollte von den Angriffen, Urteilen und Maßstäben befreit werden und verschaffte sich dadurch Erleichterung, dass es Anteile seiner selbst aufgab und seinen Eltern nacheiferte. Es lernte, sich auf bestimmte Art zu verhalten und zu fühlen, um eine Beziehung mit ihnen aufrechtzuerhalten. Der Wunsch, Ihre Eltern ändern oder sie loswerden zu wollen bedeutet, dass Sie weiterhin mit dem Kind identifiziert bleiben wollen. Das ist jedoch nicht möglich, weil Ihr inneres Kind nur in Bezug auf Ihre inneren Eltern existiert. Wenn Sie eins von beiden loswerden, müssen Sie auch das andere loswerden.

Es mag scheinen, als konzentrierten sich die Visualisationen dieses Kapitels darauf, das Kind zu unterstützen und vor den Eltern zu schützen. In Wirklichkeit haben sie die Aufgabe, Ihnen dabei zu helfen, Energie und Ressourcen in sich zu finden, mit denen Sie auf jene frühe Situation angemessener reagieren können, als Sie das als Kind vermochten. Das Kind konnte nur das tun, was es getan hat. Jetzt können Sie vieles anders machen. Sie müssen die Identifikation mit dem Kind aufgeben, um jene Ressourcen zu erkennen und aufzuhören, aufgrund des alten Selbstbildes zu reagieren.

Das bringt uns zu der zweiten Art, unter den Urteilen zu leiden. Es handelt sich um den viel tiefer gelagerten Schmerz darüber, dass der Angriff Sie dazu bringt, sich mit dem Kind zu identifizieren und Sie dadurch von dem abschneidet, der Sie wirklich sind. Erst wenn Sie gewisse Angriffe längere Zeit erlebt haben, beginnen Sie zu spüren, dass der dadurch verursachte Schmerz längst nicht so schlimm ist wie das Gefühl, schon wieder in dem inneren Drama gefangen zu sein, das Sie von Ihrem wahren Leben abschneidet – von Ihrer eigenen Stärke, Ihrer Freude und Ihrem Mitgefühl. Dabei geht es nicht so sehr darum, dass die Aussagen des Richters Sie demütigen – es ist demütigend, automatisch in einen inneren Prozess zu rutschen, der Sie zwingt, sich klein zu fühlen und zu schämen. Wie kommt es, dass Sie von diesem Gefühl, ein Kind zu sein, derart kontrolliert werden? Ist das Kind dadurch, dass es Sie völlig beherrscht, nicht genauso mächtig wie der Richter?

Diese zweite Art des Leidens löst Ihre spirituelle Suche aus. Jede spirituelle Suche entspringt aus der Einsicht, dass das Leben mehr zu bieten hat als die Dinge, derer Sie in Ihrem vertrauten alltäglichen Leben gewahr sind. Sie ahnen, mehr als nur ein physischer Körper zu sein, mehr als das Drama Ihrer persönlichen Geschichte. Sie beginnen, die vorgegebenen Definitionen Ihrer selbst infrage zu stellen, weil Sie die tiefste Wahrheit dessen, wer Sie sind und warum Sie hier sind, erkennen wollen. Sie empfinden tiefen Schmerz darüber, von Ihrem Geburtsrecht der Ganzheit und Lebendigkeit abgeschnitten zu sein. Sie sehnen sich danach, wieder mit den Tiefen Ihrer Seele verbunden zu sein.

Dies ist die Antwort auf das Leiden, welches durch die Trennung verursacht wird, die Sie spüren konnten, als Sie sich zu Anfang dieses Kapitels vorgestellt hatten, im Warenhaus zu sein. Es ist ein Entfaltungsimpuls, der über die Verwicklung des Kindes mit dem elterlichen Richter hinausreicht und den Sie dadurch aktivieren, dass Sie Ihr Kind aus der Entfernung betrachten. Wenn Sie das tun, können Sie erkennen, was in der Situation fehlte: Der tiefe Wunsch, Ihre Verbindung zu dem Wichtigsten an Ihrem eigenen Menschsein zu schützen – dem Fluss Ihrer Seele.

Um zum Leben Ihrer Seele zu erwachen, müssen Sie die Art und Weise spüren, wie der Richter Sie klein hält, wie er Ihre Gefühle und Ihr Verhalten kontrolliert und ständig darauf wartet, Sie niederzumachen. Das ist nicht das Leiden des kleinen Kindes, sondern das Leiden einer *Seele,* die klein geblieben ist und festhängt, weil sie sich im Kreis bewegt. Sie sind kein kleines Kind mehr, das alles was es kann tut, um eine schwere Kindheit zu überleben; Sie sind eine Seele, die sich selbst dazu verdammt, ein endloses Muster tödlicher Selbstbilder auszuleben. Nur wenn Sie das erkennen, wird es möglich, die wahre Verteidigung der Seele wieder zu entdecken. Sind Sie willens aufzustehen und für sich einzustehen? Sind Sie willens, den Verrat an der Seele zu beenden? Es ist an der Zeit, Ihrem Richter zu sagen: „Hau gefälligst ab und gib mir mein Leben zurück!"

Sie müssen begreifen, dass der Richter und seine Angriffe wie auch das Kind und seine Verletzungen schmerzhafte, frustrierende Ablenkungen sind – doch in jedem Fall nur Ablenkungen. Sie versperren Ihnen den Raum, um zu entdecken, wer Sie jetzt sind. Sie können ein Leben lang darum kämpfen, Ihr Kind zu verteidigen, und dabei die Wahrheit übersehen, die den Kampf beenden wird: Sie sind nicht länger jenes Kind, Sie sind es schon lange nicht mehr. Das wieder und wieder zu vergessen schmerzt am meisten.

~ Einige Punkte zur Erinnerung ~

- Jeder psychische Prozess, der Sie kontrolliert, bezieht einen Großteil seiner Macht daher, dass er unbewusst ist. Wenn Sie die Kontrolle über Ihr eigenes Herz und Ihren eigenen Geist wiedererlangen wollen, besteht die erste Phase deshalb darin, sich den jeweiligen Prozess so bewusst wie möglich zu machen.
- Je bewusster Ihnen wird, wie Sie sich innerlich selbst angreifen und verwickeln, desto eher erkennen Sie, dass fast jede mentale Aktivität, die die Urteile beenden soll, eher dazu führt, sie zu unterstützen.
- Die Loslösung aus der Verwicklung ist vom Kontakt zur instinktiven Energie abhängig, die das natürliche Leben der Seele erhalten will. Dieses Leben wurde dem Kind verweigert und hat sich ihm verschlossen.
- Das wahre Loslösen aus einer Verwicklung fordert von Ihnen, sich sowohl von der Hilflosigkeit und Wertlosigkeit des Kindes als auch von der Verachtung und dem Hass des jeweiligen Elternteils zu disidentifizieren, damit Sie den Angriff wirklich auf effektive Weise stoppen können.
- Während des Visualisationsprozesses deutet jede Reaktion, die die Situation in Bewegung bringt und verändert, auf eine gewisse Disidentifikation von der Urteilsschleife hin und sät den Samen der Ablösung.
- Wenn Sie beginnen, sich von dem Kind zu disidentifizieren, sollten Sie erkennen, dass die Energien der Stärke wie auch des Mitgefühls jetzt in Ihnen existieren und Ihrer eigenen Seele zugute kommen können.
- Urteile bringen zwei verschieden Arten von Schmerz und Leiden mit sich. Die eine Art bringt Sie dazu, im Hinblick auf den Richter etwas zu unternehmen und die Dinge zu ändern. Bei der zweiten Art des Leidens geht es um den viel tiefer gelagerten Schmerz darüber, dass der Angriff Sie sich mit dem Kind identifizieren lässt und Sie dadurch von dem abschneidet, der Sie wirklich sind. Diese zweite Art des Leidens setzt die spirituelle Suche in Gang.

- Sie können sich für immer auf den Kampf einlassen, Ihr Kind zu verteidigen, aber dabei die Wahrheit übersehen, die den Kampf beenden wird: Sie sind nicht länger jenes Kind und sind es schon lange nicht mehr.

Übung: Die Kindheitsidentifikation lockern

Diese Übung wird Ihnen dabei helfen, die Identifikation mit Ihrem Selbstbild als Kind zu lockern. Notieren Sie alle Arten, auf die Sie Ihren Eltern das Leben schwer gemacht haben, als Sie jung waren. Vielleicht ist es Ihnen nicht bewusst, dass vieles, was Sie getan haben, Ihre Eltern belästigt oder geärgert hat. Sie können jedoch sicher sein, dass es häufig vorgekommen ist. Überlegen Sie, um welche Situationen es dabei gegangen sein könnte.

- Welches Verhalten hat Ihre Eltern gestört (schlechte Angewohnheiten, trickreiche Aktivitäten, heftige Begierden, Forderungen nach Aufmerksamkeit, verstocktes Schweigen, Hilfsbedürftigkeit)? Haben Sie diese Verhaltensweisen je zu Ihrem Vorteil eingesetzt, um die Eltern zu bestechen oder zu beeinflussen?
- In welchen Bereichen haben Sie in Ihrer Familie die Macht besessen und können Sie sich daran erinnern, auf welche Weise Sie manche Situationen manipuliert haben, um Ihren Willen durchzusetzen?
- Können Sie die Freude wieder spüren, die es Ihnen gemacht hat, Macht über die Erwachsenen auszuüben?
- Können Sie erkennen, wie Ihre Macht sie frustriert haben mag?

Wenn Sie sich damit identifizieren, ein freches Gör gewesen zu sein, das seinen Willen durchsetzt, oder damit, Ihren Eltern unablässig Probleme bereitet zu haben, dann erforschen Sie, auf welche Weise Sie diese Rolle sowie die Macht, die sie mit sich brachte, vielleicht genossen haben. Danach könnte es hilfreich sein, das Gegenteil zu betrachten und eine Liste all der Arten herzustellen, auf die Sie ausgenutzt wurden.

„Wenn ich höre, Sue, wie du mich so darum bittest, dich zu ermutigen, und wenn ich deine Bedürftigkeit spüre, dann kann ich mich auf einmal wieder an meine Angst davor erinnern, dass meine Eltern mich verlassen könnten. Mir war so klar, die Dinge nicht allein schaffen zu können, und ich bat sie ständig um Rat und Anweisungen. Im Vergleich mit ihnen schien alles, was ich tat, so langsam. Ich konnte spüren, wie ungeduldig mein Vater wurde und war mir sicher, dass er eine Tages die Nase voll haben und mich verlassen würde. Ich wollte ständig bestätigt bekommen, dass er nicht weggehen würde, aber ich sagte ihm das fast nie, weil ich Angst hatte, dass mein Unsichersein ihn noch ungeduldiger machen würde. Ich lernte, mich so zu behandeln wie er es tat, weil ich glaubte, für ihn eine unglaubliche Belastung darzustellen. Jetzt sehe ich, dass ich dachte, ich würde dann mehr wie er und weniger wie ich werden." Franks Worte schienen irgendeinen Bann zu brechen, und er konnte spüren, wie der innere Druck, seinem Vater gleich zu sein, nachließ.

Gleichzeitig begann sein Gewahrsein, das so sehr auf Sue und ihre innere Befindlichkeit ausgerichtet war, sich zu öffnen. Er konnte plötzlich wieder den wunderschönen Nachmittag wahrnehmen – die Bäume, die Vögel, die Farben und die Schatten. Ganz besonders fiel ihm Sue auf – sie sah so lebendig und unmittelbar präsent aus. Er konnte es sich nicht erklären, aber die Welt fühlte sich sehr weit, offen und wohlgesonnen an.

Sue entspannte sich auch. „Soll das heißen, dass du mich liebst?" fragte sie munter, „selbst wenn ich dich immer wieder fragen muss?"

„Wer, ich? Tja, keine Ahnung. Ich glaube, ich muss erst mal herausfinden, wer ich überhaupt bin, wenn schon nicht mein Vater. Dann sage ich dir, ob ich dich liebe. Doch inzwischen siehst du sehr liebenswert und mysteriös aus. Ja, tatsächlich kommt mir alles frisch und neu vor. Das erinnert mich daran, wie du dich heute morgen auf der Veranda gefühlt hast. Bemerkst du es auch? Die Dinge sehen vertraut aus, aber als wären sie frisch gewaschen. Du siehst auch so aus und ich fühle mich ebenfalls so. Was für eine Veränderung! Gerade noch reagiere ich total blind auf dich und bin mein ungeduldiger Vater, der dich am liebsten an einen Baum gefesselt und gewürgt hätte, und im nächsten Moment weiß ich nicht mehr, wer ich bin. Alles was ich weiß ist, dass ich mich weit, leer und von all dem Kram befreit fühle."

Was soll das denn sein? Irgend so ein esoterischer Hier-und-Jetzt-Scheiß? Du hörst dich an wie ein Überflieger.

Dieses Mal hörte sich der Richter für Frank an wie ein faszinierender neuer Vogelgesang – bedeutungslos, aber verblüffend. Sue stand und schaute ihn in seiner neuen Verfassung an, nahm dann seine Hand und zog ihn mit auf den Weg bergaufwärts. Beim Gehen musste Frank sich immer noch daran gewöhnen, wie offen und empfänglich er sich fühlte – für Sues Hand in der seinen, den Boden unter seinen Füßen und den leeren Raum in seinem Kopf.

17
Weite

Weite ist eine Eigenschaft Ihres Erlebens, derer Sie sich viel stärker gewahr sind, wenn sie nicht vorhanden ist. Mit ihr fließt Ihr Leben mühelos. Sie fühlen sich entspannt, einfach und frei, auf direkte und uneingeschränkte Art zu handeln. Um Sie herum stellen sich Ihnen weiterhin allerlei Hindernisse in den Weg, doch innerlich fühlt sich das Leben natürlich und entspannt an. Sie tun was Sie tun müssen oder wollen, sagen Ihre Meinung, gehen ohne Einschränkung auf andere ein und fühlen sich insgesamt ausgeglichen und offen für alles, was geschieht. Sie denken nicht unbedingt: „Ich fühle mich weit" – die Dinge fühlen sich einfach leicht an.

Fehlt jedoch diese Weite, dann haben Sie ein völlig anderes Lebensgefühl. Sie fühlen sich unter Zwang, von den Entscheidungen, die Sie treffen, eingeschlossen, körperlich angespannt oder in Ihrem Selbstausdruck gehemmt. Die Äußerlichkeiten Ihres Lebens setzen Sie unter Druck – Ihre Zeitpläne, Verpflichtungen, die Ansprüche der anderen sowie Ihre eigene beschränkte Energie sperren Sie ein. Ihr Richter ist aktiv. Das sind die Zeiten, in denen Sie sich sagen hören: „Ich brauche Raum!" oder vielleicht „Ich brauche Zeit, um zur Ruhe zu kommen, zu entspannen, Ferien zu machen und alles hinter mir zu lassen."

Innerer Raum

Was ist darunter zu verstehen? Ist dieser Raum etwas, das zwischen Ihnen und allem anderen existiert, sodass Sie mehr Raum haben, wenn Sie sich von allem wegbewegen? Oder ist er etwas nicht so Körperliches, das in Ihnen entsteht? Diese Weite, das Gefühl, durchatmen zu können, ist in Wirklichkeit eine Eigenschaft des Geistes. Wenn Sie sich nicht von mentalen Begrenzungen eingeschlossen fühlen, die einschränken, was Sie denken, fühlen und sich vorstellen können, dann fühlen Sie sich weit. Ein Verstand, der nicht voller Gedanken, Pläne und Sorgen ist, fühlt sich an wie weiter, leerer Raum. Wenn Sie nicht mit bestimmten Überzeugungen und Ideen von sich selbst oder darüber, wo Sie sich hinbewegen, was geschehen muss und wie Sie es erreichen können identifziert sind, dann sind Sie angefüllt mit offenem Raum.

Weite ist etwas Paradoxes. Sie spüren ihre Wucht und blühen in ihrer Gegenwart auf. Doch wenn Sie beginnen, die Aufmerksamkeit auf Ihre eigene Weite zu richten, verspüren Sie zunächst erst mal gar nichts, was Sie dazu bringt, sich nach irgendetwas umzuschauen. „Ich habe keine Gedanken und keine Gefühle. Ich fühle überhaupt nichts.“ Sie sind es so gewohnt, sich in Ihrem Gewahrsein auf Objekte, Ideen, Emotionen, Empfindungen, Erinnerungen zu beziehen, dass Sie ohne diese das Gefühl haben, es sei gar nichts da. Und das stimmt – nur besteht auch das Nichts aus Weite – aus leerem Raum, leerer Weite. Raum, sich zu bewegen. Weite, um zu sein.

Der Urgrund Ihres Seins – wer Sie hinter all der Geschichte, den Konditionierungen, dem Gelernten und den Gefühlen wirklich sind – ist Weite. Sie können sogar erleben, dass Ihr Körper voller Weite ist. Erinnern Sie sich: die Physik behauptet, dass zwischen jedem Atom und Molekül in jeder Zelle Ihres Körpers riesige Weiten herrschen. Was, wenn Sie sich dieser Weite gewahr sein könnten? Ihr visueller und Ihr Tastsinn sagen Ihnen, dass der Körper solide ist, doch das bedeutet nicht, dass das innere Erleben Ihrer selbst eingeschlossen, begrenzt und solide sein muss. Ich will damit andeuten, dass Sie sich am entspanntesten und natürlichsten vorkommen, wenn Sie sich geistig offen und nicht gebunden oder eingeschränkt fühlen – und das ist der Fall, wenn Sie im Kontakt mit Ihrer eigenen Weite sind.

Selbstbilder und Weite

Angriffe sind die effektivste Methode, um die Weite abzuschotten. Sobald Sie sich mit dem kleinen, hilflosen inneren Kind identifizieren, wird Ihr Erleben drastisch begrenzt. Andere Menschen sehen wie Ihr Richter aus, Sie erwarten es, angegriffen zu werden, Sie fühlen sich eng und unwohl,

Ihr Gewahrsein ist eingegrenzt und Sie haben nur wenige Wahlmöglichkeiten, wie Sie sich verhalten sollen. Ihr Selbstbild hält Sie ganz und gar umschlossen, als hätten Sie einen Raum ohne Fenster betreten. Es mangelt Ihnen an innerer Weite.

Ein Selbstbild gleicht einer Struktur, die in Ihrem Geist erscheint und die Offenheit verschließt. Es versieht den Raum mit Begrenzungen und schränkt alles ein, was erlebt oder wahrgenommen werden kann. Die Aufgabe des Richters ist es, sicherzustellen, dass diese Strukturen erhalten bleiben, damit Sie sich nicht in der Weite „verlieren". Die Freiheit vom Richter und den inneren Angriffen wird daher besonders durch ein implizites Gefühl von Weite charakterisiert. Mit dem Ende der Selbstverurteilungen wird eine gewisse enge Selbstdefinition aufgelöst und der Geist von rigiden mentalen Fesseln befreit. Was übrig bleibt, ist grenzenloser Raum.

Wenn Sie sich von einem Selbstbild disidentifizieren, verlassen Sie jenen fensterlosen Raum und Ihr Gefühl von innerer Weite kehrt zurück. Sie bemerken vielleicht, dass Sie mit größerer Leichtigkeit atmen, entspannen und sich auf eine Weise niederlassen können, die wenige Augenblicke zuvor noch unmöglich war. Nun sind Sie nicht mehr so eingeschränkt, begrenzt oder angespannt, egal in was für einer Situation Sie sich befinden. Manchmal sind Sie erstaunt, wenn Sie bemerken, wie eng oder eingezwängt Sie sich gefühlt hatten, ohne es zu bemerken.

Normalerweise halten Sie die Weite einfach nur für die Nebenerscheinung einer inneren Veränderung, für ein Zeichen, dass irgendeine Einengung aus Ihrem Inneren verschwunden ist. Sie schließen daraus, dass die Weite das ist, was übrig bleibt, wenn die Beengungen weggeräumt werden. Und im Allgemeinen halten Sie einen Moment lang inne, um dann Ihr geschäftiges Leben mit mehr Raum zum Atmen weiterzuführen. Was Sie wahrscheinlich nicht tun werden ist, mit diesem Gefühl von Weite zu verweilen, voller Neugier darüber, wo dieser Raum herkam und was es bedeutet, sich weit zu fühlen. Wenn Sie beginnen, die Weite als eine Ihnen zugehörige positive Eigenschaft zu erkennen, – als eine greifbare Präsenz und nicht nur als den Verlust der Eingeengtheit – dann werden Sie die Offenheit vielleicht wertschätzen und nicht sofort wieder füllen.

Die Erfahrung der Weite

Obwohl die Weite nicht zu existieren scheint, können Sie sie spüren. Doch um die Nichts-heit des inneren Raumes angesichts der Aktivitäten, Überfülle und Eile des modernen Lebens wahrzunehmen, bedarf es einer subtilen Sensibilität. Sie müssen langsamer werden oder sogar anhalten, um sie nicht zu verpassen. Die Weite gleicht eher der Luft und hat eine leichte, offene und frische Qualität. Sie ist im Allgemeinen leer – das heißt ohne Gedanken oder Gefühle – eine wundervolle ruhige Abwesenheit, eine Erleichterung nach all der Geschäftigkeit und dem inneren Wirrwarr. Sie fühlen sich ausgedehnt, weil die Weite selber keine Grenzen besitzt. Ein Gefühl der Klarheit taucht auf, weil es keine Begrenzungen und keine Mauern gibt, sondern nichts als Offenheit. Die Weite des Raumes gibt Ihnen das Gefühl, dass für alles Platz ist. Der Raum ist tatsächlich dasselbe wie die Offenheit, die nötig ist, damit neue Erfahrungen zugelassen werden können. Wie könnte ohne den Raum irgendetwas Neues entstehen?

Auf der anderen Seite kann die Weite zunächst als ein Leeregefühl im Bewusstsein erscheinen. Ein Gefühl von Leere bedeutet normalerweise, dass Sie nicht etwas, sondern nichts fühlen, was leicht die Erfahrung mit sich bringt, dass etwas fehlt. Wenn Sie das, was zu fehlen scheint, allerdings suchen, erleben Sie nicht den Raum selber, sondern stattdessen ein unangenehmes nagendes Gefühl, das mit dem Glauben zusammenhängt, Ihnen würde etwas fehlen. Wenn Sie erkennen können, dass ein Glaube – und nicht Ihr unmittelbares Erleben – dieses Gefühl eines Mangels hervorbringt, dann ist es möglich, sich von dem Glauben zu disidentifizieren. Sie können dann die Leere zulassen, ohne zu versuchen, sie zu füllen. Auf diese Weise lässt sich das negative Gefühl von Leere in ein positives von Weite verwandeln.

Weite und der Richter

Der Richter wird Ihre Erfahrung der Weite aus verschiedenen Richtungen angreifen: „Da spürst du also Leere in deinem Kopf. Du Vollidiot, das bedeutet, dass du dumm bist! ...Wenn du dein Gefühl von Begrenzung verlierst, wird's gefährlich ...Hör auf, abzuheben und mach dich an die Arbeit

...Du fühlst dich nicht schuldig für das, was passiert ist? Was soll das denn heißen? ...Verplempere deine Zeit nicht damit, zu versuchen, dich selbst zu fühlen – da *ist* doch überhaupt nichts! Und *das* ist dein Problem!" Bevor Sie beginnen, die Weite als das zu erkennen, was sie ist – die authentische Präsenz Ihrer Seinsnatur ohne jeden Inhalt – wird Ihr Richter Sie mit Leichtigkeit von der Erfahrung offener Leere ablenken. Er braucht dafür nur das Bild zu beschwören, dass etwas fehlt, und schon werden Sie die Weite mit Suchen und Sich-Sorgen anfüllen!

In Bezug auf den Richter besitzt die Weite eine spezielle Macht. Sie befindet sich im Zwischenraum der Worte, Dinge und Vorstellungen. Je mehr Sie die Weite als eine Eigenschaft Ihres Erlebens wahrnehmen, desto stärker gilt Ihre Aufmerksamkeit jenem offenen Feld, aus dem alles entsteht. Es steht im Gegensatz zum Inhalt des Raumes und zur engen, fokussierten Verwicklung mit dem Richter. Im Vergleich mit anderen Inhalten ist die Stimme des Richter verführerisch – doch mit dem leeren Raum verglichen ist sie nicht mächtiger als eine Fernsehwerbung und entschieden unangenehmer als ein schönes Musikstück. Wenn Sie sich weit fühlen, steht der Richter Ihnen nicht direkt vor der Nase, selbst wenn er anwesend ist – und kann so seinen üblichen Druck nicht ausüben. Faktisch bedeutet Weite, den Raum zur Verfügung zu haben, um eine Wahl zu treffen, etwas zu ignorieren oder um darum herum zu gehen. Wenn wir uns weit fühlen, verleiht das vielen Elementen unserer Erfahrung die richtigen Proportionen – und die Bedeutung des Richters verringert sich zusehends.

Weite und die Seele

Ihre eigene Weite zu erleben bedeutet, die wahre Natur Ihrer Seele zu erkennen. Dabei geht es um eine fühlbare Empfindung, die nichts mit der persönlichen Geschichte, mit Vorstellungen, Verhaltensweisen oder Leistungen zu tun hat. Sie ist immer gegenwärtig, wird aber nur zu leicht ignoriert. Sie ist greifbar und mächtig, doch ist es schwer, sie in den Blick zu bekommen und noch viel schwerer, sie zu beschreiben. Tatsächlich ist es dem Verstand nicht möglich, ein Verständnis für den inneren Raum aufzubringen. Da gibt es nichts, woran man sich halten, auf das man zeigen oder über das man nachdenken könnte.

Wenn Sie so sind wie die meisten Menschen, dann ist die Begegnung mit jeder Art von leerem Raum – sei es in Ihrem Terminplan, mit einem anderen Menschen oder in Ihnen selbst – eine Herausforderung für Sie. Ihnen gefällt das Gefühl von Leichtigkeit und Freiheit, das die Weite mit sich bringt, doch im direkten Kontakt mit ihr zu sein fühlt sich unbehaglich an. Das ist der Grund, warum Sie die Weite normalerweise nur dann spüren, wenn Sie froh sind, dass etwas fehlt oder verschwunden ist. Dann erleben Sie den Raum einfach nur als Erleichterung. Die restliche Zeit fühlt er sich an wie ein Mangel – als fehle Ihnen etwas, das Sie benötigen – obwohl Sie dieses Etwas vielleicht erst suchen müssen.

Im Laufe der Zeit und mit zunehmendem Gewahrsein entsteht die Möglichkeit, die Erfahrung der Weite in Ihrem Kopf, Ihrem Körper und Ihrem Gefühl, wer Sie sind, anzunehmen und wertzuschätzen. Dadurch eröffnet sich die Möglichkeit, dass aus dem Gefühl einer öden und erschreckenden Leere die Erfahrung von offener Weite wird. Wenn Sie aufhören sich nach etwas umzuschauen, das die Leere füllen soll, werden Sie beginnen den Raum zu sehen, in dem Sie sich schon immer befanden. Sie können Ihr eigenes weites Wesen spüren und umarmen.

Praxisanleitung: Sich auf die innere Weite einstellen

Setzen Sie sich still hin und schließen Sie die Augen. Spüren Sie Ihre Arme und Beine und achten Sie darauf, was Sie fühlen. Vergessen Sie einen Augenblick lang alles, was Sie über die Form und Größe Ihres Körpers wissen, selbst wo er sich im Raum befindet. Jetzt spüren Sie, wo Ihre Beine und Arme enden; fühlen Sie ihre Oberfläche.

Können Sie sie rundum fühlen? Wahrscheinlich sind da einige Oberflächen, die Sie in diesem Moment nicht wahrnehmen können. Das bedeutet, dass Sie an jenen Stellen nicht genau sagen können, wo Sie aufhören und die Luft beginnt. Wenn das so ist, bedeutet es dann, dass die Luft fest ist, oder dass Sie selber leerer Raum sind, genau wie die Luft? Fühlt sich Ihr Körper wirklich solide an? Zweifellos gibt es einige

Stellen, die sich dicht, zusammengezogen, steif oder voll anfühlen, - doch was ist mit den Stellen, die sich vielleicht hohl oder offen oder einfach so anfühlen, als seien sie nicht da?

Machen Sie diese Übung in gewissen Abständen immer wieder, bis Sie beginnen, Ihre eigene innere Weite zu spüren.

Durch die Weite dehnt sich die Qualität unserer Sinne, Empfindungen und geistigen Fähigkeiten aus. Sie vertieft unsere Intuition. Sie vertieft unser Gewahrsein dahin, dass es neue Dimensionen unser selbst umfasst – Dimensionen, deren Existenz wir uns nie hätten vorstellen können. Sie schenkt uns neue Fähigkeiten der Wahrnehmung und Erfahrung. Darüber hinaus besitzt die Weite die überraschende und mächtige Fähigkeit, sich selbst auszudehnen, wobei sich ihre Offenheit und die Auflösung von Grenzen stetig erweitert, was es uns erlaubt, uns selbst und unseren Geist auf immer größere Weise zu verstehen.

A. H. Almaas, *The Void,* S. 31-32

Dies war wirklich ein Tag, an dem Sue erleben konnte, wie Frank alle möglichen Veränderungen durchmachte und sie begann schon, es locker in Kauf zu nehmen. Sie musste zugeben, dass dieser Frank viel vergnüglicher war als der eher ernste, vorhersagbare Ehemann, an den sie gewohnt war. Sie fühlte sogar, dass *sie selbst* mehr zu fließen begann. Schon immer war sie wechselhafter gewesen als er, doch heute fand sie sich in neuen Bereichen wieder, die der vertraute Zyklus von Emotionen, den sie normalerweise erlebte, nicht einschränken konnte. Da waren zum Beispiel die Freude und Neugier von heute morgen, gefolgt von Erkenntnissen über ihre Scham...selbst die Verschiebung ihres Gefühls, es zu brauchen, beruhigt zu werden, das sie soeben erlebt hatte. Es war aufregend.

Sue hatte Lust zu hüpfen, und bevor sie sich's versah, hatte sie Franks Hand losgelassen und hüpfte den Pfad entlang. Sie konnte sich nicht erinnern, wann sie das letzte Mal gehüpft war. Sie fühlte sich so jung und frei.

Nach ein paar Minuten hielt sie an, um Atem zu schöpfen und darauf zu warten, dass Frank nachkam. Plötzlich, sozusagen aus dem Nichts, erschien ein Gedanke in ihrem Kopf.

Du hast heute Morgen das Video nicht zurückgebracht, oder? Ich wusste, dass du es vergessen würdest, und es war um elf Uhr fällig. Und was ist mit der CD, die du zurückgeben wolltest? Das erinnert mich daran, dass du kein Bargeld mehr hast – wann wirst du Frank bitten, dir mehr zu geben? Du bist finanziell immer noch so abhängig von ihm, weil du es einfach nicht schaffst, deine Massagepraxis aufzubauen. Sue, die erfolgreiche Versagerin!

Sue fühlte sich von der Stimme in ihrem Kopf in die Enge getrieben, und wenn sie nicht so außer Atem und sich ihrer Körpergefühle so bewusst gewesen wäre, hätten diese Worte sie total kleingemacht. Sie waren so vertraut und trafen sie genau an ihrer verletzlichsten Stelle – den Geld- und Arbeitsangelegenheiten. Ihr war übel und sie fühlte sich desorientiert, während sie im Kreis herumstapfte, bis ihr Atem wieder ruhiger wurde. Normalerweise hätte dieser Selbstangriff sie völlig gelähmt, doch heute begegnete sie seinem unnachgiebigen Druck damit, dass sie den Kopf schüttelte und mit den Füßen aufstampfte. In ihrer Fantasie stellte sie sich explodierende Bomben, einstürzende Gebäude und sinkende Schiffe vor.

Hast du Frank schon erzählt, dass zwei Klienten für die kommende Woche abgesagt haben und einer überhaupt nicht mehr kommen wird? Mit dir will keiner arbeiten, und das wird so bleiben, bis du es endlich lernst, erfolgreich zu sein und an dich zu glauben.

Das war's! Sue stand mit geschlossenen Augen, ballte die Fäuste und schrie: „Halt die Klappe! Hörst du? HALT DIE KLAPPE! Verpiss dich und lass mich verdammt nochmal in Ruhe!"

Frank erschien hinter ihr, klopfte ihr auf die Schulter und fragte mit gespieltem Ernst: „Wen schreist du denn da an?"

18
Den Verrat an sich selbst beenden

Als ich klein war, erlaubten sich die Erwachsenen und ältere Kinder häufig einen Scherz mit mir: Sie lenkten mich ab und nahmen mir dann etwas weg, während ich in eine andere Richtung schaute. Erinnern Sie sich daran, dass es mit Ihnen auch so gemacht wurde? Die anderen hatten großes Vergnügen an dem Witz, doch für mich war er zutiefst demütigend. Während sie mich auslachten, stand ich da und fühlte mich dumm und albern. Meine Scham war umso schrecklicher, weil ich kleiner war als sie und den älteren Menschen in meiner Umgebung vertraute. Auf meinen Schmerz reagierten sie stets mit: „Du kannst ja überhaupt keinen Spaß verstehen!" Damit sagten sie aus, dass mich der Witz nicht geärgert hätte, wenn ich stark und erwachsen wäre.

Also versuchte ich, „kein Spielverderber" zu sein, mitzumachen und mich nicht zu ärgern. Schließlich wollte ich gemocht und akzeptiert werden. Doch irgendwie hatte ich innerlich das Gefühl, mich selbst verraten zu haben, wusste nur nicht wie. Ich glaubte, dass meine Stärke darin bestünde, es „auszuhalten" und mich nicht verletzt zu fühlen, und beschloss also, dass meine Wissbegierde und mein Vertrauen mich verraten hatten – diese Herzensregungen waren für mein Verletzheitsgefühl verantwortlich. Meine eigenen Gefühle waren Schuld, nicht die rücksichtslosen Handlungen der anderen. Ich fühlte mich weniger offen, dafür misstrauischer und reagierte empfindlicher auf Angriffe. Erst viel später erkannte ich, dass der Verrat meiner selbst darin lag, mich nicht zu verteidigen und zu sagen, dass ich so nicht behandelt werden wollte.

Verwicklungen als Verrat an uns selbst

Dieses Geschehnis ähnelt dem Angriffs-Prozess, den wir hier untersuchen. Wenn Sie erwachsen sind, lenkt Ihr Richter Sie ständig mit Sorgen darüber ab, was bei den anderen, der Situation oder Ihnen selbst nicht stimmt. Er warnt Sie davor, ja das Richtige zu tun oder zu lassen und sagt Ihnen, was funktionieren wird und was nicht. Er erinnert Sie an vergangene Missgeschicke, Verluste und Enttäuschungen. Das gelingt ihm, weil er Sie in das Kind verwandelt, das sich über diese Dinge zu Recht gegrämt und seine eigene Schwäche für die Ursache aller Probleme gehalten hat. Allerdings scheinen gerade die Bemühungen, sich um Dinge zu kümmern, die der Richter angesprochen hat, einen noch viel tieferen Verlust mit sich zu bringen – den Verlust dessen, der Sie sind, bevor Sie sich in das Kind verwandeln.

Wenn der Richter Sie aus dem Kontakt reißt, den Sie im Augenblick zu sich selbst haben, erleben Sie unbewusst jene ursprüngliche Verwundung der Seele wieder – die Wunde des Verrats an sich selbst. In Ihrer Kindheit standen Sie viele Male vor der Wahl, mit Ihrer eigenen Erfahrung – dem, was Sie für wahr und real hielten – zu bleiben, oder dieser Realität den Rücken zuzuwenden und diejenige anzunehmen, die Ihnen von Eltern und Familie angeboten wurde. Hätten sie die Letztere abgewiesen, dann wären Ablehnung, Isolation, Verlassenwerden und vielleicht sogar der Tod die Folge gewesen. Also trafen Sie zwangsläufig die Wahl, die akzeptierte Realität Ihres familiären Umfeldes anzunehmen und zur Grundlage Ihres Handelns zu machen und damit andere sowie sich selbst auf die Art zu betrachten, die Ihnen durch äußere Einflüsse gespiegelt wurde.

Sie begannen, sich selbst niedlich zu finden, falls Ihre Eltern Sie so bezeichneten, – oder als klug, böse oder langsam. Vielleicht waren Sie neugierig, aber Ihre Eltern nannten das naseweis, – oder Sie waren energiegeladen, was dann unruhig hieß. Vielleicht waren Sie klug, wurden aber für besserwisserisch gehalten. Vielleicht haben Sie sich manchmal sogar wie ein leuchtender Stern oder eine warme Wolke oder ein solider Felsen gefühlt – doch Sie wurden immer nur wie ein kleines Menschenkind behandelt. Schließlich erkannten Sie die Wahrheit Ihrer eigenen Erfahrung nicht länger und begannen immer mehr aufgrund Ihrer angenommenen Realität zu leben. Der unvermeidliche Verrat Ihrer selbst war vollständig.

Selbstverrat ist ein anderes Wort für Selbstablehnung (siehe viertes Kapitel), die daraus resultiert, dass Sie sich als Kind von Ihren eigenen Gefühlen entfernt haben. Damals benötigten Sie den Abstand um zu überleben, und auch um später den elterlichen Angriffen auszuweichen, die nicht gestoppt werden konnten. Nun erkennen Sie, dass Sie sich von Ihrer gegenwärtigen Realität abwenden, wenn Sie sich mit dem Richter verwickeln – und damit wiederholen sie den ursprünglichen Verrat an sich selbst. Wenn Sie dem Richter zu seinen Bedingungen mit Diskussionen, Verhandlungen, Besänftigungen, Argumenten und Gegenangriffen begegnen, dann identifiziert Sie das mit der Vergangenheit und Ihrem Selbstbild als unzulängliches Kind. Jedes Mal, wenn Sie auf das schauen, worauf der Richter Ihre Aufmerksamkeit lenkt, begegnet Ihnen irgendeine Besorgnis, ein Problem oder ein Mangel, die Sie sämtlich für wichtig, wenn nicht sogar unabdingbar halten, um mit Ihrer derzeitigen Situation umzugehen. Doch sehr häufig besteht die Wichtigkeit dieser Dinge nur in Bezug auf die Maßstäbe, die der Richter vor so langer Zeit erschaffen hat. Sie lassen sich irreführen, indem Sie glauben, der Richter wisse, was zu diesem Zeitpunkt wirklich los ist. Schließlich kennt er ja all Ihre Schwächen und Versäumnisse – oder etwa nicht? Währenddessen hören und reagieren Sie auf ihn und ziehen sich das defizitäre Selbstbild des Kindes wieder an, was dazu führt, dass Sie den Kontakt zu etwas viel Echterem in sich selbst verlieren.

Je mehr Sie diesen Prozess in Aktion sehen, desto deutlicher erkennen Sie, dass er Sie von der Wahrheit entfernt. Sie sind kein hilfloses Kind, und all die Sorgen und Probleme sind nicht wichtig genug, um Sie ständig zu verbiegen. Vielleicht wissen Sie nicht, wer Sie sind – aber Sie wissen ganz genau, dass Sie kein ängstliches Wickelkind sind, selbst wenn die Stimmen in Ihrem Kopf das fest und steif behaupten! Wenn der Richter wirkliche Probleme aufzeigt, können Sie damit viel besser umgehen, wenn Sie nicht wie eine Dreijährige behandelt werden! Haben Sie sich jemals sagen hören: „Ich kann's nicht glauben, dass das immer noch passiert! Wie kann ich das bloß immer wieder mit mir machen lassen? Wer hat hier eigentlich das Sagen?“ Sollte das der Fall sein – prima. Seien Sie entrüstet. Es ähnelt dem, was in einem Kind, das ausgetrickst oder respektlos behandelt wurde, natürlicherweise hochkommt: „Das ist nicht fair. Es tut weh. Ich war doch nur ich selber. Lass mich in Ruhe!“ Es ist an der Zeit, sich hinzustellen und das Wort für sich selbst sowie die Wahrheit Ihrer Erfahrung zu ergreifen. Es ist an der Zeit, Ihre essenzielle Stärke zu aktivieren.

Die wahre Verteidigung der Seele

In dem Moment, in dem Sie erkennen, dass Ihr tiefstes Wesen von der Erfahrung, angegriffen zu werden, eingeschränkt wird, steht Ihnen die Energie zur Verfügung, sich zu verteidigen. Diese Stärke entspringt dem Wunsch, frei von Frustrationen und begrenzenden Identifikationen zu sein. Ein solcher Wunsch ruft eine tiefe Entrüstung über die Lügen, Täuschungen und das unmenschliche Verhalten wach. Ihr Gefühl von Empörung weckt Ihre essenzielle Stärke und damit die Klarheit, Ihre eigene Wahrheit gegen jegliches Urteil zu verteidigen. Diese Wahrheit ist letzten Endes nichts anderes als die Integrität und Lebendigkeit der menschlichen Seele.

Die essenzielle Stärke fühlt sich an wie eine rot-vibrierende Hitze, die aus Ihrem Bauch aufsteigt, um die Falschheit, die Ungerechtigkeit und die repressiven Aktivitäten des Richters zu zerstören – ob sie nun von einem anderen Menschen ausgehen oder aus Ihrem eigenen Inneren kommen. Diese Bewegung beruht auf Mitgefühl – dem gefühlten Verständnis davon, dass Schmerz und Begrenzungen erlitten wurden – und sie fördert damit eine wahre Ablösung aus der Verstrickung, die der Menschlichkeit aller Betroffenen dient. Die essenzielle Stärke wird keine Rache ausüben oder blinden Zorn ausagieren. Sie mag sich zunächst als Wut über die schwächenden Auswirkungen der Selbstverurteilungen äußern, doch dann entpuppt sie sich als eine Durchsetzungskraft, die es Ihnen ermöglicht, Sie selbst zu sein, ohne von irgendjemandem anerkannt, gutgeheißen oder bestätigt zu werden. An der Basis entspricht sie der Kraft, ohne ein Selbstbild, dafür jedoch mit einem Gefühl von Präsenz, das geerdet, klar und auf vitale Art lebendig ist, Sie selbst zu sein.

Wahre Stärke entspricht der grundlegenden Energie des Überlebens- und Selbsterhaltungstriebs, die, wie wir im Kapitel 4 gesehen haben, durch den Urteilsprozess abgeschnitten oder blockiert wird. Jetzt operiert sie auf einer Ebene, welche Intelligenz, Gewahrsein und das Verständnis Ihres wahren Wesens sowie alles, was verteidigt werden muss, mit einschließt. Die Stärke ist der essenzielle Aspekt, den der Richter am effektivsten blockieren kann. Sie ist der Teil Ihrer Essenz, der vom Urteilen der mächtigen Erwachsenen ganz besonders untergraben wurde. Als Kind besaßen Sie weder die körperliche Präsenz noch die Fähigkeit, diese Triebenergie zu Ihrem eigenen Schutz zu verkörpern. Und selbst wenn Sie das vermocht hätten, wäre das gefährlich für Sie gewesen, – schließlich waren Sie für Ihr Überleben immer noch extrem von den Erwachsenen abhängig. Das ist nun nicht mehr der Fall, und Sie können einen entscheidenden Aspekt Ihrer Reise in Angriff nehmen: Das Wiedererlangen jener mitfühlenden, intelligenten Vitalität – Ihrer Essenz der Stärke.

In der Einzelstunde

Paul kam sehr erregt zu seiner Stunde, nachdem das Flugzeug, mit dem er am selben Morgen nach Hause gekommen war, zwei Stunden Verspätung gehabt hatte. Er arbeitete als Zahnarzt und hatte einigen seiner Patienten Termine gegeben, die sich an seiner geplanten Ankunftszeit orientierten. Doch aufgrund der extremen Verspätung hatte er diese Behandlungstermine nun verpasst. Er wusste, dass alles, was passiert war, nicht seiner Kontrolle unterlag, doch sein Magen war immer noch wie verknotet und er schwankte zwischen Wut und Schuldgefühlen hin und her, während sein Verstand sich endlose Variationen dessen vorstellte, was hätte geschehen können oder sollen.

Als ich ihn nach der Ursache seiner Aufregung fragte, sagte er, sie hätte mit dem Umstand zu tun, dass er zu spät gekommen war: „Ich habe eine lange Geschichte mit dem Zuspätkommen, und es ist einfach nicht in Ordnung für mich, so zu versagen."

„Ihr Richter greift Sie also für etwas an, das Sie gar nicht verschuldet haben?" fragte ich.

„Vielleicht," sagte er, „aber ich hätte es besser wissen müssen und schon gestern abend fliegen sollen."

„Na gut, das wissen Sie jetzt," sagte ich, „aber haben Sie nicht genug damit zu tun, die Dinge auszubügeln und mit Ihrer Arbeit voranzukommen? Welchen Zweck hat es, sich weiterhin dafür fertigzumachen?" Paul spürte immer noch den Knoten in seinem Magen und blickte mich verdutzt an. „Was wünschen Sie sich denn, was Ihr Richter tun sollte?" fragte ich.

„Er soll mich in Ruhe lassen und abhauen," stieß Paul hervor. „Aber ich weiß nicht, wie ich ihn dazu bewegen kann."

Ich schlug vor, ein Rollenspiel zu spielen. Ich würde seinen Richter darstellen und mit ihm auf die gleiche Weise reden wie er es in seinem Kopf tat, und er würde dann darauf antworten.

„Paul, du hast heute morgen wirklich Mist gebaut. Ich kann's nicht glauben, dass du schon wieder zu spät dran warst. Egal was passiert, du kriegst es immer wieder hin, alles kaputtzumachen. Warum bist du nicht schon gestern Abend zurückgeflogen? Wie stellst du dir das eigentlich vor? Wie willst du eine Zahnarztpraxis aufziehen, wenn du solche Schoten loslässt?"

Paul saß einfach da und hörte zu. „Was ist los?" fragte ich.

„Ich gebe Ihnen in allem Recht, was Sie gesagt haben. Es ist alles wahr."

„Wie geht es Ihnen, wenn Sie mir als Ihrem Richter zuhören?"

„Ich verspanne mich total und halte meinen Atem an."

„Genau darum geht es hier. Ob das alles wahr ist oder nicht, ist zu diesem Zeitpunkt völlig egal – nicht egal ist die Tatsache, dass Sie verwickelt sind, Ihre Energie verlieren und unfähig sind, Ihre Aufmerksamkeit auf Ihr Leben zu richten. Reagieren Sie diesmal auf Ihre körperlichen Erfahrungen, nicht auf die Worte in Ihrem Verstand. Versuchen wir's noch einmal!"

Paul schaute mich an, atmete tief ein und sagte: „Okay, legen wir los. Lass mich in Ruhe. Ich bin nicht schuld an dem, was passiert ist, und ich tue mein Bestes."

Ich fragte ihn, wie sich das anfühlte, und er war sich nicht so sicher. „Können Sie spüren, wie Sie zum Schluss begonnen haben, zu rationalisieren und Ihre Position zu rechtfertigen?" Er nickte. „Es funktioniert nicht, zu versuchen, den Richter davon zu überzeugen, dass er Sie in Ruhe lassen soll. Versuchen Sie's nochmal, aber diesmal kurz und schmerzlos. Denken Sie daran: Sie wollen die Verbindung zum Richter abbrechen." Ich begann aufs Neue, den Kommentar des Richters vorzutragen.

„Paul. du bist ein Scherzkeks. Das Flugzeug war hatte vielleicht Verspätung, aber das war deine Schuld, also..."

„VERPISS DICH!"

Nach diesem Energieausbruch schwieg Paul. Seine Absicht war dieses Mal klar zu erkennen, und Paul war erstaunt, wie entspannt sich plötzlich sein Magen anfühlte und wie ruhig sein Verstand war. Er hatte sich selbst verteidigt und spürte nun, dass er nicht mehr verwickelt war.

In Gegenwart der Stärke fühlen Sie sich lebendig, wach und bereit, auf angemessene Weise zur Tat zu schreiten, um alles in die Hand zu nehmen, was Ihnen dabei im Wege steht, Ihr Leben zu leben. Diese Qualität sorgt für eine Trennung zwischen Ihnen und den alten Selbstbildern, die Sie vielleicht verführen möchten, sich wieder mit dem Richter zu verwickeln. Außerdem verleiht sie Ihnen Energie sowie die Fähigkeit, weitere Angriffe oder neue Versuche des Richters, die Kontrolle zu ergreifen, zu stoppen. Sie verspüren eine Entschiedenheit und Klarheit, die die Versuche des Richters, Ihnen eine bestimmte Befindlichkeit aufzuzwingen, zunichte machen.

Die Disidentifikation und die Lösung aus der Verstrickung sind nicht ausschließlich von der Stärke Ihres Seins abhängig – doch wenn diese präsent ist, werden beide besonders effektiv gefördert. Keine aktive Verteidigung kann ohne sie geschehen. Die Stärke wird von des Richters aggressiver Kontrolle gründlich abgeschnitten, weshalb Ihr Wille und Ihre Fähigkeit, aus dieser Qualität zu schöpfen, in der Arbeit mit der Selbstverurteilung eine der wichtigsten Verschiebungen bedeutet. In dem Prozess, der Sie befähigt, aufzustehen und Ihr Leben auf echte Weise in die Hand zu nehmen, ist die Stärke ein zentraler Faktor.

Die Fähigkeit, sich effektiv zu verteidigen, hängt davon ab, dass Sie *nicht mehr willens* sind, mit der Falschheit dessen zu leben, was passiert – und außerdem von Ihrer Fähigkeit, den gewohnheitsmäßigen Selbst-Verrat (der stattfindet, wenn Sie sich mit dem Richter verwickeln) zu erkennen und direkt anzugreifen. Als Kind hatten Sie kaum die Möglichkeit, bei Ihrer eigenen Wahrheit zu bleiben – das Bedürfnis nach elterlicher Anerkennung zwang Sie, sich selbst zu verraten. Jetzt ist das nicht mehr der Fall. Wenn Sie *das* an sich erkennen und wertschätzen, was wirklich ist, können Sie mit jener Realität im Kontakt bleiben. Dann ist es viel leichter, sich gegen die Täuschung zur Wehr zu setzen. Die Täuschungsmanöver des Richters sind allerdings subtil und verführerisch. Häufig scheint es dabei um Leben und Tod zu gehen, was nur die wahre Absicht verschleiern und Sie dazu zu verführen soll, das, was im Augenblick wahr ist, zu verlassen. Besonders wenn Ihr Gefühl dafür, wer Sie sind und was Sie an sich schätzen, immer noch mit dem Richter oder dem bedrohten Kind in Verbindung steht, kann es sehr schwer sein, den Angriff als ein Ablenkungsmanöver zu durchschauen.

Alle Erforschungen des Urteilsprozesses, die wir bislang angestellt haben, sind auf einen einzigen Punkt gerichtet – den Moment, in dem irgendein Teil in uns aufsteht und sagt: „Es reicht!" Bisher waren Sie bereit, immer weiter zu verhandeln, sich zu arrangieren und anzupassen, um den Richter irgendwie zu umgehen. Wie viele tausend Mal haben Sie das getan? Haben Sie nicht endlich genug davon? Sie spüren die weitläufigen Wiederholungsschleifen, die Sie immer wieder an den Punkt zurückbringe, an dem der Richter das Sagen hat. Es funktioniert nicht, ist nicht, was Sie sich wünschen, und ist auch nicht die Wahrheit. Sind Sie bereit? Haben Sie endlich die Geduld verloren?

Irgendwann wiegt das Gewicht der Wahrheit zu schwer. Die Zeit ist reif, irgendetwas anderes zu tun und aus der Schleife auszubrechen. Haben Sie alles probiert, um die Dinge in den Griff zu kriegen? Wenn nicht, dann sind Sie wahrscheinlich noch nicht soweit. Wahre Stärke taucht nicht auf, weil Sie es so wollen oder wissen, dass Sie sie besitzen sollten. Sie erscheint erst, wenn all Ihre Versuche, den Richter auszutricksen, versagt haben und Sie erkennen, dass Sie sogar versagt haben, wenn es Ihnen *gelingt*, ihn auszutricksen. Die essenzielle Stärke löst das Vertraute, das Gemütliche und Bequeme auf, und Sie werden sich ihr erst dann öffnen, wenn Sie das Gefühl haben, keine Wahl mehr zu haben. Dieses Gefühl nimmt, wenn es erscheint, eine ziemlich klar erkennbare Form an: Sie haben das Gefühl, handeln zu müssen, um nicht zu explodieren.

Wenn der letzte Tropfen das Fass zum Überlaufen bringt, ist es tatsächlich so, dass die direkte Antwort der Seele sich wie eine Explosion anfühlt. Dann wird die Stärke als der wahre Verteidiger der Seele angefacht, und das führt nicht zu geplanten, organisierten oder überlegten Aktionen. Sie bläst den Verstand mit einer spontanen und expansiven Kraft hinweg, die aus dem Bauch kommt und keine Entschuldigungen kennt. Schließlich kann nur eine psychische Bombe die riesigen und ausgefeilten Strukturen der richterlichen Heimstatt sowie Ihre gewohnten Rituale in ihr zerstören.

Eine Form des Unbehagens, die besonders häufig mit einer aggressiven, direkten Reaktion auf den Richter einhergeht, ist das Gefühl, so etwas sei nicht nett oder sogar offen feindselig oder gewalttätig. Ja, es *ist* feindselig, und es *ist* nicht nett – und das hat seinen Grund: Sie kämpfen um Ihr Leben. Wenn Sie sich von dem Bedürfnis einschränken lassen, immer höflich und zuvorkommend sein zu müssen, werden Sie Ihre innere Freiheit nie erlangen. Der Richter ist derjenige, der es Ihnen abverlangt, nett zu den anderen zu sein und dabei die Integrität Ihrer Seele unbeachtet zu lassen. Sie *müssen* es lernen, sich vor inneren Angriffen zu schützen – wobei der vielleicht schwierigste Schritt darin besteht, sich mit Ihrem Widerstreben auseinanderzusetzen, die volle Kraft Ihrer instinktiven Energie zu Ihrer Verteidigung zu nutzen. Solange Sie sie nicht in Anspruch nehmen, um Ihre Wahrheit zu verteidigen, wird der Richter sie weiterhin gegen Sie verwenden.

~ Einige Punkte zur Erinnerung ~

- Sich mit dem Richter zu verwickeln entspricht einer Wiederholung des ursprünglichen Verrats Ihrer selbst, als Sie als Kind Ihre Wirklichkeit für die Ihrer Eltern aufgaben. Indem Sie auf den Richter hören und reagieren, machen Sie sich das defizitäre Selbstbild des Kindes wieder zu Eigen, was dazu führt, dass Sie den Kontakt zu etwas viel Echterem in sich selbst verlieren.
- In dem Moment, in dem Sie erkennen, dass Ihr tiefstes Wesen von der Erfahrung, angegriffen zu werden, eingeschränkt wird, steht Ihnen die

nötige Energie zur Verteidigung zur Verfügung. Ihr Gefühl von Empörung weckt Ihre essenzielle Stärke und damit die Klarheit, Ihre eigene Wahrheit gegen alle Urteile zu verteidigen.

- Ihre Disidentifikation und die Lösung aus der Verstrickung sind nicht allein von der Stärke Ihres Seins abhängig – ist diese jedoch präsent, werden beide besonders effektiv gefördert. Keine aktive Verteidigung kann ohne sie geschehen.
- Die Fähigkeit, sich effektiv zu verteidigen, hängt davon ab, dass Sie *nicht mehr willens* sind, mit der Falschheit dessen zu leben, was passiert – und außerdem von Ihrer Fähigkeit, den gewohnheitsmäßigen Selbstverrat (der stattfindet, wenn Sie sich mit dem Richter verwickeln) zu erkennen und direkt anzugreifen.
- Die wahre Stärke taucht nicht auf, weil Sie es so wollen oder wissen, dass Sie sie besitzen sollten. Sie erscheint erst, wenn all Ihre Versuche, den Richter auszutricksen, versagt haben und Sie erkennen, dass Sie sogar versagt haben, wenn es Ihnen *gelingt*, ihn auszutricksen. Weil die essenzielle Stärke das Vertraute, das Gemütliche und das Bequeme auflöst, werden Sie sich ihr erst dann öffnen, wenn Sie das Gefühl haben, keine Wahl mehr zu haben.
- Sie *müssen* lernen, sich vor inneren Angriffen zu schützen – wobei der vielleicht schwierigste Schritt darin besteht, sich mit Ihrem Widerstreben auseinanderzusetzen, die volle Kraft Ihrer instinktiven Energie zu Ihrer Verteidigung zu nutzen.

Übung: Ihre wahre Stärke durchsetzen

Mit dieser Übung können Sie lernen, Ihre eigene aggressive Energie und Lebendigkeit vom Richter zurückzufordern. Es ist keine Übung, bei der es darum geht, mit anderen Menschen umzugehen (obwohl es nützlich sein mag, zu jemandem, der Sie unablässig angreift, zu sagen: „Es reicht!“)

Lassen Sie sich nicht davon abhalten, dass es sich vielleicht künstlich oder falsch anfühlt. Es ist Ihr Richter, der das zu einem Problem erklärt! Üben Sie einfach weiter, selbst wenn es sich zu Beginn nicht real anfühlt.

Konnten Sie sich nie auf diese Weise durchsetzen, wird es sich unvertraut anfühlen, als entspräche es Ihnen nicht – ja, es kann sich sogar gefährlich anfühlen, als würden Sie sich in Schwierigkeiten bringen, den anderen herausfordern, Sie zu schlagen, oder sogar den lieben Gott herausfordern, Sie zu vernichten. Das wird Ihnen bewusst machen, wie viele Verbote Sie in sich tragen, die Sie daran hindern, sich lautstark und kraftvoll zu verteidigen. Darum müssen Sie es üben. Denken Sie daran, Sie berühren die Stelle in Ihrem Inneren, wo Sie sich einfach nur durch die Worte, die der Richter die ganze Zeit gebraucht, angegriffen fühlen. Außerdem fördern Sie auch die Erkenntnis, dass Sie jedes Recht haben, die aggressive Energie des Angriffs in Anspruch zu nehmen, um mit ihrer Hilfe Ihre eigene Lebendigkeit zu unterstützen. Also los!

Schritt 1.

Bitten Sie einen Freund/eine Freundin, Ihnen beim Üben zu helfen.

Schritt 2.

Erstellen Sie eine Liste mit mindestens zehn Ihrer vertrauten Selbstangriffe. Geben Sie die Liste Ihrem Freund.

Schritt 3.

Bitten Sie Ihre Freundin/Ihren Freund, die Angriffe einen nach dem anderen vorzulesen. Sie sollten klar und kraftvoll vorgetragen werden, aber nicht boshaft oder gemein klingen.

Schritt 4.

Beantworten Sie jeden Angriff mit einer klaren Aussage, die ihn stoppen soll. Probieren Sie die vier folgenden Variationen aus: „PSSSST,“ „Das reicht!“, „Halt die Klappe!“, oder „Verpiss dich!“. Die Aussagen nehmen hier zusehends an Heftigkeit zu – probieren Sie aus, welche Sie benutzen können. Es sollen natürlich keine Antworten sein, die dazu führen, dass Sie auf den Angriff eingehen und sich verwickeln. Es geht darum, den Angriff insgesamt zu stoppen.

Schritt 5.

Bitten Sie Ihren Partner, jeden Angriff so lange zu wiederholen, bis er mit Ihrer Antwort zufrieden ist – dann ist es Ihnen gelungen, ihn zu stoppen. Halten Sie sich nicht zurück und seien Sie so laut und heftig, wie Sie es brauchen. Verankern Sie Ihre Energie im Körper, fühlen Sie Ihre Arme und Beine, und wenn es geht, erleben Sie mit, wie Ihre Stimme aus Ihrem Bauch aufsteigt und mit jeder Antwort mächtiger wird. Um die Energie in Ihrem Körper zu erden, kann es auch hilfreich sein, mit dem Fuß aufzustampfen, während Sie Ihre Aussage machen. Ziel dieser Übung ist es, alle Verbote, die Sie daran hindern, mächtig und laut zu sein, herauszufordern – aber denken Sie daran: Es ist nicht unbedingt *besser,* mächtiger zu sein. Wichtig ist es nur, sich vom Bauch her mit Ihren Worten zu verbinden und dabei wirklich die Absicht zu verfolgen, die Interaktion zu beenden.

Schritt 6.

Machen Sie ab und zu eine Pause, atmen Sie einfach durch und fühlen Sie, was Sie in Ihrem Körper verspüren. Fühlen Sie sich angespannter? offener? größer? enger? lebendiger? ängstlicher? taub? schwach? stark? heiß? Reden Sie darüber, wie Sie sich fühlen (und wenn Ihr Richter sich einmischt, sagen Sie ihm: „Halt die Klappe!"). Achten Sie einfach auf Ihre Erfahrung – voller Interesse. Woran mag es liegen, dass Sie sich so fühlen wie gerade jetzt?

An irgendeinem Punkt wird Ihnen klar werden, dass Sie diese Energie auf die Vorstellung von Ihren Eltern richten, von denen der Richter hauptsächlich seine Macht bezieht. Die meisten Menschen wollen ihre Eltern nicht verletzen oder haben Angst davor, sich ihnen gegenüber wütend oder feindselig zu verhalten. Wenn Sie diese Übung machen, wird ein grundlegender Konflikt zutage gefördert: Auf der einen Seite steht die Möglichkeit, Ihr Leben zu bejahen, auf der anderen die Tatsache, dass Sie dem inneren Leben unterworfen sind, welches Sie mit Ihren Eltern erlebt haben. Ihre Aggressionen richten sich in diesem Fall auf ein Bild, nicht auf eine echte Person, und wenn Sie „es reicht!" oder „halt die Klappe!" sagen, greifen

Sie damit niemanden an, der wirklich substanziell existiert. Sie zerstören nichts anderes als eine Vorstellung in Ihrem Kopf.

Sollten Sie als Kind emotionalen oder körperlichen Missbrauch erlebt haben, kann es sein, dass diese Übung Gefühle weckt, die sich darauf beziehen und schwierig für Sie sind. Es mag zunächst unmöglich sein, Ihre aggressive Energie direkt auszudrücken. Viele Menschen, die Missbrauchserfahrungen erlitten haben, brauchen zunächst eine bestimmte Art der therapeutischen Arbeit, um das Trauma zu heilen, bevor sie bereit sind, sich auf aggressive Art und Weise zu verteidigen. Sollte das auch für Sie gelten, dann achten und würdigen Sie Ihren eigenen Zeitverlauf und vertrauen Sie darauf, dass Ihre Erfahrung Sie leitet.

Um also die korrekte Einstimmung auf die Lehre oder die korrekte Beziehung zu ihr zu haben, müssen Sie es riskieren, Ihrer Mutter untreu zu werden. Alles, was Sie riskieren, sind Ihr Über-Ich, Ihre Persönlichkeit, Ihr Unbewusstes. Erinnern Sie sich daran, dass Jesus gesagt hat: „Lass deine Eltern zurück und folge mir." Und das hat er damit gemeint – denn Sie hören normalerweise immer noch auf Ihre Mutter, aber versuchen die ganze Zeit, mit ihr zu kämpfen. Sie argumentieren, Sie werden wütend, lauter solche Dinge. Doch Sie hören auf sie. Sie hören die ganze Zeit auf nichts anderes. Und anstatt Jesus zu lauschen hören die Menschen immer weiter auf ihre Mutter. Jesus hatte nichts gegen Mütter und Väter. Jesus meinte, dass Sie auf die Lehren hören sollten, die in Ihrer Essenz gegenwärtig sind, und nicht auf Ihr Über-Ich.

A. H. Almaas, *Diamond Heart Book 1,* S. 201

„Was *glaubst* du denn, wen ich anschreie? Doch nicht dich. Nur meine freundliche, allgegenwärtige Richterin. Willst du sie haben?“ fragte Sue mit erstaunlich energievoller Stimme.

„Nein danke – hab mit meinem eigenen Richter genug Probleme, vielen Dank,“ antwortete Frank. „Geht's dir gut? Gerade hüpfst du noch durch die Gegend, und eine Minute später brüllst du irgendeinen unsichtbaren Dämon an.“

„Mir geht's gut,“ und mit extralauter Stimme – so, als wolle sie von jemandem gehört werden, fuhr sie fort: „Tatsache ist, ich fühle mich besser als seit langem. Weißt du, meine Richterin liegt mir ständig in den Ohren, dass ich eine Versagerin, eine Verliererin und überhaupt wertlos bin, weil ich ihren Maßstäben nicht entspreche. Aber ich will verdammt sein, wenn ich nicht gerade kapiert habe, dass mein Wert nicht die Bohne mit der alten Richter-Zicke zu tun hat. Ich glaube, wir sollten sie Hammerschädel nennen, so fühlt sie sich nämlich an. Was meinst du?“ Sie ruderte mit den Armen und stampfte zur Sicherheit nochmal mit dem Fuß auf. „Sie schwingt ihren Hammer und knallt ihn mir drauf!“

„Oh, ich finde es Klasse, wenn du dich aufregst und loslegst und heiß wirst wie ein Vulkan! Tritt ihr in den Allerwertesten, Liebling...alter Hammerschädel!“ Frank war fasziniert.

Sue schwankte ein wenig, tat ein paar tiefe Atemzüge und zischte ein paarmal. Im selben Augenblick fiel ein heller Sonnenstrahl durch eine Öffnung in den Baumwipfeln und warf ein goldenes Leuchten in ihr Gesicht. Sue glühte und schloss die Augen vor lauter Glanz. Sie stand still und spürte die Wärme der Sonne auf ihrer Haut. „Hmmm, das tut gut.“

Nach einem Weilchen zog die Sonne weiter, doch Sue blieb mit geschlossenen Augen stehen und spürte sich selbst. Schweigend standen Frank und sie ein paar Minuten lang auf dem Pfad und lauschten den Geräuschen dieses späten Nachmittags.

„Weißt du, ich komme mir vor, als erlebte ich zum ersten Mal meinen eigenen Wert," gestand sie leise. „Das fühlt sich an wie süßer brauner Sirup in meiner Brust, so köstlich – und das bin ich." Ihre Augen waren geschlossen, und sie sprach mit intimster Sanftheit in dem Wissen, dass Frank bei ihr war. Auf unerklärlichste Art war ihr völlig klar, dass sie am richtigen Ort war – dass sie zu Hause war. Dabei ging es nicht um ein materielles Zuhause, sondern um das Gewahrsein, dass ihre schlichte Präsenz in diesem Augenblick und in ihrem Leben sowohl Bedeutung als auch Wert besaß. Sie war nicht mehr und nicht weniger als alles andere im Universum – aber sie war sie selbst, und der ihr innewohnende Wert war kostbar.

Sue öffnete die Augen und schaute Frank erstaunt und mit einem ungewöhnlich intensiven Aha-Gefühl an: „Ich bin von reinstem Wert," sagte sie mit weicher Stimme.

19
Wert

Wert ist eine Eigenschaft, die sich auf die Bedeutung oder den tieferen Sinn bezieht, die etwas oder jemand besitzt. Er ist das Element, das bestimmt, wieviel Sinn oder Befriedigung Ihr Leben enthält und wie wichtig Ihnen die Menschen, Dinge und Situationen sind, die zu ihm gehören. Der Wert ist ein wesentlicher Bestandteil Ihres Erlebens – er beeinflusst zweifellos Ihre Lebensweise, und doch betrachten Sie ihn nie als eigenständige Erfahrungsqualität. Sie sehen ihn selten als getrennt von dem, was Wert zu *haben* scheint. Sie beziehen sich auf den Wert als eine Eigenschaft bestimmter Objekte, Beziehungen, Ereignisse, Entscheidungen oder Konzepte. Oder Sie halten ihn für eine Abstraktion, die benutzt wird, um die relative Wichtigkeit verschiedener Dinge und Erfahrungen abzuschätzen – einige haben mehr Wert als andere.

Der Wert drückt aus, wieviel ein Gegenstand oder eine Erfahrung Ihnen bedeutet, – entweder für sich gesehen oder in Bezug auf andere Dinge. Als Eigenschaft eines Gegenstandes kann der Wert sich im Laufe der Zeit wandeln oder sogar von einem Ding zum anderen übergehen (zum Beispiel hat die CD den Wert übernommen, den früher die Schallplatte besaß). Als Abstraktion scheint er ein Instrument unseres Geistes zu sein, das ihm zur Verfügung steht, um Erfahrungen zu beschreiben und einzuordnen. Hat der Wert seinen Ursprung in Ihrem Erleben, oder entsteht er zuerst in Ihrem Verstand? Wie erwerben *Sie* zeitweilig Wert, um ihn zu anderen Zeiten zu verlieren? Was bedeutet es, dass Sie sich wertvoll *fühlen* können? Besitzt der Wert unabhängig vom Verstand, seinen Einschätzungen und Vergleichen eine Existenz?

Das Maß des Wertes

In den westlichen Kulturen stimmt man darin überein, dass der Wert durch Glücksfälle (Talent, Aussehen, Erbe) erworben oder durch harte Arbeit, Ausbildung, Anerkennung der anderen, Therapie, Meditation, innere Arbeit, usw. erschaffen wird. Es ist egal, wie er auftaucht. Die unerschütterliche Überzeugung, die jeder mit sich herumträgt, besagt, dass man den Wert erwerben muss, gegeben bekommt, irgendwie erhalten hat oder mit ihm gesegnet sein muss. Er existiert nicht als unser natürliches Geburtsrecht.

Hier kommen Ihre Geschichte und der Richter zum Tragen. Wie alle anderen, so hielten auch Ihre Eltern den Wert für eine erworbene Qualität, sie erkannten oder spiegelten deshalb Ihren eigenen inhärenten Wert auch nicht. Sie waren sich seiner zweifellos bewusst, schrieben ihn aber irgendwelchen anderen Umständen zu und nicht dem, was Sie als menschliche Seele darstellten. Die Unfähigkeit, ihren eigenen Wert zu erkennen, macht es den Eltern sehr schwer, seine Gegenwart in anderen Menschen – sogar den eigenen Kindern – anzunehmen. Deshalb wurde Ihnen eindeutig vermittelt, dass Wert etwas war, das auf bestimmte Weise erlangt wurde, indem man bestimmten Maßstäben genügte. Wenn Sie diese Maßstäbe nicht erreichten oder die vorgeschriebenen Aktivitäten nicht ausübten, begannen Sie sich für nicht so wertvoll zu halten.

Von dem Zeitpunkt an begannen Sie, Ihren Wert anhand jener Maßstäbe einzuschätzen. Das wahre Problem besteht allerdings darin, dass Sie begannen, sich selbst als etwas anderes als die Natur Ihrer Seele zu verstehen – und der Wert ist ein essenzieller Anteil der Seelennatur. Wenn Sie sich selbst als die wahre Natur der Seele erfahren, haben und *sind* Sie Wert. Wenn Sie mit etwas anderem als Ihrer Seelennatur identifiziert sind, erleben Sie Ihren Wert nicht und verkörpern ihn noch weniger. So hat Sie letzten Endes Ihr Verzicht darauf, Ihr wahres Wesen zu kennen, von der Erkenntnis Ihres eigenen Wertes abgeschnitten.

Ihr Richter hat viele verschiedene Bereiche Ihres Lebens, die ihren Wert haben, mit Maßstäben und Überzeugungen belegt – doch letztendlich wird Ihr gesamtes Leben von seinem Hauptprinzip beherrscht: Dass Sie selber wertlos sind. Sie müssen sich den Wert auf alle möglichen Weisen erwerben, und es reicht nicht, einfach nur zu sein wer Sie sind. Solange Sie das glauben, übt der Richter einen gewaltigen Einfluss auf Sie aus. Wenn Sie die Position des Richters nicht anerkennen, besteht Ihre Aufgabe nicht darin, sich selbst wertschätzen zu lernen, sondern zu verstehen, warum Sie Ihren eigenen inhärenten Wert nicht erkennen. Sie müssen nichts hervorrufen. Sie müssen einfach nur neugierig sein und die Tatsache untersuchen, dass Sie alles Mögliche wertschätzen – nur nicht sich selbst. Jedes Mal, wenn Sie sich etwas anderem zuwenden, weil Sie es als die Quelle Ihres gegenwärtigen Wertes ansehen, müssen Sie sich fragen, warum das so ist. Wie haben Sie gelernt, anderen Dingen mehr Wert zuzumessen als Ihrem eigenen Wesen?

Aus dem Leben gegriffen

Stephan war immer schon davon begeistert, Gegenstände zu bauen, und so war es natürlich, dass er Kunsttischler wurde. Er liebte seine Arbeit und zog das Hantieren mit Werkzeugen und die Verwandlung von Holz fast allen anderen Aktivitäten vor. Stephan fühlte sich unglaublich glücklich, dass die Menschen ihn für etwas bezahlten, was ihm solche Freude machte. Sein Richter war der gleichen Meinung: „Du hast wirklich Glück, und es ist mit Sicherheit von Vorteil, dass die Menschen sehen, wie gut du deine Sache machst." Sein Wert im Leben war für ihn gleichbedeutend mit der Freude, die es ihm machte, das Holz in immer neue lebendige Formen zu verarbeiten.

Schon mit vierundzwanzig gewann Stephan seinen ersten wichtigen Preis in einem landesweiten Kunsttischler-Wettbewerb. Sein innerer Richter war glücklich: „Abgefahren, Stephan – es wird auch langsam Zeit, dass die Leute begreifen, wie gut du deine Sache machst." Seine Arbeiten erschienen auf dem Titelblatt zweier Zeitschriften der holzverarbeitenden Industrie, was seinen Ruf verbreitete. Nun war er sehr gefragt und sah bald ein, dass er all die Anfragen und Aufträge schwerlich erfüllen konnte. Das war eine neue, beunruhigende Erfahrung. Zum ersten Mal konnte er höhere Preise für seine Arbeit verlangen – ja, er fühlte sich sogar dazu verpflichtet. „Hey Mann, wo liegt das Problem! Darauf hast du doch gewartet," sagte sein Richter, „Anerkennung und die entsprechende Knete."

Wie sich aber entscheiden, welche Aufträge er annehmen sollte? Sein Richter diskutierte jeden einzelnen Schritt mit ihm. Sollte er diejenigen Aufträge bevorzugen, die ihn am meisten interessierten? „Vielleicht – aber sei nicht zu voreilig in deinen Entscheidungen." Stephan hatte nie auf die Menschen geachtet, die seine Arbeiten kauften, und schon gar nicht darauf, wo seine Stücke ihren Platz finden und gesehen werden würden. Sollte er nur solche Aufträge in Betracht ziehen, an denen er mehr verdienen oder die ihm mehr Aufmerksamkeit verschaffen würden? Zu wissen, was wichtig war, schien nicht mehr so einfach zu sein.

Stephan war besonders fasziniert von einem Angebot, das ihm Richard Gibson, ein topaktueller, aufsteigender Hollywoodstar machte – obwohl ihn der Gedanke einschüchterte, mit jemandem zu tun zu haben, der so berühmt war und soviel Geld besaß. Doch es gelang ihm, Gibsons Agent telefonisch zu erreichen und ein persönliches Treffen mit dem Star zu vereinbaren. Sein Telefonkontakt mit Richard verlief so angenehm, dass er den Mut zu einer Bitte fasste: „Ich würde gerne vorbeikommen und sehen, wo meine Arbeit stehen wird, damit ich sie vom Material und vom Stil her Ihrem Haus anpassen kann." Richard sagte sofort zu, und der Vertrag wurde abgeschlossen. Diese Interaktion gab Stephan ein gutes, klares Gefühl – sein Selbstwert war ihm angesichts von Ruhm und Wohlstand nicht verloren gegangen, und zugleich war er sich des Wertes seiner eigenen Erfahrungen und Fähigkeiten bewusst. Sein Richter versuchte das, was er erreicht hatte, anders darzustellen: „Kluger Schachzug. Du hast ihm echt gezeigt, wer hier der Boss ist. Bloß nicht so tun, als sei man von all dem Geld eingeschüchtert."

Seitdem fällte Stephan den Entschluss, nur noch für hochangesehene Kunden zu arbeiten. Das befriedigte den Anteil von ihm, der Anerkennung schätzte und sich gerne gut bezahlen ließ – was er für einen Beweis für die gute Qualität seiner Arbeit hielt. Es war ihm vorher nicht klar gewesen, welche Auswirkungen die Anerkennung wichtiger Leute auf sein Wertgefühl hatte. Die Jahre vergingen, und er war sich sicher, dass sein Ruf etabliert war und ihn auch durch schwierige Zeiten geleiten würde.

Drei Jahre später wechselte das Modeverständnis der Reichen plötzlich, und handbearbeitetes Holz war passé. Schon nach einigen Wochen war sein guter Ruf, der ihn so bekannt gemacht hatte, zu einem Hindernis geworden. Aufgrund ihrer hohen handwerklichen Qualität benötigten Stephans Arbeiten eine lange Herstellungszeit, und fast niemand war bereit, so lange darauf zu warten. Aufträge wurden storniert und Stephan begann, sich Sorgen zu machen. Wäre er allein gewesen, hätte ihm das alles nichts ausgemacht – aber er hatte gerade geheiratet und seine Frau Pam war schwanger. Sein Richter zeigte wenig Verständnis: „Fantastische Zeiteinteilung! Zu heiraten, wenn die Geschäfte gerade den Bach runtergehen. Aber Junge, du wirst doch wohl nicht zulassen, dass die Launen der Reichen und Berühmten weiterhin dein Leben bestimmen? Nun komm mal wieder auf den Boden. Von diesen künstlerischen Luxusartikeln hast du genug hergestellt. Jetzt sind richtige Möbel dran – es ist an der Zeit, Geld zu verdienen!"

Stephan versank in einer tiefen Depression. Zum ersten Mal in seinem Leben stellte er seinen Selbstwert in Frage – seine Arbeit und der dazugehörige Erfolg waren ihm immer das Wichtigste gewesen. Und nun war er – quasi über Nacht – nicht mehr erfolgreich, sein Geld ging zur Neige und er war sich nicht mehr sicher, ob seine Arbeit wirklichen Wert besaß. Sein Richter neigte dazu, ihm zuzustimmen: „Du kannst ja nichts anderes außer Möbel herzustellen, und die sind bloß aus Holz – also steig ab von deinem hohen Ross, komm aus dem Keller hoch und fang an, Geld zu verdienen, um deine Familie zu ernähren." Irgendwie kam es ihm nicht richtig vor, seiner künstlerischen Kreativität zu entsagen, um nur noch Gebrauchsmöbel zu produzieren. Doch mehr als je zuvor *musste* er nun arbeiten. Er musste seine Energie in eine Sache stecken, die ihm bedeutungslos vorkam und ihm das Gefühl gab, ein Versager zu sein.

Zur gleichen Zeit hatte Stephan erkannt, dass sein Leben aus mehr als nur seiner Arbeit bestand. Ein Ehemann zu sein und Vater zu werden war jetzt noch wichtiger für ihn als die Möbeltischlerei. Seine Frau und sein zukünftiges Kind kamen ihm unbezahlbar vor, und er fragte sich, ob er auch über das Geldverdienen mit seiner Hände Arbeit hinaus irgendeinen Wert für sie hätte. Er fühlte sich wertlos, müde und abgeschlagen und fand es schwer, sich zu konzentrieren. Pam hatte ihn auf der Höhe seines Erfolgs kennen gelernt, und er fürchtete jetzt ihre Enttäuschung. Er fand es schwer, ihr gegenüberzutreten und versuchte, seinen inneren Zusammenbruch zu verbergen. Stephan glaubte sich ohne Zukunft und es brachte ihn zur Verzweiflung, vielleicht nie eine wahre Quelle für seinen Wert zu finden – einen Wert, der sich echt und unvergänglich anfühlen würde.

Im Verlauf dieser Geschichte machte Stephans Leben in Bezug auf seinen Wert viele Veränderungen durch. Zu Beginn war ihm das Gefühl viel wert, das er aus seiner Arbeit zog. Als sein geschäftlicher Erfolg wuchs, begann er den Lohn seiner Arbeit wertzuschätzen: Das Geld, den guten Ruf und das Gefühl, infolge der Aufmerksamkeit, die ihm andere zuteil werden ließen, einen Wert zu besitzen. Es gab einen Zeitpunkt, an dem er fest an seine eigenen Fähigkeiten glaubte, doch dieser Glaube wurde erst ernstlich auf die Probe gestellt, als seine Glückssträhne zu Ende war. Dieses Ende vollzog sich gleichzeitig mit einer Wertverschiebung von der Arbeit zur Familie. Das war zuviel für ihn – er konnte nicht alles auf einen Nenner bringen und sein Glaube an sich selbst schwand. Zum Schluss betrachtete er seine früheren Wertvorstellungen mit neuen Augen – ein schmerzvolles Unterfangen – und was er da sah, gefiel ihm gar nicht.

Eine Dimension unseres Reifeprozesses besteht in der ständigen Veränderung dessen, was wir in unserem Leben für wichtig erachten – unsere Wertvorstellungen verändern sich. In Stephans Fall verschob sich das Wertgefühl von der Entdeckung seiner eigenen Fähigkeiten zu dem Lohn, den er erringen konnte, dann zu der Macht, die er ausüben konnte, und schließlich zu der Familie, die er aufzubauen hoffte. Bei den meisten Menschen verschiebt sich der Fokus, der in frühen Erwachsenenjahren den eigenen Fähigkeiten, der Produktivität und dem Besitz gilt (mit einer gesunden Dosis Interesse an den Reaktionen der anderen), später häufig zu eher inneren Qualitäten wie Verantwortlichkeit, Fürsorge, Befriedigung, Dankbarkeit und der Unterstützung anderer. Diese Wertverschiebung trägt manchmal, wenn sie nicht recht verstanden wird, zur Midlife-Krise bei. Doch die natürliche Entwicklung geht dahin, dass zunehmend tiefere Werte geschätzt werden, was zu einem größeren Gefühl von Stabilität und Zentriertheit führt, sodass man sich den Veränderungen, die das Leben mit sich bringt, nicht mehr so ausgeliefert fühlt.

Der Richter kontrolliert unsere Selbstachtung

Dem Wertgefühl und der Selbstachtung der meisten Menschen fehlt dieses innere Zentrum – sie wandeln sich mit den Höhen und Tiefen des Lebens. Stephans Gefühl, einen persönlichen Wert zu besitzen, war ganz und gar von den Veränderungen seiner äußeren Lebensbedingungen abhängig: Liefen die Dinge gut, war er sich etwas wert, als ihn sein Glück jedoch verließ, stürzte er ab. Im Hin und Her zwischen Glück und Unglück hängte der Richter sein Mäntelchen nach dem Wind. Anstatt eine stabilisierende Kraft zu sein, die Stephan in wechselhaften Zeiten auf dem Boden hielt, jubelte er ihm zu, solange der Erfolg ins Haus stand und schalt ihn, als die Zeiten schwierig wurden. Am Ende unserer Geschichte hatte Stephans Selbstwertgefühl noch keine innere Stabilität entwickelt.

Gnadenlos schreibt der Richter uns die Maßstäbe und Vorstellungen für unseren Wert oder Unwert vor. Er ist Ihnen nicht so treu ergeben wie diesen Maßstäben. Er ist davon überzeugt, dass Ihr Selbstwert nur dann auf sicheren Füßen steht, wenn Sie das Klassenziel erreichen, und immer wieder erreichen. Sonst – so glaubt er – ist alles verloren. Also treibt er Sie an, belohnt Sie, schimpft Sie aus, bestraft Sie, macht Ihnen Mut, beschimpft Sie, und bemüht sich auf verschiedenste Weise, damit Sie seine Wertvorstellungen nicht aus dem Blick verlieren. Wenn Sie seinen Maßstäben nicht entsprechen oder sich entscheiden, sie nicht wichtig zu nehmen, wird er Ihnen sagen, dass Sie wertlos sind. Und es gibt kein schlimmeres Schicksal als sich wertlos zu fühlen. Ihre Selbstachtung wird also unablässig vom Richter beeinflusst. Und Sie beugen sich seinem Urteilsspruch, weil Sie das für die einzige Möglichkeit halten, das entsetzliche Gefühl zu vermeiden, keinen Wert zu besitzen.

Doch in Wirklichkeit hat das Wertlosigkeitsgefühl, schmerzhaft und beunruhigend wie es ist, längst nicht die Bedeutung, die der Richter ihm zuschreibt. Ihr Gefühl, keinen Wert zu haben, bedeutet nicht, dass an Ihnen etwas furchtbar falsch ist oder Sie wirklich wertlos sind – es bedeutet einfach, dass Sie den Kontakt zu Ihrem Wert verloren haben. Sie können nicht *keinen* Wert haben: Sie *sind* Wert. Er ist ein Teil Ihrer Seelensubstanz. Aber bevor Sie sich mit Ihrem inhärenten Wert wieder verbinden können, müssen Sie spüren, wie es ist, den Kontakt zu ihm verloren zu haben. In diesem Zustand befindet sich Stephan am Ende seiner Geschichte. Er muss die Verzweiflung und Hoffnungslosigkeit, die Bedeutungslosigkeit und Leere fühlen. Dabei stellt sich die Frage, ob er es schaffen wird, die Angriffe seines Richters zu stoppen und sich diesen Gefühlen zu öffnen. Die bösartigen Angriffe des Richters, mit denen er einem sagt, wie schlecht und ekelhaft man ist, wenn man sich wertlos fühlt, erschweren es einem ganz besonders, die Wertlosigkeitsgefühle zuzulassen. Doch der Wille, ohne Urteil zu erleben, wie es sich anfühlt, keinen Wert zu besitzen, ist das Tor zur wahren Wertschätzung Ihrer selbst.

Der wahre Ursprung des Wertes

Wir kommen nun zu Stephans letzter Frage: Was ist der wahre Ursprung des Wertes? Wir haben gesehen, dass er anscheinend auf verschiedenen guten Gefühlen basiert (fähig zu sein, sich darüber zu freuen, neue Arbeit zu erschaffen), und zu anderen Zeiten auf bestimmten Aktivitäten, Besitztümern oder Leistungen (hochwertige Tischlerarbeit, Geld, wichtige Preisverleihung). Manchmal scheint der Wert daraus zu entstehen, dass wir bestimmte soziale oder persönliche Ansprüche erfüllen (für das einstehen, was wir glauben), oder in unserem Leben bestimmte Rollen erfüllen (Ehemann, Vater, Kunsttischler). Am häufigsten scheint uns der Wert durch die Anerkennung und Wertschätzung der Menschen zuzufließen, die wir lieben, bewundern oder von denen wir abhängig sind.

All diese Dinge können Ihnen ganz klar ein Wertgefühl vermitteln – es kann aber auch sein, dass keines von ihnen das erreicht. Es fällt auf, wie häufig diese „Wertquellen" wechseln. Es scheint, als ob der Wert etwas völlig Relatives sei – immer abhängig von Ihrer Lebenssituation, Ihren Aktivitäten, und davon, wie die Dinge laufen. Wenn Sie glauben, der Wert sei außerhalb Ihrer selbst zu finden, verlassen Sie sich selbst, wenden Ihrer eigenen Wahrheit den Rücken zu und hören auf Ihren Richter. Aus solchem Glauben entspringt der Verrat, den Sie an sich selbst ausüben und der sich Ihnen enthüllt, wenn Sie den Prozess der Selbstentdeckung verfolgen. Aus dieser Perspektive gesehen ist der Prozess der inneren Entfaltung umso erfolgreicher, je mehr Sie es vermögen, sich selbst *unabhängig davon, was in Ihrem Leben vor sich geht,* wertzuschätzen. Sie müssen lernen, zu würdigen wer Sie *sind,* und nicht so sehr, was Sie tun, wen Sie kennen, wie Sie sich fühlen, was Sie denken und wie Sie sich verhalten. Nur so werden Sie motiviert sein, völlig und zutiefst Sie selbst zu sein, egal, was passiert.

Je mehr es Ihnen möglich ist, Ihr wahres Wesen zu erkennen und sich wieder mit ihm zu verbinden, desto mehr werden Sie einsehen, dass Sie nichts unternehmen können, um sich selbst wertzuschätzen. Der Wert ist nichts, was Sie kontrollieren oder sich selbst zuschreiben können. Er gehört zur eigentlichen Natur dessen, der Sie sind. Was aus der einen Perspektive wie ein Reifeprozess aussieht, in dessen Verlauf die persönlichen Werte sich der tiefen inneren Natur der Dinge annähern, das ist aus einer anderen Perspektive betrachtet nichts anderes als die Enthüllung der Wahrheit über die Realität. Wenn Sie die Meinungen, Vorlieben und Urteile über sich selbst ausräumen und mit der direkten Erfahrung, im Moment zu sein, in Kontakt kommen, dann erkennen Sie, dass die Erfahrung, Sie selbst zu sein, aus sich heraus wertvoll und jeder Lebensmoment aus sich heraus bedeutungsvoll ist.

Stephan selbst schreibt allen äußeren Erscheinungen, die er für wertvoll hält, ihren Wert zu – ohne zu erkennen, dass er selbst der Ursprung dieses Wertes ist. So funktioniert die Projektion: Wir enteignen einen Teil unserer eigenen Erfahrung, um dann zu erleben, dass er einem anderen Menschen oder Gegenstand anzugehören scheint. Doch der Wert, den Stephan nach außen projiziert, ist natürlicherweise in ihm selbst vorhanden, ganz gleich was er tut oder lässt – weil er dem was er *ist* inhärent angehört. Seine Freude am Erschaffen ist wert-voll, weil er diese Freude fühlt – und zugleich durchdringt sein eigener Wert sein Erlebnis dieser Freude. Ebenso fühlt es sich wertvoll an, für berühmte Menschen zu arbeiten, Geld zu verdienen und für seine eigenen Fähigkeiten einzustehen – es fühlt sich wertvoll an, weil sein Wert diese Erfahrungen durchdringt.

Wie Stephan den Wert wahrnimmt, wird indes von dem bestimmt, was er als Kind gelernt hat: der Wert hängt von bestimmten äußeren Bedingungen ab. Infolgedessen erlebt er ihn nur im Zusammenhang mit bestimmten Situationen und schreibt sein Gefühl von Würde oder Selbstachtung dann diesen Situationen zu. Seine Geschichte hat entschieden, dass er nur innerhalb dieser Zusammenhänge seinen eigenen Wert erleben kann.

Wahren Wert erkennen

Sie müssen beginnen, Wert als einen Seinszustand zu erleben, den Sie direkt in sich selbst spüren und erkennen können. Es hat Augenblicke gegeben, in denen Sie deutlich gespürt haben, wie es sich anfühlt, von Belang zu sein, eine Bedeutung zu haben, oder zu erleben, dass irgendetwas an Ihrer Existenz von Wert ist. Obwohl es vielleicht durch einen anderen Menschen, ein Ereignis oder eine Aktivität aufgetreten ist, drückt dieses intime Gefühl wirklich Ihr wahres Wesen aus, unabhängig von der jeweiligen Situation. Es steigt im Herzen auf wie eine süße, samtige Flüssigkeit – ein wonniger, bernsteinfarbener Nektar. Der Wert ist von einer zugleich leichten und fülligen Kostbarkeit, einem Reichtum. Wenn Sie das erleben, verleiht Ihnen diese Qualität das Gefühl, zu Hause zu sein und ein Recht darauf zu haben, weil Sie aus derselben essenziellen Substanz bestehen wie alles im Universum.

Diese Substanz ist von Natur aus wert-voll und muss anerkannt, unterstützt und geschätzt werden. Sie erkennen, dass der Schmerz, der entsteht, wenn Sie sich in die Wertvorstellungen des Richters verstricken, dadurch verursacht wird, dass Sie die Kenntnis Ihrer selbst verloren haben. Wert zu erleben ist etwas Intimes und Persönliches – es bestätigt Ihr Sein durch die reine Erkenntnis, dazuzugehören und vom Leben willkommen geheißen zu werden. Sich selbst auf diese Weise zu kennen lässt einen großen Teil der Motivation, den Richter überhaupt noch zu beachten, verschwinden. Welche Zeitvergeudung!

Wenn Sie sich selbst als bedeutungsvolle Präsenz erleben, dann erleben Sie Wert. Je mehr Sie von dieser Herzensqualität kosten, desto stärker erkennen Sie, dass sie im Zentrum eines jeden Augenblicks Ihres Lebens zu Hause ist. Sie wartet darauf, im Herzen eines jeden Gedankens oder Gefühls, einer jeden Handlung, Rolle oder Erfahrung enthüllt zu werden, die aus Ihnen aufsteigen. Der Wert bleibt, ganz gleich, welche Form Ihr Leben annimmt. Er ist das Wesen dessen, der Sie sind.

Übungspraxis: Den Wert erforschen

Wie wir schon gesehen haben, hat Wert mehr damit zu tun, Schichten von Überzeugungen abzuschälen als mit dem Versuch, etwas aktiv zu verändern. Ihr Wertgefühl durchdringt Ihr ganzes Leben – es ist deshalb hilfreich, mehr Aufmerksamkeit darauf zu richten, die Überzeugungen zu durchschauen, die Sie über den Wert hegen. Die Praxis, die Ihnen dabei hilft, ist kurz und einfach und sollte am besten so häufig wie möglich durchgeführt werden.

Halten Sie im Laufe des Tages immer wieder inne und fragen Sie sich: „Was tue ich gerade? Was wertschätze ich so sehr, dass ich das hier tue? Wo habe ich gelernt, es wertzuschätzen? Welche Beziehung besteht zwischen dieser Wertschätzung und meinem eigenen Gefühl, Wert zu besitzen?“ Alles was Sie tun, kann auf mehreren Ebenen betrachtet werden: als körperliche Aktivität, die Sie im Augenblick ausüben; als Handlungsablauf, der eine gewisse Zeit andauert; als eine Rolle, die sich in einer sozialen Situation anbietet; als die Durchführung einer Absicht mit dem Ziel, etwas Bestimmtes zu erreichen; oder sogar als eine Handlung, um eine bestimmtes Gefühl Ihrer selbst aufrechtzuerhalten. Da der Wert ein alle Ebenen Ihrer Erfahrung durchziehender Faktor ist, können Sie die Übung auf jeder dieser Ebenen anwenden. Diese Praxis ist besonders hilfreich, wenn Sie mit dem Richter verwickelt sind, weil seine Macht auf einem bestimmten Wertmaßstab beruht.

Eine Stunde später befanden sich Frank und Sue auf dem Rückweg zum Auto und besprachen das bevorstehende Abendessen.

Sue begann: „Ich fühle mich frustriert, weil ich weiß, dass du heute Abend nicht ausgehen willst. Wir waren ja schon am Mittwoch zum Essen aus."

„Na, schau'n wir mal," sagte Frank in amüsiertem Ton, „du erzählst mir also, dass du gerne auswärts essen möchtest – aber statt es einfach zu sagen und hier verantwortlich mitzuwirken, tust du so, als wäre ich dein Vater, der dir Dinge nicht erlaubt, die du dir wünschst. Ich weiß, dass es so ist, weil du mir Schuldgefühle gemacht hast."

„Ist es denn nicht wahr, dass du nicht ausgehen willst?" wiederholte Sue und ignorierte dabei völlig, was er gesagt hatte.

Frank sah nicht länger amüsiert aus. Im Weitergehen sagte er: „Sue, jetzt fühle ich mich manipuliert. Ich mag es nicht, wenn du mir sagst, was ich fühle. Ich habe keine Lust, dieses Spiel zu spielen. Wenn ich ja sage, hast du gewonnen, weil ich derjenige bin, der das ablehnt, was du willst. Sage ich aber nein, hast du auch gewonnen, weil du es schaffst, mit mir auszugehen, ohne mich zu fragen. Was ist los?" Er klang ziemlich gereizt.

Sue ging schweigend weiter und betrachtete die Wolken am Horizont. Dann wandte sie sich wieder Frank zu: „Du hast Recht. Ich wollte ausgehen und fühle mich schuldig, Geld auszugeben. Ich schäme mich, weil ich nicht genug verdiene, um mir keine Geldsorgen machen zu müssen. Ich versuche wohl, mit meinem Unmut darüber klarzukommen, dass ich kein Geld habe und keins verdienen kann, und dass ich jemanden geheiratet habe, der auch nicht genug verdient!"

„Mist. Kein Wunder dass du sauer bist. Ich verstehe. Bin ja so ein armes Würstchen – verdiene uns ja kaum die Butter aufs Brot. Oh, aber gestern hat mich der Herrgott gesegnet – hab einen Groschen auf der Straße gefunden. Hier, ist wohl rechtens, dass du den bekommst." Damit griff er in die Tasche, zog seine Geldbörse heraus und begann, darin zu suchen. „Mal sehen, war es dieser?" Er zog einen Groschen heraus, schaute ihn an, und legte ihn in ihre Hand. „Nein, es war glaub' ich dieser." Er legte ihr einen zweiten in die Hand. „Aber vielleicht war es auch dieser." Er legte auch den dazu. „Weißt du, ich kann mich nicht genau erinnern. Ich glaube, ich muss dir wohl alles geben," und er leerte all sein Kleingeld in ihre Hand.

Mit einem breiten Lächeln schaute er sie an und sagte: „Vielleicht reicht es für MacDonalds."

Sues Richterin konnte sich nicht zurückhalten. ***Er macht sich über dich lustig. Du bist ein Idiot, wenn du dir solch einen Quatsch bieten lässt.***

Sue lächelte zurück. „Weißt du, es riecht hier irgendwie nach Richterin. Zeit, abzuhauen. Und ich nehme das großzügige Angebot an, aber ich möchte lieber Burritos als Hamburger. Was meinst du?"

20
Wie man sich gegen Urteile verteidigt

Sie beginnen jetzt, sich aktiv gegen den Richter zur Wehr zu setzen. Sie haben erkannt, wie Sie sich in der Urteilsschleife mit den Selbstbildern des Kindes und der Eltern identifizieren und haben Möglichkeiten erwogen, diese Identifikationen zu lockern. Sie haben Ihren tiefen Wunsch kennengelernt, sich nicht selbst dadurch zu verraten, dass Sie sich auf die Angriffe einlassen und haben erforscht, wie es wäre, wenn Ihre wahre Stärke Sie unterstützen würde. Nun ist der entscheidende Augenblick gekommen, in dem Sie die Schleife aus Angriff und Verwicklung durchbrechen und Ihre lange Geschichte von Selbstverurteilungen hinter sich lassen können. Diesen Schritt muss man immer wieder aufs Neue tun. Sie müssen die Stärke und die Klarheit finden, sich auf verschiedenste Art und zu verschiedensten Zeiten gegen die verschiedensten Angriffe zu verteidigen. Nun ist es an der Zeit, sich diese grundlegende Aktivität der Verteidigung – die unmittelbar zu unternehmenden Schritte, um einen Angriff abzuwehren – genauer anzusehen, damit Sie leben, wachsen und erforschen können, wer Sie in Ihrem Leben sind.

Wenn Sie sich verteidigen, üben Sie, sich aktiv aus der Verwicklung zu lösen. Das wird dadurch unterstützt, dass Sie Ihre vitale Überlebenskraft und Ihre Intelligenz aktivieren. Am Ende von Kapitel 18 haben wir uns darauf konzentriert. Es geht bei der Verteidigung darum, Ihre Verwicklung mit dem Angriff unmittelbar zu unterbrechen, um ihn damit zu beenden. Nutzen Sie diese Verteidigung tagsüber während der Arbeit und der Interaktionen mit anderen Menschen. Nutzen Sie sie auch für Ihre innere Erforschung oder wenn ein Selbstangriff es Ihnen erschwert, auf offene Weise mit Ihrem Erleben in Kontakt zu bleiben.

Die Verteidigung ist mehr als nur eine neue Version Ihrer vertrauten inneren Dialoge. Sie braucht den Kontakt zu der Vitalität Ihrer Seele und ruft alle essenziellen Qualitäten zur Hilfe, die Ihnen in diesem Buch vorgestellt worden sind. Diese Aspekte beginnen eine Art flüssige Struktur herzustellen, eine lebendige Seelenpräsenz, die flexibel und je nach Bedarf zur Verfügung steht, um die Freiheit und Wahrheit dessen was Sie sind zu unterstützen. Um frei handeln zu können, ohne von Urteilen eingeschränkt zu sein, müssen Sie sich selbst auf eine Weise kennen, die nicht von Ihrer Geschichte bestimmt wird. Sie müssen sich selbst als eine organische Gegenwärtigkeit erkennen, eine lebendige Struktur aus Eigenschaften, die dem was Sie sind essenziell angehören und frei von allem sind, was Sie je waren oder getan haben.

Bei Ihrer Arbeit mit der Disidentifikation ist es wichtig, zu untersuchen, worin die Aussage eines Angriffs besteht, welche Wirkung sie auf Sie hat, warum Sie ihr glauben, wo sie herkommt und wofür Sie sich angesichts dieser Aussage halten. Ein derart mentales Verständnis muss allerdings dazu beitragen, Sie aus den Klauen des Angriff zu befreien; es darf nicht einfach der Selbstverbesserung oder dem Versuch dienen, einen angenehmeren Menschen aus Ihnen zu machen. Um transformativen Wert zu besitzen, muss dieses Verständnis auftauchen, wenn Sie sich angegriffen fühlen und muss Sie dazu anstacheln, sich aus der Urteilsschleife und ihrer Geschichte zu befreien. Wenn Sie sich der Erforschung und dem Verstehen widmen, wird offenkundig, dass es lebensnotwendig ist, sich zu verteidigen – denn die Verteidigung erschafft den Raum und stellt die Energie zur Verfügung, die Sie benötigen, um mit der Bewusstseins- und Erkenntnisarbeit fortzufahren.

Die Verteidigung ist ein bewusster Akt direkter Konfrontation und richtet sich auf den Angriff, den Sie gerade erleben. Sie richtet ihr volles Gewahrsein darauf aus, dass Sie verurteilt werden und handelt aufgrund dieses Gewahrseins. Sie streben an, mit dem tiefsten Gewahrsein Ihrer selbst direkt in Verbindung zu treten und von diesem inneren Ort aus zu sprechen, um sich aus der Verwicklung mit dem Urteil zu lösen. Das tiefste Gewahrsein Ihrer selbst zu erfahren kann bedeuten, dass Sie sich gefangen und unfähig fühlen, zu reagieren; es kann bedeuten, dass Sie dem Richter glauben und sich nichts anderes vorstellen können, als ihm Recht zu geben; es kann bedeuten, dass Sie sich körperlich extrem angespannt fühlen und Watte im Kopf haben; es kann bedeuten, dass Sie sich wie ein kleines Kind vorkommen, das mit Vatis Wut klarzukommen versucht; es kann bedeuten, dass Sie das Gefühl haben, von dem Angriff ganz gemein getroffen zu werden – so als würde Ihnen eine Ohrfeige versetzt; es kann bedeuten, dass Ihnen plötzlich bewusst wird, wie absurd es ist, sich von einer Stimme aus der Vergangenheit die Meinung sagen zu lassen; – aber es kann auch bedeuten, dass Sie von dieser Stimme, die immer nur dasselbe sagt, endgültig die Nase voll haben. Worin auch immer das Gewahrsein Ihrer selbst besteht, sie stellen sich der Herausforderung, von diesem Ort aus zu sprechen, um das jeweilige Muster der Selbstangriffe zu beenden. Es gibt keine richtige Antwort oder Reaktion – nur diejenige, die funktioniert.

Trotzdem hier ein paar Richtlinien:

Sie müssen willens sein, in Ihrem eigenen Interesse zu handeln. Es reicht also nicht, einfach nur zu beobachten und zuzusehen, über den Angriff nachzudenken oder auf Abstand von ihm zu gehen. Selbst wenn Sie sich angesichts des Richters Raum verschaffen, indem Sie sich zurückziehen, können Sie sich nur in jenem engen Bereich frei bewegen, wo Sie den Kontakt mit ihm vermeiden. Das führt zu einem passiven, eingeschränkten und beschützten Leben. Es gibt der Seele nicht die Freiheit zu fließen, sich auszudehnen und spontan zu entfalten. Sie müssen viel Energie aufbringen, um aus der Urteilsschleife *bewusst* herauszutreten. Der Richter hat sich die Ihnen innewohnende aggressive Energie zu Eigen gemacht. Sie müssen beginnen, diese Energie zurückzugewinnen, um dann, wenn es nötig ist, die Initiative zu ergreifen und kraftvoll zu handeln. Und diese Stärke benötigen Sie am meisten, wenn es darum geht, aktiv für sich selbst das Wort zu ergreifen.

Diese Stärke kann verschiedene Formen annehmen, doch das Gefühl dahinter hat mit Lebendigkeit und fokussierter Energie zu tun. Sie kann sich als die Klarheit äußern, Selbstangriffe von der Fähigkeit zu unterscheiden, die Wahrheit zu sehen; als Mut, zu erkennen, was für Sie stimmt; als Großzügigkeit, dem Richter Recht zu geben, ohne sich schlecht oder schuldig zu fühlen; als der brennende Wunsch, sich zu verteidigen; als ein intensiver Blick, der den Richter abzuwehren vermag; als die Entrüstung über seine Herablassung und seinen Mangel an Respekt; oder als die Macht, sein Gelaber mit Humor und einem Schwert zu durchtrennen!

Die Aussage sollte kurz (nicht mehr als zehn Worte), direkt und endgültig sein. Sprechen Sie so, als hätten Sie nicht vor, noch mehr zu sagen. Mit anderen Worten: Sie sprechen, um die Interaktion, also die Verwicklung mit dieser inneren Stimme zu beenden – selbst wenn jemand anders die Worte ausgesprochen hat, die Ihre Selbstverurteilung ausgelöst haben. Es ist nicht wichtig, in welcher Form die Aussage erfolgt: Es könnte eine Frage, eine Feststellung, ein Ausruf oder nur ein Geräusch sein. Was die Kürze betrifft, gibt es eine einzige Ausnahme: die Lösung aus der Verwicklung mit Hilfe der Übertreibung, die später in diesem Kapitel beschrieben wird und die von Frank zu Beginn des Kapitels benutzt wurde. Es besteht die Möglichkeit, dem Richter durch ausuferndes Reden seinen Schwung zu nehmen und damit den Angriff zu stoppen.

Wenn Sie versuchen, den Angriff auszudiskutieren, werden Sie mit ziemlicher Sicherheit verwickelt bleiben. Mit anderen Worten: Wenn Sie reagieren, indem Sie argumentieren, leugnen, sich rechtfertigen, herausfordern, erklären oder Kompromisse anbieten, verwickeln Sie sich mit dem Richter. Sie haben sein Recht, Sie zu verurteilen, akzeptiert und versuchen nur noch, ein günstiges Urteil zu erwirken – Sie hoffen zu siegen. Beim Verteidigen hoffen Sie nicht zu siegen – Sie haben einfach die Absicht, das Ganze zu beenden und klarzustellen, dass Sie es beendet haben. Tatsächlich ist es extrem schwierig, nicht mehr aus dem Wunsch heraus zu handeln, den Richter zu besiegen – doch wenn Sie sich wirklich aus der Verwicklung mit dem Richter lösen wollen, müssen Sie diese Motivation überwinden. Sie müssen willens sein, das Spiel von Gewinn und Verlust, das Sie mit Ihrem Richter spielen, zu beenden, und stattdessen damit weitermachen, Sie selbst zu sein. Für die Verteidigung ist die

Aussage des Angreifers ziemlich irrelevant – wichtig ist allein die Tatsache, dass Sie angegriffen werden. Sie erkennen, dass es sich um einen Angriff handelt und Sie im Moment nichts mehr wünschen, als sich von ihm zu befreien.

Eine Reaktion im Voraus zu planen funktioniert fast nie. Es funktioniert nur, im Augenblick gegenwärtig zu sein und spontan zu reagieren, ja, sich idealerweise selbst zu überraschen. Denken Sie nicht zu viel darüber nach – das Schlimmste was passieren kann, ist, dass es nicht funktioniert und Sie genau am gleichen Punkt sind wie vorher. Dann können Sie etwas anderes probieren. Oft werden Sie bemerken, dass der Richter sagt: „Oh, das kannst du aber nicht sagen, das ist ... (dumm, aggressiv, unpassend, Quatsch, blöd, u.s.w.)." Diese innere Reaktion ist ein weiterer Angriff mit der Absicht, Sie in der Verwicklung zu halten und stellt oft einen Hinweis dar, dass Sie mit dem, was Sie sagen wollten, auf der richtigen Fährte sind – dass es in der Tat genau das Richtige ist. Erinnern Sie sich daran: Eine gute Verteidigung ist keine vernünftige Reaktion auf den Angriff, sie unterbricht jedoch den gewohnten Fluss und trifft den Richter unvorbereitet, indem sie nicht auf sein Spiel eingeht. Das verlangt häufig, anders zu reden als Sie es normalerweise tun, denn Ihrem normalen Muster entspricht es, verwickelt zu sein.

Mit diesen vier Richtlinien im Hinterkopf schauen wir uns jetzt ein einfaches Beispiel einer Verteidigung an:

> Roger veranstaltet zu seinem vierzigsten Geburtstag eine Party für sich und einige gute Freunde. Auf der Party versammelt er alle Gäste um sich, um ihnen die wunderbaren Dinge zu erzählen, die in letzter Zeit in seinem Leben passiert sind und wie ängstlich, aufgeregt und lebendig er sich gefühlt hat. Nach der Party hört er die Stimme seiner Mutter im Kopf, die ihm sagt: „Es wird dir noch Leid tun, dass du das getan hast. Keiner hört gerne zu, wenn jemand über sich selbst redet und sich wichtig tut. Du hast dich sehr egozentrisch verhalten." Das ist ein vertrauter Refrain, nach dem er sich gewöhnlich tagelang depressiv und schuldig fühlt und es vermeidet, mit einem dieser Freun-

de zu reden, weil sie ihn verurteilen könnten. Dieses Mal hält er jedoch mit dem was er gerade tut inne, fühlt, wie er innerlich kollabiert und spürt die Enge in seiner Brust sowie den angehaltenen Atem. Er spürt, wie die Freude und Aufregung bei der Party langsam verebben, als seien sie Teil eines Traumes, aus dem er gerade erwacht. Roger fühlt einen Schmerz in seiner Brust und Wut im Bauch. Bevor er sich's versieht, sagt er zu der Stimme: „Wie kannst du es wagen, mich zu beschämen. Sei still!"

Die Verschiebung erkennen

Das bringt uns zu der Verschiebung, zu der es kommt, wenn die aktive Verteidigung funktioniert. Diese Verschiebung *ist* die Ablösung aus der Verwicklung, und sie findet innerlich statt. Sie bemerken sie vielleicht, während sie geschieht oder erst hinterher, wenn Ihnen bewusst wird, dass Sie sich anders fühlen. Wie fühlt sie sich an? Im Allgemeinen erlebt man ein Gefühl der Erleichterung (das Festhalten, die Anspannung oder der Druck sind weg), Weite (mehr Raum zum Atmen, Herumschauen oder Sich-bewegen), Stille (die zehntausend Stimmen im Kopf sind nicht mehr zu hören), Energie oder Leichtigkeit (die Depression, Schwere oder Leblosigkeit sind verschwunden), oder von Gegenwärtigkeit (man breitet sich nicht länger in der Vergangenheit oder Zukunft aus, sondern fühlt sich jetzt hier). Auf der emotionalen Ebene kann sie dazu führen, dass man sich selbstsicher, losgelöst und desorientiert fühlt oder dass einen die Stimme nicht mehr stört, selbst wenn sie noch da ist. Seien Sie sich bewusst, dass nicht alle Auswirkungen der Verschiebung unbedingt angenehm sind – Sie können sich auch allein, desorientiert oder leer fühlen.

Verschiebt sich Ihr Gefühl für sich selbst auf diese Weise, dann besteht darin die eigentliche Erfahrung, sich aus der Verstrickung gelöst zu haben. Es ist wichtig, die Tiefe der Verstrickung mit dem Richter zu spüren und zu verstehen, um sich wirklich ablösen zu wollen. Ebenso wichtig ist es, die Lösung aus der Verstrickung zu erkennen und es zu würdigen, wenn sie geschieht. Das mag offensichtlich scheinen, ist es aber nicht. Wenn Sie sich zu stark darauf konzentrieren, eine Veränderung beim Richter oder der Art der Angriffe hervorzurufen, werden Sie die Verschiebung, die die Ablösung anzeigt, zunächst vielleicht gar nicht würdigen. Das kann damit zu tun haben, dass sich durch sie beim Richter oder dem Inhalt der Angriffe vielleicht gar nichts verändert hat. Oder es kann passieren, dass sowohl Richter als auch Angriff im selben Augenblick verschwinden. Ganz gleich, was mit dem Richter passiert – bei *Ihnen* spielt die Musik. Die Verschiebung verändert Ihr Gefühl für sich selbst sowie Ihre Beziehung zum Richter und der Angriff hat keine Wirkung mehr. Sie sind nicht länger empfänglich dafür, beurteilt zu werden. Das ist das Einzige, was zählt – aber erst die eigene Erfahrung wird dazu führen, dass Sie es wirklich glauben.

Aus dem Leben gegriffen

Hannah hatte schon einige Zeit an ihrer Fähigkeit gearbeitet, sich selbst in Beziehungen mit Männern zu bestärken. Ihr Wunsch nach einer festen und bindenden Beziehung war so groß, dass es ihr schwer fiel, nicht auf alles, was ein Mann ihr sagte, mit Zustimmung und Passivität zu reagieren – in der Hoffnung, dass er sie dann mögen und sich wieder bei ihr melden würde. Vor kurzem hatte sie jemanden getroffen, mit dem es sehr schön war. Sie verbrachten einen Nachmittag bei ihm und planten schließlich, sich am kommenden Montag, einem Feiertag, bei ihr zu treffen. Sie rief ihn Mitte der Woche an, und er bestätigte, sie gerne treffen zu wollen, er könne aber keine feste Zeit zusagen, weil er zuerst versuchen musste, einen anderen Termin festzumachen. Das war für sie in Ordnung, und sie vereinbarten ein Telefongespräch am Montagmorgen, um ihre Pläne abzustimmen.

Als er nicht wie versprochen anrief, rief sie ihn schließlich an und fragte, was los sei. Er gab sich erstaunt und sagte, sie hätte sich ja nicht festlegen wollen, er hätte also angenommen, dass sie nicht wirklich interessiert sei und hätte sich etwas anderes vorgenommen. Hannah war schockiert. Bei solch einem offensichtlichen Angriff wäre sie normalerweise zusammengebrochen und hätte sich ihrem Richter ergeben, der ihr erklärt hätte, dass es *ihr* Fehler sei, weil sie 1) den Mann nicht dazu gebracht hatte, sich eher festzulegen, 2) nicht eher erkannt hatte, was für ein Mistkerl er war, oder 3) sich selbst so sehr zurückgehalten hatte, dass er das Interesse verlor (eine Anklage des Richters, die immer passt!). Sie konnte spüren, wie der vertraute Selbstangriff ins Rollen kam, der sie überwältigen und den Schmerz vermeiden lassen würde, den sein herzloses Verhalten in Wirklichkeit bei ihr hervorrief. Dieses Mal wollte sie sich allerdings nicht auf den Richter einlassen. Stattdessen riss sie sich zusammen und sagte einfach nur, dass seine Behauptung sie ziemlich verwirrte und sie überdies deswegen verletzt sei, weil er völlig ignorierte, was wirklich passiert war. Sie ließ ihn eindeutig wissen, dass sie sein Handeln nicht im Geringsten billigte. Er versuchte, sich zu rechtfertigen – doch sie ließ ihn wissen, dass sie nichts weiter zu sagen hatte und hängte auf. Sie war immer noch verletzt, spürte aber, dass sie nicht in das Loch von Selbstangriffen gefallen war, das ihr nach einem Ereignis wie diesem so vertraut war. Dass sie sich nicht von ihrem Richter vereinnahmen ließ, machte Hannah sicher, dass sie in sich ruhte, während ihr eigener Seinszustand von überraschender Klarheit war.

Da gibt es noch etwas, worauf Sie bei der Verschiebung achten sollten: Sie erinnern sich vielleicht, dass Ihre inneren Angriffe ursprünglich als Schutzmechanismus gegen starke, schmerzhafte und überwältigende Gefühle (Zurückweisung, Schmerz, Verrat, Schwäche, Hilflosigkeit, Trauer und sogar Freude oder Leidenschaft) entstanden sind. Dadurch, dass Sie sich auf den Richter eingelassen haben, haben Sie aufgehört, sich auf all diese Gefühle zuzubewegen. Und nun, wo Sie sich aus der Verwicklung zu lösen lernen, sollten Sie sich gewahr sein, dass Sie sich, nachdem die Angriffe aufgehört haben, nicht unbedingt besonders gut fühlen werden. Es kann passieren, dass das ursprüngliche Gefühl, vor dem Ihr Richter Sie schützen wollte, wieder auftaucht. Zum Beispiel kann es sein, dass das Schuldgefühl, das ein Angriff bei Ihnen auslöst, Sie vor der Hoffnungslosigkeit schützen soll, die sich in dem Moment einstellt, in dem Sie sich nicht mehr schuldig fühlen.

Wenn Sie sich ehrlich verteidigen wollen, besteht die größte Herausforderung häufig darin, dass es Ihnen wirklich wichtiger sein muss, die Wahrheit Ihrer Erfahrung zu erleben, als Schmerz zu vermeiden oder sich gut zu fühlen. Letzteres wird immer wieder dazu führen, dass Sie sich wie gehabt verwickeln. Die Wahrheit unterstützt das, was Sie wirklich sind, doch oft ist es schwer, mit ihr zu verweilen, während Sie Schicht um Schicht Ihres inneren Lebens abschälen. Als Erwachsener besitzen Sie die Fähigkeit, mit viel Sorgfalt sowie der richtigen Begleitung und Unterstützung durch die verschiedenen Qualitäten Ihres essenziellen Wesens Schritt für Schritt mit Ihrer eigenen Wahrheit zu verweilen – und zwar so, wie es Ihnen als Kind nicht möglich war. Um wirklich Sie selbst zu sein, ist genau das vonnöten.

Verteidigungsmethoden

Es folgen einige Möglichkeiten, wie eine Verteidigung aussehen könnte, jeweils mit einem Beispiel. Die Aktivitäten des Richters haben das Ziel, den Kontakt zur Freiheit und Weite der lebendigen Seele zu blockieren. Jede Verteidigung deutet also auf eine Möglichkeit hin, ohne Verbindung zu Ihrer Geschichte aus der dynamischen Lebendigkeit Ihres jetzigen Seins zu schöpfen. Alle ermöglichen es Ihnen, sich sowohl gegen Selbstangriffe als auch gegen Angriffe von außen zu verteidigen. In der jeweiligen Situation werden immer nur eine oder zwei Formen der Ablösung angemessen sein. Welche es sein wird, hängt vom Kontext und Wesen des Angriffs sowie Ihrer jeweiligen Tendenz ab, sich auf eine bestimmte Art zu verwickeln. Ist der Angriff ernst und vernünftig, kann Humor eine gute Verteidigungswaffe sein. Sind sarkastische Gegenangriffe allerdings Ihre normale Methode, sich mit dem Richter zu verwickeln, dann ist Humor sicher keine gute Wahl, weil er Ihren üblichen Verwicklungsmustern zu sehr ähnelt.

1. **Aggression:** Verpiss dich! Halt's Maul! Hör auf! Lass mich in Ruhe! Ein Angriff ist ein aggressiver Akt, und es ist lebenswichtig, diese aggressive Kraft wiederzugewinnen. Wie bereits in diesem Kapitel beschrieben, stellt das Mobilisieren Ihrer Aggression eine fundamentale, schwierige und höchst wirksame Verteidigung gegen Selbstangriffe dar. *Stärke* ist die entsprechende Seelenqualität, die diese Verteidigungsform anfeuert. (Kapitel 11: Frank; Kapitel 18: Sue, Paul, Übung; Kapitel 20: Mary).

2. **Entrüstung:** *Wie kannst du es wagen, so mit mir zu reden!* Die Entrüstung ist eine nahe Verwandte des direkten Durchsetzungsvermö-

gens. Sie besteht aus gerechtfertigter Wut sowie einem Gefühl von Empörung darüber, dass der Richter keinen Respekt für Ihre Würde oder die Würde der andern aufbringt. (Kapitel 20: Roger).

3. **Wahrheit:** *Das tut mir weh* oder *es macht mir Angst, wenn du so redest. Hör auf!* Einfach nur Ihre gegenwärtige Wahrheit auszusprechen, kann die Verwicklung durchbrechen. Das funktioniert sehr gut in Kombination mit aggressivem Durchsetzen. Hier geht es darum, dass Ihr Gewahrsein sich statt auf den Inhalt des Angriffs oder die Präsenz des Richters (beides steht für Verwicklung) auf Ihr eigenes Erleben konzentriert. Ihre Seele ist mit der *Wahrheit* in Kontakt, und Ihre Worte unterstützen das und versehen diese Verteidigung mit Leben. (Kapitel 20: Hannah, Mary; Kapitel 22: Sue).

4. **Humor:** *Sowas lasse ich mir nur von Dumpfbacken sagen.* Dieses Herangehen will sich den richterlichen Ernst nicht bieten lassen. Die Macht des Humors liegt in seiner Fähigkeit, die Erwartungen und Annahmen zu durchbrechen, die stets vorhanden sind, wenn Sie sich in Urteile verwickeln. Wenn Sie eine spontane Lachsalve erleben, kann keine gedankliche Funktion ihr gewohntes Muster aufrechterhalten. Der Humor schöpft seinen Treibstoff für den Angriff auf die Selbstangriffe aus der *Freude* und *Stärke* der Seele. (Kapitel 13: Frank; Kapitel 20: Mary).

5. **Einverstanden sein:** *Du hast ja Recht. Ich habe keine Ahnung, was ich tue.* Das mag sich anhören, als würden Sie sich auf den Inhalt der Anklage einlassen. Das stimmt auch in dem Fall, in dem Sie sich von ihr einfangen lassen und die Aussage als ein Urteil akzeptieren. Die Verteidigung besteht indes darin, den Angriff einfach zu entschärfen, indem man seine Aussage akzeptiert, ohne die negative Bewertung anzunehmen. Das kann in der Tat eine sehr wirksame Verteidigung sein, weil die Macht des Richters davon anhängt, inwieweit Sie die Art, wie er Sie beschreibt, schlecht finden oder sich von ihr verurteilt fühlen. Wenn Sie genug *Stärke* und *Akzeptanz* besitzen, die Wahrheit – oder

sogar nur die mögliche Wahrheit – dessen zuzulassen, was ein Angriff behauptet, dann können Sie mit dieser Verteidigung die Beobachtungen des Richters einfach nur akzeptieren, ohne sich schuldig zu fühlen. (Kapitel 20: Jeff, Mary; Kapitel 6: Frank beim Geschirrspülen).

6. **Übertreibung:** *Ja, ich bin der blödeste* (wählen Sie ein Adjektiv, das zu dem Angriff passt) *Mensch im ganzen Land.* Wenn Sie sich mit einer Übertreibung verteidigen, ist das eine energievolle Art der Übereinstimmung. Sie tun so, als seien Sie ein derart merkwürdiger Mensch, dass Sie an der negativen Eigenschaft Ihre Freude haben können. Das führt dazu, dass der Angriff Ihnen Energie schenkt. Denken Sie daran: Die Angriffe beziehen einen Großteil ihrer Macht aus der Tatsache, dass Sie sich ablehnen. Diese Ablösung aus der Verwicklung bezieht ihre Wirksamkeit aus Ihrer *Akzeptanz* und *Freude.* (Kapitel 20: Frank).

7. **Den Richter bloßstellen:** *Wen interessiert es schon, was du denkst?* oder *Was glaubst du eigentlich, wer du bist – mich einfach zu verurteilen!* Hierbei nennen wir die Dinge einfach beim Namen und akzeptieren weder die Macht des Richters noch sein Recht, irgendwelche Aussagen über Sie zu machen. Je größer Ihr Gefühl für Ihren eigenen *Wert* ist und je größer Ihre *Stärke,* sich damit zu verbinden, desto überzeugender wird diese Verteidigung ausfallen. (Kapitel 20: Mary; Kapitel 22: Sue).

8. **Klein beigeben:** *Jetzt hast du's geschafft, dass ich mich schuldig fühle.* Diese Reaktion bestätigt letztendlich, dass es dem Richter gelungen ist, das gewünschte Gefühl in Ihnen hervorzurufen. Sie geben jede Bemühung auf, irgendetwas zu ändern, beschreiben jedoch lediglich die Aktivität des Richters anstatt einzugestehen, dass etwas an Ihnen nicht in Ordnung sein könnte. Diese Verteidigung zieht ihre Kraft, die Macht des Angriffs zu akzeptieren (ohne sich mit den Gefühlen zu identifizieren) aus Ihrem *persönlichen Willen* sowie Ihrer *Stärke.* (Kapitel 20: Frank).

9. **Gleichgültigkeit:** *Danke für den Hinweis. Ich werd' mal drüber nachdenken.* Hier kämpfen Sie – ebenso wie bei 5 – nicht gegen die Aussage, sondern bleiben bewusst neutral, um die Interaktion aktiv zu beenden. Wieder liefern der *persönliche Wille* und die *Stärke* jene Bodenhaftung, die Sie benötigen, um bei Ihrer Absicht zu bleiben, sich nicht zu verwickeln. (Kapitel 23: Frank).

10. **Das Thema wechseln:** *Sag' mal, ist dieses Hemd nicht schick?* Diese Reaktion sorgt dafür, dass Sie sich nicht verwickeln *und* Ihre Aufmerksamkeit zugleich aktiv verlagern. Sie gehen in Kontakt mit Ihrer eigenen *Weite* und *Stärke* und wenden damit Ihre Aufmerksamkeit vom Angriff ab. Mit dieser Verteidigung weigern Sie sich, zuzulassen, dass Ihr Gewahrsein kontrolliert wird. (Kapitel 8: Frank).

11. **Mitgefühl:** *Wenn ich mich wirklich so verhalte, muss das ganz schön schmerzlich für dich sein.* Hier konzentrieren Sie sich nicht, wie vom Richter beabsichtigt, auf sich selbst, sondern auf die Befindlichkeit des anderen. Diese Reaktion verlangt gewöhnlich ein großes Maß an Disidentifikation und *Stärke,* damit der Angriff Sie einerseits nicht gefangen nimmt, Sie sich andererseits aber auch in den Richter einfühlen und das Unbehagen oder die Besorgnis spüren können, die sich hinter dem Angriff verbergen. Eine auf Mitgefühl basierende Handlungsweise kann dem inneren Schlachtfeld Heilung bringen. Außerdem ist das ein Weg, eine Beziehung voller Urteil am ehesten in eine Beziehung zu verwandeln, die sich durch Offenheit und Kommunikation auszeichnet. (Kapitel 20: Jeff; Kapitel 24: Sue).

12. **Atmen und spüren:** *Atmen Sie, aber unterstützen Sie den Angriff weder innerlich noch äußerlich.* Üben Sie es, Arme, Beine und Bauch zu spüren, um sich im Körper zu verwurzeln, während Sie den Angriff erleben. Diese Verteidigungsform aktiviert Ihr *Gewahrsein* und den *persönlichen Willen* als Unterstützung für ihre Effektivität. (Kapitel 5: Frank; Kapitel 9: Sue).

13. **Aktives Visualisieren:** *Stellen Sie sich vor, dass Sie irgendeine Aktion ergreifen, die den Angriff beendet.* Diese Strategie bedient sich der Energie der *Stärke*, ohne sie nach außen bringen zu müssen. Damit das funktioniert, müssen Sie sich die Auswirkungen Ihrer vorgestellten Handlungen wie Explosionen, Zerstückelung oder Maschinengewehrfeuer wirklich spüren lassen. Die Absicht dabei ist, Ihr Gefühl der Macht und Kontrolle über Ihren Prozess wiederzuerlangen. Alles ist erlaubt – aber lassen Sie sich von dem Richter kein Schuldgefühl für angeblich brutales Verhalten aufschwatzen. Sie zerstören nur Bilder! Es ist nicht Ziel, in Racheakten stecken zu bleiben, sondern Ihre eigene Energie zu befreien und die Freiheit dann zu spüren. Wenn Sie das durch makabre Aktivitäten erzielen – prima! (Kapitel 18: Sue).

Bei all diesen Verteidigungsmöglichkeiten können Worte nur eine Ahnung davon heraufbeschwören, um was es bei der Verteidigung wirklich geht. Die eigentliche Ablösung geschieht in Ihrem Inneren, auf der Bauch-Ebene. Wenn Sie diese Verschiebung spüren, werden die passenden Worte und Reaktionsformen oft ganz von selber erscheinen. Fühlen Sie es nicht, werden Worte oft auch nichts ausrichten – aber sie können hilfreich sein. Diese Fähigkeit erwerben Sie nicht über Nacht, sie muss geübt werden. Das Wichtigste ist es, damit zu beginnen – selbst wenn es nicht immer funktioniert.

Ablösung statt Verwicklung

Schauen wir uns nun einmal einige Beispiele an, wie jemand angegriffen wird. Im ersten Szenario bleibt er verwickelt, in zweiten verteidigt er sich erfolgreich gegen den Angriff.

> Jeff saß an seinem Schreibtisch und erledigte fällige Rechnungen, als seine Frau Louise aus dem Badezimmer rief: „Warum kannst du die Wanne nie sauber machen, wenn du gebadet hast? Es sieht aus, als hätte hier drin ein Schwein gehaust. Dir ist es völlig egal, dass hier auch noch jemand anders wohnt!“

„Woher willst du wissen, dass ich die Wanne als Letzter benutzt habe?“ bellte Jeff zurück.

„Wie ich das weiß? Du hast schließlich gestern Abend gebadet, oder? Und ich war den ganzen Tag bei der Arbeit. Wer kann es denn sonst gewesen sein?“

Jeff wechselte den Ton: „Na und? Wie viele tausend Mal habe ich schon deine Haare aus dem Abfluss entfernt, weil ich sonst beim Duschen bis zu den Knöcheln im Wasser gestanden hätte!“

„Du bist ein Arschloch, weißt du!“ kam die angewiderte Antwort von nebenan.

Während Louise mit ihm redet, hört Jeff den inneren Angriff seines Richters, der ihm erzählt, dass er Mist gebaut hat, und ihn das zu einem selbstsüchtigen Dreckschwein macht. Zunächst versucht er zu rationalisieren: vielleicht wurde er ja zu Unrecht angeklagt. Dann startet er einen Gegenangriff. Er bleibt in der Verwicklung stecken, genau wie sie.

Nun folgt dieselbe Interaktion, doch dieses Mal verteidigt sich Jeff:

Jeff saß an seinem Schreibtisch und erledigte fällige Rechnungen, als seine Frau Louise aus dem Badezimmer rief: „Warum kannst du die Wanne nie sauber machen, wenn du gebadet hast? Es sieht aus, als hätte hier drin ein Schwein gehaust. Dir ist es völlig egal, dass hier auch noch jemand anders wohnt!“

„Ich hatte solch ein angenehmes Bad. Tut mir Leid, dass ich einen Saustall hinterlassen habe. Wenn ich hier fertig bin, mache ich sofort sauber,“ antwortete Jeff.

„Ach, jetzt ist es auch egal. Ich mach's ja schon.“ Louise wollte nicht darauf verzichten, zu leiden. „Warum bin ich eigentlich die Einzige hier, die sich darum kümmert, dass das Haus sauber ist?“

Jeff saß einen Moment still und spürte den wütenden Schmerz in ihrem Kommentar, bevor er fragte: „Soll ich dir helfen?“

„Nein, das kann ich besser alleine,“ kam die schnelle Antwort. Nach eine kurzen Pause fügte Louise hinzu: „Aber trotzdem vielen Dank!“

Dieses Mal konzentriert sich Jeff auf das Problem, das Louise ihm präsentiert, und nicht auf die Anschuldigung, die sich dahinter verbirgt. Auf diese Weise vermeidet er, in das Urteil verstrickt zu werden. Er verteidigt sich, indem er seiner Frau mit ihrer Einschätzung des Problems Recht gibt, jedoch die Folgerung, selbst im Unrecht zu sein, nicht unterschreibt. Louise gibt allerdings nicht so leicht auf und startet einen neuen Angriff. Sie geht in die Opferrolle und versucht damit zu erreichen, dass Jeff sich schuldig fühlt. Wieder verteidigt er sich, indem er auf ihre Verallgemeinerungen nicht eingeht (was eindeutig eine Verwicklung durch Rationalisieren wäre) und es außerdem vermeidet, die Schuld auf sich zu nehmen. Er biete ihr seine Hilfe an – eine mitfühlende Reaktion – und lässt sie mit ihrem Trick auflaufen. Er stellt damit klar, dass er auf ihr selbstgerechtes Leiden nicht eingehen, sondern so reagieren wird, als bräuchte sie wirklich seine Hilfe. Sie versteht.

Im nächsten Beispiel begegnen wir Mary, die sich mit einem Selbstangriff auseinandersetzt:

> In ihrer Beziehung hatte sich Mary vor kurzem auf neue Weise durchgesetzt. Nachdem sie neun Monate lang die Beschwerden und Unzufriedenheit ihrer Partnerin ertragen hatte, sagte sie Joyce endlich ihre Meinung und ließ sie wissen, das sie ja gehen könne, wenn sie die Beziehung so enttäuschend fand. „Ich muss mir deine Angriffe nicht länger anhören. Ich bin wie ich bin – und wenn du damit nicht zufrieden bist, dann übernimm die Verantwortung und geh." Joyce fühlte sich angegriffen und verletzt, und weigerte sich wochenlang, mit ihr zu reden. Zunächst fühlte Mary sich stark, zentriert und stolz, ihre Meinung gesagt zu haben – doch nachdem sie eine Woche lang nichts von Joyce gehört hatte, begann sie sich verloren vorzukommen. Das war der Moment, als die gnadenlosen Angriffe ihres Richters einsetzten.
>
> „Es war langsam mal an der Zeit, dass du dich durchgesetzt hast. Aber wie konntest du nur so blind sein und das Ganze nicht viel früher durchschauen? Du hättest das schon im ersten Monat tun müssen! Wie konntest du ihr Gejammer nur so lange ertragen?" Ihr Richter lag ihr in jeder freien Minute in den Ohren.

Mary versuchte, mit ihm zu reden: „Schau, das ist das erste Mal, dass ich so etwas sagen konnte. Das sollte man mir doch zugute halten, oder?"

„Zugute halten? Weil du endlich den Mut hast, dich halbwegs wie eine Erwachsene zu benehmen? Wie alt bist du eigentlich, und wie viele Jahre hast du es dir bieten lassen, dass deine Partnerinnen dich so behandeln? Und vergiss die sechs Jahre Therapie nicht!"

„Na ja, ich hatte gehofft, dass ich mich nur genug bemühen müsste, es ihr recht zu machen. Ich dachte, dann würde sie mich endlich schätzen und nicht mehr die ganze Zeit jammern," flehte Mary.

Ihr Richter war nicht beeindruckt. „Warum sollte irgendjemand anerkennen, dass du dich wie ein Kind aufführst? Du hast es nicht besser verdient, weil du es die ganze Zeit auf deine Kappe genommen hast. Das nervt total!"

„Du hast ja Recht. Ich kann selber nicht glauben, wie blöd ich bin. Ich bin der totale Fußabtreter gewesen, weil ich mir solch eine Behandlung habe bieten lassen. Ich glaube, dass ich alles verdient habe. Ich hasse mich."

Indem sie sich gegen Joyces Angriffe verteidigte, hatte Mary ein neues, bislang unvertrautes Territorium dazu gewonnen. Doch wenn sie sich von Joyce trennt, dann trennt sie das noch lange nicht von den Angriffen ihres eigenen Richters. Der holt sie zurück in das vertraute Territorium der Abscheu vor sich selbst, um sie vom Gefühl der Einsamkeit abzulenken. Zu Beginn rationalisiert sie, um dem Richter etwas Sympathie abzuringen. Sie will, dass ihr Richter sie dafür unterstützt, was sie getan hat. Als das nicht funktioniert, schluckt sie den Angriff schließlich, verleibt ihn sich ein und kollabiert in Selbsthass. Was immer die Erweiterung gewesen sein mag, die sie durch ihre Interaktion mit Joyce erfahren hat – nichts davon bleibt übrig.

Nun sehen wir uns an, was passiert, wenn Mary sich aus der Verwicklung löst:

... Zunächst fühlte Mary sich stark, zentriert, und stolz, ihre Meinung gesagt zu haben – doch nachdem sie eine Woche lang nichts von Joyce gehört hatte, begann sie sich verloren vorzukommen. Das war der Moment, als die gnadenlosen Angriffe ihres Richters einsetzten. „Es war langsam mal an der Zeit, dass du dich durchgesetzt hast. Aber wie konntest du nur so blind sein und das Ganze nicht viel früher durchschauen? Du hättest das schon im ersten Monat tun müssen! Wie konntest du ihr Gejammer nur so lange ertragen?" Ihr Richter lag ihr in jeder freien Minute in den Ohren.

Nachdem sie zuerst versucht hatte, seine unablässigen Sticheleien zu ignorieren, reagierte sie schließlich frustriert: „Eh, Mann! Ich brauche dein Gejammere genauso wenig wie Joyces. Lass mich in Ruhe."

„Ich soll dich in Ruhe lassen? Du hattest in letzter Zeit doch genug Ruhe – alles deine Schuld! Du suchst dir immer die hoffnungslosen Fälle als Beziehungspartner aus."

„Genau. Du hast Recht."

„Und? Was ist dein Problem?"

„Ich bin langsam."

„Du bist langsam? ...Klar bist du langsam. Darum interessiert sich auch kein vernünftiger Mann für dich."

„Mann, bist du langweilig. Du hörst dich an wie meine Mutter. Geh, sprich mit ihr. Ich hab' zu tun." Mary musste lachen, als sie das Gefühl hatte, mit einem Besenstiel angestupst zu werden – genau wie ihre Mutter es immer getan hatte, wenn sie dachte, dass Mary sich über sie lustig machte.

„Du wirst mir langsam zu übermütig, junge Dame. Treib's bloß nicht zu wild, sonst gibt's nachher Tränen. Du brauchst mich. Eine eigenmächtige Zicke mag niemand leiden!" Ihr Richter war in Verteidigungsstellung und kämpfte um sein Leben.

„Halt verdammt nochmal die Klappe!" schrie Mary innerlich. Dann war alles still und sie spürte die Hitze und Intensität ihrer eigenen Stärke. Sie fühlte sich innerlich und äußerlich weit und war sich wieder gewahr, dass sie sich ohne Joyce einsam und verloren fühlte. Doch die Stärke fühlte sich aufbauend an. Sich zugleich stark und einsam zu fühlen – das war eine neue Kombination, die eindeutig angenehmer war als angegriffen zu werden.

Dieses Mal nimmt Mary ihrem Richter seine Aussagen nicht ab. Nachdem ihr Versuch, sich der Verwicklung passiv zu entziehen, nicht funktioniert, verteidigt sie sich, indem sie aufzeigt, dass der Richter sich genauso verhält wie Joyce. Sie schleudert ihm die Wahrheit entgegen, wie nutzlos und ärgerlich seine Kommentare sind. Das bringt ihn noch mehr in Wallung. Daraufhin verteidigt sie sich, indem sie ihm Recht gibt – das bringt den Richter aus dem Konzept, aber er macht trotzdem weiter. Als sie merkt, dass er mit ihr umgeht und redet wie ihre Mutter, kontert sie mit Humor. Er greift sie wiederum auf gemeinste Weise an, doch Mary bringt ihn mit Hilfe ihrer eigenen aggressiven Energie zum Schweigen. Das bringt sie zurück in ihre Mitte, was bedeutet, dass sie den Verlust der Beziehung mit Joyce wieder verspürt. Doch nun hat sie Abstand zum Richter und kann sich einsam fühlen, ohne sich schlecht vorzukommen.

Denken Sie dran: Die inneren oder äußeren Richter sind häufig hartnäckig – sie geben nicht so leicht auf. Wenn Sie sich verteidigen, greifen sie vielleicht aufs Neue an. Ist das der Fall, dann verteidigen Sie sich eben noch einmal. Manchmal werden Sie finden, dass Sie soviel reden und so viele verschiedene Möglichkeiten ausprobieren können, wie Sie wollen – es gelingt Ihnen nicht, sich aus der Verwicklung zu lösen. Das kann damit zu tun haben, dass Sie noch nicht bereit sind, sich von dem Selbstbild zu trennen (Sie fühlen sich mit dem Schmerz oder dem verletzten Kind noch zu identifziert, um loszulassen). Trotzdem ist es wertvoll, weiterzuüben, damit Sie Ihren Fortschritt erkennen und sehen können, woran es liegt, dass dieser Angriff in Ihrem Leben weiterhin aktiv bleibt.

Ihre Fähigkeit, sich aktiv und unmittelbar gegen einen Angriff zu verteidigen – sich also von der Verwicklung mit dem Richter fernzuhalten – trägt direkt dazu bei, Frieden und Stille in Ihr inneres Leben zu bringen. Innere Stille wird nie entstehen, wenn Sie sich nicht dazu verpflichten, die Verstrickungen zu lösen.

~ Einige Punkte zur Erinnerung ~

- Wenn Sie sich verteidigen, üben Sie damit, sich aktiv aus der Verwicklung zu lösen. Das wird dadurch unterstützt, dass Sie Ihre vitale Überlebenskraft und Ihre Intelligenz aktivieren. Es geht bei der Verteidigung darum, Ihre Verwicklung mit dem Angriff unmittelbar zu unterbrechen, um ihn dann zu beenden.
- Es ist wichtig zu untersuchen, worin die Aussage eines Angriffs besteht, welche Wirkung sie auf Sie hat, warum Sie ihr glauben, wo sie herkommt und wofür Sie sich aufgrund dieser Aussage halten. Doch ein solches mentales Verständnis muss dazu beitragen, Sie aus den Klauen des Angriffs zu befreien – es dient nicht einfach der Selbstverbesserung oder dem Versuch, einen angenehmeren Menschen aus Ihnen zu machen.
- Die Verteidigung ist ein bewusster Akt direkter Konfrontation und richtet sich auf den Angriff, den Sie gerade erleben. Sie fokussiert Ihr volles Gewahrsein darauf, dass Sie verurteilt werden und handelt aufgrund dieses Gewahrseins.
- Es ist wichtig, die Tiefe der Verstrickung mit dem Richter zu spüren und zu verstehen, um sich wirklich lösen zu wollen. Ebenso wichtig ist es, die Ablösung aus der Verstrickung zu erkennen und es zu würdigen, wenn sie geschieht. Wenn Sie sich sehr stark darauf konzentrieren, eine Veränderung beim Richter oder der Art der Angriffe hervorzurufen, werden Sie die Verschiebung, welche die Ablösung anzeigt, zunächst vielleicht gar nicht würdigen.
- Die Verschiebung verändert Ihr Gefühl für sich selbst sowie Ihre Beziehung zum Richter, und der Angriff hat keine Wirkung mehr.
- Wenn Sie lernen, sich aus der Verwicklung zu lösen, sollten Sie sich bewusst machen, dass Sie sich, nachdem die Angriffe aufgehört haben nicht unbedingt besonders gut fühlen werden. Es kann passieren, dass das ursprüngliche Gefühl, vor dem Ihr Richter Sie schützen wollte, wieder hochkommt.
- Wenn Sie sich wirklich verteidigen wollen, besteht die größte Herausforderung häufig darin, dass es Ihnen ehrlich wichtiger sein muss, die

Wahrheit Ihrer Erfahrung zu erleben als in der bequemen Vertrautheit der Verwicklung zu bleiben.

- Manchmal können Sie tun, was Sie wollen – es gelingt Ihnen nicht, sich aus der Verwicklung zu lösen. Das kann damit zu tun haben, dass Sie noch nicht bereit sind, sich von dem Selbstbild zu trennen (Sie fühlen sich mit dem Kind oder dem Richter noch zu identifiziert, um loszulassen). Trotzdem ist es gut, weiterzuüben, damit Sie Ihren Fortschritt erkennen und sehen können, woran es liegt, dass dieser Angriff in Ihrem Leben weiterhin aktiv bleibt.

Richtlinien für die Verteidigung

- Sie müssen willens sein, in Ihrem eigenen Interesse zu handeln.
- Die Aussage sollte kurz (nicht mehr als zehn Worte), direkt und endgültig sein. Sprechen Sie so, als hätten Sie nicht vor, noch mehr zu sagen.
- Wenn Sie auf eine Aussage eingehen, die der Angriff enthält, werden Sie mit ziemlicher Sicherheit verwickelt bleiben.
- Es funktioniert fast nie, eine Reaktion im Voraus zu planen.

Übung: Die Praxis der Verteidigung

Sich zu verteidigen braucht Routine. Sie müssen es *üben* und *praktizieren.* Unglücklicherweise ist es schwierig, das alleine zu tun – außer wenn sich solche Situationen im wirklichen Leben ergeben. Mit der folgenden Übung können Sie beginnen, ein Gefühl dafür zu entwickeln, was es heißt, sich effektiv zu verteidigen. Am besten lässt sie sich mit einem Freund durchführen, der bereit ist, Sie zu unterstützen. Sie können aber auch eine Kassette dafür benutzen. Die Übung ähnelt derjenigen am Ende von Kapitel 18, führt jedoch weiter, als sich Ihre Stärke angesichts eines Angriffs nur durch allgemeine Aussagen zugänglich zu machen. Sie können nun auch die Fähigkeit entwickeln, ganz spezifisch zu reagieren und sich der Verschiebung, die mit der Ablösung einhergeht, gewahr zu sein.

Wählen Sie einen vertrauten Selbstangriff und bitten Sie jemanden, die entsprechende Aussage an Sie zu richten, als sei er oder sie Ihr Richter. Er soll Sie einfach dadurch unterstützen, dass er die Aussage klar vorbringt – so, als sei es ernst gemeint, aber ohne übertriebene Boshaftigkeit oder Negativität. Allein die Worte des Angriffs reichen, um den nötigen Effekt zu erzielen. Die Arbeit mit dem Angriff verläuft in vier einfachen Schritten:

Schritt 1.

Hören und fühlen Sie die Aussage. Achten Sie darauf, auf welche Weise Sie verwickelt sind – sowohl auf der Erfahrungsebene als auch vom Inhalt her.

Schritt 2.

Atmen Sie tief durch. Dieser Schritt ist wahrscheinlich der wichtigste, denn er unterstützt Sie dabei, im gegenwärtigen Moment mit sich selbst in Kontakt zu treten. Wenn Sie es schon beherrschen, Ihren Körper zu spüren, können Sie das diesem Schritt hinzufügen. Erleben Sie sich selbst im Augenblick, wie Sie atmen und im Körper präsent sind.

Schritt 3.

Antworten Sie. Folgen Sie den Richtlinien, die oben angegeben sind: Seien Sie kurz, direkt und spontan. Denken Sie daran: Sie verteidigen sich genauso mit der Energie und Endgültigkeit Ihrer Antwort wie mit der Aussage, die Ihre Worte enthalten.

Schritt 4.

Prüfen Sie, ob Sie bei sich selbst eine Veränderung des Zustands wahrnehmen, in dem Sie sich bei Schritt 1 befanden. Zu Ihrer Erinnerung: Eine Verschiebung wird sich durch irgendeine Veränderung Ihrer Befindlichkeit äußern – entweder körperlich (weniger Anspannung, erleichterte Atmung, mehr Energie), emotional (Gefühl von Leichtigkeit, weniger depressiv, mehr Entschiedenheit), oder mental (die Gedanken sind verschwunden, das Urteil erscheint lachhaft, der Angriff verliert an Bedeutung). Wenn Sie eine Verschiebung bemerkt haben, kann es bedeuten, dass Sie sich aus der Verstrickung gelöst haben. Sie können das testen, indem Sie darauf achten, ob Sie immer noch auf den Angriff eingehen oder sich von ihm betroffen fühlen. Ist das der Fall, dann versuchen Sie es noch einmal. Die Verschiebung mag zunächst nicht so scheinen, als beende sie den Angriff, weil sie keine Antwort parat hält – doch wenn sie Ihre Beziehung zu diesem Angriff verändert, ist das ein erster Schritt auf dem Wege zur Verteidigung.

Wenn Ihre Reaktion funktioniert hat, können Sie einen anderen Angriff ausprobieren. Hat Ihre Reaktion nicht funktioniert (was beim Üben häufig vorkommt), dann bitten Sie ihre Partnerin/Ihren Partner, den Angriff wieder auszusprechen, während Sie noch einmal alle Schritte durchmachen. Üben Sie so lange weiter, bis Sie eine Reaktion fühlen, die wirklich Ihrer Verteidigung dient. Seien Sie sich bewusst, dass Sie sich von einigen tief greifenden Angriffen nicht auf eigene Faust lösen können. Das ist normal.

Wenn Sie einen Kassettenrecorder benutzen, nehmen Sie sich selbst auf, während Sie einen Ihrer Angriffe aussprechen. Wiederholen Sie das mehrere Male und lassen Sie dazwischen jeweils eine Pause. So können Sie den Recorder nach jeder Aussage stoppen und Ihre Reaktion testen.

Frank und Sue saßen mit ihren Burritos und dem Bier auf der Veranda, während die untergehende Sonne den Himmel mit den schönsten Farben füllte. Um das Haus war es still geworden und die Luft war noch erstaunlich warm. Schweigend aßen sie ihre Mahlzeit und genossen es, sich ausruhen zu können, während sie einer solch einfachen und befriedigenden Aktivität wie dem Essen nachgingen. Beide hatte das Gefühl, loslassen zu können und endlos Zeit zu haben. Keine Eile. Besonders ungewöhnlich war die Tatsache, dass sie nicht zu reden brauchten. Ihr klares Gewahrsein umfasste sie beide, genau wie all die anderen Dinge – vom Essen bis zu den Blumen auf der Veranda, vom Zirpen der ersten Grillen bis zu den Rot- und Goldtönen am westlichen Horizont.

So saßen sie, und langsam verdunkelte sich der Himmel, bis all die flammenden Farben verschwunden waren und sich an der Stelle, wo die Sonne untergegangen war, ein tief dunkelblaues Band über den Horizont zog. Es wurde schwerer, das Essen zu erkennen, aber weder Frank noch Sue hatten das Bedürfnis, etwas zu sehen.

Erstaunt stellte Frank fest, wie sinnlich es sich anfühlte, seinen Mund mit einem Schluck kaltem Bier durchzuspülen und beim Schlucken das feine Brennen der Kohlensäure sowie die leichte Bitterkeit des Getränks im Hals zu spüren – es ergänzte den Geschmack und die Konsistenz des Burritos auf eine so reiche Weise. Er begann sogar das Kauen selber zu genießen – die Arbeit seiner Kierfermuskeln und der Zunge, die jeden Bissen im Mund bewegte.

Sue schaute zu Frank herüber und erhaschte seinen Blick. Sie blickten einander an, ohne das Bedürfnis zu verspüren, sich zu unterhalten und ohne sich unruhig zu fühlen. Es war genug, einfach nur miteinander diesen Sommerabend zu teilen.

Frank aß weiter und bemerkte, dass er sich dabei innerlich sehr still und friedlich fühlte. Ihm wurde bewusst, dass die Dunkelheit die ihn umgebende Luft mit einer ähnlichen Stille füllte. Er bemerkte, dass ihn dieser langsame, entspannende und sehr achtsame Vorgang des Essens völlig zufrieden stellte. Sein übliches Bedürfnis, das Essen herunterzuschlingen oder die Leere mit Reden, Denken oder Lesen füllen zu müssen, war nicht zu spüren. Es wunderte ihn, dass er sich kaum erinnern konnte, je wirklich erlebt zu haben, wie es ist, zu essen. Dabei ging es nicht um die Art der Mahlzeit noch um ihre Qualität oder die Art ihrer Zubereitung – es ging um die eigentliche Erfahrung des Essens. Oder ging es in Wirklichkeit um die innere Stille, die er empfand? Diese Stille schien jede Bewegung, jedes Geräusch und jede Sinneswahrnehmung mit einer wispernden Ruhe zu umgeben. Die innere Ruhe fühlte sich wie eine weiche Decke an, die jedes vertraute Gefühl seiner selbst absorbierte und nichts übrig ließ als Gewahrsein und die Aktivität des Essens.

21

FRIEDE

Ein Charakteristikum des täglichen Lebens, das zwar an Intensität wechselt, jedoch nie zu verschwinden scheint, ist das Gefühl einer Geschäftigkeit oder ständigen Aktivität. Normal ist, zu erleben, dass die äußeren Aktivitäten nie ein Ende finden – doch ebenso drängend ist die Aktivität des Verstandes – die Aufgeregtheit, Ruhelosigkeit, Beschäftigungen, Dialoge und Geschäftigkeit unserer inneren Welt. Die Möglichkeit eines wirklich stillen Geistes erscheint uns wie ein Traum, der irgendwelchem zukünftigen Urlaub, unserem Ruhestand oder der Erleuchtung vorbehalten scheint. Es ist schwer, sich vorzustellen, in seinem Inneren keine Gedanken, keine Besorgnis, keinen Verdruß, keine Pläne und kein Bedauern zu haben – nur eine Stille, wie wir sie in der Wüste oder den Bergen finden. Manche Menschen werden sich fragen, warum man sich einen solchen Zustand überhaupt wünschen könnte, – andere verbringen einen Großteil ihres Lebens auf der Suche nach einem Eindruck von jener inneren Stille.

Ihr inneres Wesen *verfügt über* einen derartigen Aspekt – ein Gefühl inneren Friedens – aber Sie erleben ihn nur selten bewusst. Ihre innere Geschäftigkeit stellt offensichtlich ein großes Hindernis dar, das der Möglichkeit, einer solchen inneren Ruhe zu begegnen, im Wege steht. Und wie Sie sich vielleicht vorstellen können, spielt der Richter eine hervorstechende Rolle dabei, die innere Aktivität aufrechtzuerhalten. Wie oft passiert es Ihnen, dass er gerade in dem Moment mit irgendeinem Kommentar oder einer Sorge auf den Plan tritt, wo Ihr Verstand beginnt, sich zu beruhigen und still zu werden? Und wie oft enthält Ihr Verstand nichts anderes als eine pausenlose Argumentation mit dem Richter, die sich in einer jener Endlosschleifen von Angriff und Verteidigung abspult?

Wenn alles anhält

Innerer Friede entspricht einem Gefühl völliger Stille ohne Aktivität, Bewegung oder Geräusch. Und es besteht auch kein Verlangen oder Bedürfnis danach. Die Stille ist wie eine dicke Decke aus absoluter Ruhe. Haben Sie es je erlebt, dass eine Aktivität, in der Sie steckten, von einem lauten Geräusch unterbrochen wurde? Oder dass im Verlauf eines Gesprächs an einem düsteren Wolkentag plötzlich die Sonne hervorbrach und den Tisch vor Ihnen strahlen ließ? In beiden Fällen hat die Unterbrechung durch das Geräusch oder das Licht es vielleicht vermocht, Ihre Geschäftigkeit zu unterbrechen und einen Raum zu schaffen, eine Pause – einen Augenblick, in dem die Zeit stillstand. Alles hielt an, und Sie waren sich plötzlich der leisesten Geräusche bewusst: des Atems, des Tickens der Uhr, des Summens der Elektrizität, Ihres eigenen Herzschlags.

In solchen Augenblicken halten Sie normalerweise nur kurz inne, um sich dann erneut in Ihr Gespräch oder Ihre Aktivität zu stürzen. Könnten Sie allerdings in diesem schwebenden Augenblick verweilen, würden Sie vielleicht eine tiefe, alles einhüllende Stille bemerken. Es ist, als lösten sich Ihr gewohnter Fokus und Ihre Verstricktheit mit den Dingen auf, sodass nichts als Ihr Gewahrsein von genau diesem Ort und dem, was in diesem Moment geschieht übrig bleibt. Sie bemerken, dass Sie nicht denken, nicht planen, nichts erinnern, sich nicht sorgen, sich nichts vorstellen – keine Ihrer gewohnten mentalen Aktivitäten findet statt. Und weil das Gefühl, an dem Sie sich normalerweise erkennen, von vertrauten inneren Dialogen abhängt, scheinen *Sie* zu verschwinden, wenn es aufhört. Die Welt ist weiterhin da, aber werden *Sie* ohne all Ihr Tun weiterhin da sein? Alles scheint völlig ruhig zu sein, obwohl Sie feststellen, dass die Geräusche genauso vorhanden sind wie immer. Zudem scheint Ihr Hörvermögen geschärft zu sein, und die Geräusche heben sich laut und klar von der Stille im Hintergrund ab.

Zu diesem Zeitpunkt schütteln Sie normalerweise symbolisch den Kopf und stellen die gewohnte Denkmaschine wieder an – so kommt der Verstand wieder zum Tragen. Sie fühlen sich genötigt, sich wieder zu vergewissern, wo und wer Sie sind, womit Sie gerade beschäftigt waren und was getan werden muss, damit Sie genau an der Stelle weitermachen können, wo Sie aufgehört hatten. Die Stille ist verschwunden und alles ist wieder „normal."

Stille ist eng mit Weite verwandt, die wir im Kapitel 17 erforscht haben. In Bezug auf den natürlichen Geist sind das zwei Seiten derselben Münze. Wenn der Geist voller Weite ist, fühlt er sich so lebendig und wach, dass er fast nicht mehr zu spüren ist. Die Weite ist leicht, luftig, offen und leer. Der Friede ist offen, still, ruhig und voller fühlbarer Präsenz. Der Raum scheint, als ob alles verschwunden sei, keine Grenzen bestünden und Sie bis ins Unendliche sehen könnten. Der Friede fühlt sich an wie eine geschmeidige, dichte Schwärze, die herabsteigt und alles auflöst, sodass nichts übrig bleibt außer der Gelassenheit völliger Dunkelheit. Weite erscheint in unserem Geist als das Tageslicht, Friede als die Nacht.

Die Stille und Urteile

Der Richter hat an dieser Art der Stille, die dazu führt, dass der Verstand aufhört, überhaupt kein Interesse. Er lebt nur im Verstand und seinen Aktivitäten. Kein Verstand bedeutet, dass der Richter all seine Kontrolle verliert. Deshalb findet er solche Erfahrungen auch gefährlich und greift sie an, wenn sie länger als einen Augenblick dauern.

„Wenn der Verstand aussetzt, wirst du nichts auf die Reihe kriegen – du wirst vergessen, was du gerade tust. ...Wenn der Verstand aussetzt, wirst du dich wie ein Idiot beehmen und auch so ausschauen. ...Ein leerer Verstand bedeutet, dass du dumm und stumpfsinnig bist. Außerdem könnte es passieren, dass du nicht wieder in die Gänge kommst, wenn du ganz aufhörst. ...Du wirst rumlaufen wie ein Vollidiot und von allen ausgenutzt und gedemütigt werden. ...Wachsamkeit ist alles! Du kannst es dir nicht leisten, nicht wachsam zu sein. ...Der Friede ist eine Illusion – eine gefährliche Illusion."

Der Richter bezieht einen Großteil seiner Macht aus Ihren frühen Erfahrungen, als von Ihnen erwartet wurde, zu denken und Wörter zu produzieren. Für ein Kind, das in seine Spiele und die Interaktionen seiner eigenen Welt vertieft ist, ist es nicht ungewöhnlich, zeitweise einen leeren Verstand zu haben. Doch Ihr *Gewahrsein* eines leeren Verstandes erschien oft in unangenehmen Momenten – so zum Beispiel, wenn ein Erwachsener von Ihnen erwartete, seine Fragen beantwortet zu bekommen, Sie etwas Wichtiges erinnern mussten oder solche Angst hatten und so verwirrt waren, dass Sie nicht antworten konnten. Das sind Situationen, in denen Sie vielleicht missbilligend angeschaut wurden, Ihnen vorgeworfen wurde, etwas zu verbergen, Sie dafür gerügt wurden, nicht gelernt zu haben, und bei denen Sie gemaßregelt wurden, weil Sie den Erwachsenen keinen Respekt entgegenbrachten. Nur selten gab es jemanden, der die Erfahrung eines leeren Verstandes erkennen oder würdigen konnte, ohne scheinbar bedeutungslose Fragen zu stellen.

Ein leerer Verstand wurde also mit Dummheit, Gefühlen von Verlorenheit und Einsamkeit sowie der Erfahrung von Angst und Demütigung gleichgesetzt. Und als Erwachsener graut Ihnen nun vor der Möglichkeit, dass Ihre Gedanken anhalten könnten. In einer Situation, in der von Ihnen erwartet wird, dass Sie etwas liefern, kann so etwas peinlich, wenn nicht sogar gefährlich sein. Das macht es dem Richter leicht, Sie von solchen Augenblicken des Nicht-Denkens abzubringen. Ihre negativen Assoziationen dazu, einen leeren Verstand zu haben, haben zur Folge, dass Sie ein grundlegendes Element der inneren Erfahrung von Frieden ablehnen.

Wenn Sie die Position des Richters allerdings in Frage stellen und es zulassen, selber in der Ruhe zu verweilen, beginnen Sie die Stille als eine Friedlichkeit zu erleben, die alles durchdringt. Die Zeit scheint stillzustehen, obwohl all die Dinge wie das Atmen, Schauen und Lauschen weiterhin stattfinden. Es ist wie das zeitlose Gefühl, das Sie überfällt, wenn Sie spät in der Nacht hinausgehen, zum sternenerfüllten Himmel aufschauen und die überwältigende, ausgedehnte Ruhe spüren. Überall begegnet Ihnen das Gefühl eines greifbaren Mysteriums – als seien alle Dinge mit der Farbe der Mitternacht getränkt. Wie mysteriös: Alles ist immer noch da und funktioniert wie gewohnt, doch gibt es keine Gedanken, die es anleiten, verbinden oder die Stille trüben.

Das Mysterium des Friedens

Ist es möglich zu reden ohne zu denken? Können Sie verschiedene Objekte erkennen, ohne über sie nachzudenken oder sie zu bezeichnen? Wie können sich Dinge bewegen, wenn die Welt voller Stille zu sein scheint? Das sind die Mysterien des essenziellen Friedens. Es ist, als seien alle mentalen Einordnungen der Realität abgestreift worden, sodass die Welt wie reingewaschen erscheint. Alles erscheint schlicht und unmittelbar – nicht anders als vorher, aber irgendwie nackt, mysteriöser – ein jedes Ding einzigartig in seiner eigenen Seinsnatur. Das Gefühl, hier im gegenwärtigen Moment anwesend zu sein ist greifbar, und es wird einem klar, dass alle Erinnerungen, Bezeichnungen und Definitionen nichts als Verstandesaktivitäten und keine Aspekte der Wirklichkeit selbst sind.

Eine der ersten Gelegenheiten, bei denen ich die Macht der Stille erlebte, geschah, als ich die Wüste von Nevada durchquerte. Ich erinnere mich, dass ich bei geöffneten Fenstern in meinem Auto saß, dem vertrauten Geräusch des Motors und des Radios lauschte und die dramatische, öde Landschaft betrachtete. Ich war nicht auf das vorbereitet, was geschah, als ich den Wagen anhielt und ausstieg. Die Stille war überwältigend. Ich konnte die Geräusche von Insekten und gelegentliche Vogelstimmen hören, doch der vorherrschende Eindruck war der einer dichten Stille, die fast auf der Haut spürbar war. Ich hatte mir die Stille bislang als Abwesenheit von Geräuschen vorsgestellt, doch dort in der Wüste wurde mir klar, dass Stille in Wirklichkeit hörbar ist. Sie wirkt sich auf das Trommelfell und vielleicht sogar den gesamten Körper aus. Sie besaß tatsächlich die Macht, die vertraute Welt innerhalb meines Autos auszulöschen – sodass ich fast sofort ins Auto zurücksprang. Die Intensität der Stille war mir so unvertraut, dass sie mir, als ich sie zum ersten Mal auf solch dramatische Weise erlebte, geradezu unheimlich war. Erst als ich einige Minuten in dieser Welt der offenen Weite, des hellen Lichts und der Stille gestanden hatte, konnte ich entspannen und mich von der Stille und dem Frieden zutiefst angerührt fühlen.

Innere Stille wird als wahrer Friede empfunden – ein Friede, der so tief und beruhigend ist, dass man sich vorkommt, als könne man zum ersten Mal wirklich tief durchatmen. Endlich kann man einfach nur da sein, ohne Zurückhaltung, ohne inneren Aufruhr und ohne den Richter, der sonst dauernd abschätzt, vergleicht, kritisiert oder analysiert. Dieser Friede ist machtvoll. Er besitzt die Macht, den inneren Aufruhr auszulöschen und Ihre vertrauten mentalen Beschäftigungen – auch Ihre Identifikation mit dem Urteilsprozess – aufzulösen. Der innere Friede hinterlässt nichts – nichts außer dem schlichten Sein. Kein Jemand sein. Nicht etwas sein. Nur Sein. Sie sind dieses Sein, diese Stille – allein in tiefer, erfrischender Ruhe.

Praxisanleitung: Mit der Stille der Nacht verweilen

Suchen Sie eine Gelegenheit, die Stille der Nacht zu erleben. Dafür kann es entweder spät in der Nacht sein, nachdem alle in Ihrem Haus und/oder Ihrer Nachbarschaft zu Bett gegangen sind, und außer dem Eisschrank, der Uhr und dem elektrischen Licht nichts mehr aktiv ist – oder auch früh am Morgen, wenn die Menschenwelt und sogar die Sonne noch nicht erwacht sind. Finden Sie einen bequemen Platz im Haus, draußen auf einer Veranda oder im Hof, wo Sie einfach nur sitzen, lauschen und die Stille der Nacht spüren können. Achten Sie darauf, wie Sie sich fühlen und was Sie denken. Achten Sie besonders darauf, ob Sie sich innerlich von der Sie umgebenden Stille und dem Alleinsein berührt fühlen.

Sue beendete ihre Mahlzeit und ging ins Haus, um zu sehen, was im Fernsehen lief. Sie war sich nicht sicher, ob sie vor der Glotze abspannen wollte, hatte aber Schwierigkeiten, sich etwas anderes vorzustellen. Nun, da sie zufrieden und ruhig war, verspürte sie das Bedürfnis, sich unterhalten zu lassen. Sie hoffte, dass Frank vielleicht dazukommen würde, damit sie sich nicht so schuldig vorkam.

Nachdem sie herausgefunden hatte, dass gerade kein interessanter Film lief, den sie beide noch nicht gesehen hatten, machte sie sich auf die Suche nach Frank. Im Türrahmen stehend betrachtete sie ihn, wie er friedlich im Dunklen saß und sein Bier austrank. Er sah aus, als könne er für immer dort sitzen bleiben, und sie fing an, sich etwas besorgt zu fühlen. „*What about Bob?* läuft gleich im Fernsehen. Das haben wir doch noch nicht gesehen. Willst du es mit mir anschauen?"

„Fernsehen gucken? Was soll denn das sein?" Frank wechselte die Tonart: „Also Sue, ich kann's nicht glauben! Wie kannst du so etwas vorschlagen, wo wir gerade beide so echt waren. Fernsehen ist so ein passiver Plastikscheiß – das ist doch nur was für Leute, die das wahre Leben nicht ertragen können." Seine Stimme erschien ihr wie ein Messer, das aus dem Dunkel kam, und Sue fühlte sich von der Herablassung seines Richters angegriffen.

„Nun fang du bloß an, dich über das Fernsehen auszulassen! Wie selbstgerecht du wirst, wenn es darum geht, was 'echt' und was 'Scheiße' ist. Im Moment fühle ich mich wie ein Stück Scheiße, wenn du so auf mich herabschaust. Halt also die Klappe!" Sue stand kurz vor den Tränen, war aber entschlossen, sich zusammenzureißen.

„Jetzt warte mal," sagte Frank, „ich wollte dich gar nicht angreifen. Es kommt mir nur vor, als würdest du gerade versuchen, vor etwas Echtem wegzulaufen und dich in der Glotze zu verlieren. Was anderes kann es doch nicht sein." Der selbstgerechte Ton in seiner Stimme war immer noch da.

Sue hatte schwache Knie, war aber entschlossen, nicht aufzugeben. Sie holte tief Luft und spürte, wie ein Teil ihrer inneren Stärke und der Hitze, die sie bei der Konfrontation mit ihrem eigenen Richter während der Wanderung heute Nachmittag verspürt hatte, zu ihr zurückkehrte. Dieses Mal schrie sie nicht. Als sie sprach, war ihre Stimme ruhig und kontrolliert, doch zugleich eindeutig machtvoll: „Mir scheint, dass du dich für meinen Richter hältst. Nun, das bist du nicht. Niemand hat dir das Recht gegeben, über mich zu urteilen, also halt die Klappe!"

Stille. Sue fühlte sich sehr allein, als sie fest verwurzelt in ihrer eigenen Wahrheit dastand. Zwischen ihr und Frank hatte sich ein weiter leerer Raum aufgetan. Sie wusste nicht, wo er sich befand oder was er dachte. Doch in diesem Augenblick war es ihr egal, und sie begann sich ein wenig traurig zu fühlen. Als sie daran dachte, bewusst zu atmen, konnte Sue innerlich entspannen und erkennen, dass sie immer noch existierte und die Welt sich noch drehte. Bevor sie sich umdrehte, um zurück ins Haus zu gehen, sagte sie ins Dunkel: „Falls du auch kommen willst – ich bin dann im Wohnzimmer und gucke mir den Film an."

22

Nach dem Urteil

Nun haben Sie sich den Urteilsprozess im Detail angeschaut: die verschiedenen Möglichkeiten, sich vom Richter angegriffen zu fühlen; wie Sie sich selbst dadurch verraten, dass Sie sich in die Angriffe verwickeln und wie Sie sich aktiv gegen diese Angriffe verteidigen können. Die ganze Zeit war es Ihr Ziel, sich aus der Verwicklung zu lösen und zu erfahren, wie es ist, ganz aus der Schleife herauszutreten. Das ist ein natürlicher Vorgang, der daraus resultiert, dass Sie sich von der inneren Erfahrung, verurteilt zu werden, disidentifizieren – sich also nicht länger mit dem jeweiligen Selbstbild identifizieren, das Sie an den Angriff bindet.

Im letzten Kapitel haben wir die innere Verschiebung besprochen, die stattfindet, wenn Sie sich aus der Verstrickung lösen, haben jedoch noch nicht sämtliche Implikationen betrachtet, die damit einhergehen. Im Allgemeinen ist diese Verschiebung eine angenehme Erfahrung, weil sie einen von dem begrenzenden Selbstbild erlöst – als zöge man endlich ein zu enges Kostüm aus, das man den ganzen Tag getragen hat. Diese Erlösung wird häufig von einem Gefühl von Weite, Energie oder innerer Stille begleitet. Doch wenn man übt, sich zu verteidigen, bringt die Erfahrung der Ablösung auch andere, beunruhigende Aspekte mit sich – insbesondere das Gefühl, allein zu sein.

Trennung und Alleinsein

Sich aus der Verstrickung zu lösen geschieht tatsächlich aus der Absicht, ein Gefühl von Trennung zu erzeugen. Wir haben die Urteilsschleife als eine innere Dynamik bezeichnet, die sich darauf konzentriert, eine innere Beziehung mit einem Gegenüber (dem Richter, den Erwachsenen, den Eltern) aufrechtzuerhalten. Aus der Schleife auszubrechen bedeutet also zunächst und hauptsächlich, diese Beziehung zu beenden – sie nicht nur zu verändern oder ihren emotionalen Ton zu ändern, sondern sie wirklich zu stoppen. Die Ablösung trennt Sie vom anderen und, was noch wichtiger ist, von der Erfahrung, sich in einer Beziehung zu befinden. Das kann dramatisch und unerwartet sein. Ohne innere Beziehung sind Sie allein.

Ein solches Alleinsein mag schmerzhaft oder erschreckend sein, weil Sie es mit Isolation, Verlassenwerden, Hilflosigkeit und Verlust gleichsetzen. Das sind die Gefühle, die Sie ursprünglich hatten, als Sie ein Kind waren und den Verlust der Beziehung zu Ihren Eltern fürchteten. Es wird unangenehm sein, mit diesem Alleinsein zu verweilen, weil das bedeutet, schwierige Gefühle ertragen zu müssen. Wir neigen dazu, irgendetwas zu unternehmen, damit diese Gefühle verschwinden. Dieser Wunsch basiert auf derselben Motivation wie der ursprüngliche Impuls, sich zu verwickeln. Er unterwandert die Ablösung und zieht Sie in die Schleife zurück, weil es Ihnen vorkommt, als sei die Verwicklung dem Alleinsein und dessen schmerzhaften Assoziationen vorzuziehen.

Auf der anderen Seite kann sich das Alleinsein intim und still anfühlen, ohne einsam zu erscheinen. Ohne Druck und Forderungen von außen können Sie ungezwungen sein – frisch, offen und weit. Und im Inneren sind nur Sie, einfach und unbelastet im Kontakt mit Ihrer Erfahrung. Sie sind sich Ihrer selbst gewahr und sorgen sich nicht um andere. Niemand besetzt Ihren psychischen Raum. Sie sind allein, können sich also von Ihrer ständigen Wachsamkeit und Vorsicht verabschieden.

Es ist eine große Erleichterung, sich nicht darüber sorgen zu müssen, was irgendjemand über Sie fühlt oder denkt – darüber was Sie tun, wie Sie sich verhalten oder was Sie fühlen. Das ist eine Sorge, die Sie bewusst oder unbewusst Ihr Leben lang beherrscht hat. Als Kind haben Sie gelernt, einen Großteil Ihrer Energie darauf zu verwenden, den Richter in anderen aufzuspüren und auf Zeichen von Missbilligung, Ablehnung, Unwohlsein, Angst oder Enttäuschung zu achten. Selbst wenn die anderen nicht anwesend sind, läuft derselbe Prozess innerlich mit Ihrem eigenen Richter weiter. Das ist vertraute Realität für Sie.

Der innere Zustand, allein zu sein, ist einem tatsächlich so unvertraut, dass man ihn im Allgemeinen schwer ertragen kann. Zu spüren, dass es keinen inneren Dialog und kein inneres Gefühl gibt, auf die Reaktion eines anderen zu warten oder zu hoffen, mag einem vorkommen wie zuviel Freiheit, zuviel Stille, zu viele Möglichkeiten. Diese Art, wirklich allein zu sein, ist eng mit innerer Weite und essenziellem Frieden verwandt. Urteile wie „Und was ist mit deiner Mutter oder deinem Partner? Ist dir denn völlig egal, was sie denken?" oder „Wie willst du denn jetzt klarkommen, wo keiner mehr da ist, der dir helfen könnte?" werden vielleicht auftauchen. Sie beenden die Abgeschiedenheit wirksam, indem sie den Richter auf den Plan rufen. Und um das Alleinsein aufrechtzuerhalten, ist es nötig, sich immer wieder aus der Verwicklung zu lösen.

Alleinsein mit einem anderen

Wir haben über das innerliche Alleinsein gesprochen, das entsteht, wenn der Urteilsprozess sich nur auf einen selbst bezieht. Fühlen Sie sich allerdings angegriffen, während Sie sich einem anderen Menschen gegenüber befinden (besonders, wenn Sie sich von diesem Menschen angegriffen fühlen) und lösen Sie sich daraufhin aus der Verwicklung, dann wird es Ihnen vorkommen, als trennten Sie sich von diesem Menschen oder beendeten sogar die Beziehung zu ihm. Ja, Sie wollten sie in ihrer begrenzenden, urteilenden Form beenden, hatten aber nicht geahnt, wie es sich anfühlen würde, dabei erfolgreich zu sein.

Wenn das urteilende Verhalten des anderen eher ungewöhnlich für ihn ist und Sie diesem Verhalten mit Ihrer Verteidigung erfolgreich entgegentreten, dann wird Ihre Ablösung Sie von dem Angriff befreien, ohne der eigentlichen Beziehung mit diesem Menschen zu schaden. In einem solchen Fall wird Ihre Verteidigung die Luft reinigen und es der Beziehung ermöglichen, ihre vertraute Leichtigkeit und Offenheit wiederzugewinnen. Wenn Sie sich allerdings von einem langjährigen Beziehungsmuster befreien, trennen Sie sich damit von der bestehenden Beziehung in der Form, wie sie bislang definiert wurde. Gelingt Ihnen Ihre Verteidigung, dann stellen Sie sich außerhalb der Vorgaben, die Ihre gemeinsame Art der Beziehung bislang bestimmt haben. Plötzlich sind Sie da und der andere auch – aber die Beziehung ist nicht mehr da. Zwischen Ihnen gibt es nichts mehr – keine Gespräche, keine Worte, keine Bilder, als habe sich plötzlich ein leerer Raum zwischen Ihnen aufgetan.

Bemerkenswerterweise sind Sie nun mit einem anderen Menschen präsent – ohne Bilder, welche die Atmosphäre vernebeln, und auch ohne vertraute Verwicklungsmuster, die den direkten und unmittelbaren Kontakt zu diesem anderen Wesen stören. Das kann ein Moment voller Entzücken und Frische, Freude und Entspannung sein – aber auch eine unmittelbare Begegnung mit dem Unbekannten. Wer ist dieser Mensch, wenn Sie keine Beziehung mit ihr oder ihm haben? Wer sind Sie, wenn Sie nicht wissen, worauf Ihre Beziehung basiert? In diesem Moment des Abgelöstseins existiert die Möglichkeit, einander ohne Beziehung zu begegnen – ähnlich dem Empfinden, wenn Sie jemandem zum ersten Mal begegnen. Wenn Sie auf eine Geschichte mit diesem Menschen zurückblicken, besteht die Herausforderung darin, sich zu beziehen, ohne auf sie zurückzugreifen und sich in der „Beziehung" zu verlieren. Kann man einfach nur präsent, offen und mit der Realität eines jeden Augenblicks im Kontakt sein?

Sich wieder einlassen

In einer Verbindung zu bleiben, die so unmittelbar und unbestimmt ist, kann häufig unerträglich sein – entweder für den anderen (der die Ablösung als Ablehnung verstehen kann), oder für Sie. Es ist nicht einfach, einer Beziehung leeren Raum zuzugestehen – besonders, wenn es nicht von beiden gewünscht wurde. Die erste Reaktion nachdem Sie sich verteidigt haben, ist meistens der Wunsch, den gerade entstandenen Raum und die Lücke zwischen Ihnen beiden zu „reparieren". Das äußert sich meistens als Wunsch, die soeben gelungene Ablösung rückgängig zu machen, um sich wieder zu „verbinden" – mit anderen Worten: wieder zu verwickeln. Das kann schon passieren, bevor Sie überhaupt zu reden aufgehört haben. Dann fügen Sie Ihrer Rede zum Schluss eine Rationalisierung oder einen Gegenangriff an. Zum Beispiel: „Ich kann es nicht ausstehen, wenn du das sagst, also hör auf damit!...aber nimm das bitte nicht persönlich – ich bin heute etwas durcheinander." Der Nachspann nach dem „hör auf damit!" ist eine Rationalisierung, die Sie wieder mit dem Angreifer verwickelt. Oder: „Du hast zu meinem Verhalten ein paar gute Punkte aufgeführt, ...aber du tust immer derart selbstgerecht, dass ich dich gar nicht ernst nehmen kann." Dieses Mal folgt auf die Zustimmung als Mittel zur Ablösung ein Gegenangriff, der die Verwicklung erfolgreich wieder einleitet.

Weil eine Verteidigung schwer durchzuführen und die Ablösung schwer aufrechtzuerhalten ist, ist es zu Beginn ganz normal und kein Zeichen von Versagen, sich wieder zu verwickeln. Es ist einfach nur eine Lernstufe. Auch hier geht es wieder darum, zu erkennen, was Sie tun, und Mitgefühl mit Ihrem eigenen Prozess zu haben. Sie können sich auch innerlich verstricken ohne sich verbal einzulassen, um das Trennungsgefühl zu vermeiden, das durch die Ablösung ausgelöst wird. Achten Sie darauf. Wenn Sie feststellen, dass Sie immer noch über eine Interaktion nachdenken, aus der Sie sich gelöst haben – wie Sie es vielleicht anders oder besser hätten machen sollen, wie gut Sie waren, dass Sie nicht wissen ob es funktioniert hat, dass Sie immer noch wütend sind und so weiter – dann ist die Wahrscheinlichkeit groß, dass Sie sich wieder neu verwickelt haben. Wenn Sie das erkennen, haben Sie die Möglichkeit, die Neuverwicklung zu stoppen, und können den Raum, das Unbehagen oder das Alleinsein fühlen, das Sie vermeiden wollten.

Selbsteinschätzung

Vielleicht fragen Sie sich, wie Sie Ihren Erfolg ermessen können, *ohne* sich wieder neu zu verwickeln. Wollen Sie herausfinden, ob Sie erfolgreich waren, so können Sie nur zu leicht in den alten Glauben zurückfallen, der Richter habe das beste Rüstzeug, um Sie einzuschätzen. Welche sonstigen inneren Ressourcen besitzen Sie, um sich ein akkurates Feedback zu verschaffen? Diese Frage können Sie nur beantworten, wenn Sie eine Selbsteinschätzung von einer Selbstverurteilung unterscheiden können.

Schauen wir uns doch einmal eine Selbstverurteilung an. Wie fühlen Sie sich, nachdem Sie den Richter um Rat gefragt haben? Sie haben entweder ein gutes oder ein schlechtes Gefühl zu sich selbst. Es wäre hilfreicher, sich selbst folgende Frage zu stellen, anstatt den Richter um seine Meinung zu bitten: „Habe ich das Gefühl, dass ich mich der Wahrheit meiner Situation mehr geöffnet habe?“ Denken Sie daran: Ein Urteil ist eine bewertende Aussage, sie beinhaltet eine Einschätzung Ihres Wertes und fühlt sich an, wie ein Ablehnen Ihres derzeitigen Zustandes. Was können Sie von dem Richter außer weiteren Urteilen erwarten?

In dieser Situation suchen Sie eine Hilfe, um zu erkennen, ob die Ablösung funktioniert hat oder wie sie vielleicht besser funktionieren könnte – und keine Einschätzung Ihres Wertes. Das bedeutet: Sie müssen das Gefühl für Ihren persönlichen Wert von der Auswertung Ihrer Funktionen trennen. So etwas kann der Richter nicht, weil er glaubt, dass Ihr Wert immer irgendwelchen Bedingungen unterliegt. Außerdem hat er kein Interesse an der Wahrheit.

Um Ihren Fortschritt objektiv auszuwerten, müssen Sie sich völlig vom Richter trennen, indem Sie lernen, sich auf Ihre eigenen direkten Erfahrungen zu beziehen. Was haben Sie nach der Ablösung gespürt? Wie hat sich das verglichen mit Ihrem vorherigen Zustand angefühlt? Hat die Ablösung für Sie funktioniert? Es ist nicht einfach, diese Fragen zu beantworten, ohne in Selbstverurteilungen zu verfallen. Daher lautet eine der häufigsten Antworten auf derartige Fragen: „Ich weiß es nicht.“ Das ist eine angemessene Antwort. Waren Sie davon abhängig, dass Ihr Richter Ihre Leistungen, Gefühle und Fortschritte ausgewertet hat, so müssen Sie, um sich davon zu lösen, das Unbekannte ertragen. Sie werden allmählich lernen müssen, sich auf eine Informationsquelle zu verlassen, der Sie bisher nur schwer vertrauen konnten – Ihrer Fähigkeit nämlich, in Ihrem eigenen urteilslosen Erleben die Wahrheit auszumachen.

Nichts zu wissen ist kein Fehler. Es ist nötig, das Nichtwissen zuzulassen, um den Richter wirklich und wahrhaftig loslassen zu können. Wenn Sie die Erfahrung des „Ich weiß nicht“ ablehnen, wird Sie das nur zum Richter zurückführen. Ungewissheit und Nichtwissen abzulehnen wird häufig als Selbstzweifel erlebt. Seien Sie achtsam – das ist häufig nichts anderes als eine weitere Form der Verwicklung. Sie müssen lernen, darauf zu vertrauen, dass Sie mit dem Nichtwissen lange genug verweilen können, um zu beginnen, die Elemente Ihrer eigenen Erfahrung zu erkennen. Das wird zu

Ihrer persönlichen Quelle, um festzustellen, worin die Wahrheit liegt und für sich selbst zu entdecken, was funktioniert und was nicht.

Sich selbst nicht kennen

Nachdem wir die Aspekte des Alleinseins und Nichtwissens untersucht haben, kehren wir zu der Tatsache zurück, dass eine wahre Ablösung aus der Verwicklung immer auch eine Trennung bedeutet. Zunächst werden Sie das als Trennung von einem anderen Menschen erleben, wenn Sie diesen als Angreifer kennen gelernt hatten (wobei es sich oft um einen engen Freund oder Vertrauten handelt, von dem Sie nicht getrennt sein möchten). Im Lauf der Zeit erkennen Sie, dass es sich in Wirklichkeit um eine Trennung von Ihrem Richter, den Sie auf den anderen projiziert haben, und von Ihrem eigenen Selbstbild handelt. In anderen Worten: Es ist eine Trennung von etwas, wofür Sie sich gehalten haben. Das kann in jedem Fall Angst einflößend und unangenehm sein.

Wie fühlt es sich an, Ihr Selbstbild eines hilflosen oder unzulänglichen Kindes loszulassen? Oder Ihr Gefühl, die Kontrolle zu haben und zu wissen, was geschehen wird? Wenn Sie Ihre *Vorstellung* davon, wer Sie sind, loslassen, wer sind Sie dann? Und wer ist der Mensch in Ihrer Gegenwart, wenn nicht der urteilende oder kritische Erwachsene, dem Sie zu gefallen versuchen, damit er Sie mag? Wie können Sie sich beziehen, wenn Sie sich nicht auf gewisse Vorstellungen und Bilder davon verlassen, was los ist? All diese Fragen sind wichtig, und Sie müssen sie anhand der Wahrheit Ihrer eigenen Erfahrung beantworten.

In der Einzelstunde

Meghan verspürte eine heftige Einschnürung im Solarplexus, die sie daran hinderte, tief durchzuatmen und sich zu erden. Sie zwang sich immer wieder zu tiefen Atemzügen und veränderte ihre Position, um ihren Oberbauch zu entspannen. Als ich sie fragte, warum sie kämpfte, wurde ihr klar, dass ihr die Einengung nicht gefiel, ihr Richter ihr jedoch erzählte, es bedeute, dass etwas mit ihr nicht in Ordnung sei: „Du schneidest dich ab – wahrscheinlich versuchst du, irgendetwas zu verbergen. Du solltest dich schämen." Meghan sah ein, dass sie sich *wirklich* schämte und deshalb versuchte, sich zum Entspannen zu zwingen. Es funktionierte nicht.

Ich ermutigte sie, die Beengung einfach zuzulassen und zu verfolgen, aber dabei so flach zu atmen, wie ihr Körper es wollte. (Das ist eine körperliche Variante der Ablösung durch Übertreibung, in der Sie eine Qualität, die der Richter für negativ hält und bei Ihnen ablehnt, für wertvoll erklären). Als sie das tat, fühlte sie sich, als wolle sie zu atmen aufhören, sich in einen winzigen Raum zusammenquetschen und verschwinden. Die Einengung breitete sich in ihre Arme und Beine aus und war sehr unangenehm. Doch nach einigen Minuten spürte sie, wie ihr gesamter Körper sich entspannte, als wolle er schmelzen. Dieses Mal war keine Bemühung vonnöten, da der Körper selbst bereit war, zu entspannen. Meghan begann, recht gut in sich zu ruhen und sagte nach paar Minuten: „Ich möchte gar nicht reden." Ich ermutigte sie, diesem Gefühl zu folgen.

Als eine gewisse Zeit verstrichen war, konzentrierte sich ihr Blick auf mich, obwohl sie immer wieder wegschaute. Sie schien beunruhigt. Dann schloss sie die Augen, öffnete sie jedoch bald darauf wieder, als wolle sie sehen, was mit mir los war. Als ich sie fragte, was gerade mit ihr geschah, sagte sie mir, dass sie die ganze Zeit versuche, Augenkontakt zu machen, obwohl sie sich nicht wohl dabei fühlte, mich direkt anzusehen. Wir untersuchten die Situation weiter, und es wurde klar, dass Meghan nach ihrer Lösung aus der Selbstverurteilung, dem Sich-entspannen-lassen der Einschnürung und dem anschließenden Gefühl von Stille, das mit ihrer eigenen Präsenz einherging, den Verlust der vertrauten Selbstbild/Richter-Beziehung in ihrem Inneren verspürte. Dieses Gefühl des Getrenntseins projizierte sie daraufhin unbewusst auf unsere Beziehung und war besorgt, jetzt keine Verbindung mehr mit mir zu haben. Das bedeutete, dass es ihr zu unangenehm war, mit ihrer eigenen Erfahrung von Präsenz und Stille zu verweilen, weil das unsere Verbindung zu bedrohen schien. Deshalb auch ihr Bedürfnis, Augenkontakt herzustellen. Als sie das erkannte, konnte sich Meghan erneut auf ihre innere Stille einlassen und darauf vertrauen, dass unser Kontakt weiterhin bestand.

Vergessen Sie eines nicht: Wenn Sie die Wahrheit anerkennen, die sich hinter der ausagierten Verwicklung verbirgt – dass Sie kein Kind mehr sind und der andere nicht Ihr Richter ist – dann können Sie es sich erlauben, ohne all diese Bilder und Ideen im Kontakt mit sich selbst zu sein. Nur ein solcher Kontakt ermöglicht es Ihnen, wirklich herauszufinden, wer Sie sind. Gleichzeitig öffnen Sie sich der Möglichkeit, mit dem anderen in echten Kontakt zu treten und eröffnen auch ihm diese Möglichkeit. Und der andere wird Ihnen an diesem viel wahreren Ort begegnen – oder auch nicht.

Sich der Wahrheit öffnen

Das Sich-ablösen von Selbstverurteilungen erfolgt besonders deshalb, damit Sie in der erweiterten Wahrheit Ihrer selbst verweilen können. Wenn Sie sich gegen den Richter zur Wehr gesetzt haben, stehen Ihnen der Raum und die Sicherheit zur Verfügung, mit Ihrem Erleben frei von Ablehnung, Vorurteil oder Anklagen gegenwärtig zu sein. Das kann bedeuten, entweder mit der Aussage zu verweilen, die in dem Angriff verborgen war, oder mit einer Erfahrung, die Ihnen der Angriff vorenthalten sollte. Ein Beispiel für den ersten Fall: Wenn Sie sich angegriffen haben, weil Sie jemanden verletzt haben, können Sie Ihre verletzenden Handlungen, nachdem der Angriff niedergeschlagen wurde, auf offenere und mitfühlendere Weise betrachten. Eine solche Sicherheit ist nötig, wenn Sie die Wahrheit, weshalb Sie sich so verhalten haben, auf eine Weise erforschen wollen, die zur Ablösung führt, nicht zu weiteren Schuldgefühlen. Ein Beispiel für den zweiten Fall kann so aussehen: Sie lösen sich aus Ihrer Verwicklung in einen Selbstangriff darüber, dass Sie einen Ausflug nicht gut genug geplant haben. Die Lösung führt zu ungewohnten Gefühlen der Freude und Begeisterung über das Erlebnis, das Ihnen bevorsteht. Dadurch wird klar, dass der Angriff Sie davon abhalten sollte, eine solche Ausdehnung zu erleben. In beiden Fällen vertieft die Ablösung Ihren Kontakt zur Wahrheit und verhilft Ihnen zu einem tieferen Verständnis Ihrer selbst.

Die Ablösung aus der Verwicklung ist kein Messer, das den Richter aus Ihrem Leben herausschneidet – obwohl sich seine Auswirkungen auf Ihr Leben wahrscheinlich verringern werden. Sie ist keine Methode, die Art und Weise zu verändern, wie andere Sie behandeln, obwohl das eine Begleiterscheinung sein kann. Sie ist ein Prozess, um die Wahrheit dessen zu erkennen, was in Ihrem Inneren geschieht, während Sie Ihr Leben leben. Es schmerzt Sie und Sie fühlen sich von sich selbst abgeschnitten, weil Sie sich mit Vorstellungen davon identifiziert haben, wer Sie sind – Vorstellungen, die auf vergangenen Erfahrungen beruhen – und mit Selbstbildern, die Ihre Fähigkeit, präsent zu sein und auf der Basis Ihrer vollen Menschlichkeit zu agieren, einschränken. Das zu erkennen, zu erleben und dann aufgrund seiner tiefsten Menschlichkeit zu handeln bedeutet, sich von jenen Bildern zu disidentifizieren und sich aus der Verwicklung in den Selbstbetrug und das Leid zu lösen, die sie verursachen. Die Ablösung aus der Verwicklung ist ein kraftvoller Schritt, der Sie für das Abenteuer frei macht, die Wahrheit dessen zu entdecken, der Sie sind.

~ Einige Punkte zur Erinnerung ~

- Die Erlösung, die nach dem Ende der Verwicklung auftaucht, wird häufig von einem Gefühl von Weite, Energie oder innerer Stille begleitet. Doch wenn man übt, sich zu verteidigen, bringt die Ablösungserfahrung auch andere, beunruhigende Aspekte mit sich – insbesondere das Gefühl, allein zu sein.
- Ein solches Alleinsein mag schmerzhaft oder erschreckend sein, weil Sie es mit Isolation, Verlassenwerden, Hilflosigkeit und Verlust gleichsetzen. Das sind die Gefühle, die Sie ursprünglich hatten, als Sie ein Kind waren und den Verlust der Beziehung zu Ihren Eltern fürchteten.
- Wir neigen dazu, irgendetwas zu unternehmen, damit die Gefühle verschwinden. Das unterwandert die Ablösung und zieht Sie wieder in die Schleife zurück, weil es Ihnen vorkommt, als sei Verwicklung dem Alleinsein und seinen schmerzhaften Assoziationen vorzuziehen.
- Wenn das urteilende Verhalten des anderen eher ungewöhnlich für ihn ist und Sie diesem Verhalten mit Ihrer Verteidigung erfolgreich entgegentreten, dann wird Ihre Ablösung Sie von dem jeweiligen Angriff befreien, ohne der eigentlichen Beziehung mit diesem Menschen zu schaden. Wenn Sie sich allerdings von einem langjährigen Beziehungsmuster befreien, trennen Sie sich damit auch von der bestehenden Beziehungsform, wie sie bislang definiert wurde.
- Nachdem Sie sich verteidigt haben, ist die erste Reaktion meistens der Wunsch, den Raum zu füllen und die Lücke, die sich gerade zwischen

Ihnen beiden aufgetan hat, zu „reparieren". Das äußert sich meistens als Wunsch, die Ablösung, die Ihnen gerade gelungen ist, rückgängig zu machen, um sich wieder zu „verbinden" – in anderen Worten: wieder zu verwickeln.

- Weil eine Verteidigung schwer durchzuführen und die Ablösung schwer aufrechtzuerhalten ist, ist es zu Beginn ganz normal und kein Zeichen von Versagen, sich wieder zu verwickeln. Es ist einfach nur eine Lernstufe. Auch dabei geht es wieder darum, zu erkennen, was Sie tun und Mitgefühl mit Ihrem eigenen Prozess zu haben.
- Um Ihren Fortschritt objektiv auszuwerten, müssen Sie sich vom Richter trennen, indem Sie lernen, sich auf Ihre eigenen direkten Erfahrungen zu beziehen. Das heißt, dass Sie Ihr persönliches Selbstwertgefühl von der Auswertung Ihrer Handlungen getrennt halten.
- Sich vom Richter zu trennen bedeutet auch, das Unbekannte zu ertragen. Sie werden allmählich lernen müssen, sich auf Ihre Fähigkeit zu verlassen, die Wahrheit in Ihrem eigenen urteilslosen Erleben zu erkennen.
- Wenn Sie die Erfahrung des „Ich weiß nicht" ablehnen, wird Sie das nur zum Richter zurückbringen. Ungewissheit und das Nichtwissen abzulehnen wird häufig als Selbstzweifel erlebt. Seien Sie achtsam – das ist häufig nichts als eine weitere Form der Verwicklung.
- Eine wahre Ablösung aus der Verwicklung bedeutet immer eine Trennung. Zunächst werden Sie das als Trennung von einem anderen Menschen erleben, wenn Sie ihn als Angreifer erlebt hatten. Im Lauf der Zeit erkennen Sie, dass es sich in Wirklichkeit um eine Trennung von Ihrem Richter, den Sie auf den anderen projiziert hatten, und von Ihrem eigenen Selbstbild handelt. Mit anderen Worten: Es ist eine Trennung von etwas, wofür Sie sich gehalten haben.
- Wenn Sie die Wahrheit anerkennen, die sich hinter der ausagierten Verwicklung verbirgt – dass Sie kein Kind mehr sind und der andere nicht Ihr Richter ist – können Sie es sich erlauben, ohne all diese Bilder und Ideen im Kontakt mit sich selbst zu sein. Nur ein solcher Kontakt ermöglicht Ihnen, wirklich herauszufinden, wer Sie sind.

ÜBUNG: DIE INNERE TRENNUNG ERFORSCHEN

Achten Sie beim nächsten Mal, wenn Sie Zeit mit einem Freund oder einer Freundin verbringen, auf den inneren Druck, den Sie verspüren, irgendwie zu sein. Achten Sie auf Ihre Erwartungen an den anderen sowie sich selbst. Haben Sie das Gefühl, auf alles reagieren zu müssen, was Ihre Freundin sagt? Haben Sie das Gefühl, dass es wichtig ist, den anderen auf bestimmte Weise zu unterstützen? Wollen Sie, dass der andere Sie auf bestimmte Weise unterstützt? Achten Sie auf Augenblicke, in denen Sie sich zu sprechen genötigt fühlen, obwohl Sie lieber schweigen würden. Dieser subtile Druck, den wir als notwendigen Anteil eines sozial akzeptierten Benehmens hinnehmen, wird häufig durch subtile Angriffe aufrechterhalten. So kann Ihr Richter Sie zum Beispiel dafür angreifen, dass Sie schweigen, während Ihr Freund eine Bemerkung macht, mit der er sich selbst ablehnt. Wenn Ihre gemeinsame Zeit vorüber ist, nehmen Sie sich ein paar Minuten, um bestimmte Vorkommnisse von Druck oder Selbstangriffen aufzuschreiben, die dafür gesorgt hatten, Sie im sicheren aber unechten Fahrwasser der Beziehung zu halten. Was hielt Sie davon ab, sich von Ihren eigenen inneren Maßstäben und Urteilen zu trennen?

Die wundervolle Ruhe war zerstört und der altvertraute, innerlich angespannte und verknotete Frank war wieder da.

Du hast dich echt zum Narren gemacht. Geh lieber hin und entschuldige dich.

Ach, halt die Klappe!

Also, also. Nur weil du durcheinander bist, brauchst du es noch lange nicht an mir auszulassen.

Weißt du, du bist eine Nervensäge.

Er hasste es, sich so zu fühlen. Es war höllisch unangenehm, und als er versuchte, sich mit Hilfe seiner Gedanken davon zu befreien, erreichte er gar nichts.

Ja, ich habe Mist gebaut.

Aber warum tust du sowas?

Keine Ahnung. Ich habe mich gerade so echt und so leicht gefühlt, und dann – peng – stecke ich wieder voll in diesem bescheuerten Ego-Scheiß!

Ganz schön empfindlich, oder? War sie etwa deine Mutter oder was?

Ach, scheiß drauf. Ich will darüber nicht reden.

Frank versuchte, tiefer zu atmen, spürte aber nichts als Anspannung. Er konnte nichts tun, als so zu bleiben und in seinem eigenen Saft zu schmoren. Es war ihm klar, dass es nichts bringen würde, zu versuchen, sich zu ändern oder anders sein zu wollen.

Die Anspannung fühlte sich wie eine personifizierte Weigerung an, sich zu bewegen: „Nein, du kannst mich nicht in Bewegung versetzen. Ich gehe nicht." Schon allein die Erlaubnis, diese Erkenntnis aufsteigen zu lassen, führte dazu, dass er sich weicher fühlte.

Mit der Weichheit kam das Gefühl, ein kleiner Junge zu sein. Er konnte spüren, dass die Anspannung mit Furcht gemischt war. Der Junge hatte Angst gehabt. Ohne nachdenken zu müssen konnte Frank fühlen, dass die Angst eine Reaktion auf Sues Ärger und vielleicht sogar auf den Angriff darstellte, den er ihr präsentiert hatte.

Nun, ihr Ärger war berechtigt und du hast ihn verdient.

Richtig – na, und? Ich interessiere mich mehr dafür, was mit meinem kleinen Jungen los ist.

Das Kindergefühl in seinem Inneren war nicht mehr so eng, fühlte sich aber immer noch unangenehm an. Der Junge hatte irgendwelche Gefühle, schien aber nicht willens oder unfähig zu sprechen. Tatsächlich hatte Frank das ausgeprägte Gefühl, nicht zu wissen, wie er das was er zu sagen hatte, ausdrücken sollte. *Das fühlt sich aber sehr vertraut an. Mir war nur nie klar, dass das Gefühl aus so einer jungen Stelle in mir kommt.* Er blieb weiter sitzen und lauschte, und ein Gefühl tauchte auf: Das Kind wollte zu Sue gehen und in den Arm genommen werden. Als er das spürte, war plötzlich sonnenklar, warum er sie angegriffen hatte. Er fühlte sich mit seinem kindischen Kontaktbedürfnis – seiner eigenen Bedürftigkeit – unwohl, und sein Richter hatte die Initiative ergriffen und es fertig gebracht, dass es nicht erfüllt wurde.

23

Wahrheit

Die Wahrheit wurde in diesem Buch häufig behandelt. Was meine ich, wenn ich dieses Wort gebrauche? *Wahr* im Gegensatz zu *falsch* bedeutet, dass eine Aussage mit einer nachweisbaren Tatsache oder Realität übereinstimmt. Die Wahrheit zu sagen bedeutet, im Einklang mit dem zu reden, was man für wirklich und korrekt hält oder von dem man weiß, dass es wirklich und korrekt ist. In diesem Buch bedeutet Wahrheit die Reflexion des direkten Gewahrseins Ihrer eigenen Erfahrung – insbesondere entspricht Wahrheit einem Wissen, das auf einem unmittelbaren, durch Ihr Erleben hergestellten Kontakt mit der Realität beruht. Wenn jemand fragt, wie es mir geht und ich sage: „Okay“, dann enthält diese Aussage wenig Wahrheit – ich habe die Antwort nur gegeben, um ein soziales Ritual zu zelebrieren. Wäre ich allerdings mit dem verbunden, was ich gerade wirklich fühle, dann würde ich vielleicht sagen: „Ich weiß es nicht“, oder „Traurig und verloren.“ Diese Antworten würden dem Gespräch eher eine gewisse Wahrheitsebene verleihen. Aus dieser Perspektive betrachtet hat die gesellschaftliche Kommunikation nur selten etwas damit zu tun, die Wahrheit zu sagen.

Wenn wir in diesen Kapiteln die Wahrheit ansprechen, bezieht sich das auf die direkte Erkenntnis der Realität im gegebenen Augenblick und nicht auf die Identifikation materieller, belegbarer Fakten. Je mehr Sie in Ihrem Erleben auf die Wahrheit eingestimmt sind, desto enger stehen Sie mit der Realität im Kontakt und sind in ihr verwurzelt.

Woher wissen Sie, was an Ihrer eigenen Erfahrung wahr ist? Schließlich gibt es viele verschiedene Möglichkeiten, etwas, das Sie in einem bestimmten Augenblick erleben, zu betrachten. Sie könnten die physischen Details Ihrer Erfahrung betrachten, Ihre Motivation zu handeln oder den Zweck, den Sie verfolgen; die Geschichte, die sich in Bezug auf die Ereignisse in Ihrem Inneren abspielt; wie Sie sich mit dem was geschehen ist fühlen und welche Bedeutung Sie ihm beimessen – um nur einige Möglichkeiten zu nennen. Welches von diesen Beispielen drückt die Wahrheit aus? Stellen Sie sich vor, zwischen Ihnen und Ihrer Partnerin hätte es ein gravierendes Missverständnis gegeben. Nun streiten Sie womöglich eine Stunde lang darüber, wer was in welcher Reihenfolge gesagt hat – und verpassen völlig die Wahrheit darüber, wie Sie sich hinterher gefühlt haben. Die wichtigste Wahrheit lag vielleicht in Ihrer jeweiligen Vorstellung davon, welche Bedeutung diese gestörte Kommunikation für Sie selbst und Ihre Beziehung hatte. Wie auch immer – die Wahrheit eines Ereignisses ist nicht in der exakten Reihenfolge zu finden, in der alles ablief – obwohl das dazu beitragen kann, herauszufinden, wie das Missverständnis entstanden ist.

Viele Menschen, Philosophen eingeschlossen, würden behaupten, dass Erleben sich nie auf eine einzige Wahrheit reduzieren lässt. Es umfasst eine Vielzahl von Perspektiven, jede mit ihrer eigenen Wahrheit. Darüber hinaus würden sie sagen, dass es unmöglich ist, festzustellen, ob eine dieser Perspektiven die ultimative Wahrheit verkörpert – denn jede von ihnen besitzt ihre eigene innewohnende Logik. Sicher, ein Großteil Ihrer inneren Dialoge befasst sich damit, anhand verschiedener Gesichtspunkte zu erläutern, was in einer gegebenen Situation wirklich wahr ist. Haben Sie je bemerkt, dass oft genau in dem Augenblick, in dem Sie sich auf eine Sichtweise der Wahrheit eingestellt haben, eine neue Stimme sich meldet, die sagt: „Nun, in Wirklichkeit könnte es aber auch so gewesen sein..." oder „Hast du denn dies-und-jenes schon berücksichtigt?" In solchen Momenten bezweifeln Sie wahrscheinlich, ob es eine Herangehensweise gibt, die wahrer ist als die anderen.

Die Vorstellung von der Realität, wie sie in diesem Buch dargestellt ist, basiert auf der Annahme, dass man Realität als solche erkennen kann – das heißt, dass Sie die Fähigkeit besitzen, zu wissen, was innerhalb Ihres eigenen Erlebens wahr ist. Die Wahrheit ist nicht etwas, woran wir glauben; sie entspricht einer direkten Erfahrung, aus der wir wissen: „Ja, das fühlt sich wahr an – es fühlt sich passend und richtig an." Sie erkennen die Wahrheit anhand einer gefühlten Empfindung – etwas setzt sich, und in Ihrem Inneren verpüren Sie eine solide Gewissheit oder auch eine Verschiebung oder Erlösung. Sie entspannen ein wenig, atmen tiefer durch oder fühlen sich klarer – selbst wenn Ihnen die Wahrheit, die Sie erleben, nicht gefällt.

Darum können Sie es auch schätzen, wenn jemand Ihnen sagt, wie traurig Sie aussehen, obwohl Sie es gar nicht bewusst gespürt hatten – eine Wahrheit, die Sie vermieden hatten, wurde erkannt. Sie hatten sich zusammengerissen und lassen sich jetzt instinktiv gehen. Ja Sie merken vielleicht sogar, dass Ihnen Tränen in den Augen stehen. Wenn Sie etwas als wahr erleben, scheint es, als ob irgendetwas in Ihrem Inneren, das festsaß, sich löst und wieder beginnt, sich zu bewegen. Sie spüren, wie Sie sich ganz von selbst öffnen und mehr in sich selbst zu Hause fühlen. Im Augenblick spielen Sie weder Theater, noch verstecken Sie sich oder vermeiden irgendetwas – Sie sind einfach mit dem präsent, was ist. Die Wahrheit ist deshalb ein Gradmesser, der Ihnen zeigt, dass Sie sich Ihrem wahren Wesen annähern, indem Sie mehr mit Ihrer Realität im Kontakt sind. Und jede Wahrheit besitzt nur dann eine Bedeutung, wenn sie in diesem Kontext betrachtet wird.

Die Wahrheit erkennen

Sie tragen die Fähigkeit in sich, die Wahrheit zu erkennen. Wenn Sie mehrere mögliche Gründe in Betracht ziehen, warum Sie etwas getan haben, wissen Sie gewöhnlich, welche der verschiedenen Möglichkeiten den größten Wahrheitsgehalt hat. Das ist kein Wissen, welches auf Schlussfolgerungen oder angesammelten Informationen beruht, sondern ein gefühltes Wissen, das Sie erkennen, wenn Sie Ihrem Erleben im jeweiligen Moment Aufmerksamkeit schenken. Der Verstand kann eine endlose Anzahl von Erklärungen oder Interpretationen für Ihre Erfahrungen vorbringen, doch wenn Sie Ihren inneren Reaktionen gegenüber offen sind, werden Sie wissen, welche Ihnen dazu verhilft, zu verstehen was wirklich geschieht.

Dieser Sinn für Wahrheit ist angeboren, wird aber nicht unbedingt erkannt oder entwickelt. Oft messen Sie Ihrer eigenen Logik, der Meinung von Experten oder dem, was Sie in Büchern lesen, mehr Bedeutung bei als einem nicht verbalen inneren Gefühl für die Wahrheit. „Und *du* willst die Wahrheit kennen? Für wen hältst du dich eigentlich? Du bist schließlich kein Experte...Wenn Du nur rätst, könntest du dich irren. Finde lieber jemand, der die Antwort weiß," sagt Ihr Richter. Doch das Wahrheitsempfinden, das ich hier meine, bezieht sich direkt auf Ihr eigenes Erleben. Niemand hat besseren Zugang zu Ihrem Erleben als Sie selbst – wenn Sie willens sind, direkt damit in Berührung zu treten. Dieses Wahrheitsempfinden entspricht nicht unbedingt der Fähigkeit zu wissen, was in Bereichen wahr ist, die nichts mit Ihnen selbst zu tun haben. Dabei geht es nicht um Hellsehen oder eine andere übersinnliche Fähigkeit. Seine hauptsächliche Funktion besteht darin, Sie dabei zu begleiten, echter mit sich selbst zu sein, und mit dem, was in Ihrem Leben real ist, tiefer in Verbindung zu stehen.

Dieses Gefühl für die Wahrheit kann mit sozialen Verhaltensmustern oder mit dem kollidieren, was Ihr Partner fühlt, mit dem, was Ihre Eltern geglaubt haben oder sogar damit, was Sie selbst noch vor einer Stunde empfunden haben. Aus diesem Grund kann das Streben nach der Wahrheit sowohl Ihre Beziehungen als auch Strukturen gefährden, auf die Sie sich bislang verlassen haben. Die Wahrheit vermittelt Einsichten, ist aber kein Instrument, um Regeln und Maßstäbe über das Leben zu entwickeln, es kann auch keinen Konsens über sie geben. Folglich halten einige Menschen die Wahrheit nicht für besonders nützlich oder interessant, selbst wenn sie sich ihrer gewahr sind. Es mag auch sein, dass Sie im Augenblick eine eindeutige Wahrheit über sich selbst erkennen („Ich muss darüber reden, wie sehr du mich verletzt"), doch wenn Sie das zu einer festen Wahrheit machen, die aussagt, wer Sie sind und was Sie brauchen, dann schneiden Sie sich von einem unaufhörlich wechselnden Gefühl dessen ab, was wahr ist.

Aus dem Leben gegriffen

Tonys Vater war plötzlich gestorben. Einen Monat nach der Beerdigung erhielt Tony von seinem Bruder, dem Testamentsvollstrecker, einen Brief mit einer Kopie des Testaments sowie der Aufforderung, seine Unterschrift zu leisten, sofern er den Letzten Willen nicht anfechten wolle. Tony war bestürzt, dass ihm, vergleichen mit seinem einzigen Bruder, nur eine unbedeutende Summe hinterlassen worden war. Nach dem ersten Schock fühlte er, dass eine vertraute Taubheit seinen Körper, sein Herz und sein Denken erfüllte. Schon wieder war die Anerkennung seines Vaters für ihn so dürftig ausgefallen, als hätte er in seiner Familie stets nur eine Nebenrolle gespielt – wie die eines Durchreisenden, an den sich kaum jemand erinnert. Die Stimme seines Richters war fast tröstlich: „Es ist doch immer so gewesen – was kannst du schon erwarten? Vergiss nicht: Du hast ihn auch nie gemocht."

Erst als ein Freund ihn darauf hinwies, dass er das Testament vielleicht anfechten könnte, erkannte Tony seine gewohnte Unterwürfigkeit in Bezug auf seinen Vater. Dadurch verschob sich etwas, und ein lange zurückgehaltener Groll begann in seinem Bauch zu rumoren. In den darauf folgenden Stunden und Tagen wurde die Wut in seinem Inneren zu einem lodernden Feuer. Er verspürte einen rasenden Zorn auf seinen Vater, seine Familie und die vielen Jahre der Ungerechtigkeit, die er schweigend hingenommen hatte. Die Reaktion seines Freundes hatte die Wahrheit seiner tieferen emotionalen Befindlichkeit, die unter der rationalisierten Passivität vieler Jahre vergraben lag, an den Tag gebracht. Eine Möglichkeit nach der anderen zog durch seinen Geist: Rachegelüste und -strategien, Gerichtsverfahren, herabsetzende Briefe, hasserfüllte Telefonate, – sogar die Idee, einen Detektiv anzuheuern, um seinen Bruder zu überwachen. Er konnte kaum schlafen – sein obsessives Denken pumpte unablässig das Adrenalin durch seine müden Adern. Es war, als wäre all die Feindseligkeit, die seit seiner Kindheit in seinem Inneren verschlossen war, auf einmal freigesetzt worden und drohe, ihn in ihrem galligen Überfluss zu ertränken. Mehrere Male fühlte Tony sich, als ob er die Kontrolle verlieren und gewalttätig werden würde – doch irgendetwas hielt ihn davon ab, unüberlegt zu handeln und verdammte ihn gleichzeitig dazu, im eigenen Saft zu schmoren.

Schließlich kam Tonys Selbsterforschungspraxis ins Spiel. Er begann sich zu fragen: „Was bedeutet es für mich, dass dieses Ereignis jetzt in meinem Leben geschieht?" Diese Frage erlaubte es ihm zu erleben, dass das, was im Augenblick mit ihm passierte, wichtiger war als die Erinnerung an lang vergangene Ereignisse. Die Wahrheit seiner gegenwärtigen Erschöpfung und Anspannung ließ Tony keine Wahl: er musste sich ansehen, wie aufgedreht sein Körper und sein Herz waren. Er erkannte, dass er sich hinter den zwanghaften Plänen für seine grandiosen Intrigen machtlos, schwach und ängstlich fühlte. Unfähig, die Hilflosigkeit länger zu bekämpfen, ließ er sich darauf ein. Der Knoten in seinem Bauch löste sich, und plötzlich war er selbst auf schmerzliche Weise präsent.

Sein Körper schmerzte und sein Herz war wund, doch Tony fühlte sich auch lebendig und wach. Die Geschichten hatten sich aus seinem Kopf verflüchtigt, und an ihrer Stelle stieg der starke Wunsch in ihm auf, sich *jetzt* um *seine* Angelegenheiten zu kümmern. Er verspürte die Bereitschaft sowie den Mut, sich der Realität zu stellen, und fühlte sich auf dynamische Weise fähig, die Sache erledigen zu können. Essenzielle Stärke durchströmte seine Seele. Er war von dem klaren und direkten Wissen erfüllt, dass seine Machtlosigkeit sich auf die Vergangenheit bezogen hatte, und er wusste, dass das die Wahrheit war: er konnte das Geschehene nicht ändern. Mit seinem besessenen Verhalten hatte er versucht, seine Schwäche abzuleugnen, doch stattdessen hatte er sie nur weitergeführt. In dem Augenblick, in dem Tony sich der Wahrheit seines Gefühls beugte, zeigte sich seine Macht, mit der gegenwärtigen Situation umzugehen.

Er rief sofort einen Anwalt an, um sich über Möglichkeiten zu informieren, das Testament auf legalem Wege anzufechten. Am nächsten Tag telefonierte er mit seinem Bruder und seiner Mutter, um deren Sichtweise der Geschichte zu erfahren. Ungeachtet dessen, was sich mit dem Testament ergeben würde, hatte Tony schon jetzt das Gefühl, die Schlacht gewonnen zu haben, indem er die Wahrheit dessen erkannt hatte, der er jetzt in seinem Leben war.

Einer der Hauptgründe, warum Sie Ihre Fähigkeit, die Wahrheit zu wissen (und dadurch im Kontakt mit der Realität zu sein), nicht erkennen oder verfolgen, hat damit zu tun, dass Sie in Kenntnis der Wahrheit häufig mit Ihrem Bedürfnis kollidieren, bestimmte Überzeugungen über sich selbst aufrechtzuerhalten. Wenn Sie die Wahrheit spüren, kann Sie das nur dahin führen, in engere Beziehung mit der Realität des jeweiligen Augenblicks zu kommen. Und in jedem Moment, in dem Ihnen das, was Sie als die Wahrheit erkennen, nicht gefällt und Sie es vorziehen, sich an eine bekanntere oder akzeptablere Erfahrung Ihrer selbst zu halten, werden Sie aufhören, auf die Wahrheit zu achten.

Das heißt nicht, dass Ihr Gefühl für die Wahrheit unfehlbar ist. Wenn Sie auf Ihren inneren Wahrheitskompass achten, werden Sie feststellen, dass er von Ihren Wünschen, Vorlieben, Hoffnungen und Ängsten beeinflusst wird. Zu Beispiel können Sie das Gefühl haben, dass es wahr ist, jetzt sofort ein Eis haben zu wollen. Sie erkennen vielleicht nicht, dass sich in der Wahrheit dieses Verlangens eine tiefere Wahrheit verbergen könnte. Es mag sein, dass Sie eigentlich nur etwas Süßes begehren, um Ihren Herzschmerz zu besänftigen. Wenn Sie die oberflächliche Wahrheit Ihres Wunsches nach Eiskrem nicht durchschauen wollen (weil es unangenehm sein könnte, mit der tieferen Wahrheit im Kontakt zu sein) dann wird Ihr Verlangen danach, sich gut zu fühlen, Ihren Wahrheitssinn verzerren. Indem Sie sich auf Ihr Gefühl für die Wahrheit einstellen und willens sind, alles, was Sie entdecken, offen zu betrachten und gleichzeitig in Frage zu stellen, können Sie Ihre Fähigkeit der Wahrheitssuche stärken.

Diese Fähigkeit ist tatsächlich ein Aspekt Ihres wahren Wesens. Unabhängig vom Inhalt ist die Wahrheit eine Qualität Ihrer selbst. Je mehr Sie zu erspüren üben, was an Ihrer Erfahrung wahr ist, desto eher vermögen Sie den ganz eigenen Duft der Wahrheit wahrzunehmen. Sie vermittelt ein spezielles Gefühl, das normalerweise als Anteil von etwas anderem erlebt wird: von einem Verständnis, einer Erkenntnis, einer Einsicht. Dieses spezielle Gefühl lässt Sie wissen, dass Ihr Verständnis oder Ihre Einsicht wahr ist. Sie sind sowohl mit dem Inhalt dieser Einsicht *als auch* mit dem Gefühl von Wahrhaftigkeit im Kontakt. Das bringt ein Gefühl von Erweiterung, Intimität und Süße mit sich – einen Hauch von Freiheit, der daher kommt, dass Sie enger mit sich selbst in Verbindung sind. Eine Tatsache als wahr zu erkennen vertreibt die Falschheit, die Sie auf Abstand zu sich selbst gehalten hatte. Die Tatsachen selbst sind nur Stufen auf dem Weg, die Wahrheit dessen zu erleben, was Sie sind. Diese Wahrheit bedeutet eine golden-süße Erlösung im Herzen, ein Entspannen in Ihre Authentizität.

Die Wahrheit und der Richter

Der Richter hat kein Interesse an der Wahrheit; er glaubt, dass er schon genug Wissen aus der Vergangenheit mitbringt, um Ihr Leben zu organisieren. Für den Richter ist es allein wichtig, zu wissen, was getan werden muss, wie es getan werden muss, was falsch laufen kann und was man tun kann, damit nichts falsch läuft. Die Wahrheit ist nur nützlich, wenn sie dazu beiträgt, diese Fragen zu beantworten. „Dir geht's ja wirklich total schlecht. Warum setzt du dich nicht hin und erforschst, was wirklich los ist? Wenn du das herausfinden kannst, können wir vielleicht was daran ändern." Die Haltung des Richters ist, was die Wahrheit anbelangt, Ihnen einen begrenzten Zugang zu ihr zu verschaffen, oder sie möglichst ganz zu umgehen. „Die Wahrheit kann vielleicht den Schmerz lindern, irgendetwas ändern oder uns dabei helfen, in vertraute Gebiete zurückzukehren – aber das könnte auch ein Urlaub bewirken. Warum also all die Schwierigkeiten und das Unbehagen auf sich nehmen?" Der Richter ist sich bewusst, die Wahrheit nicht kontrollieren zu können. „Das Problem mit der Wahrheit ist, dass sie oft alle möglichen Sachen zu Tage bringt, mit denen du dich lieber nicht befassen solltest – also lass sie lieber in Ruhe."

Die Wahrheit ist Ihr bester Verbündeter, wenn es darum geht, dem Richter die Stirn zu bieten. Ihr Gefühl, zu wissen was wahr für Sie ist, wird Ihre Fähigkeit stärken, frei vom Einfluss des Richters zu existieren. Der Richter kann durch Ihre Eltern, Ihre Lehrer, Ihre Bücher und sogar durch Ihre Freunde zu Ihnen sprechen. Das Einzige, wodurch er nicht sprechen kann, ist Ihre direkte Erkenntnis Ihres eigenen Lebens. Je mehr Sie das wahre Wesen Ihrer eigenen Erfahrung kennen lernen, desto mehr erkennen Sie, dass es die reine Wahrheit ist. Hoffnungen, Ängste, Überzeugungen und Urteile über Ihre Erfahrungen sind die Unwahrheit.

Der Richter selbst ist nichts weiter als ein Missverständnis darüber, was wirklich ist. In dem Augenblick, in dem Sie Ihre eigene Wahrheit sehen, verschwindet er.

Praxisanleitung: Den roten Faden der Wahrheit entdecken

Gönnen Sie sich mindestens einmal am Tag ein paar Augenblicke, um die Wahrheit zu erforschen. Fragen Sie sich selbst: „Was ist die Wahrheit meiner Erfahrung in diesem Moment?“ Denken Sie daran: Der Inhalt Ihrer Erfahrung ist nicht so wichtig – wichtiger ist es, das Schlüsselelement Ihres Erlebens zu erkennen, den tiefsten, grundlegenden Fluss dessen, was für Sie geschieht. Dabei kann es sich um eine Emotion handeln, die nicht direkt ausgedrückt wird, aber hinter Ihren Worten und Handlungen steckt. Es kann eine bestimmte Haltung den gegenwärtigen Geschehnissen gegenüber sein, die Sie auf Gedeih und Verderb beibehalten wollen. Es kann ein Körpergefühl sein, das Sie zu vermeiden versuchen und nicht spüren wollen. Worum immer es sich handelt – wenn Sie es erkennen, wird es zu einer fühlbaren Reaktion des Anerkennens führen, sich auch weiteren Bereichen der Wahrheit zu öffnen. Achten Sie darauf, wie sich das anfühlt und betrachten Sie voller Wissbegier, wie sich Ihr Erleben in Bezug auf Ihr Gewahrsein dessen was wahr ist ändert.

Der Film, den Sue sich ansah, lief seit zwanzig Minuten, als sie hörte, wie Frank das Haus betrat. Einen Augenblick später kam er ins Wohnzimmer und machte es sich auf dem Sofa bequem. Seinen Kopf legte er auf ihren Schoß, so, dass er den Bildschirm sehen konnte. Während sie den Film verfolgten, legte sie ihre Hände auf seinen Kopf und streichelte seine Haare. Als die Werbung begann, griff er zur Fernbedienung und stellte den Ton ab.

„Tut mir leid, was ich da vorhin auf der Veranda für Kommentare losgelassen habe. Das war ziemlich daneben. Es zeigt sich, dass nach der stillen Zeit heute Mittag ein kleines bedürftiges Kind in mir aufgetaucht ist. Als du wegen des Films gefragt hast, wollte es gerne deine Aufmerksamkeit und dass du es in den Arm nimmst, aber es war mir nicht bewusst. Mein Richter hat mich vor diesem kindlichen Gefühl bewahrt, indem er deinen Wunsch nach Kontakt attackiert hat. Ich habe dir die Schuld für meine Verletzlichkeit gegeben und dich weggedrängt. Interessant, meinst du nicht?“

„Scheint so. Jedenfalls habe ich mich nicht gerade willkommen gefühlt.“

„Ich weiß,“ gab Frank zu, „aber meinem Richter ist es gelungen, mein Kind genauso zu erschrecken. Meine Kommentare waren zwar an dich gerichtet, doch letztendlich fühlten sie sich an wie Angriffe auf mein Kind, weil es sich so verletzlich und bedürftig fühlte. Bähhh, das ist so eine alte Haltung – kommt fast automatisch.“

„Ich wette, so geht es den meisten Männern,“ bemerkte Sue.

Der Film hatte wieder angefangen, also stellte sie den Ton wieder an. Sie war mehr daran interessiert, sich unterhalten zu lassen, als ein psychologisches Gespräch zu führen. Und ganz besonders war sie daran interessiert, mit Frank auf dem Sofa zu kuscheln. Sie schlang ihre Arme um ihn und richtete sich darauf ein, Richard Dreyfuss und Bill Murray zu genießen.

Nachdem der Film zu Ende war, ging Sue ins Bad, um ihre Zähne zu putzen, während Frank in der Küche verschwand, wo das Geschirr auf ihn wartete.

Naja, Sue, es sieht so aus, als ob du schon wieder in deiner öden Bettgeh-Routine steckst. Hat denn dieser Tag überhaupt keine Spuren bei dir hinterlassen?

Beim Surren der elektrischen Zahnbürste schaute sich Sue im Spiegel an. Es war ihr sehr vertraut, sich so zu sehen wie ihr Richter sie sah: plump, uninteressant, alternd und eine Versagerin. Doch in diesem Moment verschob sich etwas und sie konnte deutlich spüren, dass diese Sichtweise jemand anderem angehörte. Im Spiegel sah sie das Gesicht einer Fremden.

Du bist ganz schön enttäuscht von mir, Richter – oder? Zeit für dich, ins Bett zu gehen...und bitte schlaf draußen.

Frank war im gleichen Augenblick mit der Küche fertig, und Sue hörte, wie er das Licht ausknipste. Sie hatte sich gerade ihr „neues" Gesicht gewaschen, als er die Tür zum Bad öffnete und eintrat.

24
Kurze Zusammenfassung der Reise

Jetzt ist es an der Zeit, den gesamten Ablösungsprozess, den Sie gelernt haben, noch einmal zu betrachten. Bislang hat Ihre Arbeit darin bestanden, Ihre Identifikation mit dem Urteilsprozess zu erkennen und zu verstehen, sowie verschiedene Methoden zu üben, um sich aus ihr zu lösen. Die wichtigste von ihnen besteht in Ihrer aktiven Verteidigung gegen die Angriffe des Richters. Doch es kann viele Jahre dauern, bis Sie sich von einem durch einen Angriff wachgerufenen Selbstbild voll disidentifizieren können – Jahre, in denen Sie allmählich entdecken, auf wie viele verschiedene Arten Sie an dem Selbstbild hängen. Wenn Sie die Identifikation ganz aufgelöst haben, zeigt der Angriff auf Sie keine Wirkung mehr. Sie sind sich vielleicht noch gewahr, dass er in Ihrem Kopf erscheint, aber er lenkt Sie nicht mehr ab, wickelt Sie nicht mehr ein, hält Sie nicht mehr davon ab, Ihr Leben in der Gegenwart zu leben. Das ist das Ziel der Arbeit am inneren Kritiker – einen Angriff so auseinanderzunehmen, dass er keiner mehr ist. Und das letztendliche Ziel besteht darin, über das Entschärfen spezifischer Angriffe hinauszugehen und Ihre Verwicklung mit dem Richter und seinen Maßstäben ganz aufzulösen. Dieses Ziel lässt sich allerdings nur dadurch erreichen, dass Sie sich zunächst gegen spezifische Angriffe zur Wehr setzen, was es Ihnen ermöglicht, das größere Muster der Selbstverurteilungen zu erkennen.

Die Struktur des Urteilens

Ein Rückblick: Drei grundlegende Komponenten sind nötig, damit ein Urteil gefällt werden kann. Als Teil des Gesamtprozesses zum Verstehen der Selbstverurteilungen haben Sie jede dieser Komponenten untersucht. Ob Sie die Macht des Richters brechen, hängt letztendlich davon ab, jede einzelne Komponente abzubauen, indem Sie die Wahrheit, wie diese in Ihnen funktioniert, verstehen.

Zum Ersten verlässt sich der Richter auf Maßstäbe und Regeln, um Sie zu regieren. Diese Maßstäbe bilden die anerkannte Grundlage, die den Handlungen des Richters und seiner Macht über Sie zugrunde liegt. Diese Verhaltensideale sind unbewusst am wirksamsten, weil dann Ihr Tun und Lassen automatisch auf ihnen basiert, ohne von Ihnen in Frage gestellt zu werden. Wenn Sie beginnen, sich dieser Verurteilungsmaßstäbe bewusst zu sein, werden Sie feststellen, dass Sie sich immer dann mit ihnen identifizieren, wenn sie Ihre Vorstellungen von sich selbst unterstützen. Ihre persönliche Wahrheitssuche wird mit der Zeit beweisen, dass diese Maßstäbe entweder falsch oder irrelevant sind.

Zum Zweiten greift Sie der Richter dafür an, dass Sie seinen Maßstäben nicht gerecht werden. Hier geht der Urteilsprozess aufs Ganze – mit Angriffen. Feindselige, entwertende Aussagen sind das direkteste und schmerzhafteste Werkzeug des Richters, um Sie dazu zu bringen, sich seinen (Ihren eigenen) Idealen und Maßstäben anzupassen. Subtilere Methoden sind Erinnerungen, Ratschläge, Vorschläge, Hinweise, Verbesserungen, Lob, Schmeichelei und Anerkennung – die alle auf der Annahme basieren, dass Ihr Wert der Rechtfertigung bedarf. Die aktive Verteidigung gegen diese Angriffe ist lebenswichtig und gründet auf Ihrer Erkenntnis der Wahrheit: dass Ihr Wert implizit besteht und keinem Urteil unterliegt.

Zum Dritten führen die Angriffe zu einem Zustand von Verwicklung, der sich in Ablehnung oder Zustimmung äußert. Herabsetzung, Schuld, Scham und Ablehnung sind entmächtigende Auswirkungen der negativen Angriffe. Selbst die positiven Gefühle von Anerkennung und Würdigung entstehen aufgrund von „Angriffen“, weil sie auf den Maßstäben des Richters beruhen, wie Sie zu sein haben. Wie auch immer, Angriffe führen zu Verwicklungen, zu jener Urteilsschleife, die Sie in Beziehung zum Richter setzt. Die Methoden zur Beendigung Ihrer Aktivität des Sich-Verwickelns bestehen darin, sich Ihrer Kinder- und Eltern-Selbstbilder bewusst zu werden, an die Sie in der Schleife gebunden sind, und sich allmählich von ihnen zu disidentifizieren.

Der Urteilsprozess wird unterbrochen, wenn Sie eine dieser drei Komponenten auflösen. Zunächst ist es am wichtigsten, die Angriffe zu stoppen. Sich zu verteidigen aktiviert Ihre innere Kraft und im Laufe der Zeit auch viele der anderen Aspekte Ihres wahren Wesens. Wenn Sie sich nicht verteidigen, haben Ihr Gewahrsein und Ihr Verständnis keinen Raum, zu funktionieren.

Verteidigen Sie sich gegen Angriffe und verschaffen Sie sich selbst Raum, wird es leichter, die Maßstäbe, die Sie bisher als notwendig akzeptiert haben, zu untersuchen und in Frage zu stellen. Auf die gleiche Weise eröffnet Ihre Verteidigung Ihnen den Raum, um mit den Aspekten Ihres wahren Wesens in Kontakt zu treten, sowie dabei unterstützt zu werden, Ihre Identifikationen genauer und urteilslos zu betrachten. Das wird Sie allmählich von den emotionalen Auswirkungen befreien, die ein Angriff mit sich bringt.

Später, wenn Sie in Ihrem wahren Wesen fester verankert sind, können Sie die Verurteilungen auf jeder dieser Ebenen stoppen: Indem Sie die Maßstäbe und Regeln der Selbstbewertung nicht akzeptieren und sich aktiv gegen den jeweiligen Angriff verteidigen (in anderen Worten: indem Sie dem Gefühl nicht nachgeben, das er in Ihnen hervorruft). Wenn Sie Ihr wahres Wesen als Ihre wirkliche Identität anerkennen, identifizieren Sie sich nicht mehr mit dem Richter oder kindlichen Selbstbildern, und die Urteilskomponenten verschwinden.

Disidentifikation

Um sich aus der Verwicklung zu lösen, brauchen Sie Methoden zur aktiven Verteidigung, wie im Kapitel 20 beschrieben, und müssen sich mit der langwierigen Arbeit der Disidentifikation unterstützen. Disidentifikation stützt sich auf Ihre Praxis, mit der Wahrheit Ihres Erlebens präsent zu sein.

Sie *tun* nicht etwas, um sich zu disidentifizieren – Sie *hören damit auf*, etwas zu tun. Sie hören damit auf, sich mit einem Selbstbild zu identifizieren – mit allem außer der lebendigen wahren Natur Ihrer Seele. Das kann natürlich nur geschehen, wenn Sie erkannt haben, was Sie mit dem Identifizieren eigentlich tun. Und das erkennen zu lernen ist es, woran Sie die ganze Zeit gearbeitet haben: dem allmählich wachsenden Verständnis, warum Sie sich identifzieren, bis Sie schließlich voll und ganz in Kopf, Herz und Bauch erkennen, dass Ihre Identifikation mit einem kleinen, hilflosen Kind ein einziges Missverständnis ist. Dann werden Sie aufhören, sich zu identifizieren, und die Urteile werden Sie nicht mehr kontrollieren.

Es ist nötig, längere Zeit an der Disidentifikation zu arbeiten, weil das die tiefste Transformation in Ihrer Beziehung zu sich selbst sowie zum Richter bedeutet. Es braucht Zeit, ein umfassendes Verständnis für den zu erlangen, der Sie sind – im Gegensatz zu dem, wofür Sie sich manchmal halten. Das Verständnis umfasst mehr als nur mentale Analysen oder Einsichten – es bezieht Ihren gesamten Organismus, Ihr totales Sein ein. Dieses vollständige Verständnis *ist* die Transformation, während die Identifikation mit allem, was nicht die Wahrheit Ihrer selbst ist, allmählich von Ihnen abfällt.

Die Schritte zur Lösung aus der Verwicklung

Der Weg, auf dem Sie tiefer in Ihr Erleben eintauchen, verlangt von Ihnen, über den Bereich der Gedanken und Überzeugungen – die Welt des Richters – hinauszugehen. Der Prozess, den Sie sich schon erarbeitet haben, wurde hier zwar schrittweise dargestellt, ist aber beileibe nicht linear – er vollzieht sich nicht in ordentlichen Schritten, sondern geschieht nur in dem Maße, wie ein immer größerer Teil Ihrer selbst zu Ihrem Erleben aufwacht. Es folgt eine Zusammenfassung der Schritte, die zur Lösung aus der Verwicklung gehören. Sie können diese Zusammenfassung nutzen, um sich einen Überblick darüber zu verschaffen, was Sie bisher über diesen Prozess gelernt haben. So kann sie Ihrem Verstand als Leitfaden dienen, damit er so gut wie er es vermag, auch mitspielen kann.

1. *Erkennen Sie, dass es sich um einen Angriff handelt.* Stellen Sie klar, in welcher Aussage, Anspielung oder Folgerung der Angriff enthalten

war und erforschen Sie das, was der Richter gesagt hat, in der direktesten Form („Du"-Aussage).

2. *Sehen/fühlen Sie die Auswirkungen des Angriffs.* Verspüren Sie einen Energieverlust, Schwäche, Taubheit, Müdigkeit, Enge, Anspannung, zwanghaftes Denken, Sorge, Traurigkeit, Angst, Schuldgefühle oder Wut?
3. *Finden Sie heraus, wie Sie sich laut Plan des Richters nach dem Angriff fühlen sollten.* Werden Sie sich der emotionalen Reaktion gewahr, die der Angriff bei Ihnen auslöst – Traurigkeit, Angst, Schuldgefühle, Verletztsein, Hoffnungslosigkeit, Wertlosigkeit – und auch der Zwangsläufigkeit dieser Reaktion.
4. *Was ist der Maßstab, an dem Sie anhand des Urteils gemessen werden?* Was halten Sie von diesem Maßstab? Glauben Sie, dass er immer noch wahr oder notwendig für Sie ist?
5. *Beachten Sie, wie Sie sich in den Angriff verwickeln, indem Sie ihn schlucken, rationalisieren oder zum Gegenangriff starten.* Können Sie erkennen, dass Ihre jeweilige Aktivität Sie davon abhält, die wahre Auswirkung des Angriffs auf Ihre Seele zu spüren?
6. *Erforschen Sie, welches Selbstbild von den Gefühlen, die der Angriff in Ihnen auslöst, wachgerufen wird.* Wie begrenzt es Sie? Wer war der ursprüngliche Richter? Können Sie die Person erkennen, die durch dieses Selbsturteil aus Ihnen spricht? Auf welche Weise negiert, mindert oder begrenzt dieses Bild Ihrer selbst das, was Sie sind?
7. *Ergreifen Sie definitive Schritte, um sich gegen den Angriff zu verteidigen.* Es muss ein aggressiver Schritt sein, der Sie zur Freiheit und Wahrheit dessen führt, was Sie sind. Wenn Ihr Richter Sie angreift, machen Sie ihm klar, dass Sie seine Präsenz oder seinen Beitrag nicht wünschen. Greift jemand anders Sie an, sagen oder unternehmen Sie etwas, womit Sie sich ganz klar von dem Urteil abgrenzen.
8. *Nach der Ablösung folgen Sie dem, was auftaucht.* Bedenken Sie, dass Sie sich jederzeit neu verstricken können, und achten Sie auf Ihre Sorgen, möglicherweise getrennt, allein oder unwissend zu sein. Jetzt ist es an der Zeit, sich mit all den nützlichen Informationen zu befassen, die in dem Angriff enthalten waren.

Schauen wir uns einmal an einem Beispiel an, wie diese Schritte verlaufen könnten:

In der Einzelstunde

Lois wollte eine Situation erforschen, nach der sie sich verwirrt und lustlos gefühlt hatte. Zu Beginn der Woche hatte sie einen Brief erhalten und darin einen Scheck über fünftausend Dollar von ihrem Vater gefunden. Sie hatte ihm vorher zwar erzählt, dass sie ein neues Auto brauchte, ihn aber nicht um Geld gebeten. Dem Geschenk war eine Notiz beigefügt: „Wir wussten, es wird dir schwerfallen, dir das Auto zu leisten, das du dir wünschst – also helfen wir gerne aus. Viel Spaß!"

Lois glaubte, glücklich darüber sein zu müssen, fühlte sich stattdessen aber unbehaglich, verletzt und, wenn sie ehrlich zu sich war, auch ziemlich wütend. Es machte keinen Sinn, aber sie hatte das Gefühl, keine gute, sondern vielmehr eine schlechte Nachricht erhalten zu haben. Als Lois ihre Aufmerksamkeit darauf richtete, wie sie sich fühlte, stellte sie fest, dass sie das Gefühl hatte, angegriffen zu werden.

Im nächsten Schritt ging es darum, den Grund herauszufinden. Als ich sie fragte, ob irgendetwas an der Notiz sie störe, sagte sie: „Ja, der Hinweis darauf, wie schwer es für mich sein würde, das zu kriegen, was ich mir wünsche. Das fühlt sich an wie der übliche Seitenhieb von meinem Vater: 'Du bist ja nur ein Mädchen. Von dir kann man es eben nicht erwarten, für dich selbst zu sorgen. In dieser Männerwelt bist du aufgeschmissen.' Er hat immer so mit mir geredet, und tut es auch weiterhin – als sei es die Wahrheit."

„Als du diese Notiz gelesen hast, hast du also die Stimme deines Vaters gehört, die durch deinen Richter sprach. Und was hat sie gesagt?" fragte ich.

„Sie sagte: 'Du bist eine hilflose, unfähige Frau.' Und dadurch fühle ich mich wie ein Versager – schwach, dumm, voller Scham und von ihm abhängig. Es ist, als hätte er mir dieses Geld geschickt, damit ich mir bloß nichts einbilde; und zudem erwartet er, dass ich dankbar bin, weil er mich aus meiner finanziellen Hilflosigkeit errettet hat". Lois' Wut war fühlbar. Sie hielt einen Augenblick inne, und ihre Wut verwandelte sich in Schmerz.

„Weißt du, was wirklich traurig ist: Ich habe dieses Selbstbild verinnerlicht. Ich verwickle mich in den Angriff, indem ich darauf eingehe und ihn für die Wahrheit halte. Obwohl ich Geld verdienen kann und es auch tue, und obwohl ich in der Welt klarkomme und für mich sorge, halte ich mich oft für eine Dilettantin – als sei ich inkompetent, spiele den Leuten etwas vor und brauchte letztendlich meinen Daddy, der mich lobt, aufbaut und sich um mich kümmert, wenn die böse Welt mich überwältigt. Ich glaube, das ist der Grund, warum ich mich klein und hässlich fühle, seit der Scheck angekommen ist. Er bestätigt meine schlimmsten Ängste über mich selbst – dass ich keine unabhängige Erwachsene sein kann."

„Kommst du dir heutzutage so vor? Wie ein hilfloses Kind? Oder ist das ein Gefühl, das diese Geschichte hochgebracht hat?"

Lois dachte über die Frage nach, während sie sich daran erinnerte, wie sie sich in den letzten Monaten gefühlt hatte. „Weißt du, eigentlich war das Gegenteil der Fall. Ich habe mich durchsetzungsfähiger gefühlt, selbstsicherer, und war mir meiner Fähigkeit, die Dinge auf die Reihe zu kriegen, viel bewusster. Aber dieser Vorfall hat mich wieder in ein altes Muster zurückgeworfen, und mein Gefühl, ein tüchtiger Mensch zu sein, scheint im Augenblick ganz weit weg zu sein."

Sicher gab es für Lois viele verschiedene Möglichkeiten, die Sache zu erforschen, doch ich führte sie zu dem Gefühl zurück, sich durch die Notiz ihres Vaters angegriffen zu fühlen. „Wie könntest du dich gegen die Aussage zur Wehr setzen, du seist eine hilflose, inkompetente Frau?"

„Lass mich in Ruhe! Es ist doch gar nicht wahr!" Ihre Kiefermuskeln spannten sich an, und Lois sah aus wie ein kleines schmollendes Kind.

Ich fragte sie, ob es funktioniere. Sie sagte „Vielleicht", fühlte sich aber immer noch angespannt und hielt den Atem an. Ich schlug vor, sie solle dem Richter seinen Willen lassen und die versteckte Anspielung auf Scham und Versagen einfach ignorieren, anstatt zu versuchen, ihm zu widersprechen. Lois wirkte verwundert, als habe sie keine Vorstellung, wie das gehen könnte. Ich bat sie, ihren Richter zu spielen und den Angriff auf mich zu richten, während ich ihre Rolle übernahm.

„Du bist nichts als ein hilfloses, dummes kleines Mädchen, das von mir abhängig ist, damit ich mich um es kümmere."

Ich grinste sie an: „Weißt du, es ist ja so wahr. Ich kann überhaupt nichts allein zustande kriegen. Und warum auch? Ich habe ja einen Vater, der mir alles Geld gibt, was ich brauche."

Lois blickte mich voller Erstaunen an. Meine Antwort hatte ihren Richter auf Anhieb zum Verstummen gebracht. „Aber das macht doch keinen Sinn. Wie konntest du das sagen? Du gibst dem Angriff ja Recht!"

„Ja, aber ich stimme nicht mit der Vorstellung überein, dass es etwas Schlechtes ist. Wen kümmert's, was der Richter sagt? Es geht doch nur darum, ihn loszuwerden. Hat meine Abwehr dich als den Richter gestoppt?"

„ Allerdings! Ich weiß nicht mehr, was ich sagen soll. Du hast mir meine ganze Munition gestohlen."

„Genau darum geht es doch. Meinst du, du könntest das auch?"

„ Ich weiß es nicht. Ich hätte nie gedacht, dass man so etwas sagen könnte. Aber es gefällt mir. Ich spüre lauter Energie, wenn ich nur daran denke. Leg los, teste mich."

„Lois, sieh ein, du wirst immer ein inkompetentes, dummes Mädchen bleiben, das meine Hilfe nötig hat."

„Ist das nicht wunderbar? Nie erwachsen werden zu müssen, während du immer dastehst und mir das Geld 'rüberreichst? Ach, übrigens, könnte ich noch etwas mehr haben?" Lois musste unwillkürlich lachen, als sie ihren kleinen Witz genoss. Ihre Energie, Leichtigkeit und Beherztheit ließen erkennen, dass sie aus dem Angriff ausgestiegen war.

Lois hat schon längere Zeit an ihrem Urteilsprozess gearbeitet, ist also bereits in der Lage, dessen verschiedene Komponenten mit einer gewissen Leichtigkeit zu Bewusstsein zu bringen. Ihre Erfahrung gibt uns ein gutes Beispiel, wie man die verschiedenen Stufen der Ablösung, die zu Anfang dieses Kapitels dargestellt sind, durcharbeitet. Wenn Sie diesen Prozess in sich selbst aufdecken, werden Sie wahrscheinlich längere Zeit brauchen, um alle acht Schritte durchzuarbeiten und werden immer nur einen oder zwei auf einmal bewältigen. So kann zum Beispiel Schritt 7, bei dem es um die aktive Verteidigung geht, schon gleich im Anschluss an Schritt 1 und 2 erfolgen, während die anderen Schritte im Verlauf Ihrer weiteren Erforschung vorher oder nachher stattfinden.

Lois und die acht Schritte

Schauen wir uns doch einmal genauer an, was mit Lois im Verlauf des Prozesses geschehen ist. In dem obigen Beispiel verlaufen die Schritte recht einfach für sie. Als sie bemerkt und fühlt, dass ihre innere Erfahrung damit zu tun hat, angegriffen zu werden, beginnt sie mit Schritt 2. Sie wusste zu dem Zeitpunkt noch nicht, worin der Angriff bestand noch warum sie sich von etwas angegriffen fühlte, das – so sagte ihr Verstand – eine feine Sache war: Fünftausend Dollar mit der Post zu erhalten! Indem sie sich das Geschehen im Detail anschaute – in diesem Fall den Inhalt der Notiz –, entdeckte Lois rasch die implizite, urteilende Aussage. Sie drückt sie in den Worten des Richters als eine „Du"-Aussage aus.

Das entspricht Schritt 1 und verbindet ihn mit Schritt 6 – der Erkenntnis, wo der Angriff seinen eigentlichen Ursprung hatte. Dieses zu erkennen war offensichtlich, weil ihr Selbstangriff auf einer Interaktion mit der gleichen Person beruhte, von der sie sich ursprünglich verurteilt gefühlt hatte – ihrem Vater. Wenn Sie die Aussage des Angriffs klar herausstellen, wird Ihnen das sehr oft bewusst machen, von wem Sie diese ursprünglich als Kind gehört haben. Manchmal können Sie indes die Quelle nicht erkennen und müssen weiter forschen, um sie zu entdecken. Diese ersten beiden Schritte sind im Kapitel 4, „Urteile erkennen", behandelt worden.

Als Lois den Angriff darstellt, spürt sie die Absicht des Richters, sie abhängig zu halten und dafür zu sorgen, dass sie sich „bloß nichts einbildet", indem er sie als schwach, dumm und schamvoll bezeichnet. Das bringt sie direkt zum Schritt 3. In ihrer Sichtweise bedeuten diese Gefühle, dass sie ein Versager ist. Das erklärt, warum sie sich anfangs unwohl, verletzt und wütend fühlt – das sind ihre Reaktionen auf die unbewusste Erfahrung, ein Versager und abhängig zu sein. Wenn die ersten beiden Schritte zusammengefügt werden, indem man die emotionalen Auswirkungen des Angriffs mit seinem Inhalt in Verbindung bringt, ist Schritt 3 normalerweise das natürliche Resultat. Das in Ihnen ausgelöste Gefühl bildet die Basis der Sebstablehnung, zu der die meisten Angriffe führen. Das haben Sie sich im Kapitel 4 beim Betrachten der Beziehung zwischen Urteilen und Angriffen angesehen.

Die ersten drei Schritte können in einigen wenigen Augenblicken konzentrierter Aufmerksamkeit und Erforschung ablaufen, wie sie das bei Lois taten, es kann aber auch Tage oder Wochen dauern, bis sie sich in Ihrem täglichen Leben klären. Denken Sie daran, dass der Richter meistens in Ihrem Unbewussten agiert – und das betrifft die Maßstäbe, die Angriffe selber sowie die Gefühle, die sie bei Ihnen auslösen. Es braucht Zeit, den Urteilsprozess aufzudecken – schließlich hat er in Ihrer Kindheit auch Jahre benötigt, um völlig in Ihrem Unbewussten unterzugehen.

Lois verweilte mit ihren Gefühlen, was sie erkennen ließ, dass sie auf kollabierende Weise in den Angriff verwickelt war (Schritt 5). Im Kapitel 8 („Die Verwicklung mit dem Richter") wird dieser Bereich behandelt. Als ich sie später nach ihrer Beziehung zu den Überzeugungen frage, die das Urteil enthält, erkennt sie, dass ihre Verwicklung mit dem Angriff sie von einer gegensätzlichen Eigenschaft abgeschnitten hatte, die in letzter Zeit bei ihr aufgetaucht war.

Schritt 4 wird kurz berührt, wenn es um das Urteil ihres Vaters geht, wonach Frauen inkompetent sind. Das stellt für Lois einen Maßstab dar, der auf der impliziten Vorstellung ihres Vaters beruht, dass nur Männer klug sind. Meine Frage bringt sie dazu, sich bewusst zu machen, dass sie sich in letzter Zeit ohne diesen Maßstab gesehen hatte – und sie erkennt das an. Maßstäbe sind das zentrale Thema im Kapitel 6, „Was wird verurteilt?".

Danach ist vom Selbstbild die Rede, das der Angriff in Lois hervorruft – das ist das wichtigste Element beim Schritt 6. Obwohl sie sich in dieser Sitzung ihre Kindheitserfahrung, auf der dieses Selbstbild gründet, nicht anschaut, spürt sie, wie diese Meinung über sich selbst ihre Sichtweise von ihrem Leben in der Welt geprägt hat. Sie hat sie davon abgehalten, mit Zuversicht und Selbstbewusstsein zu handeln. Die Kapitel 12, 14 und 16 untersuchen die verschiedenen Einzelheiten dieses Schrittes.

Meine Frage an Lois, ob ihr Selbstbild wirklich mit ihren jüngsten Erfahrungen übereinstimme, eröffnete ihr die Möglichkeit, nicht länger von dem „Körnchen Wahrheit", das die Aussage des Angriffs enthält (ihr Gefühl von Inkompetenz) eingefangen zu sein, sondern die tieferen Auswirkungen auf sie zu verspüren. Als ihr Richter durch den Brief mit ihr spricht, versetzt er sie psychisch in ein jüngeres Alter. Wohl mag sie versuchen, sich wie eine Erwachsene zu verhalten, aber unbewusst erlebt sie sich als schwaches und hilfloses Kind, das nicht klug genug ist. Und dieses trotz jüngster Veränderungen immer noch bestehende Selbstbild ist es, das es den Aussagen des Richters ermöglicht, im Hier und Jetzt ins Schwarze zu treffen.

Nachdem Lois ein gewisses Empfinden für ihre eigene Wahrheit zurückgewinnt, fordere ich sie auf, ihre Dynamik mit dem Richter aktiv zu konfrontieren und sich zu verteidigen (Schritt 7). Erinnern Sie sich daran: Kein Verständnis, das Sie gewinnen, wird Wirkung zeigen, wenn es nicht in Handlungen mündet. Alles was Sie über Urteile, Angriffe, Verwicklungen und Identifikation gelernt haben, muss mit Ihrem eigenen Gewahrsein, Wissensdurst und Mitgefühl sowie Ihrer geerdeten Präsenz, Akzeptanz, Stärke und Lebendigkeit in Verbindung gebracht werden, um eine aktive Verteidigung (wie Sie sie im Kapitel 20 gelernt haben) zu ermöglichen. Es reicht nicht, zu erkennen, dass Sie angegriffen werden. Es reicht nicht, zu wissen, wie Sie sich dann fühlen. Es reicht nicht, die Geschichte hinter dem Angriff zu kennen. Sie müssen aus der Urteilsschleife heraustreten. Das ist die wirkliche Seelenarbeit. Dann identifizieren Sie sich aktiv mit sich selbst als jemand, der weder Kind noch Elternteil ist. Dann behaupten Sie Ihre grundlegende Lebendigkeit und Freiheit. Dann treten Sie mit der tiefen Sehnsucht, in Ihrem Leben real und gegenwärtig zu sein, in Resonanz und stellen sich in Gegensatz zu der selbstvernichtenden Erfahrung, beurteilt zu werden.

Lois beginnt mit einer aggressiven Verteidigung, die jedoch zu sehr ihrer lebenslangen Strategie ähnelt, zu versuchen, die Einschätzung ihres Vaters von ihr zu leugnen. Der Wunsch sich zu lösen ist vorhanden, aber mit ihrer Methode gelingt es ihr nicht, auch nur einen Teil ihrer komprimierten Energie zu befreien. Ich schlage vor, die Übertreibung als expansive, konfliktfreie Verteidigungsmethode zu benutzen. Das ist eine Herangehensweise, die es ihr viel leichter macht, die festgefahrenen Muster zu brechen, die mit diesem vertrauten Angriff einhergehen. Es ist eine Abwehrstrategie, die für jemanden, der noch stark mit dem Inhalt des Angriffs identifiziert ist, nicht funktionieren würde. Lois hingegen hat das Thema Abhängigkeit schon viele Male erforscht und schon begonnen, ihre eigene innere Unterstützung zu spüren. Nachdem ich es ihr vorgespielt hatte, konnte sie den Bann brechen und sich die Worte zu eigen machen, die vorher immer nur mit Schande und Versagen besetzt waren.

Bewusst oder unbewusst konfrontierte Lois mit dieser Verteidigungsform ihre tief verwurzelte Überzeugung, dass es angemessen ist, für seine Gefühle verurteilt zu werden. Sie befürchtete, ihre Gefühle von Schwäche, Hilflosigkeit und Dummheit bedeuteten, dass an ihr irgendetwas schlecht und schändlich sei, ohne das in Frage zu stellen. Das ist der grundlegende Maßstab, der im Verlauf ihrer Arbeit sichtbar wird.

Der einzige Schritt, der in diesem Beispiel nicht vorkommt, ist Schritt 8. Er wird im Kapitel 22, „Nach dem Urteil", behandelt.

Die Verwicklungen entwirren

Die aktive Lösung aus der Verwicklung führt zu einer tieferen Erkenntnis dessen, was in der Urteilsschleife passiert (für wen Sie sich gehalten haben, warum das so ist, und welche Auswirkung es auf Sie hat). Dann sehen Sie Ihr eigenes Erleben ganz von selbst in einem anderen Licht. Alles, was Sie für Ihr eigenes Leben und sich selbst empfinden, wird davon beeinflusst. Ein vertieftes Gewahrsein Ihrer selbst führt oft dazu, dass Sie Verlustgefühle empfinden oder darüber traurig sind, so wenig im Kontakt mit der Realität gewesen zu sein – oder es bringt den Wunsch und die Entschlossenheit mit sich, in Zukunft klarer zu sehen. Vielleicht weckt es auch Ihre Entrüstung und Empörung, weil Sie dazu gebracht worden sind, sich klein und unzulänglich zu fühlen, um damit eine Art kindliches Sicherheitsgefühl aufrechtzuerhalten.

Andererseits kann Ihr erweitertes Verständnis auch Klarheit, Akzeptanz, sowie Ihre eigene Anerkennung dafür mit sich bringen, dass Sie zeitlebens das Beste getan haben, was Ihnen angesichts Ihres Unwissens über die Wahrheit möglich war. Wenn Sie diese Anerkennung für den Fluss Ihrer eigenen Seele erfahren, erweitert sich Ihr innerer Raum. Sie werden bemerken, dass Sie sich realistischer verhalten und nicht mehr wie früher von Kinderglauben, festen Einstellungen und Ängsten beeinflusst werden.

Die beste Möglichkeit, das Verständnis zu integrieren, das Sie durch Beobachtung und Erforschung entwickeln, besteht darin, der Kontrolle

Ihres Richters klar die Stirn zu bieten. Wenn Sie zu der Urteilsschleife „Nein" sagen, wird diese Handlung direkt dazu führen, dass sich Ihre innere Reaktion auf Angriffe verschiebt. Sie werden aus den tieferen Ressourcen Ihrer Seele schöpfen und diese Eigenschaften im Verlauf Ihres Prozesses in das Gefühl Ihrer selbst mit einschließen.

Einen bestimmten Angriff erfolgreich beizulegen kann oft Monate oder Jahre in Anspruch nehmen, in deren Verlauf Sie mit jeder neuen Einsicht leben und entdecken, wie Sie sich anders verhalten können. Eine der größten Herausforderungen dieses langsamen Entwirrungsprozesses besteht in der Ungeduld, die vom Richter selbst ausgeht. Er wird sich auf alles stürzen, was sich noch nicht geändert hat: „Es ist doch noch alles wie früher. Du wirst dich nie wirklich ändern...Es geschieht doch gar nichts – wozu soll es also gut sein, weiterzumachen? Das ist doch hoffnungslos." Es ist wichtig zu wissen, dass dieser Prozess allmählich verläuft und nicht geplant oder kontrolliert werden kann. Einige Verschiebungen und Veränderungen werden erst im Nachhinein zu erkennen sein. Hüten Sie sich deshalb vor den Bemühungen des Richters, Sie zu entmutigen.

Dieser langwierige Prozess, sich aus der Verwicklung in einen Angriff zu befreien, verlangt von Ihnen, die Identifikationen zu entwirren, aus denen das Urteil entstanden ist. Das bedeutet zu erkennen, dass das Urteil kein Ausdruck der Realität ist, und zu verstehen, wie es entstanden ist. Es bedeutet die Überzeugungen zu identifizieren, die es unterstützen, und die Gefühle zu fühlen, die mit im Spiel sind. Und es bedeutet zu ermessen, welche Auswirkungen es auf Sie hatte, solch lange Zeit auf der Basis dieser Überzeugungen gelebt zu haben. Wenn Sie nicht aufgeben, wird sich die wahre Erkenntnis Ihrer Situation entfalten. Und indem Sie immer mehr in der Realität verwurzelt sind, wird sich die gesamte Struktur der Überzeugungen, Gefühle und Verhaltensweisen, die auf einen spezifischen Angriff gründet, ganz von selbst auflösen.

Das letztendliche Verlöschen eines Angriffs ist normalerweise unspektakulär. Während Sie an einem Urteil arbeiten, läuft der Angriff in Ihrem Inneren weiter – doch seine Macht lässt allmählich nach, und in dem Maße, wie Ihre Fähigkeit gegenwärtig zu bleiben wächst, nimmt er Ihre Aufmerksamkeit allmählich immer weniger in Anspruch, bis Sie eines Tages mehr zufällig bemerken, dass dieser bestimmte Angriff keine Macht mehr über Sie hat. Er ist irrelevant geworden. Sie sind nicht länger jemand, dem eine solche Bemerkung etwas ausmacht. Sie sind frei – und vielleicht sogar darüber erstaunt, dass dieser Angriff Sie jemals so kontrollieren konnte. *Wirklich* bemerkenswert ist das Gefühl, auf einfachste Weise in Ihrer Seele gegenwärtig zu sein, wenn Sie frei von der Verwicklung mit dem Richter sind.

Frank stand neben Sue und schaute ihr dabei zu, wie sie ihre abendliche Reinigungslotion auftrug.

Du bist wirklich nett – hast das Geschirr gespült, die Ablage geputzt und wartest jetzt darauf, dass sie fertig wird. Aber warte nur, sie wird bestimmt etwas finden, worüber sie sich beschweren kann. Wieso versuchst du's überhaupt noch, ihr zu gefallen?

Anstatt auf seinen Richter zu reagieren, wandte sich Frank an Sue: „Du solltest die Stimme in meinem Kopf hören. Sie sagt die ganze Zeit dasselbe. Ich dachte immer, ich selbst sei derjenige, der so langweilig und mechanisch ist – aber ich glaube, der Richter ist die wahre Ursache dafür, dass mir mein Verhalten oft so leer und gleichförmig vorkommt. Dieser Richter ist nichts als eine leblose Maschine. Da genieße ich es einfach nur, dir zuzuschauen, und er ist entschlossen, mich dazu zu bringen, die Sachen auf immer dieselbe alte Weise zu betrachten und auf dieselbe alte Weise zu reagieren. Das Leben ist viel interessanter, wenn ich diese Stimme einfach ignoriere."

Sue sah Frank im Spiegel an. „Schön, dass du mich anschauen willst. Ich fühle mich etwas verlegen, aber es gefällt mir." Sie drehte sich um und lächelte Frank an, während sie ihr Gesicht abtrocknete. Dabei sah sie sehr offen und lieb aus. „Es macht, dass ich mich lebendig und frisch fühle, und nicht mehr so verbraucht und nutzlos wie sonst." Sie trocknete ihr Gesicht ab und blieb dann vor ihm stehen, während er sie musterte.

„Weißt du, ich komme mir sehr alleine vor, nachdem ich dir gesagt habe, du sollest den Mund halten. Ich hatte das wirklich so gemeint, aber es war schwer, so viel leeren Raum zu ertragen. Ich habe mich verloren gefühlt, weil ich den bekannten Teil verbannt hatte und sich das, was zwischen uns übrig war, so fremd anfühlte. Komisch, ich spüre diesen leeren Raum zwar immer noch, aber er fühlt sich jetzt viel frischer und vertrauter an. Das ist, als würde ich dich kennen und zugleich auch nicht kennen. Als würde ich mich kennen und zugleich auch nicht. Das ist aufregend, aber es macht mich auch schüchtern – nicht nur, weil du mich anschauen willst, sondern weil ich keine Ahnung habe, was du sehen wirst oder wer du bist. Aber es macht mir keine Angst." Und nach einer Pause fügte sie hinzu: „Danke, dass du den Film mit mir zusammen angeschaut hast."

Frank nahm sie in die Arme und spürte ihre und seine eigene Lebendigkeit. Es fühlte sich an wie ein feiner Energiestrom, der durch ihre Körper floss. Er spürte, dass sie sich beide an einem Punkt befanden, wo sich das Mysterium des Universums in das ganz gewöhnliche tägliche Leben ergoss. Er konnte sich kein besseres Wort vorstellen, um dieses Gefühl zu beschreiben, als „Gegenwärtigkeit". Der Raum war angefüllt mit Gegenwärtigkeit – und sie beide ebenfalls. Alles um sie herum sah vertraut aus – auch ihre beiden Körper – doch gleichzeitig kam ihm die Vertrautheit wie eine transparente Schicht über einem erstaunlich unbekannten Mysterium vor. Etwas Reiches, Subtiles und Lebendiges schien alles zu beleben, und als er Sue umarmte, fühlte er, wie ein tiefes Dankbarkeitsgefühl aus seinem Herzen strömte.

25

Gegenwärtigkeit

Es ist angemessen, dieses Buch mit der essenziellen Qualität der Gegenwärtigkeit oder Präsenz zu beenden, denn wenn es darum geht, Ihr wahres Wesen zu entdecken, stellt sie das grundlegendste Tor dar. Gegenwärtigkeit ist die Erfahrungsqualität, die aus Ihrer Seele mehr macht als nur eine Ansammlung von Emotionen, Gedanken und Empfindungen. Allen hier beschrieben Seelenaspekten gehört die Gegenwärtigkeit als gemeinsames Element an, und Sie können in jedem Augenblick über sie verfügen.

Gegenwärtigkeit ist schwieriger zu beschreiben als all die anderen Qualitäten, die wir schon behandelt haben, weil sie keine emotionale Komponente, keine offensichtliche Empfindung und keine Geschichte mit sich bringt. Gegenwärtigkeit ist ein Aspekt Ihres Erlebens, der nicht erinnert werden kann. Man kann sie nur in dem Augenblick erkennen, in dem man sie erlebt, und sobald dieser Augenblick vorbei ist, erinnert sich Ihr Verstand nur noch an Gedanken, Bilder, Gefühle oder Empfindungen – die Gegenwärtigkeit ist nicht mehr da. Sie bildet einen Teil anderer essenzieller Qualitäten wie Mitgefühl und Stärke – doch wenn Sie sich daran erinnern, diese Qualitäten erlebt zu haben, können Sie das Gefühl von Gegenwärtigkeit, das dazugehörte, nicht wieder erwecken. Denn könnten Sie das, wäre es nicht länger eine Erinnerung – eine vergangene Erfahrung – sondern eine gegenwärtige Erfahrung jener Qualität, eine Erfahrung voller Gegenwärtigkeit.

Darin besteht also das Paradox: Sie erkennen die Gegenwärtigkeit nur, wenn Sie sie gerade erleben, und Sie können sie nur als einen Aspekt des gegenwärtigen Augenblicks erleben – daher der Name *Gegenwärtigkeit.*

Im gesamten Verlauf dieses Buches habe ich dieses Gewahrsein gefördert, indem ich Sie eingeladen habe, mit Ihrer Erfahrung im Hier und Jetzt im Kontakt – sich des gegenwärtigen Augenblicks bewusst zu sein. Aber was bedeutet es eigentlich, in der Gegenwart zu sein, gegenwärtig zu sein, Präsenz zu besitzen?

Menschen mit Präsenz

Es gab sicher Momente in Ihrem Leben, in denen Sie jemanden erlebt haben, der „eine starke Präsenz" hatte. (Präsenz oder Gegenwärtigkeit muss sich nicht auf „starke" Weise äußern, wird aber häufig übersehen, wenn sie „still" ist). Vielleicht handelte es sich dabei um einen Vortragenden, dem Sie gemeinsam mit dem gesamten Publikum wie gebannt zuhörten. Oder um einen Partygast, der die Aufmerksamkeit aller Anwesenden allein dadurch auf sich richtete, dass er den Raum betrat. Es ist schwer, zu sagen, was eine „starke Präsenz" ist – sie bezieht sich jedoch auf eine Qualität, die man wahrnehmen kann. Vielleicht fühlen Sie, dass die Energie eines bestimmten Menschen sehr intensiv ist, dass er/sie ein Charisma besitzt, welches die Menschen anzieht, oder dass sich hinter der äußeren Erscheinung dieses Menschen eine Art Festigkeit und Substanz verbirgt. Im Allgemeinen wird diese Qualität unabhängig davon wahrgenommen, was dieser Mensch gerade tut, um die Aufmerksamkeit auf sich zu lenken. Mit anderen Worten: Präsenz ist mehr als der Ausdruck seiner/ihrer bewussten Absicht. Sie ist unabhängig vom Glanz und dem Unterhaltungswert einer äußeren Erscheinung. Tatsächlich wären ohne Präsenz alle Künste und alles Schauspiel dieser Welt nichts als Show und ohne größere Bedeutung.

Präsenz einer Person bedeutet, dass ihre *Gegenwärtigkeit* in einer beliebigen Situation – einfach weil sie da ist – einen Eindruck macht. Sie berührt uns, ohne etwas zu sagen oder zu tun. Und mag uns vielleicht auch nicht gefallen, was sie tut – mag ihr Ton uns auch unangenehm berühren oder ihre Kleidung stören – sie besitzt doch eine gewisse Qualität, die unsere Aufmerksamkeit weckt und irgendetwas in uns aufrührt. Vielleicht ziehen ihre eindrucksvolle Erscheinung, ihre treffenden Bemerkungen oder ihre dramatischen Gesten uns an, doch dass wir uns der Person selbst gewahr sind, hat mit ihrer Präsenz zu tun. Man fühlt sich von ihrer äußeren Erscheinung nicht manipuliert, interessiert zu bleiben, sondern die Aufmerksamkeit wird wie selbstverständlich von ihr angezogen und kann nur schwer abgelenkt werden. Wo immer Präsenz vorhanden ist, ruht das Gewahrsein ganz von selbst.

Die Erfahrung von Präsenz

In Ihrem Erleben äußert sich Präsenz als direkte, unmittelbare Erfahrung Ihrer eigenen Existenz. Sie entspricht dem Wissen – der Gewissheit – und besteht nicht indirekt aufgrund von Erinnerungen oder Gelerntem, dass „ich hier bin." Nicht: „Ich bin hier, weil ich mir dessen, was um mich herum geschieht, gewahr bin", oder „Ich bin hier, weil ich mir meiner selbst bewusst bin", oder „Ich bin hier, weil ich mich daran erinnere, eben den Raum betreten zu haben." Nicht einmal: „Ich bin hier, weil ich den Boden unter meinen Füßen spüre." Sie können der Präsenz nahe kommen, wenn Sie Ihren Körper – Ihre physische Existenz in diesem Augenblick – spüren, aber selbst das ist indirekt. Wenn Sie einen Teil Ihres Körpers spüren, sind Sie immer noch von ihm getrennt. Sie spüren *ihn* und nicht unmittelbar sich selbst – es sei denn, Sie erlebten die direkte Erkenntnis, dass Sie *sich selbst* ebenso spüren wie Ihren Körper – dass Sie in Ihrem Körper *präsent* sind, während Sie ihn spüren.

Präsenz bedeutet also, jenseits vom Denken, Fühlen und Spüren die Seele zu erleben. Sie ist ein direktes Wissen, das aus dem Sein aufsteigt: „Ich bin hier, weil ich erlebe, dass ich in diesem Moment wirklich bin." Es ist so einfach, so grundlegend und zugleich so unbekannt, weil Sie es nicht gelernt haben, diese Art des Wissens zu erkennen oder wertzuschätzen.

Präsenz ist Gewahrsein und Hiersein sowie das Wissen um diese. Sie entspricht tatsächlich einer Seinserfahrung, die alle drei untrennbar einschließt. Die Tatsache, dass Sie hier sind, ist nicht vom Gewahrsein Ihrer selbst getrennt, das sich wiederum von Ihrem Wissen, hier zu sein, nicht unterscheidet. Das mag sich anhören wie Haarspalterei, bevor Sie es erleben und dabei erkennen, dass Wissen, Gewahrsein und Hiersein so eindeutig ein und dasselbe – nämlich Präsenz – sind , dass Sie die Tatsache vergessen, sie gewöhnlich separat erlebt zu haben.

Wenn Sie sich als den Menschen erkennen, der dieses Buch liest, sich Ihrer selbst aber nicht direkt beim Lesen gewahr sind, dann erleben Sie sich selbst nicht. Wenn Sie spüren, welche Empfindungen das Lesen in Ihrem Körper hinterlässt, sich zugleich aber nicht damit verbunden fühlen, dass *Sie* diese Erfahrung *sind,* dann erleben Sie keine Präsenz. Wenn Sie wissen, dass Sie hier sind und dieses Buch lesen, aber kein Gewahrsein davon besitzen, wie das geschieht, dann erleben Sie keine Präsenz. Präsenz ist die Erfahrung, sich im Augenblick der Leseerfahrung selbst zu kennen.

Es kann auch spontan geschehen, dass Sie Präsenz erleben, ohne sie zu erkennen. Stattdessen bemerken Sie bestimmte Empfindungen oder Qualitäten im Feld Ihres Bewusstseins. So spüren Sie zum Beispiel nach kraftvollen körperlichen Aktivitäten oder intensivem emotionalem Ausdruck, dass Ihr gesamter Körper hellwach und lebendig ist. Oder Sie werden eines Tages von der uneingeschränkten Spontaneität spielender Kinder ergriffen, sind in ein Gespräch vertieft, in eine herausfordernde Aktivität eingespannt oder ruhen sich einfach nur nach einem langen Tag aus, und Ihr Gewahrsein konzentriert sich ohne ein Gefühl von Vergangenheit oder Zukunft auf den gegenwärtigen Augenblick. Das sind Momente voller Gegenwärtigkeit. Viele Menschen zieht es in die Natur, weil sie ihnen solche Augenblicke ermöglicht. Es mag den Naturliebhabern nicht bewusst sein, dass sie Präsenz erleben – alles was sie wissen ist, dass durch die Gegenwärtigkeit der natürlichen Welt etwas Grundlegendes in ihrem Wesen angesprochen wird. Die dynamische Unmittelbarkeit einer natürlichen Umgebung erweckt die lebendige Präsenz der menschlichen Seele.

Manchmal wird dieses zufällige Auftreten von Präsenz bemerkt und als besonderer Augenblick erkannt – dann wieder scheint es ganz gewöhnlich zu sein. Doch in jedem Fall bemerken Sie die Qualität von Präsenz weitaus weniger als die dazugehörigen Gefühlsenergien (Aufregung, Erleichterung, Faszination, Konzentration, Stille, Angst). Sie haben gelernt, die Präsenz, die Sie erleben, den emotionalen Befindlichkeiten oder geschichtlichen Ursachen Ihrer Situation zuzuordnen. Es ist Ihnen nicht beigebracht worden, sich selbst als unmittelbare Quelle von Lebendigkeit und Wirklichkeit zu erkennen. Und alle Aktivitäten des Richters zielen darauf ab, diese nach außen gerichtete Sichtweise aufrecht zu erhalten. Um Präsenz schätzen zu lernen, müssen Sie sich auf das einstellen, was *Sie selber* in diesen Augenblicken erhöhten Gewahrseins *sind.*

Gegenwärtigkeit ist ein bedrohter Zustand

Wie kommt es, dass etwas so Grundlegendes wie Gegenwärtigkeit oder Präsenz solch eine seltene Qualität zu sein scheint? Der erste Grund ist, dass Sie es nicht gelernt haben, sie zu erkennen oder zu würdigen. Für sich genommen zieht Gegenwärtigkeit oft keine Aufmerksamkeit auf sich – sie ist einfach, gewöhnlich und schlicht. Häufig geht sie in der Reizüberflutung unter, die das moderne Leben kennzeichnet, denn Gegenwärtigkeit ist von ungleich subtilerer Qualität als all die schrillen Dramen und Werbekampagnen und lässt sich nicht auf Video oder Film bannen. Sie müssen Ihre inneren Sinne wirklich weit öffnen, um sie zu erkennen. Sie müssen Ihren Blick von dem Ziel abwenden, auf das Sie zusteuern, damit Sie sehen können, wo Sie sind. Manchmal gibt es Situationen – auf Parties, öffentlichen Veranstaltungen oder in einer Warteschlange – in denen Sie die Gelegenheit haben, mehr zur Ruhe zu kommen, Ihre Zielorientierung lockerer zu lassen und die Macht der simplen Gegenwärtigkeit in anderen zu erkennen und zu schätzen. Dann erinnern Sie sich daran, dass die Präsenz dieser Menschen nicht das Geringste mit ihrem Wert oder dem Nutzen zu tun hat, den sie für Sie haben könnten. Sie ist weder die Ursache noch das Resultat von irgendetwas – sie *ist* einfach nur.

Der zweite Grund, warum Gegenwärtigkeit so ungewöhnlich erscheint, ist, dass sie so selten wahrgenommen wird. Es gibt nur wenige Menschen, die die essenzielle Qualität der Präsenz oder Gegenwärtigkeit wirklich schätzen können – und noch weniger, die wissen, wie man sie kultiviert. Das ist eine interessante Tatsache – schließlich wird jeder Mensch mit Gegenwärtigkeit geboren. Als Baby bestehen Sie fast nur aus Präsenz. Verbringen Sie ein paar Augenblicke in der Gegenwart eines Babys, und Sie werden es spüren. Ob energiegeladen oder still, kraftvoll oder lieblich – die Präsenz ist greifbar vorhanden. Allmählich, wenn Sie selber und die Menschen in Ihrer Umgebung sich mehr darum kümmern, wie Sie aussehen, sich verhalten und was Sie sagen anstatt darum, wer und dass Sie *sind,* verlieren Sie jene unverwechselbare Eigenschaft.

Je weniger Sie Präsenz würdigen, desto weniger bleibt sie Ihnen erhalten. Bringen Sie sie außerdem mit der Erfahrung in Verbindung, nicht gesehen zu werden, dann werden Sie dazu neigen, das Gefühl für Ihre eigene Gegenwärtigkeit zu *vermeiden.* Das führt dazu, dass die meisten Menschen zu dem Zeitpunkt, an dem sie das Erwachsenenalter erreichen, von der Gegenwärtigkeit abgeschnitten sind. Erwachsene, die immer noch eine starke Präsenz besitzen, sind sich dessen häufig gar nicht bewusst oder betrachten es einfach als Teil irgendeiner persönlichen Eigenschaft oder eines Talents – wie zum Beispiel ihres Charmes, ihrer Intelligenz, ihres Sinns für Humor oder ihrer Leidenschaft – jedenfalls nicht als eine ganz eigene Qualität. Präsenz ist mehr als nur ein Charakteristikum Ihrer Persönlichkeit. Sie ist die Jetzt-heit des wahren Wesens, die Unmittelbarkeit dessen, was Sie sind – sie ist das Leben im Zentrum einer jeden Erfahrung, die Sie machen.

Gegenwärtigkeit und der Richter

Je präsenter *Sie* sind, desto mehr wird Ihr Gewahrsein in Ihrem *eigenen* Erleben ruhen und mit ihm fließen. Wie Sie schon gesehen haben, lenkt der Richter Ihre Aufmerksamkeit aktiv in die Vergangenheit und die Zukunft, weg vom Hier und Jetzt. Seine Aufgabe ist es, Ihr altvertrautes Wissen davon, wer Sie sind, für immer aufrechtzuerhalten, und er wehrt sich gegen die Frische und das Mysterium, einfach nur in der Gegenwart zu sein. Wenn es Ihnen große Mühe bereitet, Ihre Aufmerksamkeit dem zu widmen, was Sie gerade tun oder fühlen, dann beruht Ihr Wissen von sich selbst auf Erinnerungen, und Sie erleben Ihre eigene Gegenwärtigkeit nicht. Würden Sie sie erleben, dann würde Ihr Gewahrsein ganz natürlich im gegenwärtigen Augenblick ruhen und mit Ihrem Erleben fließen. Um sich Ihrer unmittelbaren Erfahrung gewahr zu sein, müssen Sie sich sowohl aus den Aktivitäten des Richters als auch Ihren üblichen Aufmerksamkeitsmustern (wie zum Beispiel Ihrem Fokus darauf, was andere von Ihnen halten) lösen und zugleich das Erleben Ihrer eigenen Präsenz fördern.

Gegenwärtigkeit ist der beste Standpunkt, um dem Richter die Stirn zu bieten, denn sie bedeutet die Gewissheit zu existieren, ohne sich auf irgendeine äußere Quelle zu berufen. Solange Sie glauben, ein Bild Ihrer selbst, einen Glauben, eine Idee oder irgendwelche Informationen in Ihrem Kopf zu brauchen, um zu existieren, werden Sie dem Richter auf Gedeih und Verderb ausgeliefert sein – er lebt von Ideen, Überzeugungen und Bildern. Doch in dem Augenblick, in dem Sie Ihre eigene Existenz unabhängig von irgendwelchen mentalen Konzepten erkennen, bleibt vom Richter nichts weiter übrig als Worte in Ihrem Verstand – ebenso unbedeutend wie die Marke Ihres Pullovers oder die Länge Ihrer Zehennägel. Pullovermarken und lange Zehennägel können in bestimmten Augenblicken von Bedeutung sein und in anderen zu Problemen führen, haben aber wenig damit zu tun und wenig Einfluss darauf, wer Sie sind und was es bedeutet, Ihr Leben zu leben.

Gegenwärtigkeit oder Präsenz fördern

Die Präsenz ist ein Seinszustand, in dem Sie sich Ihres wahren Wesens direkt gewahr sind und der von Geschichte, Erziehung und der Umwelt nicht tangiert wird. Sie müssen Ihr Wissen, wer oder was Sie sind, nicht in Worte fassen können, um Gegenwärtigkeit zu erfahren. Sie brauchen nur zu wissen, *dass* Sie sind. Präsenz ist nicht etwas, was Sie tun, und Sie können auch nichts dafür tun, präsent zu sein. Sie lernen vielmehr zu erkennen was Präsenz *nicht* ist und was Sie davon abhält, gegenwärtig zu sein.

In Ihrer Arbeit mit dem Richter haben Sie geübt, diese beiden Erkenntnisse zu fördern. Wenn Sie Ihr Gewahrsein erweitern, bildet sich der Boden, auf dem Sie Präsenz erleben können. Ihr erweitertes Gewahrsein erhöht Ihre Gegenwärtigkeit, indem es die Wahrnehmung Ihres gegenwärtigen Erlebens nicht nur dessen, *was* Sie sind, sondern auch Ihrer selbst als Erlebender vergrößert. Wenn sich Ihr Kontakt zur Präsenz entwickelt, kann sich Ihr Gewahrsein erweitern, fließen und mit Ihrer gegenwärtigen Erfahrung verweilen. Gewahrsein und Gegenwärtigkeit arbeiten Hand in Hand und vertiefen Ihre Erfahrungen Ihres Lebens sowie Ihrer Seelennatur. Und ein Leben, das auf diesem direkten Kontakt zu Ihrer eigenen Wahrheit basiert, verdrängt allmählich das Bedürfnis nach dem Richter als ständigem Begleiter.

Alles was dieses Buch enthält, dient der Absicht, die Qualität der Gegenwärtigkeit wachzurufen – durch ein wachsendes Gewahrsein Ihrer selbst im täglichen Leben und durch Übungen, die Ihr Gefühl für Ihr wahres Wesen und seine essenziellen Qualitäten fördern. Jede Übung unterstützt den Kontakt zu einem bestimmten Aspekt Ihrer Essenz – und da die Gegenwärtigkeit in einem jeden Aspekt enthalten ist, fördert jede Übung auch die Präsenz. Aus diesem Grund gibt es keine zusätzliche Übung für die Präsenz selbst. Bemühen Sie sich einfach weiter, Ihr Wissen davon zu vertiefen, wer Sie in Ihrem Leben sind und was es bedeutet, lebendig zu sein, hier zu sein, Sie zu sein.

Abschliessende Gedanken

Sie haben sich auf eine Reise der Konfrontation und Selbstentdeckung begeben, die Ihrer Seele die Freiheit verschaffen wird, ihr Potenzial zu entfalten. Denken Sie daran: Dieses Buch ist nur eine Art Landkarte, eine Möglichkeit, sich auf dem Gebiet, um das es geht, zurechtzufinden. Es stellt nicht die Wahrheit selbst, sondern einfach nur eine Möglichkeit dar, über die Wahrheit zu sprechen. Sie selbst füllen dieses Material mit Wahrheit, indem Sie mit ihm arbeiten und es anhand Ihrer eigenen Erfahrungen zum Leben erwecken. Ich möchte Sie ermutigen, sich für Ihren Prozess der Unterstützung von Lehrern und Therapeuten zu versichern. Die Perspektive und die Präsenz eines erfahrenen Begleiters sind von unschätzbarem Wert, wenn es darum geht, sich nicht zu verirren.

Über die Arbeit mit Urteilen könnte noch unendlich viel mehr gesagt und geschrieben werden. Viele Aspekte treten erst nach Jahren der Reise und des Entwirrens in Erscheinung. Zwei dieser sehr komplexen Themen sind hier nur kurz angerührt worden: Die Anerkennung als positive Seite des Urteilens und der Selbsthass als hauptsächliche energetische Antriebskraft von Selbstangriffen. Sich hiermit zu beschäftigen ist zusätzlichen, erweiterten Landkarten vorbehalten.

Im Verlauf der Reise scheinen die Urteile die Gestalt zu wechseln. Manchmal, wenn er Sie gegen sich selbst ins Feld schickt, wird der Richter subtil und verführerisch. Dann wieder ist er ein Dämon – brutal, rücksichtslos und unverhüllt. Zeitweilig kann das Urteil gestaltlos erscheinen und alles durchdringen, wie ein Nebel aus Falschheit oder energieraubender Angst, der im Hintergrund wabert. Oder es lebt völlig wortlos in

Ihrem Inneren und ist mehr in Ihren Zellen zu Hause als in Ihrem Verstand. Besonders beunruhigend sind die Fälle, in denen Sie so sehr in Negativität versinken, dass es Ihnen nicht möglich ist, sich zu befreien – obwohl Sie schon seit langer Zeit die Klarheit besitzen, zwischen sich selbst und demjenigen, der einen solchen Selbstangriff auslöst, unterscheiden zu können.

Doch lassen Sie sich nicht entmutigen. Wie auch immer der Richter auf der Bildfläche erscheint – Ihr wahres Wesen kann Sie auf der Reise unterstützen. Die wirkliche Landkarte ist bereit, sich in Ihrem Inneren zu enthüllen. Ihre Seele besitzt eine größere Intelligenz als Sie sich vorstellen können – sie stellt Ihnen die Erfahrungen zur Verfügung, mit denen Sie arbeiten und die Sie verstehen lernen können. Sie ist Ihre wahre Stütze, Ihre wahre Führung, Ihr wahres Wesen.

Und der letztendliche Treibstoff für die Entfaltung der Seele ist die Liebe zur Wahrheit und zum Mysterium der Realität. Je stärker Sie diese Liebe verspüren, desto mehr lässt sie in Ihrer Seele ein tiefes Gefühl von Selbstrespekt entstehen, eine Anerkennung und Wertschätzung aller Ihrer Erscheinungsformen. Und indem Sie erkennen, dass jede dieser Erscheinungsformen eine potenzielle Quelle für den Ausdruck tieferer Wahrheiten ist, vergrößert sich Ihr Selbstrespekt allmählich und wird zu persönlicher Würde und Integrität. Jede Wahrheit kann Sie Ihrem wahren Wesen nur näher bringen – der Erfahrung, einfach nur zu sein. Von dieser Warte aus gesehen erscheint uns der Richter lediglich als ein komplexer und mysteriöser Ausdruck der Seele, eine Figur, die enthüllt werden muss, – ein Tor, das geöffnet und von uns durchschritten werden muss, indem wir lernen, ohne Scham im Herzen des Lebens zu leben.

Liste der Übungen und Praxisanleitungen

Hinweise und Literaturvorschläge

Der in diesem Buch beschriebene Ansatz, mit dem Richter zu arbeiten, basiert auf dem *Diamond Approach*, einem Weg der Selbstverwirklichung und spirituellen Entwicklung. Diese Arbeit wurde von A. H. Almaas entdeckt und entwickelt und wird in der *Ridhwan School* unterrichtet. Die zentrale Praxis dieses Weges besteht in der Erforschung der eigenen Erfahrung, um die Wahrheit dessen zu entdecken, der man ist. Sollten Sie daran interessiert sein, mehr über diesen Weg zu erfahren, schreiben Sie bitte an die *Ridhwan Foundation*, P.O. Box 10114, Berkeley, CA 94709, USA (Website: www. ridhwan.org) oder in Deutschland an: Gary Kaufhold, Kriegerstr. 34, 26123 Oldenburg (E-Mail gkaufhold@aol.com). Dort erhalten Sie auch Informationen zu den Workshops der Ridhwan School. Anfragen und Kommentare zu diesem Buch richten Sie bitte per E-Mail an swsbook@aol.com. Die folgenden Bücher und Artikel von A. H. Almaas können in Bezug auf den Richter (das Über-Ich), die Entwicklung der Persönlichkeit, die Seele und die essenziellen Aspekte unseres wahren Wesens von Interesse sein:

Essenzielle Verwirklichung, Bd. 1: Der diamantene Weg des Herzens. Arbor Verlag, Schönau, 1998.

Essenzielle Befreiung, Bd. 2: Der diamantene Weg des Herzens. Arbor Verlag, Schönau, 1999.

Essenzielles Sein, Bd. 3: Der diamantene Weg des Herzens. Arbor Verlag, Schönau, 2000.

Essenz. Der diamantene Weg zur inneren Verwirklichung. Arbor Verlag, Schönau, 1997.

Das Elixier der Erleuchtung. Arbor Verlag, Schönau, 1997.

Facets of Unity. Diamond Books, Berkeley, Calif., 1998.

The Pearl Beyond Price. Diamond Books, Berkeley, Calif., 1988.

The Point of Existence. Diamond Books, Berkeley, Calif., 1996.

The Work on the Superego. Diamond Books, Berkeley, Calif., 1977.

The Void. Diamond Books, Berkeley, Calif., 1986.

Weitere Ansätze zur Arbeit mit dem Richter oder inneren Kritiker, die Sie interessieren könnten:

Hal Stone und Sidra Stone. *Du bist richtig.* Heyne Verlag, München, 1995.

Richard Carson. *Taming Your Gremlin: A Guide to Enjoying Yourself.* Harper & Row, New York, 1983.

Cheri Huber. *There's Nothing Wrong with You: Going Beyond Self-Hate.* Keep It Simple Books, Mountain View, Calif., 1993.

Robert Firestone. *Voice Therapy: A Psychotherapeutic Approach to Self-Destructive Behaviour.* Human Sciences Press, New York, 1988.

INDEX